ダンステクニックとケガ
──その予防と治療──
【改訂版】

ANATOMY, DANCE TECHNIQUE AND INJURY PREVENTION FOURTH EDITION

ジャスティン・ハウス＋モイラ・マコーマック［著］
Justin Howse　Moira McCormack

平石英一［監訳］**白石佳子＋水村真由美**［訳］

大修館書店

ANATOMY, DANCE TECHNIQUE AND INJURY PREVENTION
FOURTH EDITION
by Justin Howse and Moira McCormack

Copyright © Justin Howse and Moira McCormack 2009
This translation is published by arrangement with Bloomsbury Publishing Plc
through Japan UNI Agency, Inc., Tokyo

Taishukan Publishing Co., Ltd. Tokyo, Japan, 2016

献　辞

デイム・ニネット・ド・ヴァロワ

　この本は、私たちにいくつかの大切な問題について考える機会を与えてくれます。バレエ界全体に関わる動きについて、鋭い技術的な観察に満ちあふれ、理解を助ける図も添えられています。生徒、ダンサー、教師、演出家、バレエのスタッフにとって、この本に書かれた多くのことが価値あるものとなることでしょう。あえて私の意見を言うなら、この本はまた、振付家にも考えるべきことを提示しています。振付をする際に、科学的あるいは現実的に考えている振付家は、現在のところ多くはありません。作曲家は歌手の音域に合わせて作曲をすることを、思い出して下さい。同じように、振付家は、ダンサーの四肢の制限だけでなく、ダンサーの体力の限界についても、より注意深く考えなければならないと思われます。

はじめに

　ダンサーであれ教師であれ、ダンスにかかわる誰にとっても、ケガの予防と治療のためには、体の構造としくみを深く理解しておくことがきわめて大切です。教師は、それも特に若い人を教えている教師は、体には限界があって生徒一人ひとりの可動域が異なることを、理解していなければいけません。生徒に可動域を超えたポジションをとるように指導すれば、ケガの原因となるでしょう。生徒が到底できないポジションを無理にやらせて、それを続ければ、ケガを招くでしょう。同じようにダンサーも、自分の体の限界を知って、その範囲内で知性的に踊らなくてはいけません。生徒も、すべての体には限界があることを理解して、自分で自分の体にダメージを与えてはいけません。

監訳者まえがき

　私がバレエダンサーを診療することになったのは、大学の大先輩であり、本書の日本語初版（原書第2版）の監訳者である小川正三先生から要請があったからです。小川先生は永年永寿総合病院に勤務され、バレエダンサーの方々と古くから交流をお持ちで、1994年にバレエ外来を開設されました。一般の方々の診療の傍らバレエダンサーの傷害の調査と論文の執筆をされ、傷害の大半は足部・足関節に発生することを示されました。そのため足部・足関節を専門にする整形外科医を探していらっしゃったところ、1998年の日本整形外科学会学術集会で、私に声をかけてくださいました。私は当時、頚椎のてっぺんから足の指先まで整形外科対象の外傷と疾患の診療を行っており、中でも足の外科に興味を持っていましたが、ダンサーやバレエ教師の患者はごく少数でした。そんな時、小川先生とお話しした3か月後に転勤命令が出て、同年10月に永寿総合病院へ赴任し、バレエ外来の担当をするようになりました。

　小川先生のバレエ外来を見学し、論文や本書の日本語初版を読みました（その後、2000年の日英整形外科学会でロンドンに行った際に、原書第3版を購入しました）。また、診療の際には、監訳者注にしばしば出てくるハミルトン先生の文献等を参考にしています（ハミルトン先生は、バランシンとバリシニコフに招聘されてニューヨークのバレエ団とバレエスクールのダンサーを診療している足部・足関節が専門の整形外科医です。ダンサーの診療を行っている世界各国の整形外科医のほとんどは彼に指導を受けています。彼を信奉する医師たちはハミルトニアンと呼ばれているようです）。バレエ外来を担当するようになってから、欧米の足の外科学会、整形外科学会、スポーツ医学会、そして関節鏡学会においてダンサーの足部・足関節の傷害について発表をしてきましたが、なかなかダンサーの傷害を専門的に治療している医師に会うことができませんでした。そんな折、本書の訳者である水村真由美先生にIADMS（国際ダンス医科学会。ケガの予防に役立つような動作解析を行う研究者、ダンサーの傷害を治療する理学療法士やアスレチック・トレーナー、そしてダンサーやダンス教師が多数参加しています）のことをお聞きして、第20回の学会から参加するようになりました。そこで本書の著者であるJ. ハウス先生や原書第3版から共著者となった理学療法士のM. マコーマックとも知り合いました。M. マコーマックには、ロンドンのロイヤル・バレエ団の練習やロイヤル・バレエスクールの中にあるリハビリ室（彼女はそのトップ）も見せてもらいました。リハビリに必要なスタッフと設備の充実ぶりはさすがだと思いました。また、IADMSの会長であったリートフェルト先生、ニューヨークのワイス先生たちとも知り合い、ダンサーのケアをするニューヨークのハークネス・センターや米国のバレエ団の施設も見学させていただく機会を得ました。

　整形外科医としてはダンサーのケガはオーバーユースが絶対的な原因と考えてしまいが

ちですが、こうした経験を経て、本書の主題である「ダンスのケガはテクニックの間違いから発生し、それを修正しなければならない」こと、さらに再発予防の観点からもテクニックの修正が必要であることを痛感しました。また、女性アスリートの三徴のように栄養や食事、心理的問題の重要性にも注意を払うようになりました。

　ダンサーの診療を始めたころ、疲労骨折の診断をしたときに、「なぜバレエをしてはいけないのですか？」と涙ながらに訴えられ、唖然として言葉が出なかったことを覚えています。疲労骨折は完治しなくてもダンスができるため、ダンサーは踊り続け治療期間が延びてしまうことが多々あります。「バレエダンサーは痛みに対する閾値が高い」、つまり「痛みを感じにくい」との研究発表もありますが、オーディションで役を手に入れ、痛みがあっても踊らなければ生活ができないというダンサーたちの現実があることも事実です。私は、早期に診断しきちんと治し、力いっぱいバレエができるようにするのがよいと常々思っており、特に成長期のダンサー、その保護者の方やバレエの先生方にそのことを伝えたいと考えています。また、プロのダンサーたちが安心してケガの治療を行える環境の整備も重要です。

　バレエ外来に来院するダンサーから、ヨーロッパや北米、アジアなどの小さな街でも、プロのバレエ団には日本人のダンサーが所属し、熱心にレッスンに励んでいることをよく聞いています。そうしたダンサーにとって、ケガに対する理解を深めるための体系だった日本語の本が必要なこと、原書第4版はこれまでの版より内容が充実したこと、そして残念ながら著者のJ. ハウス先生が数年前に亡くなり、これが最後の版となるのではないかと案じたことから、本書の監訳を引き受けました。

　私がお会いした当時でもJ. ハウス先生は70歳を優に超えていたと思いますので、彼が整形外科医として手術を行っていた当時と現在の治療は若干異なっていることもあります。ダンサーたちが病院に行ったときに困惑しないために、大変僭越ながら私が現在よいと思う治療法などについて監訳者注（＊マーク）を付けています。

　最後になりましたが、経済的、時間的な問題、あるいは人間関係の問題など、ケガをしたダンサーが病院を受診しにくい状況があるため、理学療法士やアスレチック・トレーナーなど医師以外の医療関係者の役割が重要となっています。本書を通し、ダンサー自身や保護者の方々、ダンス教師、そして医療関係者の方々にダンサーに多いケガについての理解を深めていただき、ケガの早期発見と適切な治療、そして予防に役立てていただければ幸いに存じます。

2015年11月　平石英一

本文を読む前に

●体の各部分の呼び方

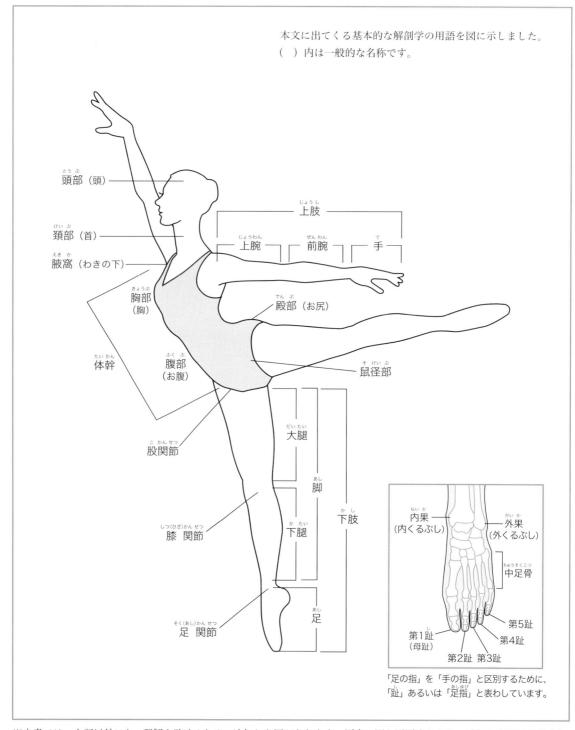

本文に出てくる基本的な解剖学の用語を図に示しました。（　）内は一般的な名称です。

「足の指」を「手の指」と区別するために、「趾」あるいは「足指」と表わしています。

※本書では、上記以外にも、理解を助けるために追加した図があります。原書の図と区別するため、追加した図にはタイトルの前に◆を加えました。

●足の動き

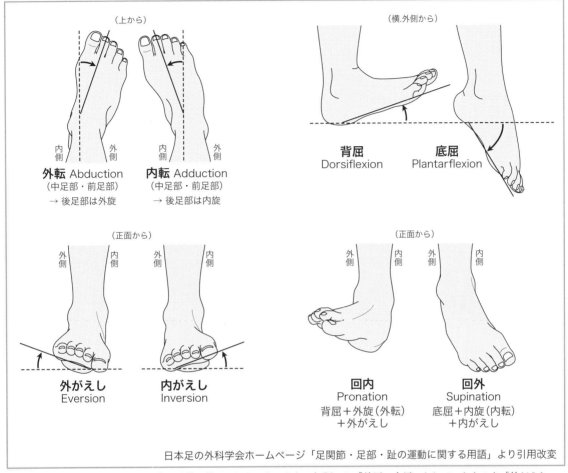

日本足の外科学会ホームページ「足関節・足部・趾の運動に関する用語」より引用改変

※日本足の外科学会で足の運動を表す言葉が統一されたことにより、初版では「外反・内反」としていたものを「外がえし・内がえし」にしています。

●ダンステクニックの間違いを表す言葉（日本ではあまり使われない表現もあります）

- ■カマ足　　[sickling in]：内がえしと内転をした足
　逆カマ足 [sickling out]：外がえしと外転をした足 　p.150、240〜241 参照。

- ■ローリング（イン）[rolling (in)]：足を回内（背屈＋外転＋外がえし）させて立っている状態。足の内縁に体重がかかり、土踏まずが床に近づきます。p.17、170、256〜257 参照。

- ■ヒップに体重をかける [sit in hip, sink in hip]：体幹から脚にかけての筋肉が正しくコントロールされず、腰に体重をかけてドスンと座り込んだような状態。p.34、68 など。

- ■骨盤を後傾する [tuck under]：タックアンダーは一般的に「下にはさみ込む」という意味ですが、本書では、殿部の下のほうをはさみ込み「通常より少し骨盤を後ろに傾ける」状態を指して使われています。tilt the pelvis backwards と解説のあった部分があり、「骨盤を後傾する」と訳しています。p.25 参照。

も く じ

- ◆献辞　iii
- ◆はじめに　v
- ◆監訳者まえがき　vi
- ◆本文を読む前に　viii

▶第1章　体の構造としくみ（解剖学と生理学） — 1

- 1.1　骨格 ……………………………………………………………… 2
  - ❶軟骨 2　❷骨 2　❸骨格を構成する部分 4
- 1.2　関節 ……………………………………………………………… 8
  - ❶関節のタイプ 9　❷関節の動き 9　❸重要な関節 11
- 1.3　筋肉 ……………………………………………………………… 17
  - ❶概論 17　❷個々の筋肉 23　❸主要な筋群 33
- 1.4　神経系 …………………………………………………………… 36
  - ❶随意神経系（体性神経系）37　❷自律神経系 38
  - ❸感覚神経系 39
- 1.5　皮膚 ……………………………………………………………… 42
- 1.6　心循環系 ………………………………………………………… 42
  - ❶血液 42　❷血液の循環 44　❸リンパ系 46
- 1.7　消化管と消化作用 ……………………………………………… 47
  - ❶消化管 47　❷消化 48　❸肝臓の働き 49
- 1.8　呼吸系 …………………………………………………………… 50
  - ❶呼吸 50　❷肋骨の動き 51　❸呼吸筋 52
  - ❹呼吸法 52　❺呼吸作用 54　❻酸素と二酸化炭素の運搬 54
  - ❼呼吸のコントロール 54
- 1.9　泌尿器系 ………………………………………………………… 55
- 1.10　内分泌系 ……………………………………………………… 56
  - 内分泌腺の働き 58
- 1.11　バレエに関連した体のしくみと働き（機能解剖学） ……… 59
  - ❶スタンス 59　❷ターンアウト 61　❸肩甲帯の使い方 64
  - ❹プリエ 65　❺タンデュ 67　❻アラベスク 69
  - ❼ルルヴェ 70　❽ポアント 70　❾過度運動性 74
  - ❿成長のパターンと思春期の成長スパート 77

▶第2章　ケガ：病理学、原因、治療、予防、栄養 — 81

- 2.1　ケガの病態生理学：炎症、治癒 ……………………………… 82
  - ❶炎症 82　❷ケガの治癒（治ること）87

2.2	ケガのタイプ	89
	❶ 関節の損傷 89　❷ 骨の損傷 90　❸ 腱の損傷 92	
	❹ 筋肉の損傷 95　❺ X線などの画像検査 96	
2.3	ダンスのケガの原因と影響	99
	❶ ダンスのケガの原因 99　❷ ケガによる一般的な影響 101	
2.4	ケガの治療—原則	103
	❶ 治療の第1の目的 103　❷ 治療の第2の目的 105	
2.5	ケガの具体的な治療法	105
	❶ 応急処置 105　❷ 理学療法 107	
	❸ 内科的療法、外科的療法 122	
2.6	ケガの予防	126
	❶ 正しいテクニックを身につけて維持する 126	
	❷ 筋力をつけ、関節の可動性を高め、その状態を維持する 127	
	❸ 心肺機能の適応性を保つ 127	
	❹ 適切な栄養をとる 129	
	❺ ケガの予防の見地から、ダンサーを整形外科的に評価する 129	
2.7	栄養	133
	❶ 必要な栄養素 134　❷ 食生活 137　❸ 公演前の飲食 137	
2.8	原因不明のパフォーマンス低下症候群（UUPS）	138

▶第3章　ダンサーに起きやすいケガ：原因と治療 ― 141

3.1	足関節外側靱帯の捻挫	142
3.2	足関節外側靱帯の断裂	146
3.3	足関節内側靱帯の捻挫	146
3.4	足関節外側靱帯と内側靱帯の慢性的な捻挫	146
3.5	腓骨筋腱の亜脱臼	147
3.6	足関節前方関節包の損傷	147
3.7	外果骨折	148
3.8	内果骨折	148
3.9	距骨ドームの骨軟骨骨折	149
3.10	アキレス腱障害	150
3.11	アキレス腱断裂	151
3.12	アキレス腱滑液包炎	152
3.13	足関節後方インピンジメント	152
3.14	足関節前方インピンジメント	153
3.15	後脛骨筋の腱障害と腱鞘炎	154

3.16	長母趾屈筋の腱障害と腱鞘炎	155
3.17	長母趾伸筋の腱炎	156
3.18	中足骨の疲労骨折	156
3.19	第2、第3中足骨頭の骨軟骨炎	157
3.20	立方骨の亜脱臼	158
3.21	足底腱膜の損傷	159
3.22	第1中足趾節関節の関節包の損傷	159
3.23	種子骨炎	160
3.24	外反母趾とバニオン	161
3.25	強剛母趾	163
3.26	陥入爪	164
3.27	ウオノメとタコ	165
3.28	石灰化部など	165
3.29	腓骨の疲労骨折	166
3.30	すねの痛みと脛骨の疲労骨折	166

　　　❶ 骨にかかる応力への反応と疲労骨折 167
　　　❷ 危険因子（リスクファクター） 168

3.31	前方コンパートメント症候群	170
3.32	ふくらはぎの筋肉の断裂と痙攣	171
3.33	膝前部痛	172
3.34	硬い大腿筋膜張筋	172
3.35	膝蓋腱の障害	173
3.36	オスグッド・シュラッター病	174
3.37	膝蓋軟骨軟化症	175
3.38	膝の関節包の損傷	176
3.39	膝の内側側副靱帯の損傷	176
3.40	膝の外側側副靱帯の損傷	177
3.41	膝の十字靱帯の損傷	177
3.42	膝の内側半月板の損傷	178
3.43	膝の外側半月板の損傷	179
3.44	大腿四頭筋腱の断裂、膝蓋腱の断裂、膝蓋骨の骨折	180
3.45	大腿四頭筋の肉ばなれと断裂	181
3.46	内転筋の肉ばなれと断裂	181
3.47	鼠径部の肉ばなれ	182
3.48	股関節のインピンジメント	182
3.49	ハムストリングスの肉ばなれと断裂	183

3.50	弾発股	184
3.51	ペルテス病と大腿骨頭すべり症	185
3.52	大腿骨転子部の滑液包炎	185
3.53	殿部の痛み	185
3.54	仙腸関節の挫傷	186
3.55	腸骨稜につく筋肉の肉ばなれ	187
3.56	棘間靱帯のダメージ	187
3.57	椎間関節の挫傷	187
3.58	腰椎の椎間板ヘルニア	188
3.59	腰椎の疲労骨折	189
3.60	胸椎部の痛み	190
3.61	急性の斜頚	191
3.62	肩と腕の問題	191

▶第4章　筋肉を鍛えるエクササイズ ── 193

腹筋に対するより高度なエクササイズ	207
広背筋と脊柱伸展筋のためのエクササイズ	214
肩を安定させるエクササイズ	215
腕立て伏せ：男性ダンサーのための重要なエクササイズ	216
股関節内転筋のエクササイズ	217
大腿四頭筋のエクササイズ	218
ハムストリングスのエクササイズ	219
足と足関節のエクササイズ	220
バランスのエクササイズ	223
膝蓋腱のための伸張性エクササイズ	224
アキレス腱のための伸張性エクササイズ	225
テーピングの技術	226

▶第5章　テクニックの間違いと体の構造の個人差：原因、影響、治療　229

テクニックの間違い		231
5.1	肩の高さの違い	231
5.2	首や肩のまわりの緊張	232
5.3	肋骨の損傷	234
5.4	側弯症	234
5.5	後弯症	236
5.6	前弯	237

5.7	過度の外旋 ………………………………………………	239
5.8	股関節のターンアウトの制限 …………………………	242
5.9	股関節の前方の硬さ ……………………………………	244
5.10	内転筋の弱さ ……………………………………………	245
5.11	大腿四頭筋の機能不全 …………………………………	246
5.12	ハムストリングスの硬さ ………………………………	246
5.13	反張膝 ……………………………………………………	247
5.14	硬いふくらはぎの筋肉 …………………………………	249
5.15	硬いアキレス腱 …………………………………………	250
5.16	弓なりの脛骨 ……………………………………………	251
5.17	足関節後方インピンジメント …………………………	253
5.18	ローリング（回内）……………………………………	256
5.19	足の内在筋の弱さ ………………………………………	257
5.20	足指と中足骨の長さの個人差 …………………………	258
5.21	間違った体重のかけ方 …………………………………	260

◆バレエ用語集　262

◆さくいん　263

◆訳者あとがき　271

第1章
体の構造としくみ（解剖学と生理学）

Anatomy and Physiology

1.1 骨　格

骨格は、他の組織を支える足場となって、人体の基本の形を作っています。骨格の主な部分は硬く、あまり圧縮されない骨の組織からできていますが、柔軟性のある軟骨の部分もあります。胎児が育つとき、骨格では軟骨がまず形成され、成長するにつれて徐々にそのほとんどが骨に置き換わります。このプロセスを骨化といいます。誕生までには、骨の末端を除いて、ほとんどの骨格が完全に骨化されます。骨の末端には、成長軟骨板（あるいは骨端軟骨板）といわれる、軟骨の襟のような部分があります。子どもが成長するときに、骨を成長させるのは、この軟骨です。骨格が成熟しきれば、骨は完全に骨化しますが、可動関節では軟骨が骨端を包んで残っています。これを関節軟骨といいます。

1 軟　骨

- 軟骨は骨より軟らかくて、硬くなく、少し弾力があります。
- 軟骨の75％は水、25％はたんぱく質からなり、水分の多いゲルのようなものと考えることができます。軟骨は、軟骨細胞（軟骨基質という細胞外マトリックスを作る細胞）とプロテオグリカンからできています。そして、さまざまな量の丈夫なコラーゲン線維や黄色い弾性線維（エラスチン）、さらにたんぱく質によって強化されています。
- 血管は、軟骨の中に通っていません。そのため、軟骨は、まわりの組織液から拡散された栄養を受け取っています。
- **硝子軟骨**（ヒアリン軟骨：ヒアリンはガラスを意味するギリシャ語）は、肋骨の軟骨、気道の輪状軟骨、鼻の軟骨にあって、それぞれに必要とされる形や弾力をしています。また、前述した成長軟骨板を形づくるのも、硝子軟骨です。
- **関節硝子軟骨**は骨の末端をおおっていて、そこでは骨が互いに向き合い、滑膜関節（p.9）を形成します。関節硝子軟骨は硬く光沢があり、骨の端を守る強く丈夫な層となって、摩擦を減らし、圧力に耐えています。関節腔を満たしている滑液から、栄養を受け取ります。
- **線維軟骨**は、硝子軟骨よりもコラーゲンを多く含みます。そのため、さらに強い圧力にも耐えることができ、引く力や裂く力にも抵抗することができます。線維軟骨は、この特性が必要とされる椎間板や恥骨結合にあります。
- **弾性軟骨**は、より弾力に富んでいて、変形しても元の形に戻ることができます。外耳道に見られます。

2 骨

骨の成分は軟骨と似ていますが、主にリン酸カルシウム、炭酸カルシウムを多く含んでいます。これらは骨に、硬さ、強さ、圧力に耐える大きな力を与えています。骨の有機成分であるコラーゲンは、骨に抗張力を与えていて、強く引く力に対して骨は耐えることができます。

骨には、2種類の骨質、**緻密骨**と**海綿骨**があります。緻密骨は、骨の外側の層、つまり骨皮質を形づくっています。骨皮質は、丈夫で硬い殻で、体の骨の80％を占めています。緻密骨の構造を顕微鏡で見ると、丸い管が密接に束ねられて整列しているのが見えます。この管はそれぞれ、骨基質が密に並んだ層板（ラメラ）に取り囲まれています。これらを、ハバース系といいます。ラメラの中には骨細胞があり、管の中には神経と血管が入っています。骨の内側の部分は、海綿状の（小柱状、あるいは小穴の多い）骨でできています。海綿骨の部分は、骨が棒状や板状になって互いにつながった骨梁というものでできています。骨梁のすき間を埋めるのが赤色骨髄で、この脂肪性基質の中には、血液を作る細胞が浮かんでいます。骨梁はそれぞれ、骨細胞を含む骨の層からできています。骨梁には、まわりの骨髄から拡散した血液が供給されています。

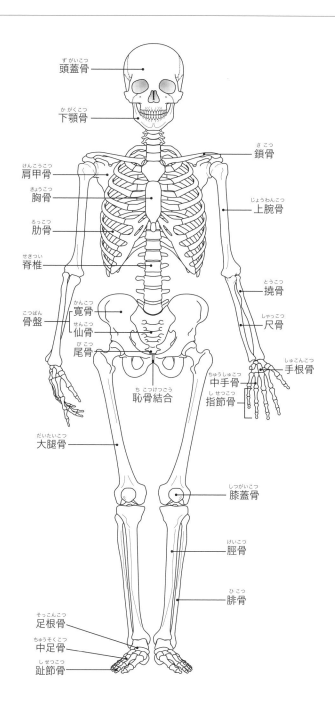

図1.1　骨格

　新しい骨は、骨芽細胞によって形成されます。生きている骨は常に入れ変わっていて、一度に5％の量の骨が再生されます。破骨細胞は、もう1種類の細胞で、過去に作られた、あるいは壊された骨を、侵食して吸収します。バランスよく、骨芽細胞が新しい細胞を作り、破骨細胞が骨を侵食しています。これらがともに働いて、骨が力を保てるようにしています。このプロセスによって、必要が生じたときに、骨の構造が変えられます。例えば、骨の持ち主が、新しいエクササイズを取り入れて新しいストレスに対応するときや、ダメージを修復するときです。重要なのは、骨が栄

養を必要としていることです。十分なカルシウムや栄養をとれば、骨は強く密度も高くなっていきますが、ダイエットやホルモンのバランスがくずれることによって骨は弱くなります。

骨の量は、通常の運動で保たれます。身体的な活動が増えると、同じ性質の負荷がかかることに備えて、骨は質的にも構造的にも最も適した状態に変わります（ウォルフの法則）。つまり、骨は新しいストレスに適応するために、再構築されます。これは、ダンサーの第2、第3中足骨によく見られるもので、ストレスによる通常の肥厚です。

● ――骨の形状
- **長骨**：大腿骨、脛骨、腓骨、上腕骨、尺骨のような骨。骨幹と2つの骨端があります。中足骨と指（趾）節骨は、小さな長骨です（図1.2）。
- **短骨**：一般に、立方形の骨。例えば、手首の手根骨、足の後ろの足根骨。
- **扁平骨**：肩甲骨、頭蓋骨のような骨。
- **不規則骨**：名前が示すように、不規則な形をした骨。腰にある寛骨など。
- **種子骨**：足の親指の関節の下にある2つの骨など。

● ――骨の働き
- **支える**：骨格は、筋肉がつく骨組みとなって、体を形づくっています。
- **血球を作る**：赤血球は、特定の骨の中にある赤色骨髄によって作られます。
- **動く**：骨は、筋肉の力で操作されて、テコのように動きます。
- **守る**：頭蓋骨は脳を、胸郭は心臓や肺を、骨盤は生殖器を、脊柱は脊髄を守ります。
- **貯蔵する**：カルシウム、リン、マグネシウムは骨に蓄えられていて、必要になればいつでも血液循環の中へ出すことができます。

図1.1に、人間の骨格と、重要な骨の名を記しています。頭蓋骨は、中に脳があって脳を守っていますが、脊柱で支えられています。脊柱も、中に脊髄があり、脊髄を守っています。頭から少し下の脊柱には、胸郭があって、その中には心臓や肺があります。脊柱のいちばん下には、仙骨があります。仙骨は、5つの椎骨が縦に並んだもので、進化によって1つの骨につながりました。仙骨の先端には、尾骨があります。尾骨は、4つの小さな椎骨からなっていて、受動的にだけですがふつうは動かせます。これは、シッポのなごりです。仙骨は骨盤の一部となっていて、骨盤の両側には寛骨という大きな2つの骨があります。寛骨は、後ろでは仙骨と仙腸関節でつながって、前では恥骨結合でつながっています。これらの関節は両方とも、わずかしか動きません。骨盤の両側には股関節があり、そこから下に下肢が伸びています。上肢に関しては、肩甲帯が他の骨格につながる部分は、かなり不安定で固定されていません。鎖骨には、中心側の端で胸骨につながる胸鎖関節があります。しかし、胸鎖関節以外で、肩甲帯を体の他の部分につなげているのは、肩甲帯のまわりのさまざまな筋群だけです。

3 骨格を構成する部分

骨格は2つの部分に考えることができます。

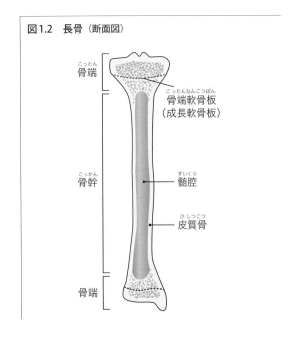

図1.2　長骨（断面図）

a) 軸の骨格：頭蓋骨、脊柱、仙骨、胸郭からなります。
b) 四肢の骨格：肩甲帯の骨、上肢の骨、寛骨、下肢の骨からなります。

● ── 軸の骨格

脳をおおっている頭蓋骨は、あごの骨（下顎骨）と合わせると、体の中でいちばん重い部分になります。頭蓋骨は、頚椎のいちばん上にのっています。首の骨は7個の頚椎からなっています。第1頚椎と第2頚椎は、他の部分の骨とは全く違った特殊な骨です（図1.3、1.4）。第1頚椎は、アトラス（環椎）とも呼ばれています。この名称は、古典神話で世界を肩に背負っている英雄アトラスに由来しています。アトラスは頭蓋骨の全重量を受けています。この骨は輪のような形をしていて、ふつうの椎体はもっていません。頭蓋骨とアトラスの間には、うなずくような動きしか起きません。また、第2頚椎とアトラスの間には回転する動きが生じるので、第2頚椎はアキシス（軸椎）と呼ばれています。頚椎が回旋する動きの50％以上はこの部分で起きていて、残りは頚椎全体が回旋して起きます。アキシスの椎体から上に伸びた突起によって、この動きが可能となります。この突起はアトラスの輪の中に入っていて、大変強い横靱帯によってその場所に固定されています。軸は歯突起とも呼ばれていて、アトラスの椎体の代わりをしています。残りの5つの頚椎は、他の脊椎に似ています。脊柱の図（図1.5）からわかるように、椎骨は下にいくほど徐々に大きく

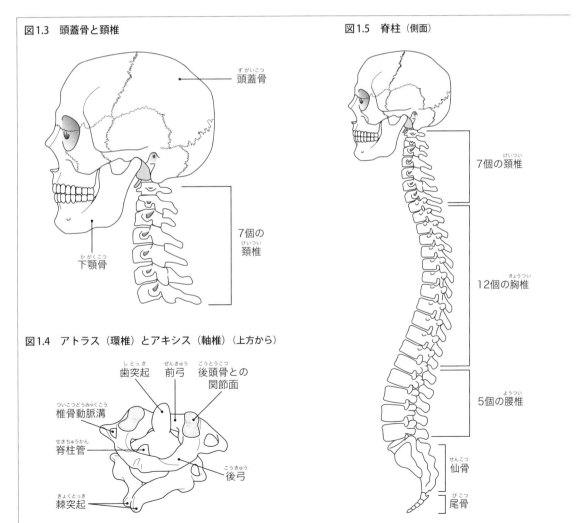

図1.3 頭蓋骨と頚椎

図1.4 アトラス（環椎）とアキシス（軸椎）（上方から）

図1.5 脊柱（側面）

なります。頚椎、胸椎、腰椎は形や構造に少しずつ違いがあります。図1.6は上と側面から見た典型的な腰椎の図で、さまざまな部分の名称を記しています。いくつかの部分については、この本の後の章で触れます。

図1.7は後ろから見た、隣接した2つの椎体です。図のように、関節突起、つまり椎間関節で互いに連結しています。これは小さな滑膜関節で、互いにスライドして、椎体どうしが少し動けるようになっています。椎体と椎体の間には、椎間板

図1.6　腰椎の構造

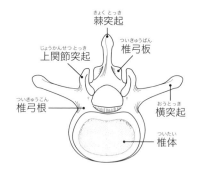

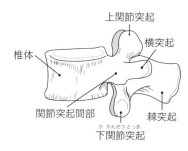

第3腰椎は典型的な形ですが、それぞれ腰椎は少しずつ形が違います。腰椎は、ダンサーにとって最も重要な部分です。

図1.7　2つの腰椎（後面）

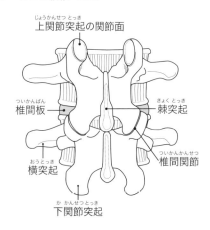

図1.8　椎間板

 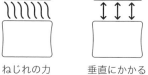 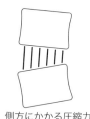

ねじれの力　　垂直にかかる　　側方にかかる圧縮力
　　　　　　　圧縮力　　　　　あるいは
　　　　　　　　　　　　　　　前後にかかる圧縮力

図1.9　脊柱にある第1のカーブと第2のカーブ

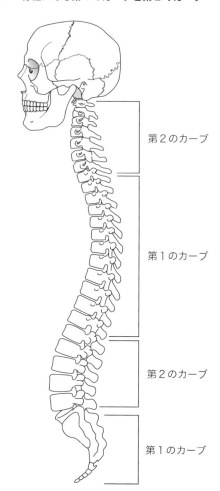

があります。この椎間板は、丈夫な線維軟骨からできています。椎間板は、弾力のあるゴムのように働いて、1つの椎体から隣の椎体へ動きが伝わるときに生じる圧迫する力や引き伸ばす力を、ある程度吸収します（図1.8）。しかし、隣り合った椎体と椎体の間には少しの動きしか生じないことを、覚えておくことが大切です。この小さな動きが合わさって、脊柱全体としてある程度の柔軟性をもつことができます。しかし、脊柱は部位によって柔軟性が異なります。頚椎と腰椎は比較的動かせますが、胸椎はあまり動かせません。

脊柱を側面から見た図1.9でわかるように、脊柱はまっすぐではありません。4つのカーブがあります。胸椎と仙骨の部分は背側に（後ろに）向かって、カーブしています。腰椎と頚椎は、反対に前に向かって、カーブしています。胎児のときには、脊柱全体が同じ方向にカーブしています。このカーブは胸椎と仙骨と同じ向きで、この2つの部分は第1のカーブと呼ばれています。その後、第2のカーブは、頚椎と腰椎で反対方向に起こります。最もストレスがかかるのは、カーブが方向を変えるところで、ここは損傷を受けやすい部分です。特に、上半身の重さを下に伝える脊柱下部が、それにあたります。例えば、脊椎の骨折が最もよく起きる部分は、胸椎の下部、腰椎の上部です。また、軟部組織や椎間板では、第4腰椎と第5腰椎の間、第5腰椎と仙骨上端にある第1仙椎の間に、最もよく損傷が起きます。仙椎は、実際には1つの骨につながって仙骨となっています。

脊柱は仙骨で終わります。仙骨は、2つの寛骨とともに、骨盤帯を形成しています。

胸郭は、左右12対の肋骨からできています（図1.1）。後方には、肋骨と胸椎の関節があります。前方では、いちばん下の第11、第12肋骨は胸骨につながっていませんが、残り10本の肋骨は短く固い軟骨（肋軟骨）によって胸骨につながっています。第8、第9、第10肋骨は長い肋軟骨によって第7肋骨の軟骨につながり、それが胸骨まで達しています。このつながりは、胸骨の下から両側に向かって下に伸びるカーブとして確認できます。また、胸郭はこの部分で、腹部の上側を形づくっています。

● ──四肢の骨格
◎ 上　肢（図1.10）

上肢は、肩甲帯から始まっています。鎖骨だけが、中心部の骨格と実際に関節でつながっています。この関節は、鎖骨の内側の端が胸骨とつなが

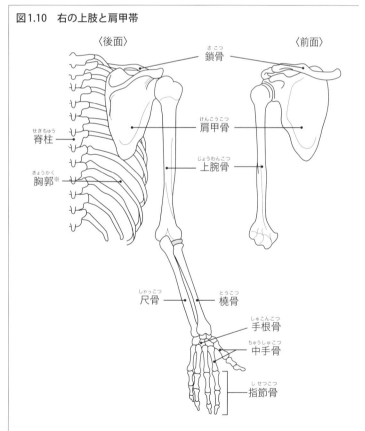

図1.10　右の上肢と肩甲帯

右の図は、胸郭をはずして、肩甲骨の前面を見えるようにしています。肩甲骨は、胸郭の後ろ側にあります。
※訳者注：胸郭は、12個の胸椎、12対の肋骨、胸骨からなります。胸骨は、この図には出ていません。

図1.11　右の下肢と骨盤の半分（後面）

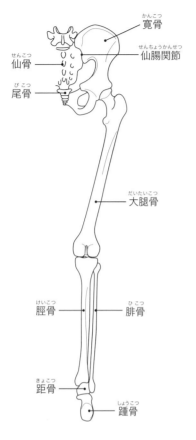

図1.12　右の下肢と骨盤（前面）

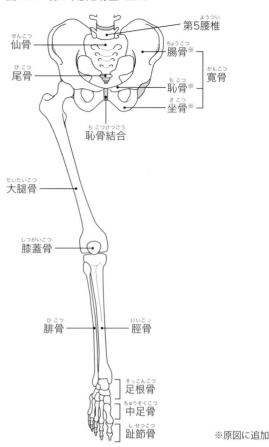

※原図に追加

る部分にあります。鎖骨の外側の端には、鎖骨と肩甲骨の肩峰（けんぽう）が作る関節があります。これらの関節には、肩甲帯を体の他の部分につなげる力はほとんどありません。肩甲帯は実際には、力強い筋肉によってつるされています。その筋肉の一端は背柱と胸郭につき、もう一端は鎖骨と肩甲骨についています。

　上肢の骨は、肩甲帯を形づくっている鎖骨と肩甲骨、上腕骨、橈骨（とうこつ）と尺骨、手根骨と中手骨（ちゅうしゅこつ）と指節骨（せつこつ）からなっています。手根骨の中でも特に舟状骨（しゅうじょうこつ）は、触れておく必要があります。若い人たちは、手をついて転んだとき、よくこの部分を骨折します。骨折から2週間以内に撮ったX線写真でも、この骨折を見つけるのはかなり難しいです。

◉ 下肢（図1.11、1.12）

　骨盤は、脊柱のいちばん下の仙骨と尾骨、そして2つの寛骨からなっています。寛骨は、前方では恥骨結合（軟骨関節）を形成し、後方では2つの仙腸関節（大変強い線維組織と軟骨）で仙骨とつながっています。下肢の骨は寛骨、大腿骨、脛骨、腓骨、足根骨と中足骨と趾節骨からなっています。寛骨は、腸骨、坐骨、恥骨という3つの骨がつながってできています。また、2つの足根骨については、特に知っておく必要があります。1つは足関節の一部分の距骨（ちょうこつ）で、もう1つは踵にある踵骨（しょうこつ）です。

1.2　関　節

　関節の働きは、骨と骨の間で動きを可能にすることです。関節があって初めて、骨格全体が柔軟なものになります。関節にはいくつかのタイプがあり、タイプによって動ける程度が異なります。

完全に自由な動きができる関節から、目に見えるほどの動きはなく固定されている関節まで、いろいろあります。

1 関節のタイプ

まず考えなければいけない関節のタイプは、滑膜関節（図1.13）です。このタイプの関節は自由に動きます。骨の端は関節硝子軟骨でおおわれています。この軟骨は大変なめらかで光沢があり、ほとんど摩擦を起こさずに関節が動くようにします。滑膜関節は、滑液によってなめらかに動き、滑膜という組織の層におおわれています。滑膜は関節液を作り出したり、関節内に生じた破片を吸収したりする働きもあります。滑膜の外側には、線維組織でできた強い関節包があります。関節を完全におおっている関節包の他に、さまざまな靱帯があります。靱帯には、関節包が部分的に厚くなって、より厚く強い組織の帯となったものや、関節包とは別に、大変強い線維性の帯を形づくっているものがあります。靱帯は、関節の動きを制限して、関節を安定させるためにあります。関節の動きを制限することで、関節が安定性を失う動きに歯止めをかけて、脱臼が起きるのを防いでいます。

もう1つの重要な関節のタイプは、骨と骨の間に軟骨あるいは線維軟骨がある関節です。この代表的な例は、隣り合った椎体の間にある椎間板です（図1.14、1.7）。このタイプの関節は、線維軟骨に弾力があるために少し動くことができて、わずかに伸ばされたり圧縮されたりします。また、ある程度の弾力性があるため、骨の間でショックアブソーバー（訳者注：衝撃や振動を吸収するもの）として働いています。ジャンプのときには、すべての椎間板が着地でかかるショックを吸収する助けをしています。椎間板の働きがないと、着地のショックで、かなりの衝撃が頭蓋骨や脳に伝わってしまいます。

最後のタイプの関節は、完全な線維質の関節で、ほとんどあるいは全く動きません。全く動かない線維関節の例は、頭蓋骨のドームを形づくっている扁平骨の間の関節です。わずかに動く関節の例は、脛骨と腓骨の下端の関節です。

2 関節の動き

滑膜関節だけが、はっきりとわかる動きをします。一般の人が関節と思っているのは、実はすべてこの関節です。誤解を避けるために、それぞれの動きに対して、正しい用語を使わなければいけません（図1.15 ～ 1.22）。

- **伸展**：関節を形づくる骨どうしが一直線上に並ぶように、関節をまっすぐに伸ばす動き。
- **屈曲**：関節を形づくる骨どうしの間に角度が生じるように、関節を曲げる動き。
- **外転**：四肢あるいはその一部を、体の中心線から遠ざける動き。
- **内転**：四肢あるいはその一部を、体の中心線に近づける動き。
- **回旋**：四肢あるいはその一部を、関節を通る軸

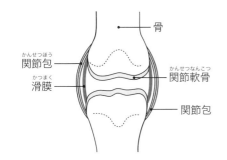

図1.13　典型的な滑膜関節（前から見た断面図）

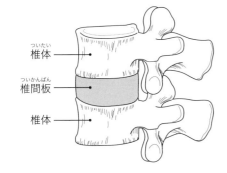

図1.14　椎間板

図1.15 脊柱、上肢、下肢の屈曲 　図1.16 伸展　　　　　　　図1.17 上肢と下肢の外転　　　図1.18 脊柱の側屈

足首と足は底屈しています。

図1.19 脊柱の回旋　　　　　図1.20 股関節の外旋　　　　　図1.21 股関節の内旋　　　　図1.22 下肢の内転

を中心にして回す動き。

- **分回し運動**：四肢あるいはその一部を、円を描くように回す運動。ふつうは屈曲や伸展、外転や内転を合わせた動き。

　滑膜関節には、さまざまなタイプがあり、可動域や運動面が異なります。球関節（ボールとソケット型の関節）は、すべての方向に自由に動くことができます。この例は、股関節です。蝶番関節（ヒンジ型の関節）は、屈曲と伸展の動きだけができます。この例は、手や足の指にある指（趾）節骨間の関節です。

　どのような関節にも、可動域を制限する要因がいくつかあります。その要因を内側から外側の順に挙げていきます。最初の要因は、関節を特定の

図1 ◆ 関節の形による分類

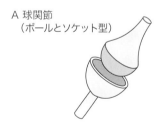

A 球関節　　　　　　　　　B 蝶番関節
（ボールとソケット型）　　　（ヒンジ型）

方向に動かすとき、両側の骨が互いに近づいて制限が生じることです。しかし、大部分の関節では、骨による制限が起きる前に、関節包と靱帯が可動域を制限します。これらは2つめの要因です。靱帯は若いうちから訓練すれば、ある程度ストレッチすることができ、ふつう以上に特定の関節の可動域を広げられます。3つめの要因は、関節の動

きをコントロールしている筋肉の緊張です。これは比較的簡単にストレッチすることができ、筋肉は実際に引き伸ばされます。動きを制限する最後の要因は、軟部組織の存在です。例えば、脂肪のついた太ももやふくらはぎの人は、それらの余計な組織をもっていない場合と同じようには、膝を完全に折り曲げることができません。

　関節を可動域ぎりぎりまで動かせば、徐々に軟部組織はストレッチされていきます。特に思春期前には、可動域が広がります。しかしながら、関節の可動域にも、生まれつきの個人差がかなりあります。その要因の1つに、関節の形の違いがあります。また、大変緩んだ靱帯や大変伸びやすい軟部組織がある関節を、先天的にもっている人もいます。俗語で二重関節といわれるものです。これは、過度運動性の範囲内ですが、極端な例では曲芸師になれます。

　医学的に正確を期するため、正しい言葉を使うことが大切です。しかし、ダンススタジオでは異なる言葉が使われています。クラシックバレエではフランス語で動きを表現しますが、ダンサーは"ハイ・エクステンション"についてよく話しています。これは、体幹に対して脚を高く上げる能力を意味しています。前に脚を上げる動きは、股関節の屈曲です。また、横に上げる動きは、外転と外旋と屈曲を合わせた動きです。この本では、解剖学の用語だけでなく、できるだけダンサーが使う言葉を受け入れるようにしました。あいまいにならないよう願っています（訳者注：ダンサーが使う"ハイ・エクステンション"という言葉は"脚を高く上げる能力"を表しますが、医学用語では股関節の"エクステンション（伸展）"は"脚を後ろ（デリエール）に上げる動き"になります。エクステンションの意味が、ダンサー用語と医学用語で異なるため、混同しやすいといっています）。

3 重要な関節

●──上　肢

　肩甲骨と上腕骨の関節は、球関節（ボールとソケット型の関節）です（図1.23）。ソケット部分は平らで、受け皿のような形をしています。これは関節窩と呼ばれています。この関節はとても浅いので、上腕と体幹の間では広範囲の動きが可能です。しかし、この可動域のすべてが、肩甲骨と上腕骨の間で起きているのではありません。この動きの大部分、特に腕をもち上げる動きは、肩甲骨自体が胸郭に沿って滑るように動いて起きます。

　上腕骨の下端には、肘関節（図1.24、1.25）があり、橈骨と尺骨の上端と関節をなします。上

図1.23　右の肩関節

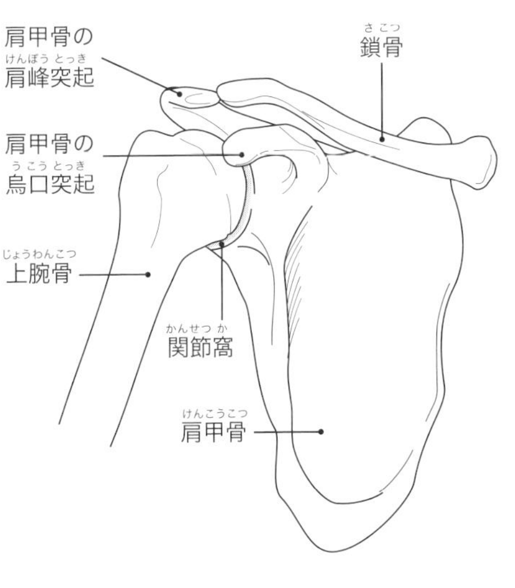

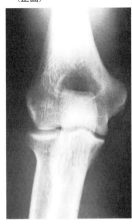
図1.24A　肘関節のX線写真（正面）

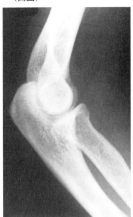
図1.24B　肘関節のX線写真（側面）

腕骨下端と尺骨との関節は、まっすぐに並ぶ蝶番関節です。しかし、橈骨上端との関節はかなり複雑です。というのも、橈骨は上腕骨に対して伸展や屈曲をし、尺骨と上腕骨に対して回旋もするからです。同じような回旋をする動きが、橈骨と尺骨の下端にも起きます。これにより回内と回外という動きができて、前腕の回旋だけで手のひらを表や裏に返すことができるようになっています。

図1.25の骨格図からわかるように、手首と手の骨は複雑です。手首の動きのほとんどは伸展と屈曲ですが、外転や内転といった横の動きもある程度できます（顆状関節）。中手骨と指節骨の間にある指の関節も、すべて顆状関節です。指節骨どうしの関節は、純粋な蝶番関節です。しかし、親指の付け根の中手骨と手根骨の関節は、スライドする動きと回旋がいくらかできます。それによって、親指は屈曲や伸展だけでなく外転や内転や分回し運動といった動きができて、他の指に対して親指を対立位（向かい合う位置）にできるようになっています。この動きがないと、手を使ってものを握ることができなくなり、繊細で美しい動きも、手を使うことも不可能になります。

●──下　肢

骨盤は、骨格の軸の一部となっている仙骨、そしてその前方にある2つの寛骨からなっています（図1.26）。仙骨の両側には、寛骨との関節の仙腸関節があります。この関節は大変強く、たくさんの靭帯がこの関節を横切り、線維軟骨もあります。仙腸関節には、ほとんどわずかな動きしか起きません。前のほうでは、2つの寛骨が恥骨結合でつながっています。この関節にも骨の間に線維軟骨があり、ほとんどわずかな動きしか起きません。妊娠中は、線維軟骨が軟らかくなって可動性が高くなり、出産ができるようにします。女性の骨盤は、男性の骨盤の形と違って、出産しやすいつくりになっています。

◉ 股関節

寛骨の両側には、股関節があります（図1.27）。この関節は、とても大きな球関節（ボールとソケット型の関節）です。肩関節とは違い、ソケットの役割をしている寛骨臼はとても深くなっています。大腿骨頭は、寛骨臼の中におさまり、ボールの役割をしています。そのため、関節は大変強く、

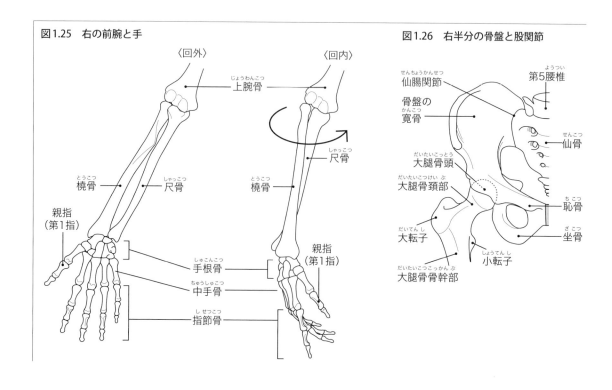

図1.25　右の前腕と手

図1.26　右半分の骨盤と股関節

かなり安定しています。図からわかるように、大腿骨頸部と呼ばれる首のような部分を介して、大腿骨頭は大腿骨骨幹部につながっています。そのため、大腿骨骨幹部は骨盤から少し離れた位置になり、大腿骨頭が大腿骨骨幹部の先端に直接つく場合よりも、すべての方向に広く動けます。

◉ 膝関節

大腿骨の下端には、膝関節があります。動きに関する限りは、膝関節は蝶番関節といえますが、図1.28を見てわかるように、とても不安定な関節かもしれません。なぜなら、大腿骨に面する脛骨の上端が、ほとんど平らになっているからです。膝関節は構造的には顆状関節ですが、機能的には蝶番関節といえます。もし靭帯がなかったら、大腿骨の下端は、脛骨の上ですべての方向にスライ

ドしてしまいます。蝶番のような動き以外に、膝が少し屈曲したときには、わずかに回旋します。しかし、膝が完全に伸展しているときには、回旋しません。

図1.29と1.30には、膝を安定させる靭帯が記されています。外側側副靭帯は、大腿骨の下端から外側を通って腓骨の上端へつく、ひも状の靭帯です。内側側副靭帯は、大腿骨の下端から内側を通って脛骨の上端へつく、帯状の靭帯です。膝関節の間には、名前のとおり十字に交差している十字靭帯があります。この靭帯は、大腿骨下端の顆間窩から、脛骨上端のプラトー（高原）の前方と後方に伸びています。これらも図に示されています。膝関節は、いわゆる半月板（図1.31）を2つもっている関節で、特別な関節です（しかしこ

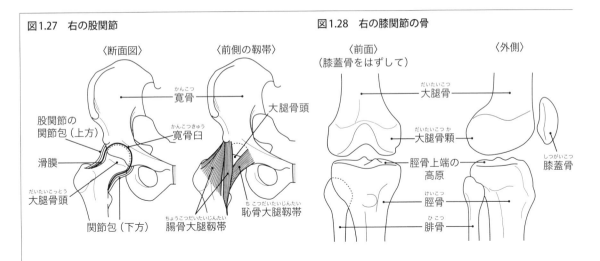

図1.27　右の股関節

図1.28　右の膝関節の骨

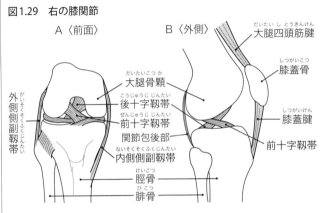

図1.29　右の膝関節

A：膝を屈曲させて前から見た図。大腿骨の下端と脛骨の上端が見えます。
B：横から見た断面図

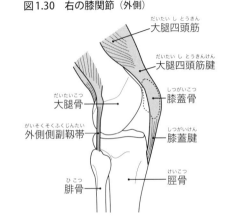

図1.30　右の膝関節（外側）

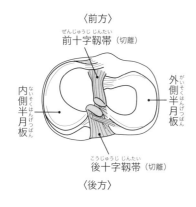

図1.31　右の脛骨の上端

〈前方〉
前十字靱帯（切離）
外側半月板
内側半月板
後十字靱帯（切離）
〈後方〉

上から見ると、半月板（軟骨）が見えます。

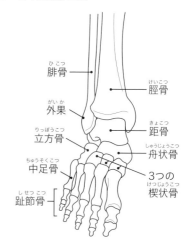

図1.32　右の足関節と足

腓骨
脛骨
外果
距骨
立方骨
舟状骨
中足骨
3つの楔状骨
趾節骨

の関節だけというわけではありません）。半月板は、線維軟骨でできていて、外側の縁は関節包についています。内側の縁は固定されていません。半月板は、脛骨の上端に少しくぼみをつける役をしていて、2つの浅い受け皿となっています。また、通常の動きで関節が屈曲したり伸展したりする際に、半月板がわずかに動いて、関節の内側で滑液が循環するのを助けています。半月板自体には、膝の通常の働きでは負担がかかりません。しかし、体重がかかっているときに、膝が少し屈曲してねじれると、半月板が大腿骨と脛骨の間にはさまって、ねじれにより半月板が裂けることがあります。

　前方には大腿四頭筋があって大腿四頭筋腱、膝蓋骨、膝蓋腱へとつながります。これらはともに膝の前方を安定させるのを助けています。膝の後方には後関節包があって、ハムストリングスに補助されて、安定させています。

◉ **足首と足の関節**（図1.32）

　足首の関節（足関節）では、脛骨と腓骨の安定した靱帯結合が調節のできるホゾ穴（凹）を形づくっていて、距骨の凸型の関節面がその穴に入っています。内側の脛骨にある内果は、足首の内側の骨です。腓骨にある外果は、足首の外側の骨です。距骨の本体は、くさび形をしていて、後ろよりも前が幅広くなっています。

　足関節でできる主な動きは、底屈（屈曲、あるいはダンサー用語で"ポアントにする"）と背屈（伸展、あるいはダンサー用語で"フレックスにする"）です。足関節が底屈するとき、距骨は、少し開いたホゾ穴を前方に移動します。足関節を背屈するとき、例えばドゥミ・プリエのときには、距骨はホゾ穴を後方に移動します。その際、くさび形の距骨の幅広い前側は、ホゾ穴の中に固定され安定します。脛骨と距骨の形、そして靱帯の硬さによって、可動域の広さが決まります。

　足関節は、蝶番関節として知られていますが、関節内には左右の動きや回旋をする"遊び"も少しあります。この蝶番関節を、2つの側副靱帯が強くつないでいます。内側では、三角靱帯が内果から舟状骨、距骨、踵骨に伸びています（図1.33）。外側靱帯は、3つの線維帯からなります。前距腓靱帯、後距腓靱帯、踵腓靱帯です（図1.34）。

　長くて薄い腓骨は、脚の外側にあって、膝のすぐ下の近位脛腓関節（滑膜滑走関節）で、脛骨に結びつけられています。腓骨と脛骨の下端にある関節は、遠位脛腓関節といわれています。腓骨は体重の10％も支えていませんが、この両方の関節で腓骨が動くことによって、足関節の通常の働きに役立っています。

　足の骨は、距骨と踵骨からなる後足部、舟状骨と立方骨、3つの楔状骨（内側、中間、外側）か

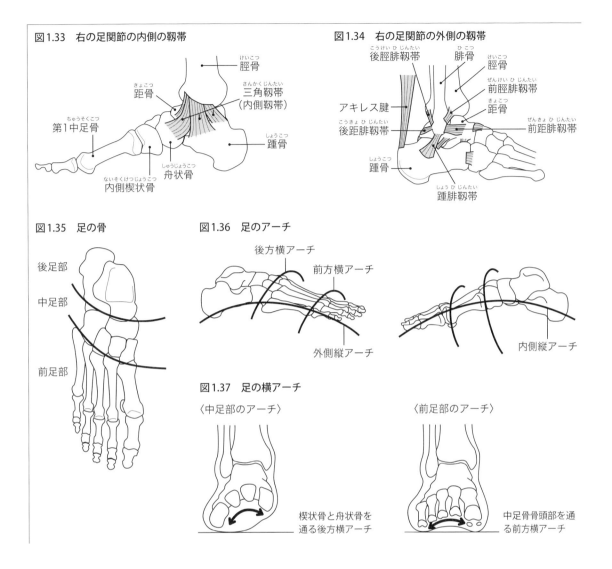

らなる中足部、中足骨と趾節骨からなる前足部に分けられます（図1.35）。

足は、アーチ型に作られています。2つの縦アーチがあり、内側の高いアーチと外側の低いアーチがあります（図1.36）。内側の縦アーチは、踵骨、舟状骨、3つの楔状骨、内側の3つの中足骨でできています。外側の縦アーチは、踵骨、立方骨、外側の2つの中足骨でできています。また、足を横切る2つの横アーチがあります。後ろの横アーチは足根骨のアーチ構造にあり、前の横アーチは中足骨の頭部にあります（図1.37）。

足の骨は、距骨をいちばん上にしたドームの半分と考えることができます。足を平行にして立つと、両足で完全なドームが形づくられます。この構造は適応性があり、理想的なショックアブソーバーとして働く一方、前後に進むために体重をしっかりと支えるシステムにもなっています。足の裏は、効率よく地面と接しなければいけません。そのために、この柔軟性のある構造によって、下の不規則な地面と上の脚の位置が変化するのに、適応できます。

足関節には"関節の遊び"があると前に書きましたが、左右への動きのほとんどは、通常の働きで必要とされる場合、足関節の下にある距骨下関節で起きます。距骨はボールベアリング（訳者注：玉軸受け。回転軸と軸受けの間で摩擦を少なくす

るため、玉を入れた装置）のように働いて、上は足関節、つまり距腿関節の一部として、下は距骨下関節の一部として働きます。距骨下関節は、上の距骨と下の踵骨の間で、前方と後方の関節面からなっています。距骨下関節は、骨盤、股関節、膝関節の回旋する動きを、横の運動に変える働きをしています。体重がかかっている距骨下関節は、回内と回外という複合運動をするといわれています（訳者注：p. ix参照）。これらの動きは、踵骨の外がえし（逆カマ足）と内がえし（カマ足）と、それに応じた距骨の往復運動です。しかし、距骨下関節は中間位では正しく整列していて、アキレス腱から距骨を通って踵骨を2等分して床に抜ける垂直な直線があります*1。

次に注目する関節は、足根骨を横断する関節で、横足根関節といわれています。内側は距骨と舟状骨、外側は立方骨と踵骨の関節です。距骨下関節が正しく整列しているときは、これらの関節は、足の縦横両方のアーチを保つように並んでいます。これが、後足部と前足部のつなぎ目になっています。この関節によって、後足部の位置に合わせて前足部を動かすことができ、足の裏を常に地面につけておくことができます。ここでの外転と内転、底屈と背屈、外がえしと内がえしの動きを合わせて、回内と回外の動きになると考えられます。

楔状骨間関節は、底屈と背屈で、滑るように動きます。3つの楔状骨が、第1～第3の中足骨の基部とつながるのが、第1、第2、第3の足根中足（tarsometatarsal：TMT）関節となります。第4、第5の中足骨は、立方骨と関節をなします。第2中足骨の基部が、内側／外側楔状骨の側面と中間楔状骨とでできたくぼみに接しているという点で、第2TMT関節は他とは異なります。この関節は後ろに引っ込んだ強い関節ですが、動きが他より制限されています。中足骨の基部どうしにも関節があり、互いに動くことができます。中足骨は、それぞれの趾節骨と一体になって、放射状に並んで機能します。

中足骨頭は、基節骨（近位の趾節骨）と中足趾節（metatarsophalangeal：MTP）関節でつながっています。趾節骨は、足の指の骨です。MTP関節は、背屈、底屈、外転、内転をする顆状関節です。中足骨頭は、足指のパッドのように働いて、体重がかかります。第1趾（親指）には、2つの趾節骨と1つの趾節間（interphalangeal：IP）関節があります。第2～第5趾の足指には、3つの趾節骨と、遠位と近位の2つのIP関節があります*2。

中足骨のTMT関節とMTP関節は、足首と足が通常のアライメント（訳者注：一般的な意味は、整列させること。体に対して使うときは、体を構成する部分〈骨、筋肉、さまざまな組織〉が適切な位置に並べられていること）の範囲内では、とても効率よく働いています。足のアーチが習慣的に平らになりすぎていると、骨、関節、軟部組織に負担がかかり、その結果ケガをします。骨と靱帯と筋肉によって、アーチは完全な状態となります。骨が組み合わされた形は、靱帯によってつながれて、アーチを形づくり、さらに筋肉に支えられています。下面では、縦アーチが長短の足底靱帯と強い足底腱膜によって支えられています。足底腱膜は、密度の高い結合組織の線維でできていて、踵骨からMTP関節に伸びています。足の外在筋と内在筋の両方が、アーチをしっかりと締めて支えています。後脛骨筋は舟状骨を引っ張って、縦アーチを内側で強く支えています。長母趾屈筋と母趾外転筋がさらに、内側から支えています。長腓骨筋は、足の下では内側の前方に向けて斜めに通っていて、すべてのアーチを強く支えています。

足は多くの機能をもっています。バレエダンサーは、脚のラインを強調するために、足と足首が十分に柔軟でなくてはいけません。4分の3ポアントやフルポアントで体重を支えることができるのは、この柔軟性によるものです。しかし、そのためには強くしなやかな足が求められます。ジャンプでは、推進力と、着地の衝撃を吸収して体の他の部分を守る強い伸張性筋力が求められます。一般人の足とは違い、ダンサーの足には、鍛

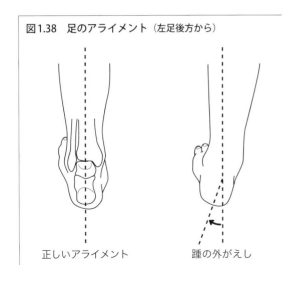

図1.38 足のアライメント（左足後方から）

正しいアライメント　　踵の外がえし

えられた力と足指のコントロールが求められます。ジャンプでは、足指とMTP関節で最後に床を押して踏み切り、空中で足と足首を底屈させる必要があります。着地のときには、足指の裏の柔らかい部分が最初に地面に接し、そして足が下り、プリエになります。ダンサーの足は、補助となるようなクッション性のある靴に守られていません。ダメージとなるストレスを最小限にするためには、足の内在筋と、上部からの効率的なコントロールだけを頼りにしなければいけません。

クラシックバレエでは、ダンサーは"ターンアウト"つまり股関節を外旋させて、下肢をよく慣れたクラシックのポジションにします。ターンアウトを注意深く教えないと、何年もかけてトレーニングで股関節の筋肉を強化する代わりに、膝と足を回旋させるストレスをかけることになります。股関節の構造が原因で外旋が制限されている場合は、どんなにトレーニングをしても純粋なクラシックのポジションはできません。プロのクラシックダンサーでも、ターンアウトに関連する足のケガに悩まされることがときどきあります。しかし、若い生徒たちに、足でターンアウトの角度を広げさせるという間違いを身につけさせてしまうことには、弁解の余地がありません。それによって、コントロールできなくなり、足の正しいアライメントが失われます。

ドゥミ・プリエで足を無理な角度に置いた場合（ダンサーがこのようにして自分の"完全な"位置を探し出していることがよくあります）、膝をまっすぐに伸ばすと、異常なバイオメカニクスで、回旋のストレスを足が吸収しているように見えます（訳者注：バイオメカニクスとは、体の構造と運動を力学的に研究する学問。ここでは"体の構造と運動"自体を指しています）。足は、床との摩擦によって、位置を保っています。足が横足根関節で緩み、外転して、距骨下関節が回内し、脛骨は足に対して内旋します。これは"ローリングイン（回内）"に見られます。足の内側のアーチは平らになり、中足骨は広がって、床に対して外がえしになり、踵が外がえしになります（図1.38）。母趾列が背屈し、過度に伸ばされて、内側の縦アーチを支えていられなくなります。第1趾（親指）の回旋は、外反しているのと関連し、よくわかります。この不便なポジションでは、足に体重をうまくかけられなくなり、アーチを支える筋肉が弱くなって、骨にはストレスがかかり、靭帯が引っ張られます。

*1　一般に荷重位では踵骨の外反が6度未満は正常と考えられています。

*2　第4趾、第5趾の趾節骨は進化または退化のため2つの人も多いです。

1.3　筋　肉

❶ 概　論

筋肉は、体の肉質の部分で、体のすべての動きを担っています。

●──筋線維のタイプ

筋肉には3つの異なったタイプ（図1.39）があって、それぞれ特有の機能をもっています。

◉ 横紋筋（骨格筋）

このタイプの筋肉は、脳や神経組織によって思いどおりにコントロールすることができるので、随意筋ともいわれます。四肢をコントロールする

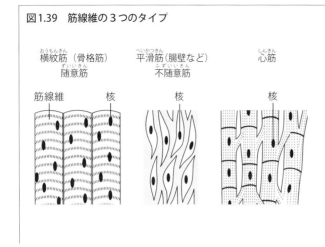

図1.39 筋線維の3つのタイプ

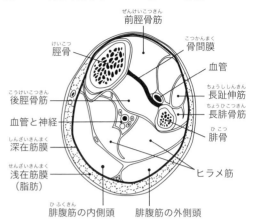

図1.40 下肢（断面図、上から3分の1の部分）

筋肉、顔の表情筋、呼吸をつかさどる筋肉などがあります。この筋肉の組織を顕微鏡で見ると、細胞にシマ模様があるように見えるため、横紋筋といわれています。シマ模様の筋肉といってもいいでしょう（図1.39）。

骨格筋は、結合組織に囲まれた多くの筋線維の束からなっています。この筋束は、筋腹の端から端までを縦に走っています。それぞれの筋線維は多くの筋原線維からなり、筋原線維も筋線維の長さいっぱいに走っています。骨格筋が収縮するメカニズムは、この筋原線維の中にあります。それぞれの筋原線維は、縦にサルコメアと呼ばれる区画に分けられ、それぞれに2種類のたんぱく質のフィラメント—アクチン、ミオシン—が整列しています。筋肉全体の収縮は、薄いアクチンのフィラメントが厚いミオシンのフィラメントの間に滑り込んで、1つひとつのサルコメアが短くなって起きます。この収縮は、神経系の刺激によって、神経のインパルス（訳者注：神経線維を通って伝わる活動電位）がそれぞれの筋線維を活性化したときに起きます。

結合組織は、筋線維のまわりを取り囲みつつ、筋肉の端で集まって腱となります。そして腱は、骨に強く付着します。筋肉が直接骨につくところでは、引っ張られる力に耐えるために、付着部に広い面積が必要です。しかし、密度の高い結合組織からなる腱は、小さな部分について、筋肉が遠くから作用できるようにしています。例えば下肢では、足指を屈曲や伸展させる筋腹の収縮は、足首を通る腱から伝えられます。

筋群もまた、密で伸縮性のない線維組織に囲まれています。この組織を筋膜といいます。図1.40は、膝から3分の1下の脚の断面図です。筋肉の層がどのように重なっているかわかります。皮膚が脚全体をおおい、その下に浅在筋膜と呼ばれる脂肪の層があります。そして深在筋膜があります。深在筋膜は、密で伸縮性のない線維組織で、さまざまな筋肉を囲んでいます。これと同じレベルで、下肢の2つの骨（脛骨と腓骨）をつなげる大変密な線維組織の帯があり、骨間膜といわれています。骨間膜には、2つの骨をつなげる役割だけでなく、筋肉が付着する場所を増やす役割もあります。

筋肉全体は両端で付着していますが、一方は起始、もう一方は停止といわれています。ふつう動かないほうの端を起始と呼んで、引っ張られるほう、あるいは動くほうの端を停止と呼びます。四肢では、起始は近位（体幹に近いほう）の端です。しかし、これらの役が逆転することもあります。例えば、手でものをつかんだ場合、静止した体幹のほうへ、ものが引っ張られるときもありますが、静止したもののほうへ体幹が引っ張られるときもあります。

それぞれの筋肉の動きは、1つあるいは複数の神経によってコントロールされています。多くの

筋肉には、いくつかの異なった神経から刺激が伝わってきます。これらの神経は筋肉に入り込むとき、徐々に枝別れしていき、個々の筋線維に個々の神経がたどりつきます。1つの運動単位は、運動ニューロン、軸索突起あるいは神経線維、運動神経終板（神経筋接合部）、刺激を受ける筋線維からなっています。神経線維は刺激されると、筋線維を完全に収縮するように刺激します。神経線維は、筋線維をある程度だけ収縮させることはできないからです。これは、全か無の法則（all-or-nothing law）といわれています。この収縮によって、筋線維が短くなります。刺激される筋線維の数によって、a）力の強さ、b）筋肉全体が短くなる量が決まります。高度に発達し進化した神経—筋肉のコントロールシステムによって、人間は（もちろん他の動物も）驚くほど繊細な動きをコントロールすることができます。とても繊細なコントロールが必要とされる体の部位は、背中の大きな筋肉など繊細な動きがあまり必要とされない部位に比べ、それぞれの運動単位がコントロールするのは比較的少ない数の筋線維です（例えば、手の動きに関する運動単位）。

神経線維から伝わる刺激は電気的なものですが、神経末端と筋線維の間の刺激は、実は化学的なものです。休んでいるときでさえも、いくつかの線維は常に刺激を受けています。これは筋緊張といわれています。

随意筋の筋線維には、速筋線維と遅筋線維の2種類があります。個々の筋肉は2種類の線維の比率によって、長く持続する働きに適しているか、すばやく迅速な反応に適しているかが決まります。ふくらはぎにあるヒラメ筋は、長時間姿勢を保つことが求められる筋肉であるため、多くの遅筋線維からなります。しかし腓腹筋は、すばやく瞬発的に行うジャンプで求められる動的な筋肉であるため、多くの速筋線維からなります。

◎ 平滑筋（不随意筋）

体内のさまざまな器官をコントロールしている筋肉です（図1.39）。このタイプの筋肉は、消化管全体、腺、血管などの小さな組織にもあります。これらの筋肉の動きは、脳で意識してコントロールできないため、不随意筋といわれます。また、顕微鏡で見たときに、骨格筋にあるようなシマ模様が見えないので、平滑筋とも呼ばれます。

◎ 心　筋

第3のタイプの筋肉は、心臓だけにあります（図1.39）。心筋は刺激がなくても収縮しますが、その速さとリズムは神経の刺激にコントロールされています。心筋のコントロールについては、後の章で述べます。

● ——筋肉の働き

個々の筋肉について考える前に、どのようにして筋肉に動きが生じるか、考えてみましょう。

◎ 筋肉とテコの作用

筋肉は収縮する、つまり引っ張るだけで、決して押すことはないと、まず強調しておきましょう。そのため、テコのように骨を使って、動きを生じさせます。テコには3つのタイプがあります。

第1は、シーソー（図1.41）のようなタイプです。バランスをとる点がテコの支点になります。テコの一端には"負荷"があり、もう一端は筋肉の動きによる"仕事"があります。動きがないときは、力の釣り合いがとれていて、負荷による力と仕事による力がバランスを保っています。しかし、この場合、2つの地点にかかる実際の重さが

図1.41　第1タイプのテコ（同じ長さ、同じ重量）

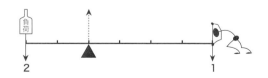

図1.42　第1タイプのテコ（異なる長さ、異なる重量）

距離×負荷＝距離×仕事。この場合2×2＝4×1。頭蓋骨と頸椎の関節が、これにあたります。首の後ろで引く力は、頭蓋骨の前と顔と下顎骨の重さとバランスがとれています。

図1.43　第2タイプのテコ

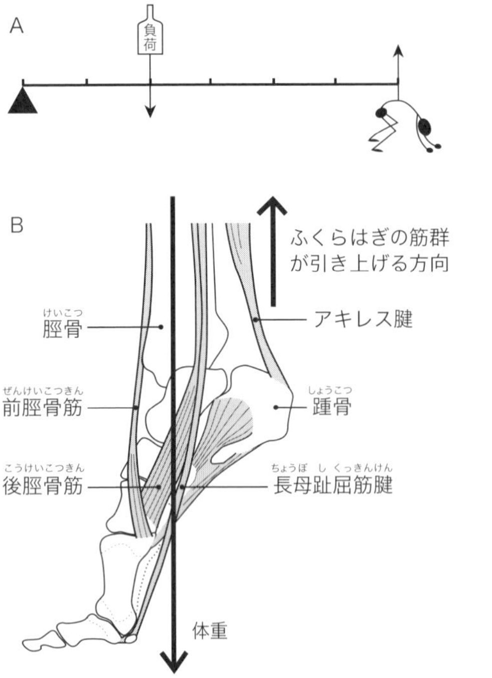

A

B

脛骨
アキレス腱
前脛骨筋
踵骨
後脛骨筋
長母趾屈筋腱
ふくらはぎの筋群が引き上げる方向
体重

A：負荷は仕事より支点の近くにあります。仕事に必要な力より、負荷の力が大きくなるでしょう。
B：第2タイプのテコの作用は、ダンサーがドゥミ・ポアントで立ったときに、足と足関節に起きます。

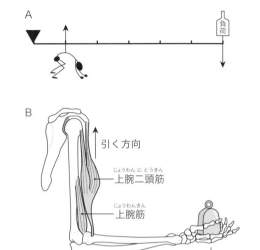

図1.44　第3タイプのテコ

A

B

引く方向
上腕二頭筋
上腕筋
負荷

A：仕事は負荷より支点の近くになります。そのため、仕事の力は、負荷の力より大きくなります。
B：第3タイプのテコの作用。この例では、仕事の力は、負荷の力に比べてとても大きな力（約7倍）が必要です。

同じである必要はありません。重いものを動かそうとして、テコを使った人なら誰でもわかるでしょう。長いテコを使えば、少しの力で重いものを動かすことができます。この平衡の法則は、簡単に説明できます。仕事と"支点から仕事までの距離"を掛けた数は、負荷と"支点から負荷までの距離"を掛けた数と同じになります。図1.42を見てください。負荷が2単位で、その距離が3単位なら、掛けると6になります。もう一端では、もし支点から仕事の作用点までの距離が6単位ならば、負荷を動かすのに必要な仕事の量は1単位だけです。なぜなら、仕事と距離を掛けた数値も6となるからです。第1のタイプのテコの例は、脊柱の上、頭部にあります。ここでは、顔の重さが、首の後ろの筋肉の力とバランスを保っています。

四肢には、他の2つのタイプのテコがよくあります。第2のタイプのテコ（図1.43）は、負荷の作用点が、仕事（この場合、筋肉の収縮）の作用点より、支点に近いところにあります。これは、ダンサーがドゥミポアントで立ったときに、よくわかります。支点は足趾球（訳者注：第1～第5中足骨頭の部分）で、体重は脛骨と足関節を通って下に伝わります。そして、アキレス腱で踵の後ろにつくふくらはぎの筋肉が、引き上げる力となります。ここでまた、テコの原理が働きます。支点となる足趾球から足関節までの距離は、支点から踵の後ろまでの距離より短いので、ふくらはぎの筋肉の仕事は実際の体重よりも、わずかに少なくてすみます。ここでは、2つの作用点の支点からの距離はほんの少し違うだけなので、力はわずかに軽くなるだけです。

最後の第3のタイプのテコ（図1.44）は、仕事（筋肉の収縮）が、支点と負荷の間にあります。

これは、肘の関節に見られます。上腕二頭筋と上腕筋は肘の少し先まで伸びていますが、もち上げる負荷は肘から離れたところ（ふつうは手の部分）にかかります。仕事と負荷の支点までの距離には大きな差があるため、ものをもち上げるのに実際かかる力は、負荷の実際の重さよりもかなり大きくなります。これは、支点から筋肉の付着部までの距離はとても短いのに、支点からものを運ぶ手までの距離がその約7倍の長さとなるからです。そのため、手がもち上げる力がたった1 kgでも、それをもち上げるため上腕二頭筋が収縮する力は7 kgも必要になります。その他の体の部分では、特に下肢に、筋肉が収縮するために体重の数倍もの力が必要な部分があります。ジャンプにかかる力は、1トンの半分から4分の3ぐらいまで（500～700 kg）にもなります。

　テコの作用でもう1つ重要な法則は、仕事と負荷が動く大きさ（距離）の違いです。第1タイプのテコでは、仕事か負荷のうちどちらか一方がより大きく動くかもしれません。第2タイプのテコでは、仕事のほうが支点から離れているので、負荷より大きく動かなければなりません。そのため、負荷が動く距離より、筋肉はさらに大きく収縮しなければいけません。第3タイプのテコは、最もよくあるタイプですが、仕事は負荷よりも小さな動きですみます。このおかげで、動きを起こす筋肉がほんの少し収縮しただけで、大きな動きができます。

◉ **筋肉の収縮**

　筋肉は、1つひとつの筋線維が別々に収縮する力が集まって、全体として収縮します。休んでいるときも、絶えずいくつかの神経が筋肉を刺激しているために、いくつかの筋線維は常に収縮しています。いわゆる"筋緊張"を保っています。つまり、筋肉全体が完全にリラックスしていることは決してないのです。意識的な動きをするとき、それに必要とされる力に応じて、同時に収縮する筋線維が増えていきます。引き続き、筋肉の収縮を保ち、スピードをコントロールするために筋線維が収縮します。

　筋群は単独には動きません。他の筋群も、常に関係します。もしそうでないと、動きを起こすとき、多くの場合コントロールがとれなくなってしまいます。例えば、紅茶のカップを口元へもっていくとき、動きを起こす筋群だけが収縮したら、紅茶は顔にかかってしまうでしょう！　すべての動きは、慎重にコントロールされています。いちばん重要な動きを起こす筋肉は、"主動筋"あるいは作動筋と呼ばれます。反対方向に作動する筋肉は、拮抗筋と呼ばれます。動いている間、拮抗筋もいくらか収縮し続けていて、徐々に主動筋が動けるように弛緩していきます。グラン・バットマン・ドゥバンでは、股関節の屈筋が主動筋で、ハムストリングスが拮抗筋です。

　筋肉の作用には、3つのタイプがあります。収縮とは短くする動きを意味します。そして、筋肉の作用あるいは筋緊張という言葉も同様に用いることができます。筋肉の作用を分析するときは、引力も考慮しなくてはいけません。

　等張性収縮（アイソトニック収縮）では、筋肉が長さを変えて、短くなるか長くなるかします。等張性収縮のうち**短縮性収縮（コンセントリック収縮）**では、筋肉が短くなって関節を動かします。これは、プリエから立ち上がるときに、膝を伸ばそうとして大腿四頭筋が収縮するような動きです。もう1つの等張性収縮の**伸張性収縮（エキセントリック収縮）**は、プリエで下りるときに、大腿四頭筋が緊張しながら伸びていくような動きです。このとき、動きの方向の主力は重力ですが、大腿四頭筋がそれに対抗しながら伸びます。ジャンプからの着地は、足の内在筋、ふくらはぎの筋肉、大腿四頭筋、殿筋の伸張性収縮によるコントロールを必要とします。

　等尺性収縮（アイソメトリック収縮）では、主動筋が同じ長さのままで位置を保って、筋肉が収縮します。

　主動筋あるいは拮抗筋に加えて、共動筋といわれる筋肉が補助をする場合もあります。共動筋は、動きを調整する働きがあります。また、主動筋が意図しない方向へ動いてしまうのを防ぐ役割もし

ています。例を挙げましょう。大胸筋は、肩甲骨に対し上腕骨を動かそうと収縮するときに、肩関節（肩甲骨と上腕骨の関節）をはずす力を生じさせてしまいます。烏口腕筋（うこうわんきん）はこの動きの共動筋で、収縮して腕の動きを補助するだけでなく、大胸筋と違った角度から作用して、大胸筋の力で脱臼してしまうのを防ぎます。

さまざまな動きをするとき、始めの1つの筋群ともう1つの筋群は、主動筋か拮抗筋か共動筋となります。このように筋群は共同で作用するため、強化エクササイズをする際には、主動筋だけでなく拮抗筋や共動筋のエクササイズもしなければいけません。さまざまな筋群が働いて、バランスやコントロールのとれた動きとなります。筋群はすべて随意筋からなっていますが、拮抗筋や共動筋は反射的にコントロールされます。筋肉が反射的に収縮するのと同じように、ケガや痛みが生じた場合、筋肉は反射的に抑制されることもあります。

● ──神経と筋肉の協調運動、エングラム

筋肉は、単独で動くことはほとんどありません。まず、筋肉には主動筋（作動筋）があります。そして、主動筋を補助する共動筋群や、主動筋と反対に働く拮抗筋群、動きが起きやすいように関節を固定する安定筋があります。筋肉の協調運動を訓練すると、自動的に複数の神経と筋肉が働くパターンが、あらかじめプログラムされます。これを、エングラム（記憶痕跡（こんせき））といいます。常に正確に繰り返し練習していると、エングラムが形成され、個々の筋肉や動きを意識しなくてもできるようになります。そして、固有感覚のフィードバック（訳者注：p.40参照）が、潜在意識下と意識下で動きを監視し、動きが正しく行われたかどうかを判断します。こういった自動的なエングラムは、正確なプログラムを意識的に繰り返し行うことによってのみ発達します。これは正確に続けなければなりません。そうでないと、入ってくる情報がそのたびに変わって、エングラムが発達できなくなります。当然始めは、正確に行うために、ゆっくりと動きのパターンを繰り返さなければいけません。

個々の動きを意識する必要がある場合に比べて、かなり速く複雑な動きを、エングラムは可能にします。また、動きが起こるのと同時に不要な動きを抑えます。この抑える働きは、筋肉の協調運動を制御するのに欠かせない部分で、直接意識してできません。望んだ動きのパターンを規則的に正確に繰り返すことで習得できます。速くて複雑で巧みな筋肉の協調運動は、意識的にコントロールした一連の動きというよりも、エングラムによって自動的に行われています。

始めはエングラムを意図的に作り、意識的にコントロールして行います。運動のパターンやさまざまなテクニックを学ぶとき、もちろんダンスのテクニックを学ぶときには特に、正しいエングラムを得るために正確に行うことがとても大切です。もしテクニックを習得する際に間違ったことが行われると、"悪い習慣"がついてしまいます。これらの間違いや悪い習慣自体が、エングラムとなってしまいます。一度身につくと、間違ったエングラムの修正は大変難しく、テクニックのその部分を最初からやり直して学ぶ必要があります。ですから、複雑な一連の動きは、最初から正確に学ぶことが大切です。前述したように、正確に習得するためには、ゆっくりとパターンを学ばなければいけません。本当によく発達したエングラムを作り出すために必要とされる繰り返しの数は、たった数百や数千ではなく、数十万や数百万もの回数です。しかし、これはそれほど悪いことでもありません。というのは、ふつう動作は一連のエングラムによって成り立っているからです。いくつかのエングラムが集まって、最終的な結果を生み出します。前述のようにエングラムは始めは意識的にコントロールして習得するものですが、エングラムの構成要素自体は意識的にコントロールする段階ではありません。意識的に行う作業は、蓄えられたエングラムを選んで、それらをつなぎ合わせ、望む動きをすることです。

エングラムの活用は、ピアニストやオルガン奏者のような音楽家を考えてみれば、おそらくわか

るかと思います。この場合、楽譜上の記号が、指のエングラムを呼び起こします。オルガン奏者は、足も同様に使って、複雑で巧みな動きで演奏します。

古いことわざのいくつかが、今日、科学的に実証されたと認めなければいけません。例えば、「習うより慣れろ」はエングラムの形成をいっています。また、「老いては学なりがたし」はエングラムを変更しようとするのは難しいということをいっています。

● ──赤筋と白筋

このテーマは、この本の中で取り上げるには難しすぎるかと思われます。しかし、ダンサーたちがよく尋ねてくるため、これについても少し書いておきます。ダンサーたちは何かで読んだり聞いたりして、踊りがうまくなるために赤筋と白筋に関して何かすべきだと思っているからです。

鳥には赤い筋肉と白い筋肉があって、筋線維のタイプに違いがあるのかもしれないと、長い間考えられてきました。しかし、哺乳類では、筋肉全体が赤く見えたり白く見えたりすることはありません。ですが、筋肉自体の中には、筋線維のタイプで、いくらか明るい部分といくらか暗い部分の違いが見られます。

赤筋は遅筋線維という名で、1型の線維とも呼ばれています。この筋肉は、持久力のトレーニングをすると増えます。

白筋は速筋線維という名で、2型の線維とも呼ばれています。短距離走のような運動で増えます。

ふつう両方の線維は大変安定していて、片方の型からもう1つの型に変わることはありません。

1型の遅筋線維は、酸化的リン酸化によって代謝し、酸素を使って動きます。これらはゆっくりと収縮し（そのため遅筋線維という名がついています）、疲労もまたゆっくりと起きます。この線維の直径は小さく、低い刺激で反応し始めます(つまり、神経線維から伝わる電気的刺激に早く反応します）。1型の線維は少しの刺激で早く反応し始め、2型より頻繁に収縮するために、小さい力しか生み出しません。

2型の速筋線維は、糖代謝をしています。これらは速く収縮し（そのため速筋線維といいます）、疲労もまた速く起きます。この線維の直径は大きく、高い刺激で反応し始めます（つまり、収縮するには電気的刺激がより多く必要とされます）。そして、強い力を生み出します。しかし、1型の線維に比べて、あまり頻繁に収縮しません。

もう少し詳しい話をしましょう、2型のサブタイプとして、中間の筋線維もあります。このタイプは、速い酸化的糖代謝をする線維で（FOG線維）、収縮は速く、疲労は1型と2型の間です。

いろいろ書いてきましたが、ダンサーは赤筋と白筋のことは忘れてよいでしょう。エクササイズプログラムを正しく行うことを心がけて、異なるタイプの筋線維のことは、心配しないでそのままにしておきましょう。

2 個々の筋肉

● ──体幹の筋肉

体幹は左右対称で、真ん中から左右半分にすると、筋肉や骨格に関する限りはちょうど鏡で映したようになります。筋肉は、体幹の両側に対になってあります。両側が同時に動くと、脊柱が屈曲や伸展をします。片側だけが動くと、脊柱を横に曲げたり（側屈）、回旋させたり、屈曲と回旋を合わせた動きになります。脊柱全体は、いろいろな方向に、屈曲、伸展、側屈そして回旋といった動きができます。脊椎で最も動けるのは首と腰の部分で、胸の部分（胸椎）の可動域はかなり限られています。首は、胸鎖乳突筋により屈曲し、頚板状筋と半棘筋により伸展します。他の脊椎は、**脊柱起立筋**と**腰方形筋**によって伸展します。屈曲は主に、腹部の筋群、つまり**腹直筋、外腹斜筋、内腹斜筋**によって起きます。股関節の前を通る**大腰筋**、そして小腰筋も、屈曲を助けています。これらの筋肉は片側だけが動くとき、脊柱と体幹を側屈させたり回旋させたりします。腰方形筋は、特に第12肋骨を安定させる働きもあります。その

働きに、胸郭のさまざまな筋肉の働きが加わって、胸郭全体を安定させています。

● ── 胸郭

肋骨の外側と内側にある肋間筋は、腹壁の外斜腹筋と内斜腹筋に相当し、両方とも胸郭をもち上げる助けをしています。この動きは、**上後鋸筋**によって助けられています。呼吸法が正しくないとダンサーが緊張してしまうことに、上後鋸筋は大きくかかわっています。この筋肉は、第2〜第5の肋骨につき、後ろ上方に向かって伸び、中心線を通って、首の後ろの大きな靱帯（項靱帯）と上3つの胸椎の棘突起まで達しています。肋間筋は、その名のとおり肋骨の間にある筋肉です。この筋肉は11対あって、12の肋骨の間に対応し、隣り合う肋骨どうしをつなげています。肋間筋は、呼吸において重要な役割をしています。この筋肉が肋骨をもち上げることで、胸郭の容積が増え、空気が吸い込まれます。この動きと横隔膜の動きによって、呼吸が生じます。

● ── 安定性

ダンサーのケガの予防を考えるときに、いくつか評価しなくてはいけない項目を次に挙げます。
- 年齢
- 成長の段階
- 体の柔軟性あるいは制限
- 筋肉のバランス
- 安定性
- 力強さ
- フィットネス

◎ 姿勢とスタンス

動くことを考える前に、静止しているときの姿勢を、ダンサーはできるだけ力学的に効率よく正しく保たなくてはいけません。"よい"姿勢では、体が平衡を保っていて、それぞれの関節のまわりの筋肉が、バランスよくコントロールされています。クラシックダンサーのターンアウトの姿勢は、筋肉がバランスよくコントロールされた姿勢であり、注意深い指導を必要とします。ダンスのケガによくある原因は、筋肉がアンバランスなことです。これは、クラシックの姿勢に対する誤解と、間違ったテクニックによって起きます。ダンスの生徒が、すべてのエクササイズの始まりと終わりでよい姿勢を保っている場合、動き自体がうまくコントロールされていることが多いようです。

体幹が安定していることは、よい姿勢と正確な動きのパターンの基本となります。**安定（Stability）**とは揺らがず動かないことを意味し、安定しているものにはバランスが備わっています。安定は動的なもので、大きなジャンプだけでなく微妙な動きにおいても、体幹は効率よく荷重を伝達することができなければいけません。教師がダンサーをトレーニングするときには、効率よく、無駄なく、繊細にコントロールして体を動かすように指導します。骨格のバランスが、まず基本となります。骨格のアライメントが正確であれば、筋肉はバランスよく、より楽に働くでしょう。

体幹は、脊柱、胸郭、骨盤からなっています。それは、脊柱と、背面の伸筋、側面と前面の腹筋からなるシリンダーに例えることができます。横隔膜がふたで、骨盤の底が土台という形になります。最初に体幹が正しく並び安定していれば、股関節は下方でより効率よく働き、肩甲帯も上方でうまく働くでしょう。

骨盤は、深い器のような形をしていて、前後に傾くことができます。横にひねったり、回旋もできます。骨盤の上で胸郭も同じように動くことができますが、脊柱が完璧な位置にあるときは、体幹とそれを構成している器官は正しく整列しています。

脊柱は、調整できる4つのカーブがつながってできています。椎骨、椎間板、椎間関節、それらを支える靱帯が、そのカーブを形づくっています。カーブを強くする姿勢や一直線にする姿勢をとっていると、やがて負担となります。ダンサーの脊柱のカーブは伸びていて、腹筋と脊柱の伸筋が十分に活用されて保たれています。

骨盤や腰椎は中間位に、つまり自然な前カーブに保たれています。アーチを強くした姿勢で骨盤

図II◆骨盤を側面から見たところ

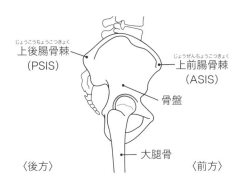

を前に傾けても腰椎をまっすぐにして、"骨盤を後傾（tuck under）"した姿勢で骨盤を後ろに傾けてもいけません。骨盤の傾きは、横から調べることができます。上前腸骨棘（anterior superior iliac spine：ASIS）は上後腸骨棘（posterior superior iliac spine：PSIS）の3 cm下にあるべきです（訳者注：図II参照）。前傾が強いと、腹筋が緩み、背中の伸筋群が短くなり、脊柱が支えられなくなります。後傾していると、脊柱に負担をかけ、股関節には不利な位置で体重がかかり、身長が低くなります。ターンアウトで骨盤を後傾した姿勢にしていると、殿筋と大腿の外側の筋肉が働きすぎて硬くなり、腹筋が効率的に働けなくなります。

腰椎と骨盤を中間位にすることを意識して、脊柱の姿勢を修正するのは、いまだに教師にとって難しいことのようです。昔あった"骨盤を後傾"した姿勢は、時代遅れとなりました。教師は、現代のバイオメカニクスの研究に遅れないように、その考え方を確実に取り入れていく必要があります。間違いはわずかなもので、わかりにくいこともあります。しかし、脊柱の正しい姿勢を早くから生徒たちに少しずつ教えていかないと、後になって問題が生じます。

体幹をコントロールして姿勢を保つために、まず考えなくてはいけない筋肉は、腹部の筋肉です（図1.45）。腹部は層になって並んでいて、白線によって左右に分かれています。白線は、密な結合組織の帯で、胸骨から恥骨に伸びています。左右の腹直筋は、どちらも恥骨から第5、第6、第7の肋軟骨へ垂直の線維の束となって帯状に伸び、結合組織で分けられ"6つの区画"があるように見えます。長い筋線維の束が1つあるよりも、短い筋線維の束が複数あるほうがより力が出ます。この筋肉は、脊柱を屈曲する働きをします。腹直筋は、胸郭に対する骨盤の動きや、その逆の動きでも大切ですが、体幹を安定させる働きはし

図1.45 体幹前面の筋肉

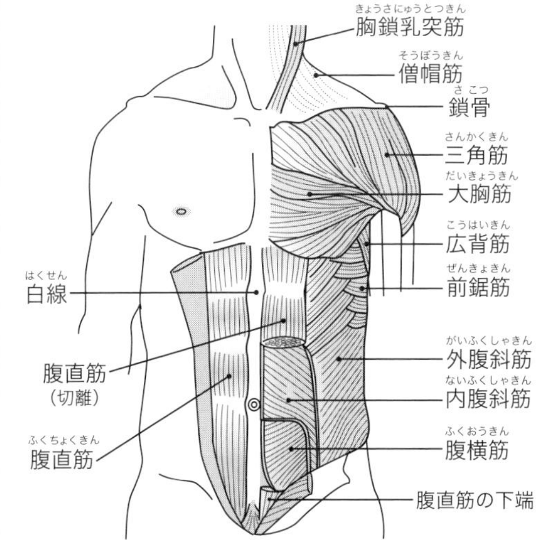

図III◆体幹後面（浅い部分の筋肉）

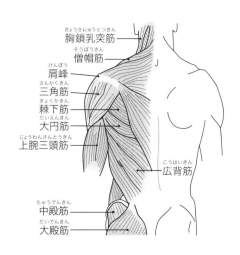

ていません。腹直筋は、上体起こし（sit-ups）運動やコンテンポラリーダンスのコントラクションで、主動筋となります。後ろに反るときは、上体が背側に下がり、伸張性収縮をします。

　腹直筋の両側には、外腹斜筋があります。この筋肉は肋骨から始まり、内側に下りて白線に向かいます（自分の手を下腹にあてて想像してみましょう。手のひらの角度が、外腹斜筋の角度と同じになります）。外腹斜筋と90度で交わって、内側上方に向かう内腹斜筋があります。外腹斜筋と内腹斜筋は相互に作用し、骨盤に対する胸郭の回旋や側屈、あるいは胸郭に対する骨盤の動きを、ともにコントロールします。これらは、全身を安定させる筋肉に分類され、ダンサーが脚を使うときに、骨盤を伸張性収縮でコントロールします。バットマン・タンデュのような小さな動きやアン・レールのポジションでは、体幹のアライメントがとても大切です。これらの筋肉が骨盤をコントロールすることにより、ダンスのさまざまな動きに必要とされる下肢の自由な動きが可能になります。

　腹部の筋肉で最も深いところにあるのは、腹横筋です。この筋線維は、体幹のまわりを水平に囲み、白線から胸腰筋膜につき、各腰椎の横突起と棘突起まで達します。胸腰筋膜は、ダイヤモンド型をした3層からなる結合組織で、腰椎の椎体から始まって腰椎のまわりの筋肉を囲んでいます。そこに、力と安定をもたらす重要な筋肉のいくつかが付着しています。腹横筋が収縮すると、ウエストが緊張して、腹部が平らになり、コルセットのようになります。脊柱や胸郭の動きは最小限にして、特に下腹壁全体で"引っ込める（draw in）"動きを行うべきです。腹横筋は、局所的に安定させる筋肉に分類され、特にこの分節（体節）を安定させる役割があります。腹横筋が働いているとき、胸腰筋膜のさまざまな層を介して、緊張が腰椎に伝わります。それによって、前方と後方（矢状面）への運動と、その体節の回旋運動の両方を安定させます。そのため、骨盤の動きも最小限となります。

"引き上げて（pull up）！"と生徒にいうと、胸郭を上げて、胸椎を伸展し、肩を後ろに引きすぎて、首を緊張させてしまいます。その代わり、腹横筋を穏やかに"引き入れる（pull-in）"力を入れると、腰椎のカーブが伸ばされて、身長も高くなったように感じますが、実際に高くなって頭頂も上がります。この姿勢をとると、ダンサーは前足部に体重をかけて、ターンアウトをよりコントロールしやすくなります。

　脊柱の伸筋群とともに、深部で局所を安定させている筋肉もあります。多裂筋は、最も大きな深部の背筋で、頭蓋骨の底部から仙骨まで、体節ごとに小さな筋肉の束が繰り返し並んでいます。腰椎は体の上部の重さを支えますが、比較的動かすことができ、クラシックの動きでは広く用いられます。この部分の多裂筋は、椎間関節の近くに位置していて、椎骨が過度に動くのを抑えて、腹横筋とともに脊柱を安定させています。

　筋肉系には、関節の構造を守る働きがあります。不必要な関節のずれを最小限にして、関節にかかる力を吸収することで、軟骨へのストレスを減らし、軟骨の健康寿命を長くします。関節の安定性と比例して"軟骨が役立つ時間"が長くなると、さまざまな学者がいっています（この考え方は全身にあてはまります）。腹横筋はまた、腕を動かしているときに腰椎を安定させるために最初に働く腹筋で、この筋肉を働かせるタイミングは、効率よく安定させるために大切です。

　骨盤底（シリンダーの土台部分）は大切で、その役割を理解しておく必要があります。骨盤底の構造については、バレエのクラスで何か特別な理由で触れることはありません。これは、筋肉と筋膜からなり、つり帯のような形で恥骨から尾骨についています。尿道や膣、肛門直腸という内臓の出口によって、その構造は分割されています。骨盤底筋を意識的に収縮すると、これらの開口部から尿や便が漏れるのを抑えられます。咳をしたときや息を止めたときなどのように、腹内圧が上がると、無意識に収縮します。特にジャンプのトレーニング中、緊張性尿失禁のようなものが起きて、

図1.46
バランスのとれたよいポジション

図1.47
正しいポジション。脊柱がバランスのとれたポジションにあり、両足にのっています[*3]。

図1.48
間違ったポジション。両腕を保つのが後ろすぎです。胸椎が反っていて胸が緊張してもち上がり、体重が後ろにかかっています[*3]。

図1.49
ジャンプのポジションで、完璧なバランスと動的姿勢がとれています。

図1.50
このジャンプのポジションは、脊柱のアーチが安定せずコントロールされていないため、まっすぐなラインが失われています。

骨盤底筋をコントロールしそこなったと感じている若いダンサーが多いのには驚かされます。

女性では、骨盤底筋は膣を囲み、子宮を支える助けもしています（妊娠中、骨盤底筋は引き伸ばされるか傷つけられるかして、腹内圧が上がると緊張性尿失禁が起きます）。骨盤底筋と腹横筋は、協調して働きます。骨盤底筋のエクササイズには、恥骨尾骨筋に微妙に力を入れて、後方に向け肛門を締め、前方に向け尿道を締めてそのまま10秒間維持するか、あるいは筋線維を、鼓動のように速く締めたりゆっくり締めたりします。

深部の安定筋を活性化するために、マットを使ったエクササイズやピラティスエクササイズがいくつもあります。これらは、神経系のフィードバックを個別に刺激するのに役立ちますが、踊っている間に深部の安定筋が働いているのを感じることが、より大切です。

腹直筋の働きが目立てば目立つほど、腹横筋の働きは効率的ではなくなるともいわれています。腹直筋は、体幹を動かす屈筋で、安定筋ではありません。伝統的な腹筋運動というと"上体起こし運動"ですが、この固定観念について考えてみるべきです。もし上体起こしで筋肉を鍛えれば、上体起こしのコントロールは大変よくできるようになるでしょう。コンテンポラリーダンスでは役立ちますが、クラシックの動きでは直接役に立ちません。器具やウエイトを使ったジムの運動は、安定性が得られた（その部分の深部筋が十分に働いている）場合のみ役立ちます。必要とされるテクニックに関連したエクササイズをまず選ぶべきです。

体幹の安定でもう1つ重要な筋肉は、広背筋です。この筋肉も、胸腰筋膜と下6つの椎骨から出ています。この筋線維は、上に向かって外側に広がり、肩甲骨の下角につき、腱に集まって腕の下を通り上腕骨の前側につきます。広背筋は、骨盤と肩甲帯を結びつけ、体幹の後方を支えています。姿勢の面では、広背筋は肩甲帯を抑えて、ポール・ド・ブラのときに肩甲骨を下げておきます。胸腰膜筋から腹横筋に沿って始まり、これらの筋肉は多裂筋とともに働いて、腰椎を補強しています。しかし、脊柱のアライメントがよくないと、これらの筋肉は十分に働くことができず、代わりに肩甲帯の上の筋肉（つまり僧帽筋の上部）とその他の首の筋肉が緊張し、肩が上がって首が固まります。

[*3] 図1.47、1.48の説明文は著者M. マコーマックによる新たな解説で、原著と異なります。

● 上肢の筋肉

肩甲帯の筋肉は図1.45にも出ていますが、図1.51ではさらに詳しく肩甲帯の周囲の筋群が描

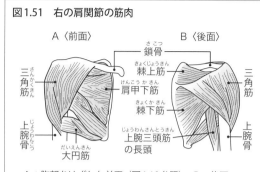

図1.51　右の肩関節の筋肉
A〈前面〉　B〈後面〉
鎖骨／棘上筋／肩甲下筋／棘下筋／三角筋／上腕三頭筋の長頭／大円筋／上腕骨
A：胸郭をはずした前面（図1.10参照）　B：後面

かれています。

　三角筋と他の短い筋群は、肩甲骨から始まり上腕骨の上端につき、上腕骨と肩甲骨の間にいろいろな動きを起こします。肩の動きは、上腕骨と肩甲骨の間、そして肩甲胸郭関節と呼ばれている部分にも起きます。この関節は、正確な意味では関節とはいえません。肩甲骨が体幹の他の部分とつながっているところは、鎖骨の端との関節だけです。それ以外では、体幹から肩甲骨あるいは上腕骨の上部へつながるすべての筋肉によって、肩甲骨はつるされて支えられています。その結果、肩甲骨は胸壁に沿って自由に動くことができます。上腕骨と肩甲骨の関節、そして肩甲骨と胸壁の関節で起きる動きが合わさって、腕を上げる動きとなります。

　肩関節から先の筋肉は、まとめて筋群として考えることができます。上腕には、肘関節の屈筋群と伸筋群があります。前腕には、手首の屈筋群と伸筋群、肘に対して手や手首を回旋する筋群、そして指の屈筋群と伸筋群があります。パ・ド・ドゥのリフトのように腕を使うために筋肉を強化するときは、個々の筋肉より、このような筋群を考えて強化すればよいでしょう。

●——肩関節

　肩関節は全体として、かなり複雑です。筋肉のコントロールも、同様に複雑です。

　肩の動きは、2つの位置で起きます。

1) 上腕骨と肩甲骨の間にあるボールとソケット状の関節。

2) 胸郭の上を肩甲骨がスライドする、いわゆる肩甲胸郭関節。純粋な意味の関節ではなく、肩甲骨は筋肉によって胸郭につながっているだけです。そのため肩甲骨は、胸郭に対して、比較的自由に動きます。

　肩の運動は、通常、この2つの位置での運動の組み合わせで可能となります。そのため、肩はとても自由に動きます。（前への）屈曲と（横への）外転は、ともに180度可能です。垂直にわきにぶら下げた腕を、前から上げたり、横から上げたりして、頭上まで垂直に上げられます。屈曲と外転はともに、腕が同じ位置になるところで終わります。それに比べ、（後方への）伸展と回旋はかなり限られています。重いものをもち上げるとき、例えばパートナーと組んで男性がリフトをするときなど、肩甲骨自体を安定させることがとても大切です。肩甲骨を動かす筋肉は、安定させる働きもしています。このうち最大のものは、**僧帽筋**です。この筋肉は、頭蓋骨底部と胸椎すべてから出ていて、肩甲棘と鎖骨まで伸びています。**前鋸筋**も大きな筋肉で、肋骨の前側から胸郭のまわりと肩甲骨の深部を通って、肩甲骨の内側（脊柱側）の縁まで達しています。この筋肉が弱いと翼状肩甲骨となり、特に何かを腕で押そうとするとき、肩甲骨の内側の縁が胸郭から離れてしまいます。**大菱形筋**と**小菱形筋**も、肩甲骨を安定させるのに重要な働きをしています。これらの筋肉はすべて、肩甲骨を安定させるだけでなく、肩甲骨を動かすときも実際に働いています。さまざまな筋肉がさまざまな方向に収縮したり引いたりして、力のバランスを保って安定します。

　肩関節のまわりには、短回旋筋といわれる筋群があります。この筋群は**肩甲下筋**、**小円筋**、**棘下筋**で、すべて腕を回旋させる働きをしています。**棘上筋**は腕を回旋させる働きはせず、外転運動の一部の役割を果たします。しかし、これら4つの筋肉の最も重要な役割は、上腕骨頭を関節窩（ソケットの部分）に固定することにあります。この関節窩はかなり浅く、受け皿のような形で、関節

自体は安定していません。そのため、肩甲骨に対し上腕骨が動く間、これら4つの筋肉は上腕骨頭を関節窩に安定させるため働いています。これらの筋肉は、調節のできる靱帯と考えられていて、その働きは、一般的な筋肉の動きよりもはるかに靱帯の働きに似ています。

より大きな筋肉で、上腕骨を屈曲、外転、伸展させる筋肉は**三角筋**です。三角筋の前方は腕を前に屈曲させ、中央部は腕を横に外転させ、後方は腕を後ろに伸展させます。

広背筋はとても大切な筋肉です。広背筋の起始部は、下6つの胸椎、間接的にすべての腰椎、そして**腸骨稜**です。この筋肉は、最終的に上腕骨に達して、腕を内転、内旋、伸展させる筋肉として働きます。また、広背筋の一部は肩甲骨の下角について、肩甲帯を安定させる大変重要な働きをしています。腕を内転させる働きは、**大胸筋**と**大円筋**が補助しています。大胸筋は、腕を前や内側に引っ張る働きもしています。大胸筋と広背筋は、体をもち上げるときに使われる最も重要な筋肉です。例えば、腕を使って体をもち上げるときや、崖を登るため体を引き上げるときに、これらの筋肉は使われます。

●——肘

肘関節は、本来は蝶番関節ですが、上腕骨下端に対して橈骨の頭部が回旋して、前腕の回内や回外といった運動が起きます。通常、上腕と前腕が一直線になったときが、肘関節の完全な伸展です。しかし、過伸展した（反り返った）肘関節は、特に珍しいものではありません。過度なものだと、25度まで反ることができます。屈曲は、完全に伸展した位置から約140度までできます。上腕に前腕が近づいて、屈曲が制限されます。そのため、筋肉の容積や脂肪が増えると、上腕と前腕の間にはさまり、屈曲できる範囲が小さくなります。

肘の伸展は、**上腕三頭筋**によって起こります。この筋肉は、3つの起点があるためそう呼ばれています。上腕の後ろにある唯一の筋肉で、肘関節を伸展させる主要な筋肉です。肘筋という肘関節の後ろにある小さな筋肉が、伸展を補助しています。肘関節の屈曲は、上腕の前側の深部にある**上腕筋**と、大部分が肘より先にあり前腕に沿って伸びている**腕橈骨筋**によって起こります。上腕の表面に近いところには、**二頭筋**（ハムストリングスの外側の大腿二頭筋と区別するため、正確には上腕二頭筋と呼びます）があります。この筋肉は、前腕を回外して肘を屈曲させたまま力を入れると、はっきり見えます。上腕二頭筋には、肘関節を屈曲させるだけでなく、前腕を回外させる働きもあります。また、肩甲骨から始まっているので、肩甲骨に対し上腕を屈曲させる動きも補助しています。

さらに下って前腕にいくと、**回外筋**があり、上腕二頭筋が前腕を回外させる働きを補助しています。回内は、**円回内筋**と**方形回内筋**によって起こります。前腕の遠位にある筋肉については、ダンサーは特に覚えておく必要はないでしょう。もちろん、これらの筋肉は手首の屈曲と伸展、指の屈曲と伸展といった働きをしています。指の動きは、手の小さな内在筋によっても補助されています。

●——下肢の筋肉

股関節の筋肉は、何層にもなっています。関節に最も近いのは、6つの深部の外旋筋で、ターンアウトを補助します。直立した姿勢では、内転筋群（図1.52）もターンアウトを保つのにかかわっています。大殿筋（図1.53）は、とても大きな筋肉で、股関節の伸展と外旋をします。股関節の外転は、主に大腿筋膜張筋、中殿筋と小殿筋（図1.54、1.56）によって行われます。股関節の屈曲は、主に**腸腰筋**（図1.57）で行われ、それを**縫工筋**が少し助けています。大腿でも、大腿四頭筋の一部の大腿直筋が股関節の前を通っていて（図1.58）、股関節の屈曲を助けます。大腿四頭筋は大腿直筋、内側広筋、中間広筋、外側広筋からなっていて（図1.59）、膝の伸展で力強く働きます。

ダンサーやアスリートにとって、大腿四頭筋のうち内側広筋は特に大切で、膝を伸展するときに

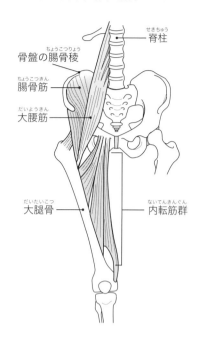

図1.52　右の股関節周囲の筋肉（前面）

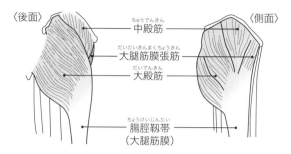

図1.53　右の殿部の筋肉

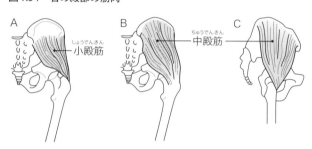

図1.54　右の殿部の筋肉

A：中殿筋をはずして、小殿筋を見ています（後面）
B：中殿筋（後面）　C：中殿筋（側面）

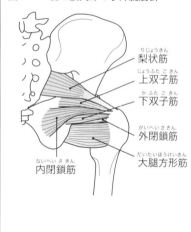

図1.55　右の股関節の小外旋筋群

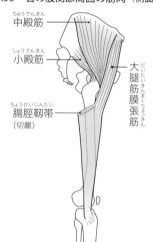

図1.56　右の股関節周囲の筋肉（側面）

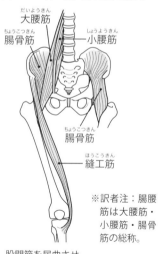

図1.57　右の股関節周囲の筋肉

※訳者注：腸腰筋は大腰筋・小腰筋・腸骨筋の総称。

股関節を屈曲させる主な筋肉です。

最後の15度で強く収縮します。どのようなケガをした後でも、内側広筋は最初に衰えやすく、元に戻すのが難しい筋肉です。膝の屈曲は、大腿の後ろにあるハムストリングス（図1.60）によって行われます。ハムストリングスは、股関節の後ろを通っているため、股関節の伸筋群としても働いています。膝が少し屈曲しているときには、ハムストリングスのうち大腿二頭筋が、脛骨を外旋させることができます。脛骨の内旋は、膝の後方深部にある半腱様筋や半膜様筋に沿う膝窩筋に

図1.58　右の大腿直筋

図1.59　右の大腿四頭筋

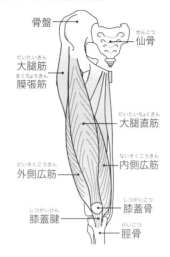

この筋肉は大腿四頭筋の一部で、そのうち股関節の前を通る唯一の筋肉です。膝を伸展させるだけでなく、股関節を屈曲させます。

中間広筋は、大腿直筋に隠されています。

図1.60　右のハムストリングス

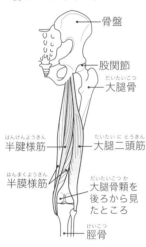

図1.61　右の下肢（前面）

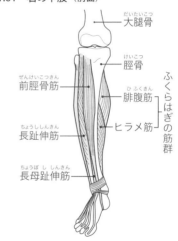

図1.62　右の下肢（後面）

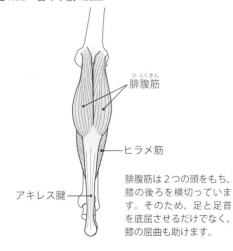

腓腹筋は2つの頭をもち、膝の後ろを横切っています。そのため、足と足首を底屈させるだけでなく、膝の屈曲も助けます。

図1.63　右脚（外側）

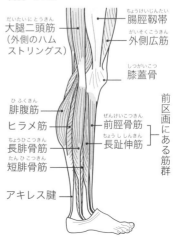

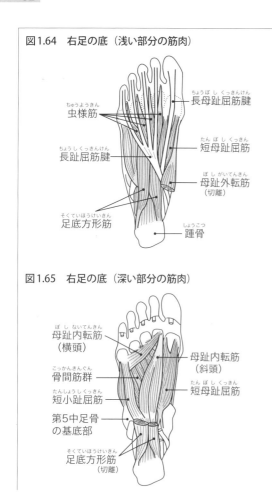

図1.64　右足の底（浅い部分の筋肉）

虫様筋
長母趾屈筋腱
長趾屈筋腱
短母趾屈筋
母趾外転筋（切離）
足底方形筋
踵骨

図1.65　右足の底（深い部分の筋肉）

母趾内転筋（横頭）
骨間筋群
短小趾屈筋
第5中足骨の基底部
母趾内転筋（斜頭）
短母趾屈筋
足底方形筋（切離）

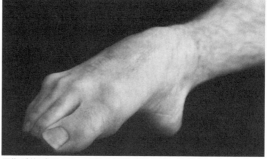

図1.66　よいポアント

足指が伸びていて、足首の前側が最大限に伸ばされています。

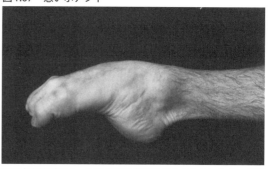

図1.67　悪いポアント

足の内在筋が弱く、長趾屈筋の働きを抑えられないため、足指がカールしています。その結果、アキレス腱の緊張が増えて、カールした足指が、足首の前側が伸びるのを妨げています。
図1.66では、腓腹筋がよく収縮した下に、ヒラメ筋もはっきりと収縮しているのが見えますが、ここではそれが見えません（訳者注：初版では膝から下の写真でヒラメ筋が確認できましたが、この写真では確認できません）。

よって起きます。脛骨の内旋も外旋も、強い動きではありません。膝が完全に伸展している状態では、ふつうの膝だと、脛骨と大腿骨の間で回旋はできません。

膝から下（図1.61）の前区画、つまり脚の前方には、足首と足と足指を伸展（いわゆる背屈）させる筋群があります。脚の後方には、ふくらはぎの筋肉を形づくる腓腹筋とヒラメ筋があります（図1.62）。この2つは下端で一緒になり、アキレス腱となります。この筋群は、足の底屈で力強く働きます。腓腹筋は、近位では大腿骨下端の後部につく2つの頭から始まり、膝関節にまたがっています。この筋肉は、膝の屈曲も助けています。ヒラメ筋は腓腹筋より深いところにあって、膝関節より下から始まっています。足を内がえしにねじる動きは、後脛骨筋と前脛骨筋の動きが一緒に

なったものです。これらの筋肉は、その名前のとおり、下腿の後ろと前にあります。足首や足指の純粋な背屈や底屈では、前脛骨筋は背屈を、後脛骨筋は底屈を補強しています。

下腿の外側（図1.63）にある腓骨筋は、足を外側にねじる（外がえしにする）働きをしています。長趾伸筋や長趾屈筋は、足関節の前と後ろを横切っているため、足関節の動きも助けます。

足自体には、骨間筋と虫様筋からなる足の内在筋があります（図1.64、1.65）。小さい筋肉ですが、ダンサーにとって大切な筋肉で、中足骨の横アーチを保つ助けをしています。足が完全にポアントになった状態（図1.66）で、足指をまっすぐに保つ働きをするのは、これらの筋肉です。内在筋の働きがないと、ポアントにしたときに長趾屈筋が足指を曲げてしまいます（図1.67）。

❸ 主要な筋群

　この項では、ダンサーが興味をもちそうな、下肢の関節を動かしている重要な筋肉について解説していきます。すべての筋肉や動きを説明するのは、現実的ではありません。ある関節に関連するすべての筋肉の名前を覚えることを、読者に望むことも非現実的です。ですから、ここでは主要な筋肉についてだけ考えていきたいと思います。

●──股関節

　股関節はとても安定した滑膜関節で、ボールとソケット型の関節です。自由に動かせる肩関節と違って、股関節は体重を支えられるように作られています。カップの形をした骨盤の寛骨臼（ソケット）は、外側下方やや前方を向いていて、丸い大腿骨頭を受け止めています。このポジションが、安定性を高めています。両方の関節面は、関節硝子軟骨におおわれて守られています。さらに関節を深くして安定させているのは、寛骨臼の縁についているリング状の軟骨の関節唇です。関節唇は、体重を支える負担を、関節内に分散させる助けをしています。

　大腿骨頭は、大腿骨頚部によって骨幹から離れた位置にあります。これにより、関節がより広い範囲を動けるようになります。大腿骨の頭部と頚部は、寛骨臼の中で、内側上方やや前方を向いています。頚部と骨幹がつながる部分が大転子です。いくつかの大きな殿筋が大転子についていますが、筋肉がリラックスしているときには、太ももの外側のいちばん上に骨の大きな突起があるのが触れてわかります。

　股関節は、線維性の関節包により安定しています。この関節包は強くて密な靱帯状のカバーで、上部は寛骨臼の縁につき、大腿骨頚部を囲み、下部はその根元についています。さらに寛骨臼は、関節唇と呼ばれる特別な軟骨のくさび形の縁によって、深くなっています。これにより、大腿骨頭がソケットの中にぴったりとおさまって、安定します。前方は、腸骨大腿靱帯（この名は付着部を表すため、機能も表します）が、股関節を安定させ、伸展を制限します。腸骨大腿靱帯はYの字を上下逆さにした形で、大転子に伸びる外側の帯と内側の部分に分かれます。外側の大転子につく部分は、大腿骨の外旋を制限します。内側では、恥骨大腿靱帯が関節の外転により引っ張られ、後ろ側では、坐骨大腿靱帯のらせん状の線維が関節の後ろを安定させ、内旋を制限します。円靱帯は大腿骨頭の靱帯で、大腿骨頭の中心から寛骨臼についています。円靱帯は、安定させるための主力とは考えられていませんが、大腿骨頭に血液を供給しています。すべての滑膜関節と同じように、関節包は滑膜で裏打ちされていて、関節の表面は滑液につかっています。

　股関節の屈曲（寛骨臼内の大腿骨の屈曲）は、通常は体幹に太ももが近づくことだけが制限となり、約100度可能です。それ以上は、仙腸関節、そして腰椎の椎間関節が屈曲に巻き込まれます。膝を伸展した状態では、ハムストリングスの長さが制限の要因となります。伸展は、前述した腸骨大腿靱帯と股関節の屈筋によって制限されますが、約20度の伸展が可能です。純粋な大腿骨の外転は、約45度可能です。しかし、大腿骨が外旋していると、ハムストリングスと内転筋の長さによって制限されるものの、自由に外転することができます。外旋していないと、大転子が腸骨の外側の面に近づいてブロックされます。そのため、ダンサーの股関節が外旋しているときは、物理的に動く範囲が広がります。内転は30度までに制限されていて、その後は骨盤が腰椎とともに傾きます。

　屈曲、伸展、外転、内転の可動域すべてで、内旋と外旋ができます。しかし、立った姿勢での股関節では、内旋（ターンイン）は約30〜40度まで、外旋（ターンアウト）は60度までしかできません。クラシックバレエでプロになる前に、整形外科的評価で股関節を調べることは、潜在的な能力を見極めるため役立ちます。股関節の状態を調べるときは、寛骨臼の中の大腿骨頭の動きを確認することが大切です。屈曲した状態だと、大

腿骨頭は冠状軸のまわりを回旋しますが、ソケットの中を後ろに滑ります。伸展では、前に滑ります。中間位では、大腿骨頭は少し前を向いています。外旋した状態では、さらに前へ、関節と関節包の前方に向かって動きます。股関節を外転した状態では、大腿骨頭は寛骨臼の中を下に向かって内側に滑ります。

股関節は筋肉の層に囲まれていて、これらの筋肉は複雑で広い範囲の動きを共同で作り出します。股関節の運動学は研究され探求され続けていますが、ここでは簡単な言葉でダンスでの股関節の動きとコントロールを解説し、ダンサーにいくつか提案するだけにしておきます。

股関節の後方をおおっているのは、殿筋の層です。いちばん深いところには、6つの小さな外旋筋—外閉鎖筋、内閉鎖筋、上双子筋、下双子筋、大腿方形筋、梨状筋—があり（図1.55）、すべて大腿骨を外旋させます。関節を囲んでいるこれらの最も深部の筋肉は小さい筋肉ですが、筋肉の働きの法則どおりに、関節を安定させて整列させ、関節面を圧迫しています。大腿骨が伸展から屈曲に動くとき、関節の動きの軸が変化します。股関節が可動域のすべての範囲を動くとき、これらの筋肉が協力してリレーしながら働いて、大腿骨の外旋をコントロールします。

外転筋は、次の層にあります。いちばん深いのは小殿筋で、深部の外旋筋とバランスを保って、内旋筋としても働いています。小殿筋は、中殿筋の下にあります。小殿筋と中殿筋は、腸骨の外側から始まって、大転子についています。中殿筋では、後ろ側の線維は大腿骨の外旋にかかわり、中央の線維は外転に、前側の線維は内旋にかかわります。これらの筋肉はダンサーにとって大切な筋肉で、軸脚で立っているとき、大腿筋膜張筋とともに、骨盤を水平に保つバランスを軸側の筋肉でとっています。これらの筋肉が働いていないと、ダンサーは"ヒップに体重をかける"ようになり、骨盤、腰椎、股関節が不安定になります。

いちばん浅いところにある殿筋は、大殿筋です。大きく力強い筋肉で、2つの部分に分けて考えられます。上部は外転と外旋の働きがあり、下部は伸展、内転、外旋の働きがあります。腸骨と仙骨の後面から始まり、腸脛靭帯、大転子そして大腿骨の後面につく大きな筋肉です。

ハムストリングスは、大殿筋とともに股関節を伸展させる主要な筋肉です。ハムストリングスは、2つの関節をまたぐ筋肉で、骨盤の坐骨結節から始まって、膝の下に付着し、股関節の伸展と膝の屈曲の両方にかかわっています。

大腿の内側にある内転筋は、ダンサーにとって大切です。クラシックバレエで脚を交差させるポジションは、内転の強い力を必要とします。交差したポジションでは、内転筋は大腿骨骨幹の後ろを引っ張り、大腿の外旋を補助します。一般的にはターンアウトの筋肉とみなされていませんが、クラシックバレエのダンサーが立って脚を交差した姿勢では、軸脚側の骨盤を安定させるだけでなく、大腿のターンアウトのコントロールに貢献しているように見えます。上手に使いこなせれば、膝の過伸展をコントロールできます。

大腰筋は、すべての腰椎の横突起と、第12胸椎から第5腰椎の椎体と椎間板の前方についています。筋線維は下に向かって、骨盤の縁、鼠径靭帯の後ろ、股関節の前方に伸びて、腸骨筋と合流して腱となり小転子につきます。大腰筋は主に腰椎を安定させる役割があり、多裂筋とともに、位置がずれないように軸を圧迫する力を加えます。股関節では、大腰筋は大腿骨頭を寛骨臼に引き寄せて、深部で股関節を安定させています。

腸骨筋は、股関節を屈曲する重要な筋肉で、腸骨の内面から始まっています。屈曲する動きすべてで力強く働き、90度を超えると主要な屈筋となります。

大腿筋膜張筋は、腸骨稜の外唇から始まり、大腿の外側にある強い筋膜の腸脛靭帯（iliotibial band：ITB）につきます。この筋肉は、大腿を屈曲、外転、内旋させる筋肉と考えられています。いちばん大切な働きは、大腿骨が体重を支えるのを補助しているITBを引っ張ることで、大腿骨の上で骨盤を、脛骨の上で大腿骨を安定させていま

す。股関節の屈筋として補助的に働くのは、縫工筋と大腿直筋です。

主な関節すべてでいえることですが、アライメントと筋肉のバランスが力を生み出し、ケガを防ぎます。深部の筋肉は安定させる働きがあり、それをタイミングよく使うことは、関節を健全に保つための基本となります。

● ── 膝

膝関節は、実際には蝶番関節です。完全に伸展すると、大腿骨下端と脛骨上端の間では、回旋できなくなります。膝関節を少し屈曲させると、大腿骨と脛骨の間で、少し回旋できます。といっても、どちらの方向にも15度くらいだけです。膝の伸展は、通常は、大腿と下腿が一直線になるときに完全伸展となりますが、これ以上に伸展してしまうことがよくあります。過伸展が、ある程度ひどくなると、よくいわれる反張膝となります。屈曲は、ほとんどの人の場合、ふくらはぎの筋肉が大腿の後ろに近づいて制限されます。強い側副靱帯が膝の内転や外転を防いでいます。

膝の伸展は、**大腿四頭筋**によって起きます。その名のとおり、この筋肉は4つの部位からなっています。**大腿直筋**は、骨盤の寛骨臼の上から始まり、股関節の前を通り、四頭筋腱へ入り、膝蓋骨、膝蓋腱につながり、脛骨前面の上部に達します。そのため、大腿直筋には、膝を伸ばすだけでなく、股関節を屈曲する働きもあります。**外側広筋**、**中間広筋**、**内側広筋**はすべて大腿骨幹部から始まっています。これらは、股関節をまたいでいません。この3つの筋肉は、下端で大腿直筋と一緒になり、四頭筋腱を形成します。この腱は膝蓋骨へつながり、膝蓋骨の下から膝蓋腱が始まり、脛骨前面の上部に達します。内側広筋は、ダンサーやアスリートにとって、特に大切な筋肉です。この筋肉は膝の伸展で、最後の15度になっています。また、外側広筋と大腿筋膜張筋（大腿筋膜を介して）の働きによって膝蓋骨が外側にずれるのを、内側広筋は防いでいます。どのような膝のケガでも、内側広筋は最初に弱って衰える部位で、リハビリで元に戻すのが最も難しいところです。この筋肉の大切さについては、第3章に多くの例が出ています。

膝の屈曲は、ハムストリングスによって起きます。ハムストリングスは、大腿後面の内側にある**半腱様筋**と**半膜様筋**、大腿後面の外側にある**大腿二頭筋**からなります。ハムストリングスは、大腿骨幹部から始まる二頭筋の短頭以外は、骨盤から始まって股関節の後ろを横切っています。そのため、膝を屈曲させるだけでなく、股関節を伸展させる働きもあります。ケガの後、あるいは正しく使えていないことが原因で、内側のハムストリングス（半腱様筋と半膜様筋）と外側のハムストリングス（大腿二頭筋）の力の釣り合いがとれていないと、膝の関節が完全伸展しているとき以外は、膝をどちらかに回旋させる力が生じることがあります。この場合、少し屈曲した状態で、最もケガをしやすくなります。

膝の屈曲には、薄筋と**縫工筋**も少し作用しています。縫工筋は、股関節の屈筋としても働きます。股関節を外転させたり、大腿骨を外旋させる作用もします。縫工筋にはこのような働きがあるため、ダンサーが強引に足をターンアウトさせすぎると、膝が後ろに押されて体重が後ろにかかり、縫工筋の上端に大きな負担がかかり、いわゆる鼠径痛がよく起きます。第5章に書かれているように、鼠径部の痛みは、間違った体重のかけ方が原因でたいてい起きます。

膝の後ろには、膝窩筋という小さな筋肉があります。この筋肉は、膝の屈曲を助け、脛骨の内旋もします。膝が屈曲しているときは、内側と外側のハムストリングスも、膝での脛骨の回旋を助けています。内側のハムストリングス（半腱様筋と半膜様筋）は脛骨を内旋させ、外側のハムストリングス（大腿二頭筋）は膝を外旋させる助けをします。しかし、前述したように、膝が完全伸展しているときには、膝関節では回旋できません。靱帯が膝を固定させ、回旋を防いでいるからです。そのため、膝を余計に回旋しようとする力は、膝にダメージを与えます。膝が屈曲し始めると、脛

骨と大腿骨の間で回旋できる角度が増えていきますが、それぞれの方向に最大でも15度くらいしか回旋できません。膝が45度屈曲して初めて、大腿骨に対し脛骨がはっきりと回旋します。屈曲がこの角度より小さいと、回旋はかなり小さくなります。しかし、屈曲が45度以上になると、回旋が大きくなるという意味ではありません。

● ──足首、足、足指

これらの関節は、まとめて考えましょう。なぜなら、多くの筋肉が足全体の関節にかかわっているからです。**腓腹筋**は、ふくらはぎの後部にあり、表面に近い筋肉です。この筋肉は、膝の後上方にある大腿骨下端から始まっているので、膝から足まで関連している筋肉です。そのため、ハムストリングスを助け、膝の屈筋としても働いています。腓腹筋は下腿を通り、**ヒラメ筋**といっしょになります。2つの筋肉が合わさってアキレス腱となり、踵骨の後部につきます。腓腹筋とヒラメ筋はともに、足関節（足首の関節）の底屈筋として働きます。**足底筋**もまた、大腿骨の下部から始まっている小さな筋肉です。とても長い腱をもっていて、やはり踵骨まで達しています。足底筋は、膝を屈曲させたり足を底屈させたりするのを補助して、腓腹筋と同様に働きます。足の底屈は、**長趾屈筋**によっても補助されています。

後足部と足全体の骨の配列が原因で、足自体では背屈や底屈があまり大きくできないため、足関節が底屈するときには足全体が底屈します。足関節の背屈や底屈では、足全体がこの2つの方向へ動くと考えられます。

足首と足の背屈は、**前脛骨筋**、**長母趾伸筋**、第3腓骨筋、**長趾伸筋**といったいくつかの筋肉によって行われます。しかし、これらの筋肉は、別の働きももっています。

足の内がえしや外がえしは、足根骨（後足部）で起きます。本来、距骨は、内がえしや外がえしに関する限り、足関節で固定されていて、背屈や底屈で蝶番のような動きだけをします。内がえしや外がえしは、距骨の軸を通る線に沿って起き、主に距骨下関節や距舟関節で生じます。これらの動きは、足の中央の横足根関節でも、ある程度生じます。足の内がえしは、**後脛骨筋**と**前脛骨筋**の動きが合わさって起きます。足の外がえしは、腓骨筋の働きによって起きます。長趾伸筋は足関節の前を通っているので、足指を伸展させるのと同時に、前述した足関節を背屈させる働きがあります。足首と足では、背屈は屈曲と同じ意味で、背屈のほうが一般的によく使われます。長趾屈筋は、中足趾節関節と趾節間関節の両方を屈曲させて、足指を曲げます。長趾屈筋はまた、足首や足を底屈させる助けもします。足首と足では、底屈と伸展は同じ意味です。

手と同様に、足にも**内在筋**といわれる小さな筋肉がたくさんあります。これらは、長趾屈筋が足指を曲げるのに対抗して働きます。足指が中足趾節関節で屈曲するとき、内在筋が作用して足の趾節間関節をまっすぐに保つ助けをします。正しいポアントの足では、足首と足が底屈して長趾屈筋がそれを助けていますが、足の内在筋の強い働きによって、長趾屈筋が足指を曲げようとする働きを抑えます。そして、ポアントで足指をまっすぐに保ちます。内在筋のいくつかは、前足部を通る横アーチを保つ働きもあります。内在筋が弱くて、横アーチが落ちると、中足骨頭の下に痛みが生じやすくなります(中足痛として知られています)。

1.4 神経系

神経系は脳、脊髄、末梢神経からなります。神経系は、次の2つに分類されます。
1) 体幹や四肢を動かす筋肉に一般にかかわる神経系。そして、感覚認知にかかわる神経系。
2) その他の部分。自律神経と呼ばれ、不随意筋、心筋、腺にかかわる神経系。

しかし、これら2つの神経系は密接に関係しています。反射弓は両方の神経系にあり、それぞれをコントロールする上位中枢は脳にあります。

神経系では、他のすべての組織と同じように、

図1.68 ニューロン（神経細胞）の典型的な例

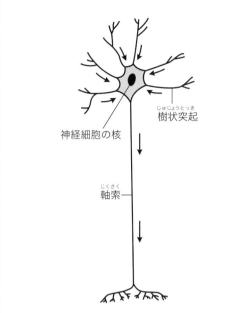

↓は、電気的インパルスが神経細胞内を通る方向を示します。

基本となるのは1つの細胞です。それはニューロンと呼ばれる細胞で、他の細胞とは違い、細胞から突起が出ています（図1.68）。突起のうち1つの種類は、樹状突起と呼ばれています。これは1つまたは複数あって、インパルスを神経細胞体へ伝えます。もう1つの種類は、軸索といって、神経細胞体からインパルスを外へ伝えます。随意神経と感覚にかかわる神経は、脂肪のさやでおおわれていて、有髄神経あるいは白線維といわれています。一方、自律神経は脂肪の層をもたず、無髄神経、あるいはその色から灰線維といわれています。ニューロンにはすべて特別な働きがあります。感覚ニューロンは刺激を受け取り、中央の脊髄に向かって刺激を運び、必要ならそこから脳まで刺激が伝わります。運動ニューロンは、インパルスを脳から脊髄、筋肉へと伝えていきます。

感覚神経は、私たちが感覚といっている熱さ、冷たさ、痛みなどを認識するだけではありません。筋肉、腱、靱帯の緊張に関するメッセージを伝えます。それらの組織の協調運動と、その位置的な関係の情報を伝えています。これらの情報が結びついて、例えば、目で見なくても鼻や体の一部分に指をのせるなどの行為ができます。

❶ 随意神経系（体性神経系）

随意という言葉がよく使われますが、神経系の中でこの部分を表すには十分な表現とはいえません。しかし、神経系の大部分と自律神経を区別するために、この言葉が使われています。あまり使われませんが、体性のほうが適切な表現です。

神経系の働きは、中枢よりも末梢から考えていったほうがわかりやすいでしょう。もし個々の神経が分かれて、感覚神経と運動神経がともに切り離されてしまったら、どんな種類の感覚も脊髄や脳まで伝わりません。切り離された部分は無感覚になり、位置がどこかも認識できなくなります。運動神経が切られると、その神経がかかわる部分が全く動かなくなります。運動神経が支配する筋肉にインパルスが伝わらず、筋肉の緊張がなくなり、弛緩性の麻痺といわれる状態、つまり他人が触っても、筋肉は柔らかく全く無反応な状態になります。

さて、脊髄自体が分断された場合を考えてみましょう。切り離された場所の上も下も、脊髄は通常のままですが、切れたところを横切ってはどちらの方向へも伝達できなくなります。その際、脊髄から筋肉へ伝わる神経や、筋肉や皮膚などの組織から脊髄へ伝わる神経は、損なわれていません。脊髄の中には、感覚神経と運動神経が直接つながるところがあります。これら3つの経路は、反射弓といわれるものを形成します。脳がほとんどないか全くない原始的な生物は、このとても単純な反射弓によって生命体すべてを維持しています。反射弓を単純に考えると、次のものからなっています。

a) 感覚受容器
b) 感覚ニューロン
c) シナプス（1つの神経の末端がもう1つの神経の末端とつながるところ）
d) 運動ニューロン

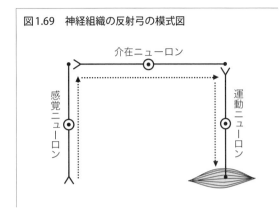

図1.69　神経組織の反射弓の模式図

e) 効果器

図1.69は、反射弓を簡単に表しています。刺激（例：痛みの知覚）は、感覚受容器から脊髄まで伝わり、介在ニューロンと呼ばれる間のニューロンを通って、運動ニューロンに伝わり筋線維を収縮させます。最も単純な反射弓は、介在ニューロンのない反射です。

脊髄の中には、同じレベルを出入りする反射だけでなく、上位あるいは下位のレベルにインパルスを上下に通す反射があります。また、さらに発達した反射は、脊髄を上下して脳に出入りします。

反射作用は、生命の維持に必要な、次のような働きをしています。

a) 内臓のコントロール
b) 随意筋の緊張のコントロール
c) 拮抗筋群の抑制のコントロール
d) 防御動作を起こす

哺乳類のような高等動物では、脊髄を分断すると、切り離された下の部分は原始的な状態に戻ります。脳はどんな情報も受けたり送ったりできませんが、分断された下の部分は、ある種の機能が残り、例えば筋肉では、中枢からのコントロールができなくなるため、反射弓によって実際には緊張が増加します。意思による動きができなくなり、その意味で筋肉は麻痺しますが、影響を受けた筋肉の緊張が増して、スパズム（訳者注：筋攣縮。局所的に、一定の時間起きる異常な筋肉の収縮状態）を起こしがちになり、痙性麻痺というものになります。さまざまな反射弓が刺激によって作動します。例えば、脳で感じていなくても、熱さ、冷たさ、痛みは、反射的に避けます。損傷していなければ、これらの原始的な反射は、中枢から送られる神経のインパルスによって調節されます。通常、動物には末梢から脊髄や脳までだけでなく、脳自体のさまざまな部分の中にも無数の反射弓があります。そして、すべての機能面で常に調節したり、変化させたり、コントロールしたりしています。

神経系全体はとても複雑ですが、簡単にいうと、原始的な生命から人間までの進化により、下から上へ発達していったと考えられます。反射弓から始まり、脊髄に近い脳組織の進化が続き、菱脳、小脳、中脳、そして最後に大脳半球、あるいは前脳が発達しました。大脳と小脳は、脳の表面積をできるだけ増やすために、しわがよって入り組んだ表面になっています。高等な哺乳類、特に霊長類は、意識的に複雑な動きを徐々に学んでいくことができます。そして一度習得してしまうと、複雑な動き全体の個々の部分をはっきりと意識しなくても、その動きができます。しかし、一度学習したとしても、脊髄より下のレベルで複雑な動きができるわけではありません。これらの動作は脳の中で始まり、コントロールされています。これらの複雑な動きは、反射弓とはいえません。

❷ 自律神経系

自律という言葉は自分でコントロールするという意味ですが、自律神経は実際には体性神経と密接につながっていて、その中枢は脳にあります。そのため、自律神経という名称は、あまり満足のできる名称ではありません。

自律神経系は、不随意筋、心筋、腺をコントロールします。自律神経系自体は、交感神経系と副交感神経系の2つに分かれます。2つの神経系は互いに反対の作用をしていて、拮抗性といわれています。交感神経系は興奮系で、アドレナリンとともに体を動かす準備をします。昔はもちろん、敵と戦ったり敵から逃げたりするためのものでし

た。しかし現代社会では、試験、公演、議論など社会的な事柄に直面したときに必要とされる、奮い立つ気持ちを作り出します。このような場合、交感神経系とアドレナリンが、脈拍と血圧を上げます。また、血液の供給が、特に消化管から、戦いに必要な他の器官へと移るので、胃が浮いたように感じます。副交感神経系は抑制するタイプで、体を休ませてリラックスさせたり、消化管への血液の供給を増やして消化を助けたりします。交感神経系と副交感神経系の脊髄の外側への主な神経分布は、神経節というところで始まって、体幹の内側を上下に走行しています。副交感神経系と交感神経系の神経線維は、ふつうの運動神経や感覚神経とともに、四肢や筋肉まで走っています。

3 感覚神経系

神経終末には次の3つのタイプがあります。
1) 体の外側から入ってくる刺激を知覚するもの。外受容器といわれています。
2) 体の内側からの刺激を知覚するもの。特に消化管などの内臓からの刺激。内臓受容器といわれています。
3) 筋肉や腱の緊張を知覚するもの。固有受容器といわれています。

外受容器への刺激は、どのような刺激であるか認識できます。しかし、内臓受容器や固有受容器への刺激は、お腹がすいたり痛いと感じるくらい大きな刺激でなければ、ふつうは認識しません。外受容器は、いろいろな感覚を受け入れます。視覚、味覚、嗅覚、触覚、温度の感覚、痛みの感覚、聴覚、平衡感覚があります。最後の2つは、耳で感じられます。触覚や温度の感覚、そして聴覚でさえも、刺激が大きすぎると痛みとして感じられます。

●──皮膚の感覚

温度と痛みの感覚は、体を守るための感覚です。触覚は、手足を使ったり動いたりすることと、大きくかかわっています。手や指が無感覚になると、手でものをもち上げたり、繊細で巧みな動きができなくなります。ものをつかむ感覚や、どれだけ強く握りしめているかという感覚がわからなくなり、ものを落としてしまいがちになります。たとえ手が実際にはうまく作用していても、手の力が弱いと誤解してしまいます。足の触覚がなくなると、足が地面に接する感覚がわからなくなり、反射弓に必要な刺激がなくなって、踏みつけるような歩き方になってしまいます。

ダンサーやアスリートには、味覚や嗅覚はあまり関係ないので、この本では触れません。

●──耳の感覚：聴覚と平衡感覚

音の高低やリズムなど音楽を理解することは、ダンサーにとって大切なことですが、聴覚の問題はこの本ではそれほど触れる必要がないでしょう。しかし、平衡感覚はとても大切です。バランスを感じる器官は、内耳にあります。内耳には3つの半規管があり、それぞれ異なる面に位置しています（図1.70）。半規管の内側の細胞には毛状突起があり、半規管自体は液体で満たされています。聴覚は、蝸牛で感じられます。

半規管内の液体の動きが、毛状突起を刺激し、この刺激を読みとってバランスを感じます。内耳が病気になると、ふらふらする感覚、いわゆるめまいが起きます。これは本来一時的なもののことが多く、風邪や中耳か内耳の感染に関係することがよくあります。バランス能力は、内耳からの情報、筋肉の固有受容器からの情報、目からの情報が組み合わさって得られます。正常な人は、暗闇でも難なく歩いたり立ったりできるので、目から

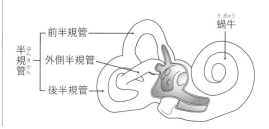

図1.70　内耳

の情報はこの中では重要でありません。しかし、内耳が傷つくと、視覚反射がある程度その働きを代行します。この場合、目をつぶると倒れやすくなります。

●──視　覚

　生まれつきの視力障害は、眼球が長すぎたり短すぎたりすることが最も一般的な原因です。これは、めがねやコンタクトレンズで調整できます。目と目の間は少し離れているため、それぞれの目の実際の視野は違います。そしてこの視野の差によって、脳は立体的な3次元空間を把握できます。

　この感覚によって、距離を正しく判断でき、正確にものに触れたりもち上げたりできます。生まれつき片方の目しか見えない人は、脳の働きでそのハンディを効果的に補っていますが、スピードのある球技だけは不利になります。しかし、後天的に片方だけでも視力が失われると、そのハンディを補うのはかなり難しく、ものをもち上げたり乗物を運転したりするのに問題が生じます。

●──固有感覚

　"proprioception（固有感覚）"という言葉は、ラテン語で自分自身という意味のpropriusと、何かを受け止めるという意味のreceptorからきています。固有感覚は、体全体や体の個々の部分が、空間の中でどういう位置にあるかを感じる能力です。すべての動きを統合するのは、中枢神経系（central nervous system：CNS）です。しかし統合の前に、関節、筋肉、腱、足の裏、指先、耳の平衡感覚から、ほんの数例を挙げた感覚受容器まで、情報を受け取らなくてはいけません。

　固有感覚とは、特に運動覚（関節の動きの感覚）と関節の位置を認識する感覚を表す言葉です。経験を積んだダンサーが、他のアスリートより動きのコントロールが優れているのは、固有感覚（あるいは中枢へ向かう神経）が正確なためです。そして、バレエ教師がはっきりと理解して生徒たちに教えることができるのは、この感覚です。

　関節包と靭帯の中には、機械受容器と呼ばれる感覚受容器があります。この受容器は関節や靭帯の変形を察知して、位置、位置（姿勢）の変化、関節の運動の情報をCNSに伝えます。筋肉の中にある筋紡錘（きんぼうすい）は、筋肉の長さや伸張の情報をCNSに伝え、伸ばされる速さも知覚します（p.115）。ゴルジ腱器官は、筋腱移行部に位置するもう1つの受容器で、CNSに固有感覚のフィードバックを送ります。ここでは、動いている間、筋肉から腱に伝えられる力を監視しています。皮膚にある外受容器は、圧力に反応します。例えば、足の裏はとても繊細で、体重を受けながらバランスをうまくコントロールしています。

　視覚情報、内耳（前庭器官）の平衡感覚とともに、固有感覚の情報を、CNSが統合して反応し、なめらかで調和した動きを作り出します。運動しているときに目をつぶると、体は固有感覚に頼らざるをえなくなり、体が受け止める感覚を研ぎ澄まします。子どもは、教師が示す見本に従ってまねをして、そして再現しようとします。バットマン・タンデュでは、正確で間違いのない足の通り道と位置を、何度も学びます。子どもは、目で見て、修正されるのを聞いて、体でそれらを解釈しながら、前述したすべての感覚受容器を意識的なレベルで使います。次第に動きは自動的に行われるようになり、徐々に意識しなくてもよくなります。そして、バットマン・タンデュの動きは、必要なときにすぐ取り出せるように、神経系の中に保存されます。私たちは、これを認知プログラミング（cognitive programming）と呼んでいます。

　固有感覚系は、バランスボード（訳者注：p.144参照）のような不安定な面の上にのってバランスをとるエクササイズで鍛えることができます。バットマン・フォンデュの動きを発泡マットの上で試みる程度でも、意識的にバランスをとるようになります。楽にできていた動きをコントロールするために、バランスをとる仕組みとすべての固有受容器が用いられます。練習すれば少しの努力で動きは完璧なものになり、硬い床面に戻ると、軸側の足首と膝のコントロールと、動作脚との協調運動が、より確かなものになるでしょう。

ダンススタジオで鏡を使いすぎると、ダンサーは動きや形の位置を決めてコントロールするのに、視覚的なフィードバックに頼りすぎるようになります。演技や表現では、その代わりに、繊細に調整された固有感覚が必要とされます。バーをきつく握りしめていると、体の安定性やバランスが損なわれて、センターレッスンへの体の準備ができないままになります。

思わぬケガは、固有感覚系が十分に機能しないときに起きます。足首の捻挫の結果、足関節内で関節のアライメントを反射的に守っている機械受容器が機能せず、靭帯が過剰に伸ばされます。もちろん、痛みは、痛覚の神経末端から感じられます。痛みや腫れが結果として生じ、安静が必要とされ、それとともに足関節の固有感覚が弱くなります。そのため、リハビリで最初に必要なことの1つは、簡単な運動で固有感覚を鋭敏に回復させることです。最終的には、すばやく動的に方向を変える運動を行います。レッスンに最初に戻るとき、足首にサポーターをつけていれば、（感覚入力を通して）ダンサーは通常の動きに気をつけるように意識しておくことができます。しかし、足首のサポーターを長くつけていると、固有感覚を鋭敏に戻す妨げになると考えられます。固有感覚系が効果的に回復すれば、靭帯がひどく伸ばされた足関節のコントロールをも完全に回復できることは注目に値します。

固有感覚のトレーニングは、体のすべての部分に応用できます。腰椎と骨盤は、姿勢に関するトレーニングで最初に対象とする部位です。中間位の腰椎のカーブと骨盤の傾きを繊細にコントロールして意識すれば、脊柱の位置が定まり、脊柱の安定筋（脊柱に最も近い深部の筋肉で、椎間関節の位置をコントロールする働きがある）が発達します。"骨盤を後傾（tuck under）"した姿勢は、動作時に本来は自由になっていなければいけない浅い部分の筋肉を緊張させてしまいます。その反対は、骨盤が前傾した姿勢で、腰椎がアーチ状になってコントロールを失っている状態ですが、より経験の少ないダンサーに見られます。この両方の状態では脊柱が不安定になり、筋肉や関節からの適切な固有感覚は、決して発達していきません。ここの固有感覚の不足は、腰のケガに関連します。

過伸展した筋力の弱い膝も、関節の位置感覚に欠けているため、固有感覚のトレーニングが必要です。膝が過伸展している若い生徒は、大腿四頭筋をバランスよく使わず、しばしば膝を後ろに押して伸ばしています。体重がかかったポジションでは、下にある足と上にある大腿の筋肉バランスと体の平衡に狂いが生じます。このタイプの膝の場合、体を支えるときには膝の働きを意識して中間位で安定させるために、神経と筋肉をコントロールする必要があります。

固有感覚は、疲労の影響を受けることもわかってきています。事故やケガは、ダンサーに疲労が見られる1日の終わりによく起きます。持久力をつけて維持するトレーニングを、プロのダンサーや生徒は毎週のトレーニングとして行うべきです。

足関節と膝のコントロールを強化し、骨盤と肩甲帯の位置を安定させるために、バランスと固有感覚を補うエクササイズを、すべての生徒に授業の内外で行わせることができます。心循環系のトレーニングが健康を改善し、筋骨格系のトレーニングが力を強くするように、固有感覚とバランスのトレーニングは筋肉の協調運動を改善します。そしてテクニックを積み上げていくと、固有感覚の意識、コントロール、協調運動をさらに改善し続けていくことができます。

筋紡錘（顕微鏡で見ると、紡錘の形をしています）は、錘内筋線維と呼ばれる特別な線維からできています。錘内筋線維は動きを感じ取り、筋肉の収縮を監視します。これらは、筋肉を短くするために収縮する錘外筋線維と平行に走っています。筋肉が伸ばされると、筋紡錘から脊髄と脳へと、神経線維がメッセージをリレーして伝えます。伸張反射は、突然引き伸ばされたことに対するすばやい反応です。突然あるいは危険なほど引き伸ばされると、CNSはそれに警戒して、筋肉（錘外筋線維）へ収縮するようにメッセージを伝え、筋肉は過度に引き伸ばされないように守られます。

繊細な固有感覚を備えた体は、バランスがとれ、とてもコントロールがきいて、楽々と動くことができます。つまり、それは本来ダンサーに備わっているものです。

1.5 皮　膚

皮膚は2つの組織の層からなっています（図1.71）。表面にある表皮と、深部の真皮です。真皮には神経や血管がありますが、表皮には神経も血管もありません。表皮層の深部にある細胞は生きていて、細胞分裂で増殖し、表皮細胞を表面へ押し出していきます。表面に近くなると、平らな細胞になって不活化し、死んだ角質細胞の層となります。深部から増殖してきた細胞で、表皮は常に新しく生まれ変わり、表面の角質層は常にはがれ落ちていきます。このことは、石膏ギプスで一部分をおおうと、死んだ角質細胞がすり減らずに張りついて爬虫類のウロコのような状態になっているので、はっきりわかります。摩擦と圧力はともに、表皮深部の細胞の成長を刺激して、表皮層を厚くします。これは、踵や手のひらによくあります。特に、裸足で歩いている人や激しい肉体労働をしている人に見られます。この肥厚は、ある部分に集中するとタコになります。

皮膚は、水を浸透させません。これは、雨が体の中に入らないようにするためではなく、体から水分が失われるのを防ぐためです。また、表皮には病原菌の侵入を防ぐという防御機能もあります。

皮膚には、次の2種類の腺があります（図1.71）。
1) 汗腺：主な機能は、体を冷やすのを助けることです。体温が上がると、汗腺は汗を分泌します。汗は皮膚をおおって、蒸発します。液体から気体に変わるために、つまり蒸発するために、エネルギーが吸収されます。これにより体から熱が吸い上げられて、体温を下げる効果が得られます。汗には、いろいろな種類の塩分や体の老廃物が含まれています。汗は、老廃物の排泄にも一役買っています。しかし、体から汗がたくさん出るような暑い気候では、汗の中の電解質や塩分量を調整して、失われる量を実質上ゼロまで減らすことができます。そうしないと、体に必要な電解質がかなり失われてしまうからです。
2) 皮脂腺：皮脂という油性の分泌物を作り出しています。皮脂は、角質表皮細胞や毛を潤し、傷まないように保護します（乳腺は、皮脂腺のうちでも乳汁を作り出す特殊な腺です）。

皮膚には、温覚神経や触覚神経の末端があります。痛みを感じる神経末端は、深部にあります。

1.6 心循環系

心循環系には、動脈、静脈、毛細血管をめぐる血液と、血管内の血液を循環させるポンプ作用をもつ心臓、そして血管自体（動脈、静脈、毛細血管）があります。

❶ 血　液

血液は2つの成分からなります。血液全体の半分以上を占める液体成分と、残り半分以下の細胞成分です。

細胞成分には、主な2種類、赤血球と白血球があります。赤血球は、血流に入るまでに核がなく

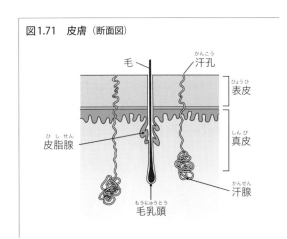

図1.71　皮膚（断面図）

なります。赤血球には酸素を運ぶ役割があり、その赤い色が血液を赤く見せます。血液 1 mm³ あたりに、約450万〜500万個あります。赤血球の赤い色素はヘモグロビンで、とても容易に酸素と結びつき、また容易に酸素を離します。これによって、酸素は肺で取り込まれて体中に運ばれ、酸素を必要とする組織に供給されます。血流中の赤血球は、3、4ヵ月すると壊されます。赤血球は主に、赤血球生成組織を含む赤色骨髄の中で作られます。大人の赤色骨髄は、例えば骨盤、肩甲骨のような扁平骨と長骨の末端に限られています。子どもには、ほとんどの骨に赤色骨髄がありますが、大人になるとその量は減ります。不活化した部分は、赤血球生成組織を含まない黄色骨髄となります。しかし大人でも、赤血球が突然大量に必要となったとき、黄色骨髄が赤色骨髄に戻ることができ、もう一度赤血球を作り始めます。これは、慢性的な血液の損失に刺激されて起こります。例えば、出血性の潰瘍で、長期間にわたって徐々に血液が失われた場合などです。

3、4ヵ月して赤血球が壊されると、鉄分は体に残り、再び赤血球を作るために肝臓に蓄えられます。ヘモグロビンが壊されてできた他の産物は、消化管に出る胆汁中に捨てられ、排泄物中に入って体の外へ出されます。

白血球は、赤血球より数が少なく、血液 1 mm³ あたりに4,000〜10,000個あります。しかし、病気のときは、白血球の数が驚くほど増えます。白血球には2種類あり、多形核白血球（あるいは顆粒球）が60〜75％、単核白血球（あるいは非顆粒球）が25〜40％になります。

顆粒球は、大きく不規則な形の核をもっていて、核が分かれています。顆粒球はまた、顕微鏡で調べたときの染色による特徴で、いくつかの種類に分けられます。好中球が60〜70％、好酸球が2〜4％、好塩基球が0.5〜2％あります。好中球は、細菌や異物への攻撃に最も関係があります。感染や異物の侵入があると、好中球はすばやくそこへ集まります。そして、それぞれの好中球はアメーバのような動きで異物や生物に近づいて囲み、まず細胞膜を切り離し、異物を自らの細胞中に取り込んで、再び細胞膜を形成します。好酸球は、アレルギー反応が起きると数が増えます。好塩基球は、血管の中で血液が凝固するのを防ぐヘパリンや、ケガをした部分などで毛細血管を膨張させるヒスタミンを作ります。しかし好塩基球は、ヘパリンやヒスタミンを決して単独では作り出しません。

白血球のもう1つの種類は単核白血球で、大きな丸い核を1つずつもっています。白血球の25％を占め、その大半は免疫反応と関係のあるリンパ球です。

血液の液体ではない3番目の成分が、血小板です。血小板はとても小さく、細胞ではありません。血小板は血液の凝固に関係があります。血液凝固のメカニズムはとても複雑で、多くの要素が含まれています。さまざまな要素が相互作用して、適切なときに血液が凝固します。これらの要素が1つかそれ以上欠けると、血液は固まらなくなります。血友病のような病気で、それが起きます。そのメカニズムを、ごく簡単に説明しましょう。血小板と傷ついた組織からトロンボキナーゼが産出されて、凝固が起きます。これがプロトロンビンと呼ばれる血漿中の物質に作用し、トロンビンを作り出します。正常な状態で、血液中にカルシウムがあるときだけ、この作用が起きます。トロンビンは、血液中のフィブリノーゲンと呼ばれるたんぱく質に作用し、フィブリンとなります。このフィブリンが網目を作り、徐々に増えて網目を密にしていきます。赤血球と白血球がこの網目にかかり、凝血塊となります。血清は、血液凝固の後（つまり凝固のすべての要素と細胞が除かれたとき）に残る液体成分です。

血液は体の輸送システムで、次のようなさまざまな役割を果たしています。

1) 体中に気体を運びます。酸素は、主に赤血球中のヘモグロビンと結合して運ばれ、組織で代謝の一部として必要とされます。少量の酸素は、血漿中にも溶けています。二酸化炭素は、赤血球と血漿の両方の中に入って、組織から肺へ戻

ります。窒素も血漿に溶けて、体中に運ばれます。窒素は不活性気体で、私たちが呼吸する空気の大半を占めています。深海のダイビングで問題となるのは、まさにこの血流中の窒素です。吸い込む気体の圧力が上昇すると、血液中にはるかに大量の窒素が溶け込みます。ダイバーが水面に出る際、急激に気圧が減少しすぎると、窒素はもう血中に溶けていられなくなり、血流中で泡となります。この泡が毛細血管をふさぎ、毛細血管によってふだん血液を供給されている組織が死んでしまいます。

2) 栄養分を体の組織に運びます。また、組織の代謝作用でできた老廃物のうち、二酸化炭素は肺に運ばれ、その他の老廃物は腎臓に運ばれて尿中に排泄されます。さまざまな塩分や電解質が、血漿の中に入って体中に運ばれます。これらの多くは、純粋な栄養分とみなされていませんが、細胞に必要なものです。

3) 白血球は常に血流にのって運ばれ、感染や異物の侵入に対する防御システムの一部として、すぐに利用できるようになっています。

4) 熱を皮膚まで運んで、汗や放熱によって熱を下げます。

❷ 血液の循環

前述したような役割を果たすために、血液は体中をめぐっていなければいけません。心臓が血液を動脈に押し出すと、血液は徐々に小さな動脈に入り、毛細血管に達します。動脈と細動脈は、伸び縮みのできる筋肉壁をもっています（図1.72）。毛細血管は、細胞1つ分の厚さのとても薄い壁しかもっていません。塩分、電解質、栄養分、気体はこの壁の間を通って組織まで運ばれ、組織から老廃物が再び戻ってきます。毛細血管は徐々に集まって細静脈となり、静脈となります。静脈は毛細血管より厚い壁をしていますが、動脈に比べるとかなり薄い壁です（図1.72）。静脈壁には筋肉はほとんどなく、動脈ほど弾力がありません。

循環系を示した図1.73からわかるように、心臓（図1.74、1.75）には二重のポンプがあります。それぞれのポンプは2つの部分に分かれています。血液を受け入れて心室へ送り出す心房と、力強く収縮して血液を循環させる心室があります。体の主な部分から戻ってきた血液は、右心房に入り、そこから右心室に送られます。血液は右心室から肺動脈を通って肺に送り出され、肺の毛細血管で二酸化炭素を捨てて酸素を取り入れます。肺に入っていく血液には酸素が少なく二酸化炭素をたくさん積んでいますが、肺から出ていく血液は二酸化炭素がほとんどなく酸素を積み込んでいます。血液は肺から、肺静脈を通って、心臓の左側の左心房に入り、そこから左心室へ送られて、いわゆる体循環へ押し出されます。肺を通る循環を肺循環といいます。

心臓から広大な体循環に血液を送り出すためには、とても大きな力が必要です。そのため、心臓の左側は右側より厚い筋肉をしています。ポンプの作用では、まず始めに心房が収縮し、心室が血液を受け入れるため拡張します。それからすぐに、心室は収縮します。耳慣れた"ドクン、ドクン"という音は、心房の収縮の後に心室の収縮が続いて起きる音です。心臓の4つの部屋には入り口に弁があり、心筋が収縮したとき、血液が入ってきたほうに逆戻りさせない役目をしています。

心拍の速さ（心拍数）は、洞房結節（どうぼうけっせつ）という心筋の特別な部分によってコントロールされています。これは規則的なリズムの収縮を作り出し、完全に独立して働いています。筋肉の収縮の波が、心房の筋肉全体に広がり、それぞれの心房を完全に収縮させます。心室に直接この波は伝わりませんが、インパルスが房室結節という心筋のもう1つの特別な結節を通り、房室束（ぼうしつそく）という特別な筋束へ伝わります。これにより心室の筋肉が心尖部（しんせんぶ）（訳者注：心臓の先端部分）から刺激され始め、血液は大動脈、そして動脈に押し出されます。洞房結節は、完全に独立したリズムで収縮を起こしますが、交感神経や副交感神経の刺激によって調節されます。副交感神経は心拍数を下げ、交感神経は心拍数を上げます。

血液は心臓の左側から、大動脈という大きな動脈に押し出されます。それから、さらに小さな動脈や細動脈に分かれていき、前述したように毛細血管まで運ばれていきます。心室が収縮すると、動脈内の圧力が上昇し、その圧力はもちろん他の血管に伝わっていきます。血液に合わせて、大動脈と動脈は広がります。心室が収縮をやめると、大動脈内の血液の圧力によって、大動脈と心室の間の弁が閉まります。それに引き続き、血管壁が伸びたことが直接の刺激となり、動脈壁の筋肉の収縮が起きます。そして、第2のポンプ作用となり、血液をさらに末梢の血管へ押し出します。これは、心室の収縮と収縮の間に、動脈の圧力を保つという2次的な効果もあります。そうしないと、心室が収縮している間は血圧が上がり、収縮を止めると血圧がなくなってしまいます。

このメカニズムが、血圧計で測ったときに出る2つの数値を作り出します。血圧の最大値は、心室が収縮し圧力が最高点に達したときの値で、健康な成人では平均約120mmHgです。心室が弛緩すると、血圧は約80mmHgまで下がります。動脈壁の弾力性と筋肉の収縮によって、心筋が弛緩したときにそれ以下に血圧が下がらないようになっています。動脈の枝を下っていった圧力の波は、体中のさまざまなところで脈拍として触れることができます。深部に固い組織があるところを

図1.72　動脈と静脈（断面図）

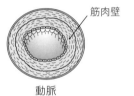
動脈

静脈

動脈にある筋肉の壁は、静脈にはありません。

図1.74　心臓

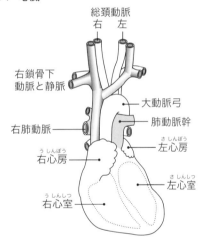

図1.73　血液の循環

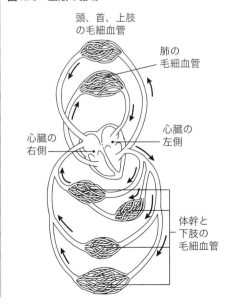

図1.75　心臓と大きな血管内の血液の流れ

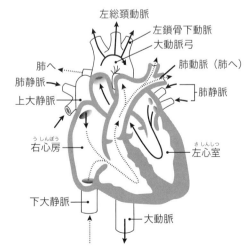

指で押して、動脈を圧迫すると、脈拍を測れます。脈拍は、心筋の1回ごとの収縮に対応しているため、心拍は簡単に測ることができます。

病気ではない正常な心臓では、脈拍つまり心臓の収縮は、完全に規則正しく打っていて、速さだけが変わります。交感神経の刺激や、血液中へのアドレナリンの放出によって、速さは増します。これは、酸素を運ぶ血液を体が必要とする量が増えたときの自然な反応です。心拍数は運動時に明らかに増加しますが、ストレスや神経質になることでも同じように増加することは、誰でも気づいているでしょう。後者の増加は、交感神経の刺激によるものです。不規則な脈拍は、不規則な心拍が原因ですが、心臓が病気となったときにだけ現れます。特に、心臓発作を起こした人や冠動脈血栓のある人に、はっきりと現れます。これらの病気は、心筋の特定の部分、洞房結節、房室結節や伝導経路にダメージを与え、心筋への正常な刺激が妨げられます。

ふつうの健康な人は、息を吸ったり吐いたりすることに対応して、心拍数が変化します。息を吸う間、心拍数は少し高くなり、息を吐く間、心拍数は少し低くなります。ゆっくり深呼吸しながら、指で脈を触れてみると、このことが簡単にわかります。

肺動脈—毛細血管—肺静脈を通る肺循環は、大動脈—動脈—静脈を通る体循環に、構造的によく似ています。しかし、肺循環の圧力は、体循環の圧力ほど大きくありません。

体循環では、血液は大動脈、動脈、細動脈から毛細血管へ流れていきます。毛細血管は、膨大な網目状の毛細血管床を形づくっています。そこで、酸素、二酸化炭素、栄養や老廃物の交換が行われます。

毛細血管を通った後、血液は細静脈に入り、そこからまた徐々に大きな静脈に入り、大静脈を通って心臓の右側に戻ります。心臓が鼓動する間も、毛細血管系には脈の波がありません。そのため、静脈の血圧は一定しています。しかし、次の3つの要素が、静脈の血圧に影響します。1つめは、重力です。立っているとき、心臓の位置から下にあるどのような静脈にも、その位置から心臓までの高さの血液の柱があります。身長が180cmの人だと、足の静脈にある血液の柱は約120cmの高さになります。この血液の柱を心臓まで押し上げるには、かなりの圧力が必要です。間違った方向へ血液が流れないように、静脈の弁がこれを助けています。もし弁が役に立たなくなり血液の逆流を止められなくなると、静脈は膨張し、いわゆる静脈瘤の原因となります。心臓より上では、頭や首から心臓のほうへ血液を戻す力がかかります。

静脈の血液の流れを助ける2つめの要素は、筋肉の収縮です。たくさんの静脈が、四肢や体幹の筋肉の間を通っています。筋肉が収縮すると、1方向、つまり心臓のほうへ血液を押し流します。前述したように、血液を1方向だけに通す静脈弁によって、この1方向への流れが生じます。循環を助ける筋肉の働きは、末梢のポンプ作用といわれることもあります。

3つめの要素は、呼吸作用に関連しています。息を吸うときは、横隔膜や肋骨の間の筋肉が収縮して、肺の容積が増え、胸腔内の圧力が下がり、肺に空気が入ります。同時に、圧力の低下が胸の大静脈にも影響し、血管内の圧力をわずかに下げ、血液が末梢から戻るのを助けます。

3 リンパ系

リンパ系は、厳密にいえば循環系の一部ではありませんが、最終的に循環系に流れ込むため、この項で扱います。

体循環系の毛細血管壁は、血液の液体成分が通過できるように、とても薄くなっています。この液体成分は一度外へ出ると、組織液（間質液）となり、組織中の細胞のすき間に入り込みます。このほとんどは再び血流中に戻りますが、過剰分を排出する役割をリンパ系がしています。たんぱく質のような大きな分子や粒子は、大きくて血流中に直接入れないため、リンパ系が取り除きます。

これらの分子や粒子は、リンパ液に入って運ばれます。リンパ系は、とても細い毛細管で始まり、組織間に直接開いているため、組織液や小さな粒子の通過をさえぎる壁はありません。毛細管の中に集まった液体は、リンパ液といわれます。リンパ毛細管が集まって、リンパ管となります。このリンパ管には、静脈のような弁が、はるかに多くの数あります。

リンパ管は集まっていっしょになり、流れの途中で、リンパ腺やリンパ節を通ります。体のさまざまなところに、このリンパ節が集中しています。リンパ節の集まりは特に、鼠径部、腋窩部、消化管からくる血管の基部に沿った体幹の内側、胸の中央部に見られます。細菌のような望ましくないものが血流中に入らないように、リンパ節はフィルターの役割をしています。大量の細菌に感染したものをたくさん捕まえると、リンパ節自体が痛くなり腫れて炎症を起こします。扁桃腺は小さなリンパ腺組織の集まりなので、炎症が起きやすく、扁桃炎となります。リンパ液の流れがリンパ節を通った後、リンパ管は集まって次第に太いリンパ管となり、最後に大静脈に流れ込み、心臓にたどりつきます。

1.7 消化管と消化作用

1 消化管

消化管は、口から肛門まで続く管です（図1.76）。食物は口に入り、かみくだかれて小さな固まりとなり、飲み込まれます。その間、鼻腔の後ろは、軟口蓋によってふさがれています。口の中の天井部分は、前半分の動かない硬口蓋と、後半分の動かせる軟口蓋の2つに分けられます。食物が鼻に入り込まないように、この軟口蓋がもち上げられ、鼻咽頭がふさがれます。それと同時に、気管の入り口にある喉頭は、上前方に引き上げられ、声門といわれる組織のひだによってふさがれます。これにより、食物が気管に入らないように

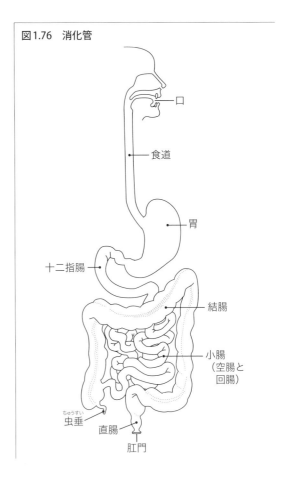

図1.76 消化管

なります。食物は、咽頭から食道と呼ばれる管に入ります。食道は、口腔咽頭（口とのど）から、胸腔を通り、横隔膜の割れ目の穴を抜けて、胃に入り込みます。胃は、化学的な消化作用をいくつか始めるだけでなく、食事で入ってきた食物の固まりを、次の消化作用に入る前に物理的に貯めておく大きな貯蔵庫の役割もします。胃に続いて、十二指腸という短い腸があります。十二指腸には、2つの異なった導管が直前に合流して1つになり、入り込んでいます。

2つの導管は次のとおりです。
a) 胆管：胆嚢と肝臓から、胆汁と胆汁酸を運ぶ。
b) 膵管：膵臓から、消化酵素を運ぶ。

十二指腸に続いて、空腸と回腸からなる小腸の残りの部分があります。回腸は、大腸の始まりの盲腸につながります。盲腸からは、虫垂が出ています。大腸の残りの部分は、上行結腸、横行結腸、

下行結腸からなり、直腸へとつながります。直腸は、もう１つの貯蔵庫で、排泄物となる食物のカスを貯めておきます。

❷ 消化

消化は、口から始まります。消化管の中のものは、ぜん動という、筋肉が収縮して起こす流れにのって運ばれていきます。ぜん動運動は、食道の入口から始まりますが、意識的にコントロールできません。胃腸炎のような感染症にかかって、ぜん動運動が激しくなると、強い痛みの発作や激しい腹痛として感じられます。その他のときは、ぜん動運動はふつう感じられません。

食物をかんで物理的に小さくするとき、唾液が食物に混ざります。唾液は、食物の固まりをなめらかにして、飲み込みやすくします。唾液はまた、最初の消化酵素のプチアリンを含んでいます。プチアリンは、口の中で作用する唯一の消化酵素で、でんぷんを分解する働きがあります。しかし、でんぷん消化の全体の過程からすると、その効果はあまり重要なものではありません。パンやポテトのようなでんぷん質の食物を、口の中で短時間かみながら動かしていると、かんだもののでんぷんが分解され単糖類に変わるため、少し甘くなるのがわかります。酵素は複雑な化学物質で、生化学反応の触媒として働きます。さまざまな酵素によって消化の過程は進められ、大きく複雑な食物の分子を、より単純な分子まで分解します。そして、分子は消化管の壁を通って吸収され、血流にのって肝臓まで運ばれます。さまざまな酵素が、それぞれの段階で消化管に入ります。

酵素はそれぞれ特有の作用をもち、１つの化学作用だけを始めたり調整したりします。個々の酵素は、とても狭い範囲のpH（酸性〜アルカリ性）でしか作用できません。また、酵素は体温で最もよく作用し、熱によって壊れるため、食物の中に酵素が含まれていても調理の熱で壊れます。食物を栄養とするには、消化管壁を通して吸収しなければいけませんが、大きく複雑な分子は通ることができません。必要な酵素がないと、この分子の分解ができません。例えば、人間は雑食性ですが（肉も野菜も食べます）、セルロースを分解する酵素がないため、セルロースは食物繊維として腸を通過してしまいます。そのため、人間は草だけでは生きられません。一方、草食動物は酵素をもっているため、セルロースを分解して炭水化物を作り出し栄養とします。

胃の中で、食物は一時的に蓄えられるのと同時に、胃壁から出た分泌物と混ざります。胃に入ったもののpHを調整し、胃で分泌される酵素が作用する酸性度にするため、分泌物の一部は酸性になっています。胃壁からは、単糖類やアルコール以外の栄養素は、ほとんど吸収されません。食物は胃から十二指腸へ出るとき、少量に分けられて通過します。この２ヵ所を分けているのは十二指腸の筋肉弁で、周期的に開いて食物を胃から十二指腸へ通過させます。

十二指腸で、さらに食物に対する酵素が出ます。腸の分泌液は、さまざまな酵素を含んでいて、十二指腸壁の腺で作られます。肝臓で作られる胆汁は、胆管と膵管がつながった総胆管から入ってきます。胆汁は、胆汁酸塩と胆汁色素を含みます。胆汁酸塩は脂肪の乳化作用に関係していて、分解された脂肪、特に脂肪酸の吸収を助けています。胆汁色素は肝臓で作られる物質で、その多くは赤血球が分解したものです。この色素を体外に排出する１つの方法として、十二指腸に色素を放出します。十二指腸壁の同じ穴から、膵臓からの分泌物も出てきます。これは、脂肪の消化をさらに助ける酵素と、糖とたんぱく質の分解を助ける酵素を含んでいます。

膵臓の働きは、腸に酵素を出すだけではありません。膵臓の中には内分泌腺といわれるものがあり、血流中に直接分泌される物質を作り出します。膵臓の内分泌腺は、ランゲルハンス島と呼ばれていて、インシュリンとグルカゴンという２つのホルモンを作っています。インシュリンは血糖値を下げ、体の細胞が糖をグリコーゲンとして貯蔵するのを助けます。グルカゴンは、グリコーゲンを

単糖類に分解し血液中に戻るのを促し、血糖値を上げます。膵臓の欠陥でインシュリンができないと、糖尿病になります。

小腸の残りの部分を食物が通過するとき、酵素が作用し続けて、食物を次第に分解していきます。この分解が十分に進むと、栄養分は腸壁からゆっくりと吸収されていきます。この吸収は、食物が盲腸に達するまでにほとんど行われ、残ったものの大部分は半流動体の残留物となります。大腸の主な働きは、体から水分がたくさん失われないように、残留物から水分を吸収することです。この作用で残留物は固形となり、体積が小さくなります。消化された食物から、大腸壁を通して吸収される残りの栄養は、ごくわずかな量でしかなく、あまり重要ではありません。

❸ 肝臓の働き

肝臓はとても複雑で、多くの働きをしています。その働きは、次の3項目に分けて考えることができます。

●──分泌器としての働き

胆汁は肝臓で作られ、胆汁色素と胆汁酸塩を含んでいます。胆汁色素の大部分は、古くなった赤血球が分解したものから作られます。これらは十二指腸に入り、その多くは便となって体外へ排出されます。しかしそのうち少量は、小腸の壁を通って再吸収されて血流中に入り、腎臓で除去され尿となって排泄されます。尿が黄色いのは、胆汁色素のためです。

胆汁酸塩も、胆管を通り十二指腸に出ます。その働きは、脂肪を乳化して、さらに分解し吸収を助けることです。胆汁が肝臓で作られると、そのほとんどは凝縮され、一時的に胆嚢に蓄えられます。胆嚢は、胆管から分かれた横枝にある小さな袋で、ここに結石が生じることがあります。結石は、過剰な胆汁色素や、胆汁酸塩が結晶となった沈殿物です。

ヘパリンも肝臓で作られますが、血流中に直接入り込みます。ヘパリンは体中を循環しながら、血液の凝固を防いでいます。

●──貯蔵庫としての働き

a) グリコーゲンは肝臓に蓄えられています。グリコーゲンは、グルコースが貯蔵されるときに作り替えられる化学形態です。これはとても速く作られ、また必要に応じて速やかに分解されます。グリコーゲンは筋肉にも蓄えられています。運動したり食事をとらなかったりして（ともに血糖値を下げます）グルコースが必要となると、グリコーゲンが再転換して、ただちにグルコースが作られます。食後、炭水化物を消化して作られたグルコースは、代謝ですぐに必要とされず、グリコーゲンとして蓄えられます。そして、食事と食事の間に少なくなったグリコーゲンの蓄えを補充します。

b) 肝臓には、ビタミンA、B群、Dを蓄える働きもあります。元来、ビタミンは体で作ることができないため、食物から吸収します。肝臓に蓄えられたビタミンは、必要なときに放出されます。

c) 古くなった赤血球が分解されてできた鉄分が、蓄えられます。そして、新しい赤血球が必要となったときに、ヘモグロビンを合成するために放出されます。

●──代謝作用

肝臓は、たんぱく質、脂肪、炭水化物を体の栄養として用いるために働いています。これらの物質は、食物として入ってくるときは、とても複雑な構造をしています。体内で利用するためには、もっと単純な構造に変えなければいけません。たんぱく質を、より単純な化学構造のアミノ酸に分解します。その後、体のさまざまな生理的機能で必要とされるとき、肝臓は新たなたんぱく質を合成します。人間の肝臓は、基本となる単純な分子から多くの必要なアミノ酸を作り出せますが、作り出すことができないアミノ酸もあります。これは、必須アミノ酸と呼ばれています。必須アミノ

酸は、アミノ酸あるいはより複雑なたんぱく質の形で、食物からとらなくてはいけません。欠乏してしまうと、体が機能しなくなります。

グルコースが多すぎてグリコーゲンの貯蔵がいっぱいになってしまうと、余分な炭水化物は肝臓によって脂肪に変えられ、体内の他の場所に保管されます。食物といっしょに入ってきた有害な物質のほとんどは、肝臓で解毒されます。肝臓は、有害な物質の化学構造を変えて、無害なものにしているのです。解毒された後、その物質は血流に戻って、腎臓から排出されたり、胆汁に入って腸から排出されたりします。その他にも、正常なたんぱく質の代謝で作られる物質の中に、有害となる可能性がある物質がいくつかあります。例えば、アンモニアは肝臓ですぐに尿素に変えられます。その後、尿素は血流に入って、腎臓で尿となって排出されます。入ってきたさまざまな有害物質を解毒する過程で、肝臓の細胞はダメージを受けます。新しい細胞がときどき作られますが、常に作られてはいないため、死んで線維組織となった細胞が置き換わります。このようにして徐々に肝臓の機能は破壊され、やがて肝不全になります。肝臓にトラブルを起こす最もよくある原因は、おそらくアルコールの飲みすぎです。さまざまな薬や産業用の化学薬品も、肝臓にダメージを与えます。

1.8 呼吸系

① 呼 吸

呼吸によって、体の酸化作用に必要な酸素が十分に取り込まれます。さらに、二酸化炭素が十分に排出されて、血液中の酸／アルカリ濃度が一定に保たれます（酸／アルカリ平衡）。肺では、吸った空気から酸素が抜き取られ、すぐに赤血球の中に吸収されて、体中に運ばれます。肺ではまた、二酸化炭素が循環系を離れて、肺に再び入り、吐く息にのって出ていきます。これは、ガス交換と呼ばれています。空気は鼻から吸い込まれ、そこ

で温められて、鼻孔の中の小さな毛でろ過されます（図1.77）。

肺は、薄い壁をもった弾力性のある2つの大きな器官で、胸郭の中にあります。肺は、胸郭の動きで広がったり縮んだりして、空気を吸ったり吐いたりを繰り返しています。私たちが口や鼻から呼吸をすると、吸い込んだ空気は咽頭に入り、気管に通っていきます。そこから、酸素を多く含む空気が2つの気管支を通って肺に運び込まれます。

これらの気道は、細かく分かれていき、細気管

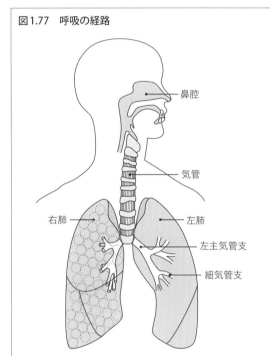

図1.77 呼吸の経路

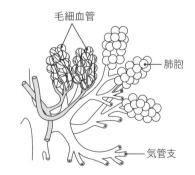

図1.78 肺の中の肺胞

空気が最終的にたどりつく部分が肺胞です。肺胞のすぐ近くを、たくさんの毛細血管が取り囲んでいて、肺胞中の空気と毛細血管中の血液の間で、ガス交換が行われます。

支と呼ばれる細い通り道になります。そして終点で、肺胞と呼ばれる非常に多くの小さな空気の袋にたどりつきます。肺胞は、薄い壁をした袋で、循環系の毛細血管ネットワークに接しています。薄い肺胞と毛細血管の壁を、酸素と二酸化炭素が通り抜けます（図1.78）。

肺は、胸腔に囲まれています。そのため、胸腔の形や大きさが変わると、肺の中の気圧が変化します。呼吸筋は、胸腔の形を変える役割があり、それにより呼吸での空気の流れが生じます。空気を吸うときは、呼吸筋が肋骨をコントロールしながら胸腔を広げ、横隔膜が下がります。肺は胸腔とともに広がり、容積が大きくなって、内側の気圧が下がります。そして、気圧のバランスをとるために、空気が吸い込まれます。

肺は、胸膜という二重の壁に囲まれています。壁側胸膜は胸腔壁を裏打ちし、臓側胸膜は肺をおおっています。2つの胸膜の間には、胸膜腔があります。ここには、少量の液体が入っています。この液体により、両方の胸膜が湿気を帯びて滑りやすくなり、呼吸で肺が広がったり縮んだりするときに、互いになめらかに動くことができます。

2つの肺は、円錐のような形をしています。それぞれの尖端部分は、鎖骨のちょうど上までになり、底部は横隔膜の上にのっています。底部は、前方では第6肋骨の位置に、側方は第8肋骨の位置になります。肺は、肺葉に分割されています。右の肺には、上、中、下の3つの肺葉があり、裂溝で分かれています。それぞれの肺葉は独立して、気管支あるいは気道につながり、さらに区分され、区域気管支につながっています。左の肺には、上下2つの肺葉があります。このようにして、1つの肺葉あるいは肺区域が機能を果たせなくなっても、残った肺葉あるいは肺区域が代わりに酸素を供給し続けます。

胸郭は、12の肋骨からなっています。肋骨は、後方では胸椎、前方では胸骨と関節をなしています。胸椎では、肋骨は胸椎の椎体と滑膜関節を形成しています（肋椎関節）。第2〜第9肋骨は、上下の椎体と2つの関節（デミファセット）をな

します。さらに肋骨の小結節は、下の椎体の横突起と関節をなします（肋横突関節）。第1、第10、第11、第12肋骨はそれぞれ、1つの椎体と肋椎関節でつながり、第11、第12肋骨には肋横突関節はありません。

前方には肋軟骨があり、その柔軟性によって、呼吸での動きや衝撃の吸収が可能になります。第1〜第7肋骨は本来の肋骨といわれ、胸骨と滑走滑膜関節をなします（胸肋関節）。第8〜第10肋骨は、第7肋骨の肋軟骨と関節をなします。第11、第12肋骨は、前方には付着せず、浮いています。

肺と胸壁は、その構造に弾力性のある部分があります。肺の弾力組織は縮む傾向がある一方、胸郭はその反対に向かう傾向があり、相反する力をかけています。

2 肋骨の動き

肋骨は、脊椎につく部分から下に向かって傾斜しています。そして肋軟骨は、上に向かって胸骨につきます。肋骨の前端は後端より低い位置にありますが、肋骨で最も低いところは側面にあります。第1、第2肋骨はわずかにしか動きません。一方、第3〜第6肋骨はもち上げられるとき、2つの様式で動きます。肋骨は、肋軟骨を胸骨とともにもち上げて、前に上げることができます。これは、ポンプのように働くため"ポンプハンドル

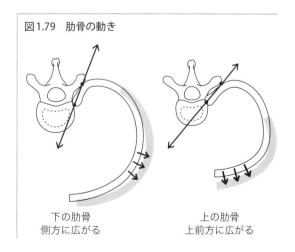

図1.79　肋骨の動き

下の肋骨　　　　　　　上の肋骨
側方に広がる　　　　　上前方に広がる

動作"と呼ばれます。この動きで、胸郭の前後が広がります（図1.79）。2つめの肋骨の動き方は、肋骨の前後の端を中心として、肋骨の骨幹部をもち上げる動きです。この動きで、胸郭の横幅が広がります。これは"バケツハンドル動作"と呼ばれます。第7〜第10肋骨は、バケツハンドル動作でより多く動きますが、外方へ開く"キャリパー動作"で、胸郭と肺下部の容積がかなり広がります。浮いている2つの第11、第12肋骨は、全方向に少しずつ動くことができます。しかし、上部の肋骨がもち上げられるときには、横隔膜につく第11、第12肋骨は、腰方形筋によって押し下げられて安定しています。

3 呼吸筋

　横隔膜は、呼吸のための主要な筋肉です。ドーム（円天井）のような形をしていて胸郭の下面にあり、下6対の肋骨、胸骨の剣状突起、上2つの腰椎の椎体と円形につながっています。ここから放射状に筋線維が上に伸びて、平らな腱中心につながります。横隔膜は胸腔と腹腔を分けていて、肺の下、肝臓、脾臓、腎臓、胃の上にあります。息を吸うときに、筋線維が収縮し、腱中心が下りてドームが平らになります。そのため胸郭の縦軸が長くなり、腹部の器官を圧迫します。横隔膜が肝臓の上で止まると、下の肋骨をもち上げ、胸郭の横軸を広げるように収縮し続けます。

　静かに呼吸しているときに働いているのは、この横隔膜です。私たちが眠っているときは、神経により化学的に管理されて呼吸し続けています。

　肋間筋は、肋骨と肋骨の間にあり、その間を埋めています。最も浅い位置にある筋肉は、外肋間筋です。その線維は肋骨の下縁から、1つ下の肋骨の上縁まで、下前方に向かっています（外腹斜筋と似ています）。これより深い位置に、内肋間筋があります。内肋間筋は、外肋間筋に対し90度の角度で、下後方に向けて走っています。これら2つの筋肉は、下の肋骨がバケツハンドル動作でその上の肋骨に向けて引き上げられるとき、互いに作用し合います。息を吐くのは、主に肺の弾性収縮力によって受動的に行われますが、強制的に息を吐くときは、これらの筋肉が働きます。

4 呼吸法

　スポーツでは効率のよい呼吸法が必要で、空気をできるだけ多く吸って、その中の酸素をできるだけ多く使おうと努力します。体力がつけば、心循環系が最善の状態で働きます。ダンスでも同じように、効率のよい生理学的作用が必要とされますが、芸術的には難しい動きの中でも努力を見せるべきではありません。最も挑戦的な動きも楽々とやっているように見せ、動きの流れを乱してはいけません。

　運動すると、特にダンスでは、体が必要とする酸素の量が増えますが、動きがより挑戦的になるほど、脊柱と肩甲帯を安定させてコントロールする必要があります。ダンスが最も激しくなるときには、呼吸を速く深くする必要がありますが、それでもなお楽々となめらかに見せるべきです。姿勢をコントロールし、下肢を自由に操るべく骨盤を安定させるため、腹部を囲む筋肉を絶えず働かせる必要があります。そのため、ダンサーの呼吸法を注意深く観察する必要があり、呼吸に悪影響を及ぼすものは必要であれば修正します。

　肩甲帯、脊柱、骨盤の関係を常にコントロールした状態にしておくことが、ランベルセでもバットマン・タンデュでも、優れたテクニックには求められます。首や肩にかかる緊張は、呼吸に影響します。脊柱の姿勢の間違いが原因で首や肩が緊張し、肋骨の動き、肺、呼吸が悪影響を受けていることがよくあります。その場合、あまり効率的でない浅い呼吸法で、肺で盛んに呼吸する傾向がよく見られます。子どもは、不安なときや難しすぎるステップを試みようとするとき、肩の緊張が増して呼吸が浅くなり、体重が後ろにかかって、動作がバラバラになってしまいます。

● ——側方呼吸（胸式呼吸）

　静止したよい姿勢では、脊柱のカーブのバランスがとれています（1.11節「**1** スタンス」p.59）。肩甲帯は、正しい位置の骨盤の上で安定します。腹筋、特に腹横筋が働いて、肋骨は自由に上方や側方に動くことができます。広背筋は背中を支えて、肩甲帯を固定します。肋骨はバケツハンドル動作で動き、横隔膜が十分に機能でき、体幹が安定し、肩甲帯が自由になります。より大きな肺の下葉を十分に用いることができ、ダンサーは"後ろと横に息を吸い込む"ことができます。肋間筋を効果的に使うことができます。よい姿勢が始めから身についていれば、呼吸法や複雑な動きのコントロールも自然にできるようになります。

● ——肺尖呼吸

　この呼吸法は、肺の上部で行うもので、あまり効率的ではありません。前述したように、間違った姿勢の結果として起きます。足を過剰に外旋して体重が後ろにかかると、姿勢が不安定になり、首の緊張が増します。"引き上げて"という指示を間違って理解しても、同じことが起こりえます。胸郭は前に上がり、胸椎は本来のカーブを失って伸び、そして肋骨のポンプハンドル動作が続いて起きます。首を緊張させている不安げな子どものところに戻って、明るく支えとなって優しく指導することが大切だと、いくら強調してもしすぎることはありません。もしこれが正しく行われないと、呼吸の補助的な筋肉が、肺を満たすために肩を"上げる"ようになります。首の胸鎖乳突筋、斜角筋、僧帽筋の上部が、鎖骨と胸骨をもち上げるようになります。胸筋が緊張し、胸椎のまわりの深部の筋肉が硬くなり、さらに肋骨の肋椎関節と肋横突関節の動きが抑制されます。

　肩甲骨の上の筋肉が緊張すると、ポール・ド・ブラと頭の動きが制限されます。観客は、なめらかで表現力のある腕とエポールマンを見るのではなく、緊張した顔と首と腕を見ることになります。挑戦的なアレグロではすべての呼吸法が用いられますが、必要とされる体力がないと、早くから呼吸がきつくなって動きが損なわれるでしょう。

　姿勢を修正するとき、特に胸郭では、単に前方で胸郭を下ろすことだけに注意するのでは十分ではありません。脊柱の位置を修正して、体重を前にかけなくてはいけません。肋骨がどのように側方に広がっているか、肩が下がっているか、体幹が働いているかを見なければいけません。単に肋骨を引き下げるよう指導するだけ、あるいは正面から修正するだけでは、子どもは正しく呼吸できないまま混乱して、改善されることはありません。

● ——腹式呼吸

　この呼吸法は、肺の下葉をよく広げます。しかし、横隔膜が下りて、腹部がふくらみ、肋骨も自由に広がるようにするため、腹筋はリラックスしている必要があります。腹式呼吸は、肺を満たすための効果的な方法です。歌手は、安定した姿勢になり、音程を保って複雑なフレーズを歌うために肺をコントロールして呼吸しますが、腹式呼吸を効果的に用います。しかし、体力と動きのコントロールが必要なダンサーには、この方法はそれほど実用的ではありません。

　息を吐くのは、まず肺線維の弾性収縮力と、横隔膜が上がることによります。より活発な呼吸をするときは、酸素を取り入れるために肺が二酸化炭素を多く含む空気を排出しなくてはいけません。そのために肋間筋と腹筋が、より力強く働きます。

　肺の使い方をよく理解すると、ダンサーは、呼吸の量、深さ、リズム、体力の重要性を、意識するようになります。ヨガの運動には独特の呼吸法があり、より経験を積んだダンサーにはヨガが肉体的にも精神的にも役立つことがあります。

《参考文献》
Calais-Germain, B., Anatomy of Breathing. Seattle: Eastland Press, 2006.

5 呼吸作用

呼吸作用には、次の2つがあります。
1) 外呼吸
2) 内呼吸（組織呼吸）

●──外呼吸

外呼吸は肺で行われます。組織代謝に必要とされる酸素を含んだ空気は、気道から肺に運ばれ、肺胞（図1.78）にたどりつきます。肺胞の壁は、血液の入った無数の毛細血管に囲まれています。血流と肺胞の空気は、細胞約2つ分の厚さで隔てられています。心臓の右側からは、酸素が取り除かれた血液が肺に送り出されていて、この肺胞の壁で、酸素が肺胞から血液に渡されます。それと同時に、血液中の二酸化炭素は、反対に血液から肺胞へ渡されます。そのため、吐いた息は吸った息に比べて、酸素の量が少なく二酸化炭素の量が多くなります。

●──内呼吸（組織呼吸）

内呼吸あるいは組織呼吸は、体のあらゆる細胞で行われていて、体のすべての活動に必要なエネルギーを作り出すメカニズムです。エネルギーを酸化によって作り出す物質でいちばん多いのは、グルコースの形になった炭水化物です。グルコースは酸素と結びつき、二酸化炭素、水、エネルギーとなります。この反応は、酵素によって促進されます。炭水化物以外の物質も酸化します。酵素はそれぞれ特定の働きをするため、炭水化物以外の酸化には別の酵素が必要となります。脂肪が酸化するときは、炭水化物よりも多くの酸素が必要になります。

6 酸素と二酸化炭素の運搬

肺胞の中で、空気中の酸素は、細胞壁の水分の薄い膜に溶け込みます。そして、細胞の間を通って血漿中へ拡散します。溶け込んだ酸素のほとんどは、血液中のヘモグロビンと結合してオキシヘモグロビンとなりますが、血漿に溶けたままの酸素もごくわずかあります。酸素が血漿に溶けているだけの場合に比べると、オキシヘモグロビンとなるほうが約7倍の酸素を体中に運ぶことができます。細胞では、酸素が使われ、二酸化炭素が作り出されます。二酸化炭素は溶けて炭酸になり、血漿中で主に重炭酸塩として運ばれます。また、溶けている炭酸も少しあり、二酸化炭素の一部が酸素に置き換わってヘモグロビンと結合し、カルバミノヘモグロビンとなります。

酸素が取り除かれた血液が肺に戻るとき、カルバミノヘモグロビンは分解されて、炭酸を遊離します。重炭酸塩もいくらか分解されて、さらに炭酸を遊離し、それが肺胞の細胞膜を通って拡散し外へ出ます。

7 呼吸のコントロール

呼吸の速さをコントロールすることは、ある程度は意識的にできますが、ほとんどは反射的に行われています。呼吸の速さに主に影響するのは血液の酸性度で、それは血液中の炭酸の量によって決まります。組織で作られる二酸化炭素の量が多くなればなるほど、血液中の炭酸量が多くなり、血液がより酸性化します。呼吸をコントロールする中枢がこの酸性化を認識して、余分な二酸化炭素を肺から出そうと、呼吸を深く速くします。また、血液中の酸素の量が減っても、反射中枢が刺激され、呼吸が深く速くなります。しかし、酸素の減少は、炭酸の形となった二酸化炭素の増加ほど、中枢を刺激しません。血液のpHが酸性になるほうが、はるかに重要な要因となります。

余談ですが、炭素の酸化物には2つの形があります。一酸化炭素は排気ガスに含まれますが、炭素を含む燃料が不完全に酸化したときに生じます。一酸化炭素はとても有害な物質です。というのは、一酸化炭素は血液中のヘモグロビンと結合して、酸素とヘモグロビンの結合を妨害し、組織に必要な酸素を奪って死を招くからです。二酸化炭素は、炭素を含んだ燃料（もちろんグルコース

や他の栄養も入ります）が、完全に酸化されたときに生じます。

　二酸化炭素自体は、ヘモグロビン分子と結合しても酸素に簡単に置き換わるため、有害にはなりません。しかし、二酸化炭素を高濃度で吸い込むと、血液中のpHが急激に変化します。炭酸の増加による酸性化が、体のpHのバランスを全体的にくずし、すぐに死に至ることがあります。

　喫煙は、かなりの量の一酸化炭素を作り出します。一酸化炭素は、前述したように、ヘモグロビンと結合して酸素の運搬を妨げます。そのため、ダンスなどの運動で酸素が多く必要となっても、喫煙者は非喫煙者に比べて、筋肉に十分な酸素が届けられなくなります。その結果、喫煙しない場合よりも、パフォーマンスが落ちます。

1.9　泌尿器系

　泌尿器系は2つの腎臓、2本の尿管、1つの膀胱、1本の尿道からなります（図1.80）。それぞれの腎臓から、尿管が1本ずつ膀胱まで下りています。膀胱から、さらに尿道を通り、尿が外に出ます。腎臓は、腹腔の上部、肝臓や胃の裏側にあります。しかし、脂肪に囲まれていて、腹腔の中を自由に浮いているというわけではありません。尿管は、腹壁の後部を通って下に向かい、骨盤の中にある膀胱に入ります。実際の排泄機能は、腎臓だけにあります。尿管、膀胱、尿道は、尿を運んだり、貯めておいたり、ときどき外へ排出したりするためにあります。膀胱で尿を貯められないと、尿が常に外へ漏れてしまいます。

　血液は、太い腎動脈によって左右の腎臓に運ばれ、そして腎静脈によってそれぞれの腎臓から出ていきます。腎臓内では、動脈が分かれて小さな血管となります。糸球体（図1.81）と呼ばれるところで、排泄作用が行われます。これは毛細血管が集合したものです。糸球体に入る血管は、血液を外に出す血管より直径が大きく、そのため糸球体中の血液は圧力が高くなります。この部分で、

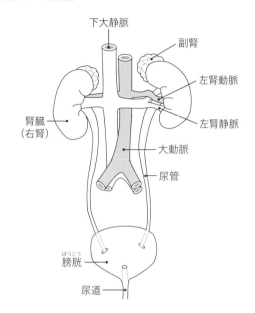

図1.80　泌尿器

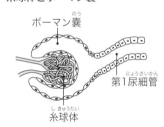

図1.81　糸球体とボーマン嚢

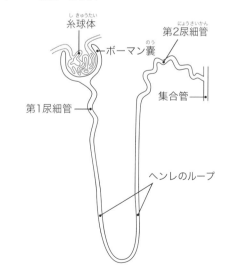

図1.82　腎臓の尿細管

血液の液体成分の一部は、細胞壁を通過して、ボーマン嚢（のう）と呼ばれる採集部分の中にろ過されます。血流とボーマン嚢の間の細胞壁は、血球と血中たんぱく質を通さないため、それらは血中に残ります。ボーマン嚢を通過した液体には、さまざまな塩分や、たんぱく質が分解してできた窒素老廃物が少量含まれています。後者は尿の主な成分となります。この時点では、血流中に通常存在する糖や水溶性ビタミンやさまざまな物質がまだあります。

液体は、ボーマン嚢から第1尿細管を通り、そこですべての糖、ビタミン、その他の物質、水分の一部が再吸収されます（図1.82）。そこから、ヘンレのループを通り、さらに水分が吸収されます。この時点で、血液の浸透圧を正しく調整するために、吸収する水分の量が変化します。ヘンレのループの後、第2尿細管に入り、そこでpHが調整されます。尿は、通常では弱酸性です。第2尿細管の後、集合管へ入ります。集合管は、他の尿細管からきた集合管とつながります。最終的にすべてが集まって、腎盂（じんう）を形成します。腎盂は尿管の上端につながっていて、尿が腎臓から離れる地点にあります。

腎臓は、体内の水分と電解質のバランスを、とても効率的に安定させています。電解質と水分の比率は、通常からわずかしか変化させられません。ホルモンが、これをコントロールしています。下垂体（かすいたい）は、水分の保持を促進するホルモンを作り出します。一方、副腎皮質ホルモンは、ナトリウムの保持とカリウムの流出を促します。口からたくさんの水が入ってくると、尿の量は増えて、とても薄くなります。ヘンレのループから吸収する水の量を減らすことによって、これが起きます。しかし、暑い気候のところでは、かなりの量の汗が出るため、放出される尿の量は減り濃くなります。のどが渇いたという感覚は、血液の浸透圧のわずかな増加が、脳細胞に働いて起きます。

腎臓にはまた、レニンとエリスロポエチンという2つのホルモンを作る機能もあります。レニンは血圧の維持にかかわります。腎動脈の圧力が落ちると、血圧の上昇を促すために、いくらかの量のレニンが放出されます。ある一定のレベル以下に血圧が落ちてしまうと、糸球体からボーマン嚢へのろ過作用が止まり、腎臓が機能しない状態になります。例えば、かなりの量の血液が失われる外科的なショック状態で起きることがあります。この状態が改善されないと、窒素老廃物がどんどん増えて、全身の塩分と水分のバランスがくずれて、死に至ります。

もう1つのホルモン、エリスロポエチンは、赤血球の生成をコントロールしています。

1.10 内分泌系

内分泌系は、たくさんの内分泌器官からなります。内分泌器官は、ホルモンという分泌物を血流中に直接送り出す腺です。内分泌腺は、消化管壁の腺とは異なり、分泌物が集まる管がありません。ホルモンは腺で作られる化学物質で、腺から血液中に入ります。その作用は、1つあるいは複数の器官に影響を与えます。体には2つの調整システム、神経系と内分泌系があり、これらは密接に関係しています。ホルモンの生成が、神経の刺激によって直接コントロールされる例もいくつかあります。内分泌全体としての主な役割は、ホメオスタシスを維持すること、つまり体の内側の環境を一定に保つことです。ホルモンの作用は生化学的に大変複雑なため、この本では扱いません。

実際に、内分泌腺を挙げていきましょう。下垂体は、前葉と後葉があり、異なった働きをしています。頭蓋骨の底の部分にあって、脳と密接に関係しています。甲状腺と副甲状腺は、隣り合った位置にあり、首の下部の前側にあります。副腎は、副腎皮質と副腎髄質からなり、それぞれ異なった働きをしています。副腎は、2つの腎臓の上端に、小さな帽子のようにのっています。これらの腺以外にも、さまざまな器官の細胞中に、内分泌腺が散在しています。特に、膵臓のランゲルハンス島、精巣の間質細胞、卵巣の卵胞細胞などが挙げられ

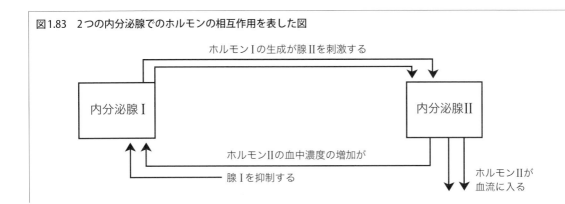

図1.83 2つの内分泌腺でのホルモンの相互作用を表した図

ます。胃や小腸の壁にも、いくらかの内分泌細胞があります。妊娠すると一時的に、胎盤のいくらかの細胞が内分泌機能をもちます。

下垂体の前葉は、内分泌というオーケストラの指揮者のようだといわれることがあります。下垂体前葉は、脳の視床下部で生成されるホルモンによってコントロールされています。そして次に、下垂体前葉から分泌されるホルモンが、さまざまな他の内分泌器官の活動をコントロールします。通常は、血流中のホルモンの濃度によって、ホルモンの生成が促進されたり抑制されたりします。つまり、血流中のホルモンの濃度が高いと、ホルモンの生成を促す刺激を抑える傾向があります（図1.83）。逆に、ホルモンの濃度が低くなると、内分泌腺を刺激して、さらにホルモンを生成させます。ほとんどのホルモンは、血流中での寿命が比較的短く、たった数分で壊されます。それによって、とても速くそして常に的確に、体をバランスのとれた状態にすることが可能になります。血流中のホルモンは、肝臓で不活化されるか、腎臓から排泄されます。

内分泌腺自体が病気になると、その腺が作るホルモンの量が過剰になるか不足します。よく見かけられるために多くの人が知っている病気に、甲状腺中毒症があります。これは、甲状腺がホルモンを作りすぎる病気です。症状の1つに、眼球が突出して見開かれたようになる症状があります。さらに、この患者は、動作が多くなり、体重が減り、暑く感じたり、汗を頻繁にかいたりします。

内分泌腺どうしに密接な関係があるため、1つの内分泌腺の機能過剰や機能低下は、たいてい他の内分泌腺のホルモンの生成も変化させます。そのため、ホルモンを過剰に生成する病気の内分泌腺が1つあると、たとえ他の内分泌腺自体が原因でなくても、他の内分泌腺の症状もはっきり現れて、病状が複雑になります。

病気の腺のホルモン量が異常になって起きる症状は、原発性症状と呼ばれます。二次性の症状は、病気の元ではない他の腺のホルモン量が変化して起きます。ホルモンの過剰あるいは不足によって生じるこの全身的な内分泌系の混乱が、コルチゾンのようなステロイド剤の投与を、危険な経過を招く可能性があるものにします。潜在的で重大な副作用を十分に考慮しないで、軽々しく受けるべき治療ではありません。しかし、この危険性は、コルチゾンを口から飲むときだけであると強調しておきます。さまざまな部分のケガや炎症の治療の一環として、ステロイド注射を局所の症状をコントロールするために用いるときには、この副作用はありません。ステロイドの調合剤（ふつうは酢酸ヒドロコルチゾン）は、投与された場所にとどまり残っているので、通常は血液循環の中に吸収されません。しかし、薬の影響が局所的に出ることがあり、後の章のケガの治療で触れます（2.5節「酢酸ヒドロコルチゾンと同種の薬剤」p.124）。

■ 内分泌腺の働き

　内分泌腺の働きについて詳しくは、この本の読者にはあまり必要がないと思いますので、簡単に触れるだけにしておきます。

●──下垂体腺

　下垂体前葉は、6つのホルモンを生成します。成長ホルモンは子どもの頃に大量に分泌されますが、大人になっても体の構造や機能を維持するためにいくらか分泌されています。子どもが大変小さく発育不全の場合に、治療としてこのホルモンが投与されることがあります。しかし他のホルモンを使用するときと同じように、このホルモンの投与にも望ましくない副作用があり、気軽に投与すべきではありません。

　甲状腺刺激ホルモンは甲状腺を刺激して、甲状腺で生成されるチロキシンの量を調整しています。副腎皮質刺激ホルモンは、副腎皮質を刺激してホルモンの生成を促します。副腎皮質からのホルモンは、炭水化物の代謝を調整したり、それほど重要ではありませんが、性ホルモンの生成にも関係したりしています。

　卵胞刺激ホルモン、黄体形成ホルモン、プロラクチンは、すべて生殖腺（卵巣と精巣）に働きます。そして、卵子や精子を成熟させ、月経や出産後の授乳の調節にも部分的にかかわっています。

　下垂体前葉のホルモン生成は、脳の視床下部が調節しています。視床下部では、下垂体前葉を刺激したり抑制したりするホルモンが作られます。下垂体前葉が作用する他の内分泌腺から出されるホルモンの量によっても、下垂体前葉自体が調節されます。

　下垂体後葉からは、2つのホルモンが出ます。そこで作られるいちばん大切なホルモンはバソプレシンで、主な作用は尿の量を減らすことです。つまり、腎臓に働き、集合管から吸収する水の量を増やし、体から余計に水分が出ていかないようにします。また、血管壁の平滑筋を収縮させて、動脈の血圧を維持する働きも、わずかにあります。このホルモンで最初に確認された働きが血管収縮だったため、それに由来した名前になりました。下垂体後葉で作られるもう1つのホルモンはオキシトシンで、女性の出産と授乳のときにだけ作用します。下垂体前葉と同様に、下垂体後葉も脳の視床下部によって調節されています。

●──甲状腺

　甲状腺は、チロキシンとそれに関連したホルモンを作ります。両方とも、細胞の代謝を刺激します。また、この腺はカルシトニン（チロカルシトニン）も作り、骨から血流へカルシウムが移動するのを抑制します。その際、血漿から骨へはカルシウムが移動できるので、血流中のカルシウム量は減ります。甲状腺のホルモンの生成は、下垂体前葉が調整します。

　甲状腺のすぐ後ろに、副甲状腺が4つあります。副甲状腺が作る副甲状腺ホルモンは、腎臓で尿から再吸収するカルシウム量を増やして、血中のカルシウム濃度を上げます。また、骨でのカルシウム分解を促進し、それを血流中に放出させます。さらに、適量のビタミンDがあれば、腸から吸収するカルシウムの量を増やします。

●──副　腎

　副腎は、皮質と髄質からなります。副腎皮質は、体の電解質と水分のバランス、性機能、炭水化物の代謝を調節するホルモンを作っています。副腎髄質は、2つの形のアドレナリンを作っています。アドレナリンは、心拍数と心臓の容積を増やし、心臓から循環系に血液を押し出す量を増やす作用があり、血圧を上げます。また、すべての消化管に向かう血管や、皮膚の血管を収縮させます。人が、戦いなどのストレスによって青ざめるのは、これが原因です。血液を心臓や骨格筋にまわして、緊急事態に備えるためです。また、さらに警戒した状態にするため、全身を奮い立たせる働きもあります。原始時代には、敵と戦ったり敵から逃げたりするための準備をするホルモンであったため、アドレナリンは戦いや逃避のホルモンともい

われます。現代では、試験前や公演前、あるいは現代特有のストレスにより、不安な気持ちを起こし、脈を上げ、ドキドキさせるホルモンです。副腎髄質は、交感神経系のインパルスによって刺激されます。

精巣と卵巣では、性ホルモンが作られます。男性ではテストステロン、女性ではエストロゲンとプロゲステロンが作られます。思春期には、これらの量が増え、バランスが変わります。これが第2次性徴を起こし、一般的な体の成熟と、女性では月経の開始があります。特に、思春期と体の成熟が始まった後は、靱帯や関節包などにある線維組織をストレッチすることが、難しくなるか、おそらくできなくなります。

膵臓のランゲルハンス島は、インシュリンとグルカゴンという2つのホルモンを作ります。この2つのホルモンは、グルコースの輸送を調節したり、グルコースをグリコーゲンに変えて貯蔵したり、グルコースが必要なときにグリコーゲンを分解したりします（1.7節「2 消化」p.48）。インシュリンが作られないと、よく知られている糖尿病になります。

1.11 バレエに関連した体のしくみと働き（機能解剖学）

正しい姿勢と体重のプレースメントを保つために、筋肉は全身にわたって使われます（訳者注：プレースメントの一般的な意味は、配置です。ダンスのプレースメントは"体を構成する各部分の位置や位置関係"をいいますが、この場合は体重が適切に配分されている状態を表します）。そのため、筋肉は個別に考えるより、グループで筋群として考えます。頭と肩甲帯から始まり、体幹から脚、そして足を取り巻くさまざまな筋群をすべて、正しく使っていきます。すべての筋群が正しく働き、互いにバランスを保ったときに初めて、正しい姿勢と重心を保つことができます。そして、バレエのテクニックに必要な多くのポジションのすべてで、しっかりと安定できるのです。

1 スタンス（図1.84）

体幹の安定は、脊柱の伸筋群と、主に腹筋からなる体幹の屈筋群によって得られます（脊柱伸筋群は背中の長い筋群で、各々の椎骨の間にある短

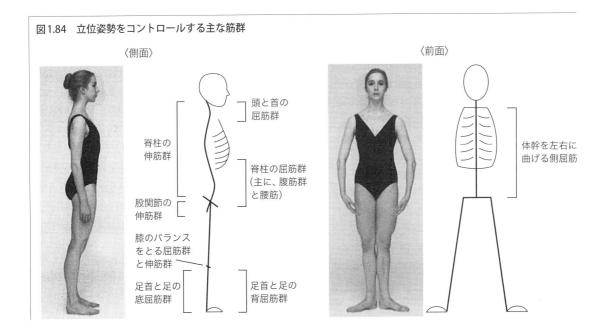

図1.84 立位姿勢をコントロールする主な筋群

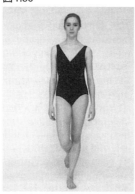

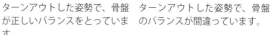

図1.85　片足で正しく立っています。重心線が軸足を通り、骨盤と体幹は正しいアライメントが保たれています。

図1.86　片足での立ち方が間違っています。骨盤と体幹は正しく保たれず、曲がっています。

図1.87　ターンアウトした姿勢で、骨盤が正しいバランスをとっています。

ターンアウトした姿勢で、骨盤のバランスが間違っています。

い筋肉に補助されています）。体幹は、下肢の上でバランスを保たなければなりません。そのバランスは、骨盤の傾きをコントロールする股関節の伸筋群（殿筋）と屈筋群によって保たれます。

多くの人は、立っているときに膝をリラックスさせて、靱帯だけで膝の安定を保っています。しかし、ほとんどのダンサーには、軽度なものから重度なものまでありますが、ある程度の膝の過伸展（反張膝）がふつう見られます。その場合、大腿四頭筋とハムストリングスに起きる収縮により、膝を中間位に安定させなければいけません。もちろん、かなり重度な反張膝の人でも、膝を過伸展にしたまま立っていられます。残念なことに、ダンサーがそうしているのを、しばしば見かけます。しかし、このポジションでは、踊るときに体重をかなり後ろにかけることになり、テクニックの間違いとケガの原因となります。大腿四頭筋の一部の大腿直筋と、すべてのハムストリングスは、股関節の前と後ろをそれぞれ通っていて、大腿に対して骨盤を安定させる役割があります。

膝から下では、足を底屈させる（つまり、足をポイントの方向に動かす）ふくらはぎの筋群と、足を背屈させる下腿前方の筋群が、常に相互作用して安定を保ちます。足自体では足の内在筋が、足全体の形を保つだけでなく、縦アーチと横アーチを保ちます。また、ふくらはぎの表面近くにある腓腹筋は、大腿骨下端の後ろ側から始まって、膝の後ろにまたがっているため、膝のポジションにも関係します。

片足にのって正しく立っているときは、重心線（訳者注：ダンス用語で、重心を通る垂線）は横に移動して、軸足にかかります（図1.85）。

体幹と骨盤は変わっていないことに注意してください。軸脚側の股関節が内転して、内転筋群と外転筋群（中殿筋、小殿筋、大腿筋膜張筋。ちなみに大殿筋は股関節の伸筋です）の相互作用によって、安定が保たれます。

残念なことに、全身の重心線の調節が正しく行われず、その結果かなり不自然な姿勢が正されないままのことがよくあります（図1.86）。

ターンアウトのポジションでも、基本的な姿勢は同じですが、床に体重がかかる前後の範囲がかなり狭くなります。そのため、最小の力で正しいバランスを保てるように、姿勢を保つ筋群をより繊細に正確に調整しなければいけません（図1.87）。

● ── バーの使い方

レッスン前のウォームアップとレッスン後のクールダウンが、運動する体のためによい理由はたくさんあります。ダンスのトレーニングには、これらの体のための運動も必ず加えなくてはいけ

ません。しかし、伝統的なクラシックバレエのレッスンは、ほとんど完璧に構成されていて、生理学的、テクニック的に必要なウォームアップとクールダウンが組み込まれています。

おそらくほとんどの教師が、足と足首の関節を調整し始め、股関節をターンアウトしやすくするために、バーに向かって行うエクササイズを2つ組み入れているでしょう。バーに横向きで立つときには、足のすばやく複雑な動きを必要とするエクササイズに進みます。それから、アダージオで脚を高く保ったり、グラン・バットマンで脚を高く放り上げます。

センターレッスンに移ると、その過程をもう一度始めて、ジャンプやグラン・アレグロにまで発展させます。しかし、クラシックのレッスン内容のうち、ここで問題となるのがバーの使い方です。

バーの使い方は、バーにまず何を求めるかによります。ダンサーが個々に、バーの役割をはっきりさせることが大切です。一般的に、バランスを保つためにバーを握りしめ、バーに頼りすぎている場合には、そのダンサーは体幹を安定させることができず、床も利用できていません。体幹の安定も床の利用も、レッスンの課題をこなしてセンターレッスンに進むために必要です。限界を超えたターンアウトを可能にするため、あるいは完全なプレースメントではなくてもさらに高く脚を上げるために、バーが用いられている場合は、そのダンサーはセンターレッスンの準備が十分にできないでしょう。センターでは、もう一度バランスをとる苦労をするか、ごまかしのテクニックを多く使ってしまいます。自分の体をもち上げるためにバーを使っている場合は、センターでは体が落ちてしまうでしょう。バーを使った動きが、自分の能力を超えていることは明らかです。バーを握りしめていると片側が緊張して、緊張が首に伝わり、その側の肩が上がります。しかし、バーを再確認のためだけに用い、最初のタンデュから現実的なテクニックに必要とされる姿勢が安定していれば、十分なバランスと筋肉のコントロールがすでにできているので、センターレッスンに進むことができるでしょう。

あまり経験を積んでいないダンサーは、男子でも女子でも、よりバーに頼りがちです。しかし特定のエクササイズで、複雑な足の動きやポアントワークの感覚を目覚めさせるためにバーを使うことは、若いダンサーには大変役立ちます。経験を積んだダンサーは、自分の意思でバーの支えを大きくしたり小さくしたりして、バーを使います。コントロールを発達させること、脚を高く上げて踊ることなど、自分が望んだ結果につながるようにバーを使います。

一般的にすべての年代で、レッスンの最初の部分では、バーは確認のためだけに使うことを薦めます。腕は、なめらかな弧を描くように前方でウエストの高さに保ち、指はバーの上にのせますが、親指でバーの下を握りしめることはしません。ダンサーは前に向かってエポールマンをつけるときも、方向を変えるときも、まるでバーがそこにないかのように、バーをほとんど感じないようにするべきです。このようにして、ダンサーは体のプレースメントと両側のバランスを保ちます。

2 ターンアウト (図1.88)

股関節でターンアウトの可動域を制限するものは、次の3つです。

1) 骨（性）

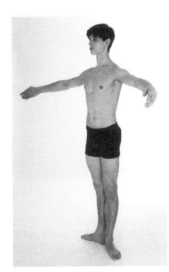

図1.88
正しく保たれたターンアウトのポジション。殿筋と大腿内側からターンアウトがよく保たれています。足のアライメントが正しく、両膝がよくコントロールされています[*4]。

2) 関節包と靱帯
3) 筋肉

*4 この説明文は著者M. マコーマックによる新たな解説で、原著と異なります。

●──骨の形状

a) 寛骨臼（ソケットの部分）の深さ。関節が深くなるほど、より安定しますが、制限も増えます。
b) 寛骨臼の方向。前を向いているほど、大腿骨頭の外旋が制限されます。
c) 大腿骨の骨幹に対する、頭部と頚部の角度。寛骨臼に向かい、骨頭と頚部は上方内側に曲がり、少し前方に向いています。前方に曲がる角度は、重要なバリエーションです。前方へ曲がる角度は前捻といわれ、大腿骨の外旋が制限されます。この構造では、内旋がかなり増えます。その反対に、角度が小さいと外旋が自由にでき、内旋は減ります。これを後捻といいます。*5
d) 大腿骨の頚部の長さも、考慮しなくてはいけません。頚部があることによって、骨幹は関節から離れます。頚部が長い場合は、関節はより自由になります。

*5 後捻は後方に曲がっていることで、前捻の減少と後捻は異なり、誤りだと思います。

●──関節包と靱帯

関節包は、滑膜関節の関節面をつなげています。関節包の内側でも外側でも、靱帯は厚くなることがあり、関節をより安定させます。靱帯は、結合組織から作られ、強くて比較的弾力が乏しい組織です。体が硬く力がある人の場合は、腸骨大腿靱帯と恥骨大腿靱帯が、大腿骨の外旋を制限するでしょう。思春期を過ぎると、体が成熟し靱帯の長さが定まって、靱帯をストレッチするのが難しくなります。踊りを遅く始めた人は、生まれつき柔軟性があって踊りに適した骨の構造をしていない限り、クラシックのテクニックを習得するのを難しく感じます。

●──筋　肉

股関節の外旋を保つ筋肉は、可動域を保つために強くなくてはいけません。ターンアウトのコントロールは、内旋筋と外旋筋が相互に作用して行われます。そのため、股関節を内旋するエクササイズは、可動域を保ち、関節を完全な形にするのに役立ちます。

股関節は、ボールとソケット型の関節です。クラシックバレエでは、股関節の屈曲、伸展、外転の最大の可動域において、外旋が用いられます。6つの外旋筋が、ターンアウトをコントロールするため、交替しながら働いています。深部にある6つの回旋筋は、梨状筋、上双子筋、下双子筋、内閉鎖筋、外閉鎖筋、大腿方形筋です（図1.55）。

股関節が可動域の端から端まで動くのに、外旋筋はさまざまに組み合わされて働いています。

第1ポジションで立っているとき、6つの外旋筋すべてが働いています。小殿筋と中殿筋の後方の筋線維が働いて、大殿筋、縫工筋、内転筋群が外旋をともに補助しています（閉じた、つまり内転したポジション）。

ルティレとアン・レールの第2ポジションでは、すべての深部の回旋筋が力強く働いて、外転と外旋をしたポジションを保っています。

内転筋は、限られていますが外旋する力があります。内転筋の前方の筋線維は、恥骨から起始し大腿骨の後方にある骨粗線で停止しますが、大腿骨を内転させるときに、回旋する力を発揮することが実はあります。脚を閉じたポジションでは、内転筋をしっかり働かせるように教えることが有益だと思われます。それによって、ターンアウトで股関節の筋肉をバランスよく使えるようになり、過伸展の膝をコントロールするのにも役立つからです。

股関節を可動域内の角度に外旋して、骨盤を中間位にすると、股関節のターンアウトがバランスよくコントロールでき、下肢の他の部分を安定させられます。体の限界を超えてターンアウトすると、股関節のまわりの筋肉がアンバランスになり、

局所的にケガをしやすくなり、膝、足、体幹が不安定になります。古いバレエのテキストにのっている180度のターンアウトは、時代遅れのことです。実際には、たとえどんなに恵まれた体でも、解剖学的には変形しない限り不可能です。図1.89に示したように、180度開くのは実際には足の過度な外旋で、160度開くのが"平らな(flat)"ターンアウト、140度がほとんどのダンサーにとって現実的な角度です。たとえプロのダンサーでもそうです。それ以上を信じるのは、だまされやすい人です。

第5ポジションから、テストをします。後ろ足をクゥ・ド・ピエに開いて、軸脚で立ってターンアウトを保ちます。骨盤が正面を向いたままで、軸側が変化しなければ、正確な角度とコントロールができていて"ごまかし"がないことになります。その反対に、足が過度に外旋している場合は、骨盤が軸側に向かって内回りします。そうはいっても、クラシックバレエで美的に受け入れられる"見かけ"を作り出すために、いくらかの微調整を必要とすることがよくあります。プロのダンサーでも、センターレッスンのアダージオで第5ポジションから動作脚を上げるときに、踵を後ろに微妙にずらすのを見ることがあるでしょう。これによって、コントロールを失わずに軸脚に立ってバランスを保っています。これは、テクニック的なルールとして触れるべきものではなく、むしろテクニック的に"認められるもの"です。

子どもには、正しいバランスで筋肉をコントロールすることを徐々に訓練して、ターンアウトを安全に身につけさせる必要があります。それぞれの子どもに、自分の能力の範囲内で踊るように指導します。足を過度に外旋させている生徒は、安定を保つためバーに相当頼るようになるのだと、教師は覚えていなければいけません。センターに出ると、その証拠にコントロールを失います。そのため、股関節と下肢を正しくコントロールして、より複雑なセンターレッスンや最終的なアレグロの準備となるように、バーは再確認のためだけに使わせるべきです。

過度に外旋した足は、回内して外転するでしょう。膝では、脛骨が大腿骨に対して外旋し、結果として膝蓋腱にねじる力がかかり、膝蓋骨がずれて動いてしまいます。これにより、下肢が不安定になり、姿勢を保っている股関節の外側の筋肉も不安定になります。股関節でできるだけ大きく外旋しようとするために、骨盤が前に傾いて、腸骨大腿靭帯の緊張を減らそうとするでしょう。この靭帯は伸展と外旋を制限していて、股関節が少し屈曲しているときは、関節内で少し多めにターンアウトできます。骨盤が前に傾いていると、腰椎にアーチができて、腹筋を働かせられなくなります。そして体幹が不安定になります。

足と足首で過度に外旋すると、縦のアーチが平らになります。これにより、踵の外がえしが起こることがあり、体重がかかる線が足首を通らずに内側を通過します（図1.38）。

間違った動きのパターンが身についてしまう

図1.89

180度

足の内側に沿ったラインが"平ら"になっている第1ポジションのターンアウト。これは、過度な外旋で、体をコントロールすることができません。

160度

160度においた第1ポジション。

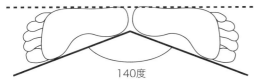

140度

より現実的に140度においた第1ポジション。股関節から、しなやかに力強くコントロールすることができます。

と、やがて使いすぎか外傷によって、ケガをすることになるでしょう。

立っている姿勢では、股関節より下では、どの位置にも**能動的に外旋（ターンアウト）をすることは不可能**です。立っていても少しだけ余計にターンアウトできますが、それは足と床の摩擦によるもので、脚全体に**受動的に外旋**する力がかかり、それにより膝と足の間で回旋が生じます。この受動的な外旋が、大変なダメージにつながることがあります（5.7節）。膝が屈曲しているときは、膝関節で能動的にも受動的にもいくらか回旋できますが、膝が伸展しているときには回旋できません（「ロン・ド・ジャンブ」p.68）。

3 肩甲帯の使い方

肩甲帯のプレースメントと使い方は、下肢と同じくらい大切です。観客の視線は、ダンサーの腕、頭、首にまず向けられる傾向があります。「本当の才能は、手や腕に表われる」とヴェラ・ヴォルコワ先生はいっています。優雅で自然な手、流れるように調和する腕、緊張のない首は、その下の正確なバイオメカニクスにかかっていて、体幹を安定させることに役立ちます。

肩甲帯の骨は、胸郭がつく胸骨、内側で胸骨と外側で肩甲骨の肩峰と関節を形成する鎖骨、肩関節つまり肩甲上腕関節を形成する上腕骨、肩甲骨からなります。三角形をした肩甲骨は、胸壁に平行に位置し、肩のソケット（関節窩）は30度前を向いています（図1.10）。肩甲骨は筋肉につるされています。その筋肉が位置を保ち、そして肩が自由に動くように肩甲骨を外側に回します。また、肩甲帯は上がったり下がったり、広がったり縮んだりします。肩甲帯は動きやすく作られているため、靱帯の制限よりも、筋肉のバランスや固有感覚に頼っています。

クラシックバレエのポール・ド・ブラでは、肩甲帯は常に下に保たれています。腕が動いて広い範囲を通過して、肩甲骨や鎖骨がそれに伴うにもかかわらず、首の長さは変わりません。肩甲帯の下の筋肉（広背筋、僧帽筋の下部）が、肩甲骨を下に保っています。広背筋は、腰椎を上体につなげながら、体幹の後方に広がり支えています。そして腹横筋とともに、胸腰筋膜を引っ張り、体幹を安定させるのに役立っています。

肩甲骨は、前鋸筋（肩甲骨の前引筋、つまり肩甲骨を前に引っ張る筋肉）によって、胸壁に対して平らに保たれています。前鋸筋は、肋骨の上8本の側面から始まって、胸郭のまわりを通って、肩甲骨の内側の縁に沿ってつきます。肩甲骨の周囲の筋肉をバランスよく使えば、あたかも"腕が背中から始まっている"ように感じられます。

肩関節だけで外転できるのは、90度未満です。それ以上は、上腕骨頭が肩峰に近づいて、肩甲骨が外側へ回るとともに肩峰が上がり、上腕骨の動きを許容します。肩甲上腕関節は、ボールとソケット型の関節ですが、股関節と違って体重を支えず、あまり安定していません。上腕骨の丸い頭部は、浅い洋梨型の関節窩に比べると3倍の大きさです。関節包は比較的緩く、そのため肩関節は4つの小さな筋肉に頼っています。これらの筋肉は、上腕骨頭を囲む関節包の厚みのある部分につき、肩回旋筋腱板と呼ばれ、"収縮性のある靱帯"のように働いています。これらの小さな筋肉、つまり棘上筋、棘下筋、肩甲下筋、小円筋は、関節に相反する力をかけて、上腕骨頭をソケットの中にとどめています。

成長過程の若い生徒は、上体の前面を広く保ち、背面では肩甲骨を"平らに"するために、修正と慎重なプレースメントを必要とする場合があります。プレースメントは、脊柱の完全な姿勢と、効率のよい呼吸法（p.52）にかかっています。

中間位で腰椎と胸椎がその上部のバランスを保つと、胸郭は正しいポジションになります。もし胸椎が伸展しすぎると、肩が後方になりすぎて、肋骨が突き出て、他の姿勢とともに肩甲帯の力がなくなります。この状況では、ポール・ド・ブラは決して楽でなく、コントロールできません。

● ──腕の第2ポジション

　クラシックバレエのポール・ド・ブラは、肩甲帯の構造に合わせてできています。第2ポジションの腕は、前に約30度の位置に保たれ、肩甲骨と関節窩をつなぐライン上にあります。腕はなだらかなカーブを描いて、広背筋が肩甲骨を安定させたまま、わずかに斜め下に向かいます。肘から下の回外ではなく、肩関節での上腕骨の内旋によって肘を上げますが、手のひらは前に向けます。脊柱と肩甲骨の位置が正しい場合は、手には緊張が入らず自然な状態になります。腕を高く上げすぎている場合は、肩より上の筋肉の使いすぎです。腕が体幹の少し前ではなく体幹にそろえた位置（真横）に保たれている場合は、肩甲骨が胸郭から引き離されて、体重が後ろにかかり、腰椎が過伸展しているでしょう。このような練習をしていると、すぐに腰に問題が起きます。

● ──腕の第1ポジション

　第1ポジションでも、腕はなだらかなカーブを描いて、前下方に向かいます。流派によってルールは異なりますが、クラシックバレエでは、肘や手首で途切れることのないラインを丸く描きます。子どもが、体幹をコントロールして肩甲骨を安定させることを学んでいるうちは、下側のラインをコントロールさせるのがよいでしょう。

● ──腕の第5ポジション

　腕を上げますが、肩は上げません。解剖学的には、肩甲骨が外側に回って、鎖骨が斜め上に傾斜しますが、ダンサーは腕だけを第5ポジションに上げるようにイメージします。首は自由に動かすことができ、脊柱は変えないままにします。手の位置は、ダンサーの視界に入るように前に保ちます。このポジションでは、腹部のコントロールは全く失われません。動きのある運動の中で、第5ポジションが多く使われるため、早くから完璧に身につけなければいけません。

4 プリエ（図1.90）

　例えば、第1ポジションのプリエを始めるときには、股関節から十分にコントロールされた無理のないターンアウトの角度に、足を向けます。骨盤と脊柱は中間位にします。ドゥミ・プリエでもグラン・プリエでも、下りるときも上がるときも、常に骨盤と脊柱の中間位は変えずに保ちます。足のターンアウトの角度も変えません。

　プリエをしている間は常に、股関節のターンアウトは深部の6つの外旋筋によって保たれます。下りるときには、股関節と膝関節の屈曲は、主に大腿四頭筋の伸張性収縮（エキセントリック収縮）によってコントロールされます。内転筋が能動的に少しずつ伸びて、大腿四頭筋の動きを補助し、重力に抵抗しながら下りていくのをコントロールします。ドゥミ・プリエでは、踵を床につけ、足の中心に体重をかけて、足首を緊張させません。そして、膝蓋骨（膝のお皿）は、足の第2趾と同じラインに向けます。足関節の背屈は、ふくらはぎの筋肉が伸張性収縮で長くなって、コントロールされます。グラン・プリエに下りていくときには、足関節の背屈の可動域を超えると、踵が次第に上がります。

　プリエでいちばん深くまで達したときも、太も

図1.90　プリエ

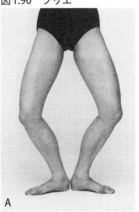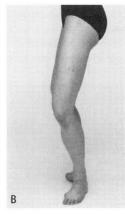

A：前面
B：側面。膝と足の向きが一致して、正しく並んでいますが、完全ではありません。脛骨にねじれがいくらかある場合（ダンサーによくあります）、膝よりも足が外側を向いてしまうために、決してアライメントを正しく保つことはできません。

もはリラックスさせません。その代わり、すぐに筋肉を反対に作動させます。上がり始めると同時に、大腿四頭筋と殿筋（股関節の伸筋）が、膝と股関節を伸展させるために、短縮性収縮（コンセントリック収縮）で短くなります。踵が床につき、ドゥミ・プリエから上に向かうときには、ターンアウトを保って第1ポジションで大腿を閉じるために、内転筋とハムストリングスが強く働きます。足で床を押すことによって、プリエから上がります。上がるとき、踵は床に戻しますが、体重をかける位置は足の中央部の前側のままにしておきます。

膝と足が確実に同じ向きになるように、注意を払わなくてはいけません。特にグラン・プリエまで下りるときには踵が前にずれて足が回旋しやすいため、プリエから上がるときに足を過度に外旋しやすく、注意が必要です。

プリエから上がるときには、体重を足の正しい位置にかけ続けるように気をつけなくてはいけません。そうしないと、体重を過度に後ろへかけて上がる傾向が強いからです。プリエを始めるときと下りるときに正しく体重がかかっていても、それは起こりえます。ダンサーは、上がるときに、体重を後ろにかける傾向があります。

もう1つの間違いは、下りるときに"骨盤を後傾（tuck under）"させることです。ドゥミ・プリエはバレエテクニックの基本となるので、動いている間は常に脊柱が正しいポジションを保っていなくてはならず、それゆえ脊柱を支える力がなければいけません。ポール・ド・ブラを使うことで、脊柱がくずれてもいけません。頭と首は、その動きと完全に調和させます。

プリエをしている間は常に、正しいアライメントと体重のプレースメントを保つために、ダンサーは足で床と接していることを感じる必要があります。体が下りていくときは、自分が引き上げられ背が伸びていくイメージを始めにもちます。上がっていくときは、床を実際に押して、下から自分自身を押し上げているような感覚をもちます。

グラン・プリエは、膝、股関節、脊柱を強化するエクササイズと考えられます。そして、筋肉の協調運動とバランスを刺激します。肉体的に恵まれ、正しく教えられたとき、それらは本当に強化されます。しかし、他のすべてのエクササイズと同様に、間違ったアライメントで行えば、その影響が積み重なってケガにつながるでしょう。ドゥミ・プリエとフォンデュは、実際にすべてのバレエのステップに出てくるため、アライメントが最も大切です。もし肉体的に股関節での回旋が制限されて、見た目にも機能的にもドゥミ・プリエができていない場合は、その子どもはグラン・プリエに進めさせるべきではありません。バレエでそれ以上のトレーニングをするのは、賢明ではありません。

1990年以来、グラン・プリエは"安全な"エクササイズであるかどうか、疑問がもたれてきました。一般的には、膝が正しい位置にあって、プリエを始めるのに膝が健全な状態である限り（大腿四頭筋のバランスがとれている、ハムストリングスと大腿四頭筋のバランスがよい、腸脛靱帯が硬すぎない）、プリエはよいエクササイズとして受け入れられてきました。結局、プロのダンサーは、最も挑戦的なコンテンポラリーの動きだけでなく、ブルノンヴィルの振付（訳者注：ロマンティックバレエ）にも精通していなければいけません。本当に危険なのは、大腿四頭筋が硬く、運動後に膝が痛む、若い成長過程のダンサーです。このようなダンサーの場合、大腿四頭筋と腸脛靱帯の適切なストレッチと、内側広筋のエクササイズを行わせるべきです。一時的に、ジャンプとともにグラン・プリエを適度に控えるべきです。授業を計画するときは、グラン・プリエを行う数を調整して、第4ポジションの交差したグラン・プリエは避けるべきです。第4ポジションでは、ほとんどの体で膝に回旋が起きるため、膝を深く曲げてストレスをかける必要はありません。彼らをクラスのどこに入れるかも議論され、教師はいろいろ試していますが、準備のために太ももと膝を十分ウォームアップしなければいけないことは一致しています。

❺ タンデュ（図1.91）

タンデュは、張った（stretched）という意味の言葉です。正しいタンデュをすると、主に足によい効果があります。タンデュをしている間は常に、体幹と軸脚のプレースメントを正しく保つことが大切です。そうしないと、このエクササイズは全く無意味なものになってしまいます。この他の部分のポジションが間違っていたり、体重が後ろにかかっていても、タンデュの効果はなくなり、足の筋肉が刺激されず何の恩恵も得られません。

●──バットマン・タンデュ・ア・ラ・スゴンド

バットマン・タンデュ・ア・ラ・スゴンドは、明確で単純な動きですが、実際には大変複雑です。第1ポジションからの完璧な位置のデガジェは（バーなしで）、片脚へ体重が調整されて、バランスがとれ安定しています。脊柱と肩甲帯のプレースメントも保つように努めます。第1ポジションでの最初のターンアウトの位置は、1人ひとりの体に合わせて正しい角度に設定します。そうしないと、なめらかでコントロールのきいた動きができません。各自の体がコントロールできる限界を超えて、足を無理矢理ターンアウトした場合には、動作脚が離れた瞬間にコントロールできなくなります。骨盤は軸脚に向かって内側に回旋し、動作脚の動きが損なわれるでしょう。あるいは、骨盤が動作脚のほうに外側へ向かうと、軸足の回内と膝の回旋が生じます。どちらにしても骨盤を安定させられずに、中心がくずれ、支持基底面（訳者注：体を支える土台となる面）が失われます。

ターンアウトが適切な角度になっていれば、動作脚が離れるときに、体重が軸足の上に微妙に調整されます。物理的には、土台となる部分（両足）が片足に変われば、平衡を保つために、体重は新しい土台に移動しなくてはいけません。そして、動作脚は、体重がかからずに関節が動くようになって、床をすってポアントのア・ラ・スゴンドになります。第5ポジションからは、体重の移動は少ししか必要とされません。第5ポジションでは、より狭い支持基底面の上に体重がかかり、それぞれの足で支持を分け合っています。片足が離れると、前あるいは後ろの軸足に全体重がかかります。

動作足が離れても体重のかけ方を変えず、中央に保つという考えを教えている学校があります。これでは、動作足にも体重をかける必要があります。足を上げれば、転ぶでしょう。転ばないにしても、体幹がゆがめられるか、広範囲で筋肉がアンバランスに緊張し、どうにかして同じような姿勢を保とうとするでしょう。バットマン・タンデュは、クラシックバレエのレパートリーで多くの複雑な動きの基本となることを覚えておくべきです。そのため、一連の動きとしてつなげることができるよう、コントロールしてなめらかに動けるように学ぶべきです。エクササイズ自体は、動作足と足首を強化し、固有感覚を磨き、軸側で上手にバランスを保てるようにするもので、より難しい動きの準備になります。

動作足は、股関節のターンアウトと同じ方向に、第2ポジションに滑らせます。動作足の足指は、軸足の足指と同じライン上にすべきです。脊柱は

図1.91 タンデュ

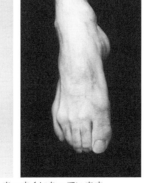
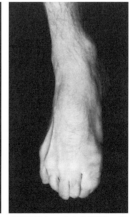

足の指先まで伸びていて、まっすぐになっています。

足指がカールした間違った例です。

中間位に保ち、体の左右のバランスをできるだけ保っておくべきです。そうすると、骨盤のバランスがとれ、正面に向けて平行に保つことができます。動作足が離れるとき、軸側のヒップに体重をかけてはいけません。軸側の中殿筋、小殿筋、大腿筋膜張筋が、骨盤を水平に保ちます。側方へ体重を移動する量は、前足部と足指が床をとらえた状態で足の中央にバランスをとるだけで十分です（軸足でプレースメントがくずれていることがあります。足が回内したり、足関節の前方の腱が緊張しすぎるときは、正しくコントロールされていません）。ポアントにした足には、体重はかけるべきではありません。側方への調整を大きくしすぎるのも間違いであり無意味で、ヒップに体重をかけやすくなります。ポアントにした足を閉じた位置に戻すのは、デガジェを反転した動きで、足を閉じるときには床を押して使います。

この複雑な筋肉の協調運動を一度身につければ、コントロールを失わずバランスも乱さずに、腕を使うことやエポールマンによって、動きを修飾できるようになります。

● ——アン・レールの第2ポジション

バットマン・タンデュのテクニックでも述べたように、無理な角度のターンアウトから動き始めると、体がゆがんでバランスを失います。

アン・レールの第2ポジションは難しいポジションで、解剖学的知識がないために大部分の教師が誤解しています。生徒は、ベストを尽くして指示されたことをやりますが、間違いを教師に指摘されないでいると、結果として体を傷めてケガをします。

第1ポジションで両足の内側の縁を一直線にして、完全にコントロールして立つことができる体をもつ人はほとんどいません（1.11節「**2** ターンアウト」p.61）。そのポジションから第2ポジションへのデガジェは、それをできるほど股関節が柔軟でない限り、（骨盤と軸側をゆがめずに）行うのは困難です。もちろん、アン・レールの姿勢のほうが、力だけでなく努力もはるかに必要と

します。その姿勢を保つために使う筋肉は、股関節の屈筋と外転筋です。動作脚を少し前に保っている場合は外旋をより利用できて、股関節の屈筋が完全に働き、動作脚側の骨盤を下方に保つことができます。極端に柔らかい股関節では、"平らな"第2ポジションで、大転子が寛骨臼唇の後部と坐骨にはさまれるときに、骨がブロックされるのを感じることさえあります。脚を少し前に保つと、大腿骨の外旋を増やせるようになり、脚をさらに高く上げるために股関節の屈筋を使えます。

テクニックを上達させるための基本を身につけるには、ほとんどの場合、能力の範囲内で体を使わなくてはいけません。アン・レールの第2ポジションでは、骨盤を水平に保つことができません。これを要求すると、軸側のヒップに体重をかけるようになり、動作脚側にも制限が生じます。しかし、動作脚側の骨盤を上げると、間違った筋肉が緊張して、結局、脚が高く上がる可能性が制限されるでしょう。目の前にいる生徒の体の限界をしっかりと把握して、折衷案を見つけることが、テクニックを教えるカギとなります。

● ——ロン・ド・ジャンブ

ロン・ド・ジャンブ・アン・レールを、ダンサーはしばしば誤解しています。

これは、下腿で弧を描く動きで、足は始めと終わりで45度の第2ポジションになります。アン・ドゥオールの動きでは、動作足は第2ポジションから内側に向けて一直線をたどり、ふくらはぎのトップに触れます。そこから、足は前に向けて弧を描くように第2ポジションに戻って、半円を完成させます。

弧を描く動きは、股関節から生じます。その際、股関節の深部の回旋筋によって外旋を増やす必要があります。膝で回すとよく信じられていますが、膝関節では、大腿骨に対して脛骨は少しも回旋させてはいけません。膝での回旋を繰り返すことは、たとえ体重がかかっていなくても、やめるべきです（訳者注：アン・ドゥオールの例を図Ⅳに描きます）。

1.11 バレエに関連した体のしくみと働き（機能解剖学）

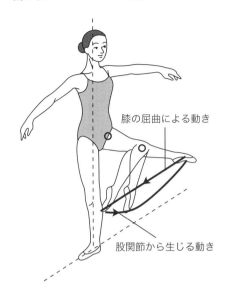

図Ⅳ◆アン・ドゥオールの例

膝の屈曲による動き

股関節から生じる動き

　アン・ドゥダンの動きは、動作脚を軸脚の前で弧を描きながら内側に動かして、ふくらはぎにつけ、まっすぐ外に出して第2ポジションに戻します。この場合も、股関節での回旋を増やします。

　これは、ロン・ド・ジャンブ・ソテやガルグイヤードでも用いられます。

　（ダンサー以外の人へ：アン・ドゥダンは、脚や腕を内側に回すことを意味し、アン・ドゥオールは脚や腕を外側に回すことを意味します。ロン・ド・ジャンブは、片方の膝と股関節を90度曲げて立ち、足と脚を横に振り［股関節だけの動き］、足と脚を後ろにもってきて［膝だけの動き］、足と脚を内側に振り［股関節の動き］、最後に足と脚を前に振って元の位置に戻す［膝の動き］ことを想像すると、バレエ未経験者にはわかりやすいかもしれません。膝での回旋はありませんが、そう信じているダンサーもいます）（訳者注：［膝の動き］は、足と"下腿"を動かすように想像します。バレエの動きとは違いますが、2つの関節の動きを使い分け、膝関節を回旋させません）。

❻ アラベスク

　アラベスクのラインは、クラシックバレエの主要なポジションの1つです。アラベスクは、力強さ、柔軟性、安定性、正確なコントロールを身につけるために、トレーニングに時間をかけて注意深く上達させるべきです。美しく流れるようなラインのポジションですが、アラベスクには柔軟性や力強さが求められます。基本のルールはありますが、個人の体格の違いに合わせて、1人ひとりが自分のアラベスクのラインを作り出します。

　アラベスクは、いくつかの要素からなり、それぞれに注意が必要です。どの要素が無視されても、このポジションの平衡がくずれます。

　土台となる軸脚はターンアウトしますが、動作脚をデリエールに上げるために骨盤が動く必要が生じて、それに合わせて軸脚のターンアウトが減ります。

　股関節の伸展は、約20度までに限られた動きです。そのため、アラベスクで上げる脚を90度に上げるには、動作脚に合わせて、骨盤が前傾し腰椎が伸展する必要があります。寛骨臼の向きは側方下方、そして少し前方であるため、デリエールに上げた脚のラインを美しく描くには、骨盤は上げた脚のほうに回旋しなければいけません（解剖学的に必要とされる分だけです）。そして腰椎は伸展し、比較的影響を受けない肩とともに、回旋します。骨盤が回旋しないで水平なままだと、動作脚がターンインして腰椎の負担が増えるでしょう。

　肩甲帯は、アラベスクの種類によって多少の違いはありますが、水平に保ちます。特にデリエールに上げた脚と同じ側の腕が前になっているときに、胸椎が反対に回旋することになります。チェケッティ派、RAD（訳者注：Royal Academy of Dance）の第2アラベスクでは、胸椎と腰椎の間に、反対方向の回旋がより必要となります。そのため、胸部の脊柱起立筋に、伸展と回旋をコントロールする力がより多く必要とされます。

　バイオメカニクス的には、伸展は脊柱全体に広がるべきで、できるだけ脊柱のどの部位もほとんど蝶番運動をさせないようにします。胸椎はいちばん伸展しにくい部位であり、腰椎はいちばん曲げやすい部位です。体の前方で腹筋を使って注意

深くコントロールしなければ、最も伸展しやすい部分が最も"くずれる"でしょう。過度な伸展から脊柱を守るために、深部の腹横筋を働かさなくてはいけません。もし脊柱が1ヵ所で蝶番のように曲がれば、その位置はたいてい第4と第5腰椎、あるいは第5腰椎と仙骨の間ですが、椎間関節にかかわる問題が生じることになるでしょう。あるいは、より重症なストレスへの反応が、関節突起間部に起きることがあります（p.189）。長年踊り続けて、椎間板が消耗し擦り切れると、重大な問題が生じます。あるいは、支えていた筋肉が弱くなった後に、問題が生じます。このような問題を生じさせる危険なアラベスクは、上体を後ろに引き、首をねじり、頭部を後方に引き、それでもまだデリエールに高く脚を上げようとしているダンサーに見られます。

　脊柱から足の指先まで、流れるようなラインがあるべきです。デリエールの脚の膝を完全に伸展し、足首と足を完全に底屈すると、そのラインが明確になります。足は、脚のラインにつなげます。足を明らかな外がえしにすると（逆カマ足）、そのラインが途切れ、ふくらはぎからウエストまでの筋肉が緊張します。アラベスク（デリエール）の脚は、少し外転させると直線ラインからずれてしまうので、骨盤の真後ろに保ちます。また、腰に負担がかかるため、デリエールの脚を交差させすぎないようにします。

　軸脚は完全に伸展させ、膝を後ろにロックせず、体重を踵の後ろにかけないようにすべきです。体重をかける位置は、床に能動的に働きかけている足指と足の前方にします。

7 ルルヴェ（図1.92）

　ルルヴェでは、体幹と骨盤が一体となって動き、

図1.92　ルルヴェ

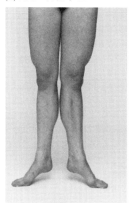
4分の1ポアント

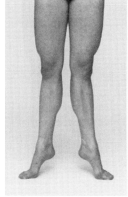
ハーフポアント
（ドゥミポアント）

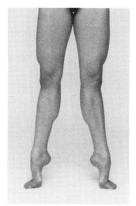
4分の3ポアント
（トロワカール）

重心線とともにわずかに前方に移り、最終的には足指の上にのります。正しいアライメントと体重負荷を保つように、前足部で床を押して突き上げるようにしてルルヴェをします。解剖学的には、ふくらはぎの筋肉が収縮して、重力に対抗し、踵と後足部をもち上げていきます。同時に、殿筋、内転筋、ハムストリングスと膝の伸筋（大腿四頭筋）の緊張を保ちます。下から押し上げるのではなく、上から引き上げられるような感じでコントロールします。反張膝がある場合は、膝を正しくコントロールするために、大腿四頭筋とハムストリングスのバランスが特に大切です。

　ルルヴェは、ハーフポアントや4分の3ポアントで止めることもできます。

8 ポアント（図1.93、1.94）

　ポアントに立つときには、ポアントシューズによる制限のため、さらに大切なことは足の解剖学的、物理的な制限のために、ふくらはぎの筋群だけでなく足の内在筋（屈筋群）も力強く使ってハーフからフルポアントに上がります。4分の3ポアントを通過させようと試みるのは、ポアントワークでは役立たない動きであり、やっても余計な力が必要なだけと気づくべきです。ゆっくりとフルポアントに上がるのは、すばやくルルヴェをするための準備で、そのために適切な筋肉を働かせて

1.11 バレエに関連した体のしくみと働き（機能解剖学）

図1.93 ポアント
ルルヴェからのポアントでは、ダンサーはポアントのさまざまな段階を通過して、フルポアントに立ちます（シュール・ラ・ポアント）。

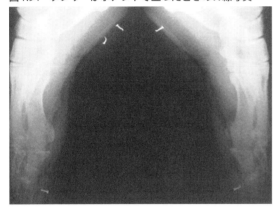

図1.94 ダンサーがポアントで立ったときのX線写真

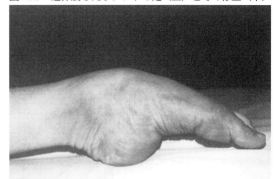

図1.95 過伸展したポアントの足（上）とその修正（下）

この足の形でポアントに立つと、足の背側の関節包や靭帯に過剰な緊張がかかります。重心線が足指の前（つまり足の甲の前）に落ちてしまうからです。

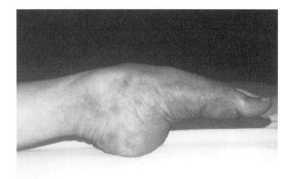

上と同じダンサーの足ですが、ポアントに立つために、正しい位置にしています。

足首と足を同じ方法で使うべきです。ハーフポアントからは、ふくらはぎの筋肉が最大限に働き、虫様筋をはじめとした内在屈筋がテコの原理で力強く足を動かしてポアントに立ちます。

　足首と足の柔軟性、安定性、バランスは、ポアントのポジションを保つのに必要なとても重要な要素です。ポアントで支えとなる小さな土台に体重をうまくかけるには、繊細なコントロールと正確さが必要とされます。過度運動性のある足と足首は、過度に底屈ができますが、体重がかかると物理的に弱く不安定となり、ケガをしやすくなります。しかし、力と固有感覚をつけるエクササイズで、正しい位置を教えることができます。過度な底屈でバランス線が軸の土台の前方に落ちてシューズに沈み込むのでもなく、"引っ込んだ"位置で後ろに保つのでもなく、過度運動性の足と足首にはバランスのとれた中間位を見つけなければ

いけません。足指を強くまっすぐに保った足を、十分に働かせるためには、シューズから上がり出るというより、床を押して貫くような感覚をもつようにします。土台の中央から、内果と膝を通る垂直なラインがあるべきです。ふくらはぎの筋肉と前方の伸筋のバランス、外がえしにする筋肉（腓骨筋）と内がえしにする筋肉（主に後脛骨筋）のバランスが、強くコントロールされたポジションにできるかどうかのカギになります。過度運動性の足と足首は、美的には好まれますが、教えるのが難しい足です。足の可動域がどうにか間に合うくらいの、あまり好まれない足のほうが強化しやすく、上手に使いこなせばテクニックを高められます。しかし、バランスのよいラインができないほど硬い足と足首は可動域が狭く、ポアントで平衡なポジションをとれないため、ケガをしやすくなります。このような場合にポアントを始めさせ

るのは、薦められません（「三角骨」p.253）。

ポアントからフォンデュで下りるには、同じ一連の動作が必要です。例えば、あるポーズからハーフポアントに伸張性収縮で下りるとき、股関節と膝は屈曲して、静かに衝撃を吸収します。

ポアントワークの能力と上級テクニックは、足の筋力だけによるものではありません。膝、股関節、脊柱の筋力と安定性、そして全身の協調性がまず必要です。そのため、生徒はポアントを始めるまでに、股関節でターンアウトを適切にコントロールでき、骨盤のアライメントを理解し、動的な足のアライメントも認識しているべきです。子どもたちの体が成長する速さは異なり、1つのクラスの中でもさまざまな体格の子どもがいる場合があります。1人ひとりの子どもに注意を払い、準備するのが、教師の責任です。足のエクササイズ（p.220）はかなり早くからトレーニングとして始められるので、どの子どもにポアントワークを始めさせるか、どの子どもを代わりの他のクラスに向かわせるか、トレーニングを通して教師ははっきりとした考えをもつことができるでしょう。才能があっても成熟していない体の子どもは、より複雑で速いエクササイズを始める前に、正確な動きのパターンを身につけるために時間をかけて上達させます。要するに、ポアントワークを始めるべき年齢は決まっていません。養成学校では、最も体が形成される学年で徹底的なトレーニングが行われますが、その時期は関節や骨が傷つきやすいときです。しかし、関節のアライメントを正しく保って、筋肉をバランスよくトレーニングしていけば、ケガに中断されることなく、1人ひとりが上達し続けていくでしょう。

●──**ポアントワークを始める年齢**

長年の間、子どもがポアントワークを始められる年齢は12歳だと考えられてきました。しかし、このような一般論には、体格、体の成長の過程、テクニックの上達段階、そしてトレーニングの強度の違いが考慮されていません。年齢に関して決めつけることは、子どもが成熟したのか成熟していないのかを、参考にしていないことになります。

早い段階から教師は、将来ポアントに進めるかどうか判断できるでしょう。始めに、脚の形、足と足首の柔軟性を考慮します。膝の中央、内果（足首の内側の骨）、第1中足骨、第2趾の先までを通るまっすぐなラインを容易にたどれなければなりません。足関節が硬い場合は、ポアントを土台に立ったときに体のアライメントが保てないため、ポアントワークへの道は思いとどまるべきでしょう。

同じ12歳のクラスの中でも、成長の速さや、成長スパートの時期の違いによって、身長に差があります。この頃になると女子には成長スパートが始まり、安定性、力強さ、テクニック的な能力を身につけるために挑戦する時期になります。この時期にポアントワークのトレーニングを始めるには、クラスのそれぞれの子どもの必要に応じて、注意深く計画的に取り組む必要があります。次の段階のトレーニングの準備には、足の内在筋の強化だけでなく（7歳で始められます）、股関節からの適切なターンアウトのコントロール、体幹の正しいコントロール、体の中心の安定性も含まれます。脊柱のアライメントと正しい姿勢も、理解しておくべきです。生徒は、片脚で安定してバランスをコントロールした正しく力強い4分の3ポアントで立てるようになっていなければいけません。また、足と足首、膝と骨盤のアライメントも、日常的にできているべきです。これがまだできていなければ、ポアントワークに移るのを遅くします。

過度運動性の足と足首は、ポアントができる潜在的な能力はありますが、ポアントでさまざまなポジションを安定させられるほど強くなっていないでしょう。その結果、ポアントで足を過度に底屈して、大変なケガをする可能性があります。このタイプの足には、特に注意が必要です。空中で美しいラインができたとしても、いったんポアントを始めると大変危険です。動かす範囲の中で安定させるために、固有感覚が十分に発達していなければいけません。このタイプの足は、全身の過

度運動性の一部である場合があり、プロとなるトレーニングの準備には、注意深く時間をかける必要があるでしょう（p.74）。

プロの養成学校に選ばれた子どもたちは、計画された徹底的なトレーニングを受けて、肉体的に次に進んでいけるようになるでしょう（それでも、それぞれの体を理解して、個別に管理しなければいけません）。週に3回未満しかバレエクラスに出ていない若い生徒が、ポアントワークを早く安全に始めるほど十分に上達している、あるいは十分教えられているというのは、疑わしいものです。

有名なダンサーでも、16歳を過ぎるまでポアントワークを始められるほど十分強くなかった人が実際にいます。しかしそれは、後のキャリアで何の障害にもなっていません。それとは逆に、トレーニングでケガをしやすい時期に、保存的治療では十分ではない問題をかかえ続けている人もいます。

● ── ポアントシューズ

プロのダンサーは、自分のポアントシューズをとても真剣に選びます。何年ものトレーニングやその後の公演を経て、シューズとは深くかかわっていきます。それぞれに異なった役割、異なった要求に合わせて、シューズとの相性を注意深く調べて準備します。シューズは、いろいろなブランドから選べます。プロのダンサーは、ぴったりと合ったシューズに落ち着くまで何年もかけています。

ポアントワークを始める若いダンサーは、注意深く試し履きをする必要があります。適切な長さと幅であれば、シューズの中で足がしっかりと機能します。内在筋が働けるようでなくてはいけません。そうでないと、足や足指の力が制限されます。

ヴァンプの深さは、足と足首の柔軟性に合っていなくてはいけません。深めのヴァンプは、柔らかい足を支えて、ポアントで底屈しすぎないように後ろで支えます。後ろが硬いものは、より柔軟性のある弱い足の支えにもなります。短めのヴァ

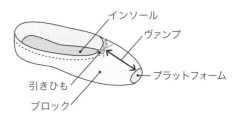

図Ⅴ◆ポアントシューズ

ンプは、硬い足を可動域いっぱいに使えるようにします。引きヒモは、摩擦を起こさないように、MTP関節（指の付け根の関節）の上（近位）にします。プラットフォームは好みの問題ですが、安定性が高まるので、若いダンサーは幅の広いものが役立ちます。（訳者注：図Ⅴ参照）

足は、シューズの中で完全に機能しなければいけません。ポアントシューズ内で、関節が動かせるようでなくてはいけません。足の筋肉は、ふくらはぎの筋群とともに機能します。シューズが硬すぎると、足の関節が制限され、ふくらはぎのコントロールも妨げられます。ポアントに立つ直前、ルルヴェでアキレス腱を引き上げる際、足関節の後方が自由にならなくてはいけません。"上り下り"のどちらの位置でも、2つの筋群の動きの質が損なわれると、足関節の後方インピンジメント（訳者注：p.253参照）を起こしやすくなります。下りるときにも、ショックを吸収し、タイミングをはかって（そして音をたてないように）、伸張性収縮でコントロールする必要があります。

最近のダンサーには、ポアントシューズに入れるパッドにも多くの選択肢があります。心地よさやマメ予防のために、どのようなものを使おうと、パッドは最小限にすべきです。"床の感覚"、あるいは指の動きと力を妨げるものであってはいけません。また、パッドは、指とシューズのソールの間に置くのではなく、摩擦が起きやすい指先と指の背を守るべきです。Sorbothane（訳者注：衝撃吸収材の商品名）やジェルの指キャップがとても効果的で、若いダンサーがポアントを始める助けとなり、きっと役立つでしょう。動物性の皮も伝統的に用いられていますが、ふつうのティッ

シュ、ばんそうこう、さまざまなテープを、指1本1本につけているダンサーもいます。安く手に入る代用品として、マスキングテープを使っている人もいます。

既製のシューズでは、常に理想的なものを選べるわけでなく、自分に合わせて作ることもときには（いつもでなければ）必要です。Stanleyナイフ（訳者注：カッターナイフの商品名）でソールを削ると柔軟性が増しますが、ソールの縁に対して少しずつ削るとバランスをとるのに役立つでしょう。もし側面が深すぎる場合は、側面の縫い目の部分が、余分なサテンとなっているでしょう。側面の内側のキャンバス地に切れ目を入れて、一晩シューストレッチャーを入れておけば、前足部の幅が広がるでしょう。

ブロックの中にシェラックをつけると、伝統的なシューズを長もちさせることができるので、プロのダンサーはよくこの方法を使っています。

⑨ 過度運動性

現代のプロのダンサーには、かなりの柔軟性が求められています。振付家もそれを要求し、観客も期待します。ダンサーが極端な姿勢をとっている写真や広告を、私たちは多く見ています。脚を高く上げることが要求され、脊柱も曲げなければいけません。ダンサー自身も極端な柔軟性にあこがれ、そのために努力します。特別な柔軟性は、先天的なことも後天的なこともあります。関節の可動域は、トレーニングで広げられる場合があります。

全身の柔軟性も、考えておくべきです。バレエには不向きな、硬く制限のある体格（短い筋肉、関節での骨の制限）の人がいます。一方、とても柔軟性があるダンサーもいて、"よく曲がり"、筋力が弱く協調性がありませんが、"可能性に満ちて"います。標準的な組織をもったダンサーでも、本当に厳しいストレッチによって可動域を広げれば、特定の関節でテクニックに必要な可動域が得られるでしょう。生まれつき（先天的に）過度運動性をもったダンサーは、結合組織に異常があると考えられています。彼らは、楽々と極端なポジションをとることができ、過伸展した膝や過度運動性の足関節が美しく見えるので、多くの子どもがダンスを始めるようになります。

●──結合組織

体をまとめている結合組織のタイプが、柔軟性を決定します。結合組織は、体の構造物をつなぎ、結び合わせ、支えます。靱帯、関節包、腱、軟骨、半月板、関節唇、脂肪組織、椎間板、骨をまとめているのは、生きている組織です。これらの構造物はそれぞれ異なった機能があるため、さまざまな微小構造と力学的性質をもっています。

一般的に、結合組織はマトリックス（基質）の中に浮かぶ細胞と線維からなります。靱帯の中では、線維芽細胞が、密集して平行に並んだ膠原線維（コラーゲン）と弾性線維（エラスチン）を形成しています。これらのたんぱく質は、靱帯や腱に軸方向へかかる張力に抵抗する力を与えていますが、いくらかは伸ばされます。

全身性の関節弛緩が見られる先天的な関節過度運動性は、コラーゲンの合成に異常があります。この先天的疾患では、コラーゲンやエラスチンを含むさまざまな結合組織をコード化している遺伝子に異常があります。遺伝子の欠損によって、これらのたんぱく質の生化学的構造がゆがみ、張力特性が損なわれた結果、組織が緩み、過度運動性になります。残念なことに、この疾患には、組織の壊れやすさ、弱さ、力学的問題が生じる傾向が伴います。これは、ダンサーに生まれつき特別な柔軟性があることのマイナス面です。

関節の過度運動性症候群（症候群：シンドローム。ある病気が存在することを示す一連の症状）は、結合組織に先天的異常をもつグループの1つです。このグループは大きく、重症度も多様です。いちばん多いのは、マルファン症候群、エーラス・ダンロス症候群、骨形成不全症、関節過度運動性症候群です。さまざまな特徴があり、関節（不安定性）、皮膚（薄く、伸縮性があり、傷つきやすく、

1.11 バレエに関連した体のしくみと働き（機能解剖学）

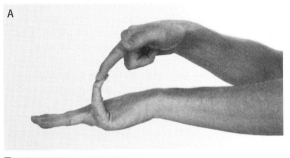
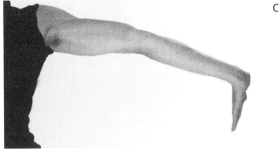
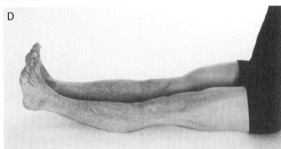

図1.96　Beightonスコアの9ポイント
A：第5中手指節関節で、他動的に90度を超えた背屈（左右）
B：親指が前腕につく（左右）
C：肘で10度以上の過伸展（左右）
D：膝で10度以上の過伸展（左右）
E：膝を曲げず、手が床にぴったりつく

異常な傷跡ができる）、心臓（弁が壊れやすい）、静脈（静脈瘤）、筋肉（ヘルニア）、肺（気胸）、骨格（骨粗鬆症）に症状がありますが、これでも少し例を挙げたにすぎません。最近20年の研究で、この病理群が解明されてきて、現在もリスクがある人や確認されていない疾患をもつ人の同定が続いています。

　ダンサーには、このグループの中等度にあたる人たちを見かけます。彼らは、ダンスのジャンルに合わせて十分な可動域をつけるために、効率的なストレッチをしています。骨の構造に恵まれているため、膝がわずかに過伸展し、足と足首の可動域が十分にあり、股関節や脊椎で十分な範囲を動かすことができます。成長していくうちに、柔軟性と筋力は、決断と知識と一貫した練習によって得られるでしょう。そして、生まれつきとても

可動性があります。彼らは、膝や肘が過伸展し（中間位を15度過ぎることもしばしばあります）、手首や指も過度に動かせて（練習しなくても）、皮膚も伸びますが、頻繁にケガをして、残りのクラスに追いつこうと苦労しています。明らかに、その体が妨げとなっています。われわれを心配させるのは、このような人たちです。オーディションの過程で、はじめ彼らは魅力的にも見えます。

　1973年にBeightonたちは、過度運動性を採点するために、5項目の簡易テストを考案しました。9ポイントの点数では正確に計測できませんが、最初に行う観察法として興味深いものです。まだ"トレーニングしていない関節"をテストすることで、その部分の靱帯の伸張性が示され、全身的なタイプにあたる場合があります（図1.96 A～E）。

芸術的な向上とは別に、バレエのトレーニングでは、バランス、固有感覚、安定性、空間的な認識、決められた動きを正確に再現する動きのコントロール力を磨くことを目標にします。過度運動性の体は、ダンスに向いている一方、骨格が弱くケガをしやすい体です。過度運動性の関節は、関節包と靱帯が緩いため、可動域を制限する働きが少なく不安定です。関節の統合性が弱く、ケガをしやすいため、筋肉の支えと神経のコントロールが頼りとなります。過度運動性の人は、固有感覚の働きが弱く、バランスや筋肉の協調運動が影響を受けます。ゆっくりと時間をかけて、よい姿勢と全身のアライメントを身につけるトレーニングを必要とする傾向があります。脊柱、肩、股関節、足の関節を支える深部の安定筋に、注意を払う必要があります。過度運動性のダンサーは、柔軟性があるにもかかわらず、ストレッチを特に朝いちばんで行うのがお気に入りのようです。ウォームアップにも、より長い時間をかけます。彼らは極端なポジションでよくリラックスしていますが、そうすべきではないとアドバイスします。ふつうとは違った運動感覚をもっている彼らには、安定性を保つエクササイズを続けるように促すことだけが必要です。

過度運動性があると、痛みの閾値（いきち）が低い（痛みを感じやすい）傾向があり、しばしば治るのにも時間がかかります。この両方の事実は、ダンサー、教師、治療者が理解しておくべき重要な事実です。皮膚では、特に手の甲や膝の前方が伸びる傾向があります。思春期の後には、大腿や腰椎の上に、伸展裂創（れっそう）（訳者注：ストレッチマーク。皮膚が伸ばされてできる細かい亀裂）が見られます。

とても可動性がある足は、バレエではポアントのラインのために好まれますが、弱く不安定な構造です。特に、ターンアウトのポジションで体重がかかると、回内する傾向（内側のアーチがくずれて"ローリングイン"の状態）があります。足のバイオメカニクスが完全に理解できて、足の中だけでなく姿勢にも十分な力がつくまでは、ポアントワークを試みるべきではありません。バレエのトレーニングでは、最初の準備運動のいくつかを、足の内在筋でアーチを支え、足の動きを強化するためのエクササイズにするべきです（プロのダンサーは、現役の間、このエクササイズに立ち返ります）。教師が子どもの足のポジションを気づかう場合、足病医に紹介して外履き用の靴の装具を作ってもらうのも、足の正しいバイオメカニクスのために役立つことがあります（足病医から伝え聞く以外は、装具が役立つという確証はありません）。

とても可動性がある脊椎は、ゆくゆくは美しいアラベスクのラインを作り出すことができますが、安定させると同時に本当に強くして、ケガを予防する必要があります。どのようなダンサーでも、トレーニング後にケガを放置しておくべきではありません。背中に何らかの問題が一度起きてしまうと、その扱いは難しくなる可能性があります。過度運動性では、疲労骨折、脊椎すべり症、椎間板の問題を起こすリスクが増えます。典型的な例は、柔軟性のある腰椎の下部が、局所の深部筋によって十分に安定させられずに、問題が生じる例です。骨盤のポジション、腰椎を中間位にすること、深部の腹筋を働かせることをはっきりと理解して、正しい姿勢をとることから始めます。

肩甲帯は、過度運動性により問題が生じる可能性がある、もう1つの部分です。肩関節は、元々お互いの構造が緩くつながっていて、安定性より可動性のために作られています。肩甲骨の優れた型と、靱帯のように働く肩回旋筋腱板の働きによって、肩関節は安定しています。過度運動性の肩は不安定になりがちで、肩回旋筋腱板の力がなければ、亜脱臼や脱臼を起こしやすくなります。しかし、ジムでバーベルを上げ下げするのは、その解決策にはなりません。重要なのは、肩を動かす範囲のすべてで、肩甲骨を繊細にコントロールして、体幹をしっかりと安定させることです。過度運動性の体は、固有感覚あるいは運動感覚が低下している傾向があり、肩甲帯のポジションを繊細にコントロールするには時間と忍耐が必要です。それは、足、膝、骨盤、脊椎にもあてはまる

ことです。

反張膝は、教師の課題であり続けています。ハムストリングスをより強くし、股関節と骨盤を正しくコントロールし、大腿四頭筋をバランスよく使い、足のアライメントを正しくすることで、過度運動性の関節を強くできるでしょう。それにより、このタイプの人々にかなり多く見られる、共通の膝の問題のいくつかが防げます。

過度運動性の幼児は、はったり歩いたりするのが、しばしば遅くなります。一般的に、年齢とともに関節の緩みは減っていくと報告されています。過度運動性の若いダンサーは、筋肉の量と力、運動のコントロールと安定性を高め続けていけば、最もよい結果が得られるでしょう。

ケガのリスクが高いため、過度運動性の体の人は、職業的なダンスの訓練を受けるべきではないといわれてきました。しかし、彼らが理解されて、それぞれのペースで十分な訓練を受け、ケガを防いだ場合は、面白く魅力のあるダンサーとなりうるということができます。これらの体は違いがあるため、その体質の特徴を十分に理解して尊重し、教育でもかかわっていくべきです。

10 成長のパターンと思春期の成長スパート

小さな子どもの頃は、男の子も女の子も一定の同じ速さで成長します。3歳児は"赤ちゃんのお腹"をしていて、脊柱のカーブが際立ち、腹筋とともに主な臓器を囲んでいます。脊柱が十分に伸びるまで、そのカーブは続きます。6歳までに、"流線形"のカーブになっている子どももいますが、9歳までならない子どももいます。小さな子どもの肝臓は、成人のサイズに比べればほんの小さなものですが、腹部の広い空間を占めています。そのため、子どもの頃、腹筋を"引っ込めよう"とすると、腹部の臓器のための空間をあけようとして、肩と胸郭が上がります。幼児期に、肩を下げるよう修正をしてお腹が再び出てきたときに、腹筋運動と姿勢の修正をしようとするのは愚かなことです。

9歳までには、ある程度腹筋の下部をコントロールし、骨盤のバランスをとれるようにします。7歳頃から、個々の筋群を意識して使えるように、フロアーエクササイズを始めます。

思春期は、男子では平均12.5歳（12〜16歳）、女子では平均10.5歳（10〜15歳）で、かなりの個人差があります。女子はこの時期になると、卵巣で分泌されるエストロゲンとプロゲステロンの生成が増えて、変化が生じます。胸がふくらんで、股関節のまわりに脂肪がつきます。男子では、テストステロンの分泌が増えて、特定の組織に向かいます。骨格筋の量が増え、顔や体の毛が濃くなり、喉頭が大きくなって深く男らしい声になります。

最も成長が著しい、主要な成長スパートは、思春期後の約2年間です。青年期の成長スパートには、身長が著しく伸びます。この時期は、体に起きている変化を完全に把握しておくために、定期的に身長を測っておくことを薦めます。この時期には、女子は6〜11cm伸び、男子は9〜15cm伸びます。ほとんどの女子は15歳になるまでに大人の身長の99％に達していますが、男子はまだ21歳まで伸びる可能性があります。プロのカンパニーに入ったばかりの青年は、身長を定期的に計測し、常にパートナーとの組み合わせも観察すべきだと、覚えておかなくてはいけません。この時期は、まだ体が傷つきやすいからです。パートナーとの調整は難しいかもしれませんが、上半身のエクササイズを適切に行い、何か違和感があれば注意して、そのダンサーにぴったりと合ったパートナーとパ・ド・ドゥを楽に踊れるようにするべきです。

身長は、長骨—大腿骨と脛骨—の縦の長さが伸び、脊柱の椎体の高さが増えることによって伸びます。しかし、この頃は、体のさまざまな部分の成長が不均等に起きるため、体形とプロポーションが短期間で変化します。青年期の成長スパートの始めには、まず長骨が伸びます。手と足の成長が最初に現れ、体幹が伸びる前に、四肢の長骨が伸びます。「脚が痛い、夜になるとよく痛くなる」

と訴えてくる子どもがいます。これは"成長痛"といわれてきました。はっきりと定義されていませんが、そのような症状があることは認められています。

　胎児の骨は、成人の骨の縮小版を、軟骨にしたようなものです。

　骨化は、さまざまな骨で、異なった時期に始まります。骨化では、未完成の骨の中に骨塩（カルシウムと他のミネラル）が蓄えられて、骨が強く硬くなる過程が始まります。長骨では、骨幹に一次骨化中心が、次に骨端に二次骨化中心が見られます。子ども時代に骨は成長し続けて、骨膜下の細胞により新しい骨が形成されることで、骨の周囲が太くなっていきます。骨端では、軟骨板（成長軟骨板あるいは骨端軟骨板）が残っていて、骨の細胞（骨芽細胞）が非常に活性化して骨を長くします。12歳児の足関節のX線写真では、脛骨と腓骨の下端に、骨端軟骨板が黒く見えて、体が成熟しきっていないのがわかります。骨端軟骨板が閉じて、骨が伸びきり、長骨は完全に成熟します。成人では、密集した骨組織のカルシウムがX線を吸収して、フィルム上では白く映りますが、軟骨はありません。成人ホルモン（女性ではエストロゲン、男性ではテストステロン）の生成が増えることにより、この成熟が促されます。思春期に運動する子どもの成長軟骨は傷つきやすく、もしケガをすれば、ケガをした側の成長が妨げられます。その結果として、四肢の長さが違ってくると、その後、体の他の部分にも重大な問題が起きる可能性があります。

　将来のある若い女性ダンサーは、体の成長が始まるまでは上達していくでしょう。体の成長が始まると、上達が遅くなります。姿勢、バランス、固有感覚、柔軟性、力のすべてが、自信と同様に、影響を受けます。手足がうまく動かないのはよくあることで、例えば足や四肢が成長しても、まだ神経系がそれに合っていなければ、階段でつまずきやすくなります。

　脚が長くなることは、テコの作用で上げるものが長く重くなるということで、この時期は必然的に脚を上げる高さが低くなります。体が少し弱くなっているときにテクニックを上達させようとすると、若いダンサーには弾発股や鼠径部の痛みがしばしば生じます（訳者注：p.184、182参照）。この時期は、骨盤のポジションを正しくして腹部の安定を保つことに、より多くの注意を払い、アライメントをくずすくらいなら脚を低く上げるようにします。

　筋肉が骨の成長速度に追いつけず、太ももでは大腿骨の成長によって、大腿四頭筋の力と協調運動が損なわれることがよくあります。膝蓋大腿関節に負担がかかると膝の前方に痛みが生じ、膝蓋腱が脛骨結節につく部分に負担がかかるとオスグッド・シュラッター病になります（p.174）。膝関節にかかる負担を増やす動きがあれば、十分に監視すべきです。グラン・プリエやジャンプでの膝の間違ったアライメントは、問題を生じさせるでしょう。膝に回旋があれば、もちろん修正します。特に、センターレッスンでそのような間違いが繰り返されていないか、注意深く監視します。同じような状況が、脛骨の急な成長とふくらはぎの筋肉にも起きて、アキレス腱が踵骨につく部分に痛みが生じ、その結果シーバー病（訳者注：踵骨骨端症）になることがあります。

　脊柱も急激に成長することがあり、一時的な脊柱側弯症がこの時期に現れることがあります。腰椎の椎体の高さが急に成長すると、脊柱起立筋と胸腰筋膜が硬くなり、腰椎の前弯が強くなります。それに合わせて、胸椎が後弯します。特にデリエールで、脚の高さがコントロールできず、体幹の安定性が保たれていないときは、脊柱に疲労骨折（脊椎分離症、p.189）のようなケガをするリスクがあります。同じ理由で、男子はこの時期にリフトをすべきではありません。プレースメントと姿勢に注意を再び払い、体幹と肩を安定させて保つエクササイズを行って、この時期を乗り越えます。

　動きを上手にコントロールできるかどうかは、神経系のフィードバックがうまくいくことにかかっていますが、四肢の長さが変わって重心が高くなると、一時的に神経と筋肉の繊細なコント

ロールができなくなります。しかし、女子は13歳までは成長スパートの真最中で、テクニックがさらに要求され、ポアントワークが始まります。それまでに足の内在筋の力を十分強くすべきですが、バランス機能が弱まるため、上達はゆっくりにして、その代わりに細かなところにも気を配るようにします。ジャンプを上達させるには、弱い筋肉、伸張性収縮のコントロール、筋肉の協調運動、床の反発力を、もう一度考えてみなければいけません。膝に何らかの痛みがある場合は、ジャンプの量を減らして、その代わりにストレッチとフロアエクササイズを行います。

　通常の成長で大切なことは、もちろん、バランスのとれたよい食事です。激しい動きをする筋肉を養うためだけでなく、成長と初潮を促し、定期的な月経のために、主要な栄養素とともに十分なカロリーをとります。この時期の生殖系は損なわれやすく、過剰なエクササイズや栄養不足で傷つきやすくなっています。上質なたんぱく質と鉄分に富む食事を、若いダンサーに薦めます。青年期には、経験を積んだプロダンサーの体格をまねるよりも、通常の体重を維持する必要があります。骨密度は、ホルモンのバランスの影響を受けます。20代半ばまでは、骨密度の最高値に向けて、骨を作っていくことが大切です。

●──膝の健康のための戦略

- グラン・プリエは、大腿四頭筋と膝蓋骨にかかる負担を増やすため、その回数に気をつける。
- グラン・プリエの第4ポジションを調整して、膝関節にかかる負担を軽くする（回旋を減らす）、あるいは当分の間は行わない。
- ジャンプの部分を減らす。その代わり、大腿四頭筋の内側（内側広筋）、ハムストリングス、殿筋のためのエクササイズを行う。
- 大腿四頭筋、ハムストリングス、腸脛靭帯、腓腹筋、ヒラメ筋のストレッチを追加する。
- 振付でひざまずくことを、しばらくの間やめる。
- 床は必ず弾力のあるものにする。

●──背中の健康のための戦略

- 下腹の筋肉（腹横筋）のエクササイズを行う。
- 腰にある伸筋のストレッチを行う。
- 骨盤のポジションに気をつける。脊柱と骨盤を中間位にする。
- 後ろに反る角度を制限して、腹筋を最適に使うようにする。
- アラベスクのラインに注意する。高く上げるために無理をするよりは、アライメントを保つために脚を下げる。
- 男子は、骨格が成熟するまでは、危険なリフトを制限する。

●──股関節の健康のための戦略

- デリエールだけでなく、ドゥバンやア・ラ・スゴンドに上げる脚の高さも低くする。
- ターンアウトばかりを強調する（p.239）のではなく、内旋するポジションも使う。
- 梨状筋のストレッチを行う（p.217）。
- ルルヴェばかりを行わない。
- "骨盤を後傾（tuck under）"しない。

●──足と足首のケア

- ポアントワークは、時間をかけて進める。
- ジャンプの部分では、足のアライメントを始めから終わりまで観察して、前足部が不適当に回内していないか気をつける。
- 簡単なバランスのエクササイズも行う(p.206)。
- 足の内在筋のエクササイズを行う（p.220）。
- ふくらはぎのエクササイズ(p.225)とストレッチを行う。

　心循環系を健全にするためには、すべての形のクロストレーニングが薦められます。ウォーキング、サイクリング、水泳、ジム、注意して行うヨガ、ピラティスのエクササイズなどがあります。
　青年期には、大人の世界でやっていこうとする精神的ストレスや負担に対処するので精いっぱいですが、批判的なスタジオの雰囲気や創造的な仕

事は、悩みを増やすでしょう。若いダンサーにありがちな完璧主義の傾向は、戦略を話し合って説明するような支援的な雰囲気の中で、コントロールしたほうがよいでしょう。

第2章
ケガ：病理学、原因、治療、予防、栄養

Injuries:
Pathology, Causes, Treatment, Prevention, Nutrition

2.1 ケガの病態生理学：炎症、治癒

組織が傷つくことには、いろいろな原因があります。物理的なもの、やけど、化学的なもの、細菌感染、ウイルス感染などです。しかし、この本では、物理的な原因で起きたケガについてだけ考えていきます。捻挫、肉ばなれ、骨折、挫傷、時には切り傷やすり傷などを扱っていきます。

1 炎症

ケガをすると、その原因が何であれ、炎症が起きます。炎症は、ケガをした部分に隣り合う生き残った組織の反応です。炎症は不快なもの、避けるべきものだと、一般的には思われているようです。なぜなら、炎症と聞いて最初に思い浮かぶのは、炎症反応を起こす感染のような、熱くヒリヒリするのどの痛みだからです。組織が細菌に感染するのは損傷の1つの形で、それが原因で炎症は起こります。このため、炎症自体が不快なものと思われてしまいますが、それは逆で、炎症はとてもありがたいものなのです。炎症は、どのようなタイプの損傷にも対応できるように、体が発達させた、体を守り防御するための体本来の仕組みです。

もし炎症反応がないと、重大で不運な結果を引き起こすことがあります。特に、さまざまな臓器移植手術の後、炎症を防ぐための特別な薬で治療を受けている患者や、少し違った形ではAIDS（後天性免疫不全症候群）の患者については、現代ではよく知られています。炎症反応がないと、重症な感染が起きる率が高くなり、全身にすばやく広がって、命を落とすこともしばしばあるでしょう。いわゆる免疫抑制療法を受けている患者が感染しやすくなるのは、感染を抑える力がなくなるからです。炎症が起きることは望ましい反応であると、初めから理解しておくことが大切です。どのようなタイプの組織の損傷でも、正常な人には急性の炎症反応が起こります。

●——炎症のサイン（徴候）

炎症のサインについては、2000年以上も前から書かれていて、語り継がれてきました。今世紀に至るまで、ラテン語で常に"calor, rubor, dolor, tumor, functio laesa"と書かれていました。英語では"heat（熱感）, redness（発赤）, pain（痛み）, swelling（腫れ）, loss of function（機能障害）"となります。

◉ 熱感：Heat-calor

熱をもつと同時に、充血して赤くなります。これは血液の流れ（血流）が増えるためです。皮膚は体の内側より温度が低いので、血流が増えると、皮膚の表面だけが熱く感じられます。血液の供給が増えると、皮膚の温度が上がり、体内と同じか近い温度、つまり37℃になります。そのため、まわりの皮膚に比べると、その部分だけ熱が上がります。

◉ 発赤：Redness-rubor

発赤は、早くから現れます。発赤は、その部分の細動脈が拡張するために起きます。それによって、毛細血管も血液でいっぱいになり、すぐに膨張します。血流が増えるという意味で、充血といわれることもあります。

◉ 痛み（疼痛）：Pain-dolor

炎症反応に関連した痛みには、さまざまな原因があります。捻挫や骨折のように、それ自体が原因で起きる痛みとは、また別のものです。炎症の痛みは、その部分のpH値（酸塩基平衡）の変化による神経末端の刺激や、神経末端を刺激するヒスタミンなどの化学物質の放出によって起きます。炎症組織が腫れて圧力が上がることによっても、痛みは起きます。

◉ 腫れ（腫脹）：Swelling-tumor

炎症が起きるときは常に、その部分に腫れが生じます。血流から組織へ、液体成分や細胞が流れ込むためです。これについては後で簡単に説明します。

◎ 機能障害：Loss of Function-functio laesa

炎症に伴い、機能も変化したり損なわれたりします。痛みは筋肉の動きを抑制し、腫れは関節の動きを制限するでしょう。しかし、これらの明らかな原因とは別に、炎症部分に機能的な変化を起こす根本の原因は、実のところわかっていません。おそらく、その部分を休めておくために、機能が制限されるのでしょう。

● ——炎症によって起きる組織の変化

◎ 液体成分の変化

これまでに述べてきたように、発赤や発熱は、細血管が拡張して、毛細血管に血液がたくさん流れ込んで起きます。毛細血管が拡張すると、これらの小さな血管壁の透過性が変化します。

血管壁の透過性が変わると、血液中の大きなたんぱく質の分子が、血液中にとどまらずに、毛細血管壁の細胞の間を通り、いくらか組織液内へ抜け出ます。その結果、組織液と血液の浸透圧のバランスが変わり、水分がさらに組織液中に出ます。これが、局所の腫れの要因となります。血管透過性が上がることが、腫れが起きる要因のうち、いちばん大きなものです。また、膨張した血管内で血圧が上がり、その圧力で組織間に水分が押し出されることも、小さな要因となっています。

毛細血管壁の大部分は、内皮細胞が並んで小さな管となって形づくられています。内皮細胞は、物理的には半透膜として作用します。半透膜とは、水や小さな分子を通し、大きな分子を通さない膜のことをいいます。ちょうど、ふるいのような働きをします。血流中の血漿たんぱくは大きな分子で、ふつうの状態では半透膜を通過できません。半透膜の片側で大きな分子の濃度が高くなると、いわゆる浸透圧が生じます。大きな分子の濃度を薄めようとして、半透膜の透過性によって、液体や小さな分子が血液の中に流れ込みます。この浸透する力が、浸透圧と呼ばれています。炎症では、内皮細胞の透過性が変化し、その結果大きなたんぱく質分子が通過できるようになり、組織液中に入り込みます。それによって、半透膜の両側で浸

透圧の差が変わり、たんぱく質が組織液中ににじみ出るため、今度は組織間へ水分をさらに引き出そうとする力が生じます。炎症の結果、組織間に流出した液体は、滲出液といわれます。

リンパ系も、急性の炎症では大切な役割をします。小さなリンパ管壁の細胞は少し離れていて、組織のすき間からリンパ管内に物質を排出させます。こうして炎症部分から排出されるリンパの流れは、かなり増加します。リンパ管は、余分な血漿たんぱくや血液細胞とともに通常の組織液を運ぶだけでなく、炎症を起こすさまざまな作用物質も運んでいます。ケガをした部分では、ダメージを受けた組織だけがふつうは運ばれますが、感染や異物の侵入によって炎症が起きると、異物や細菌がリンパ系に取り込まれ、リンパ管を通って運ばれます。そして、フィルターとして働く各部のリンパ節にたどりつきます。

第1章で述べたように、リンパ節やリンパ腺は異物をろ過します。その結果、その部分のリンパ節自体が炎症を起こします。誰でも一生に何度かは、感染してのどがヒリヒリしたことがあるでしょう。そのとき、あごの下のリンパ腺が膨らんで、痛くなったことがあるかもしれません。これは、痛んだのどから流れてきたリンパ液を、リンパ腺がろ過しているからです。感染した細菌をろ過した結果、そのリンパ腺自体が炎症を起こします。しかしリンパ腺には、白血球を集める力があり、細菌や異物に応戦して、それらを血流中へ通過させません。たまに、感染がひどいと、リンパ節を通ってしまうことがあります。そうなっても、中央のリンパ節でろ過するチャンスがまだありますが、そこも通過されると全身の循環系の中に入ってしまいます。そして全身に感染が広がり、重症になります。

組織の損傷に限れば、通常は細胞の残骸や血液の分解したものだけをろ過すればいいので、各部のリンパ腺に起きる炎症は穏やかなものです。

◎ 細胞の変化

急性の炎症の初期段階では、細動脈や毛細血管が拡張し、炎症部分へ流れ込む血液量がとても増

えます。しかしその後すぐに、毛細血管やとても細い血管から組織間へ体液が流出し、血液中に残った細胞の濃度が上がり、血液はネバネバとして粘着性が増します。この結果、炎症部分の血液循環が遅くなります。血流が遅くなると、白血球は血管の内層近く、流れの周辺のほうに移動します。血管内で、白血球が血流の縁へ動いていく現象を辺縁現象と呼びます。白血球は、血管の内層つまり内皮へたどりつくと、内皮の層に張りつきます。顕微鏡で見ると敷石の舗道のように見えるので、ペイブメント（舗道）ともいわれます。そして、白血球は血管壁から抜け出ます。白血球は、内層の2つの細胞の間にアメーバのような動きで自分の組織の一部を押し込み、徐々にそのすき間から自分の組織の残りの部分をしぼり出して、血管壁を通り抜けます。くらげを海岸で採ってきて、小さな木片の穴に押し込んでみると、同じようなことが起こります。くらげは、完全に自由に動けるので、小さな一部分を押し込み続けていくと、体が狭くなり、ゆっくりと穴の中に入っていき、反対側から徐々に現れてきます。そして反対側が大きくなっていき、くらげ自体は全く傷つかないまま最後の部分が抜け出ます。とても原始的な細胞やアメーバがこのように動くので、このタイプの動きはアメーバ運動（図2.1）と呼ばれています。細胞が最初に突き出す部分を、偽足といいます。偽足とは、文字どおり偽りの足を意味します。

白血球は、炎症原因に対処する必要があるため、このようにして毛細血管から組織液に移ります。組織液に流れ込むと、白血球は、必要とされる部分だけに向かって動いていきます。これは化学的な刺激によって起き、化学走性といわれています。白血球を引きつける化学走性のきっかけは、感染源、組織の損傷、血流から浸透して流出したたんぱく質が作る物質から出されます。

白血球にはさまざまなタイプがあり、異なる働きがあります。炎症を起こした部分の滲出液の中に最初に多く現れる細胞は、好中球です。この名前は、染色すると中性を示す性質からきています。好中球は、通常の血流中に最もよくある白血球で、短命です。骨髄の中にたくさん蓄えられていて、必要なときに放出されます。好中球は、炎症部分に入ると偽足を出して細菌や異物のまわりを囲み、自分の中にそれらを取り込んで飲み込むことができます。この過程は貪食作用と呼ばれます。異物や細菌は、好中球の細胞内に取り込まれると、細胞内の酵素によって破壊されたり消化されたりします。急性の感染で血液を採って白血球を数えると、血液1mm^{3}あたりの好中球はかなりの量に増えています。血液を調べて白血球が増加していれば、感染が起きた証拠となります。

好酸球は、別のタイプの白血球です。これは、血流中にそれほど多くの数はありません。エオジン染色で明るい赤に染まるため、この名前になりました。好中球と同じように反応し、細菌を殺しますが、基本的にアレルギー性の炎症が起きたと

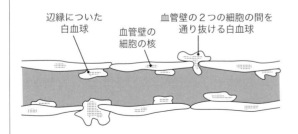

図2.1　毛細血管壁での白血球の辺縁現象

血管壁の間を、2つの白血球が通り抜けています。毛細血管壁自体は、それぞれ核をもつ細胞からできています。白血球は、毛細血管壁の2つの細胞の間から抜け出るのであって、細胞の中を通り抜けるのではありません。

図1◆白血球

きに多く集まる細胞です。アレルギーを起こしたとき、血液サンプル中の好酸球の数は増えています。

白血球の3番めのタイプは好塩基球で、顆粒球のグループに入ります。顆粒球は、細胞質に大きな顆粒があるため、そう呼ばれています。好塩基球中の顆粒は濃い青に染まりますが、他の2つのタイプの顆粒球は、好中球がラベンダー色に、好酸球が赤に染まります。好塩基球は、滲出液の中にわずかな量しかありません。非特異的な免疫反応で刺激されて、好塩基球中の顆粒がまわりの液体に放出されます。

単球は、白血球の別の形です。顆粒球とは違い、細胞質にはわずかな顆粒しかありません。単球の寿命は、顆粒球の4倍です。単球が滲出液中に入る数は好中球より少ないのですが、しばらくするとその数は確実に増えていきます。滲出液中の単球は、ふつうはマクロファージと呼ばれます。通常の状態では結合組織の間を通り体中をさまよっていて、組織球と呼ばれるときもあります。基本的に、この3つの名前は同じ種類の細胞を指します。その機能は、好中球にとてもよく似ていて、異物や細菌を自分の中に取り込んで、殺して消化します。組織内にあるときは、好中球と違って、とても長い寿命です。好中球は、他の顆粒球と違って、分裂したり新しい細胞を作ったりできません。しかし、マクロファージつまり単球は、組織液の中で分裂できる細胞で、自らの細胞内でさまざまな酵素を化合して作りあげることができ、多様な有害物質に対処します。マクロファージは互いに結合することがあり、いくつかの核をもつ大きな細胞となります。これは多核巨細胞と呼ばれます。

前述したように、マクロファージは炎症部分の滲出液だけに見られるのでなく、体中に分布しています。また、単球として血流中にあるだけではなく、脾臓や肝臓や骨髄中の血管壁そしてリンパ管壁にも定着し並んでいます。その主な働きは貪食作用です。つまり、全身の危険な物質を消化して、体の通路のそうじ屋として働いています。日常生活の多くの場面で、血液循環にたくさんの細菌が流れ込む場合があるため、これらは常に働いています。例えば、食事や歯磨きでたくさんの生物が血流中に入りますが、これらはすぐにマクロファージの貪食作用によって取り除かれます。その結果、菌血症といわれる状態はすぐに終わって、危険でなくなります。

最後に紹介する白血球のタイプはリンパ球で、滲出液の中にはごく少量しかありません。しかし、滲出液が古くなり炎症が慢性化すると、リンパ球の数は著しく増えます。そのため、結核のような慢性感染症でリンパ球はよく見られます。リンパ球の主な働きは、免疫反応のさまざまな過程を作り出すことだといえますが、この本ではそこまで扱いません。

炎症は、体からすれば本当はよいもので、恩恵のあることがわかったと思います。血液の供給が増えれば、ダメージを受けた組織や感染に対処する細胞がもたらされます。血液は、細胞の修復を助けるたんぱく質や電解質を運び、さまざまな状況で抗体も運びます。滲出液は血の固まりも作り始めます。血の固まりは、たんぱく質の原線維からできていて、組織を修復する第1段階の足場として働きます。これについては、少し後で述べます。

◉ 炎症のタイプ

炎症反応には、3つの異なるタイプがあります。切り傷などのケガや、おできのような感染の後に起きる一般的な炎症は、急性炎症といいます。炎症は、前述したようなさまざまな段階を経て、急速に進みます。その後、炎症は比較的短い時間で、修復と治癒に置き換わります。もし感染が慢性炎症といわれるものになると、修復作業は進みますが、同時に炎症状態も続きます。そのため、大変長い期間、修復を試み続けるのと同時に炎症が続きます。慢性炎症では、急性炎症のような症状は目立ちません。つまり、腫れや痛みが少ないのですが、両方ともある程度長く続きます。同様に、機能障害も続きます。熱はふつうありません。亜急性感染は、急性と慢性の中間の感染症です。修復された形跡があるものの、炎症と滲出液が続き

ます。ひどく悪くはならないもののよくもならない部分に、亜急性の炎症がしばしば見られます。

特定の部分の炎症を指していうとき、たいてい炎症を起こした部分の名称が使われます。その名称の後に、4つの文字"itis"がつきます。例えば、tonsillitis（扁桃腺炎）、appendicitis（虫垂炎）などです。よく知られているarthritis（関節炎）は、関節の炎症を指します。ケガによって痛みと腫れが起きた関節の場合は、外傷性関節炎、つまり外傷によって起きた関節炎とよくいわれます。

炎症は、どのようなタイプの滲出液が作られるかによって、分類されることもあります。滲出液のタイプはたくさんあるので、深く知っておく必要はないでしょう。しかし、漿液の滲出液は説明しておく価値があります。漿液の滲出液の大部分は、液体成分とたんぱく質からなり、白血球をわずかに含んでいます。ダンサーが最もよく見る機会のあるのは、マメの中に現れる漿液です。また、ダメージを受けた関節の腫れは、細胞をわずかに含んだ漿液のことがあります。ダメージがひどく、組織の一部が実際に裂けている場合、関節の滲出液は多かれ少なかれ血液を含んでいることがあり、これは関節血腫と呼ばれます。滲出液のもう1つのタイプは、よく知られている膿です。膿には、滲出液に色がついて白くなるほど、たくさんの好中球が入っています。ダメージを受けた組織が取り込まれたり分解されたりしてできたものも、膿には含まれています。

◉ 炎症の後に起きること

この本は主にケガを扱っているため、ケガへの反応として、最初の急性炎症が起きた後のことを考える必要があります。組織がどれくらい破壊されたかによって、ケガの結果は異なります。組織がほとんど、あるいは全く破壊されていない場合は、炎症はおさまり、いわゆる寛解が起きて、組織は正常な状態に戻るでしょう。皮膚が傷ついてできた小さなマメが、この例です。皮膚の下に滲出液がたまってマメができますが、やがてマメの上の皮膚が破れ、滲出液が外に出ます。その部分が乾くと、死んだ上皮がゆっくりとはがれて治り、再び正常な皮膚が残ります。

組織の破壊がひどい場合は、寛解できません。つまり、組織は正常な状態に戻れません。この場合、組織が破壊された部分は、修復されなくてはいけません。修復には2通りの方法があります。まず、最もよい方法は、細胞の再生によるものです。これは、近くにあるダメージを受けていない細胞が分裂、再生、増殖し、ダメージを受けた組織に置き換わる方法です。失われた部分と同じ細胞で、その部分全体が再生します。その他の修復方法は、線維組織あるいは結合組織が増殖して、瘢痕（訳者注：scarは、いわゆる"傷あと"のことですが、医学用語で"瘢痕"といいます）を作る方法です。さまざまなタイプの細胞や組織があり、それぞれ再生する力が異なるため、修復方法はふつう再生と瘢痕形成の2つを合わせた方法になります。

再生する力は、その組織が再分裂して新たに同じ細胞を作り出す力がどれだけあるかにかかっています。皮膚や消化管全体の内壁は、とてもよく再生します。肝臓や腎臓などの一部の臓器も、損傷がひどくなければ再生します。しかし、ダンサーにとって残念なことに、筋肉の再生はふつうは大変限られていて、大部分は瘢痕組織によって修復されます。心臓の筋肉は全く再生することができないので、すべて瘢痕組織によって修復されます。同じくらい大切なことですが、ダメージを受けた神経細胞も全く再生できません。心臓発作後は、

図II◆各組織の再生力

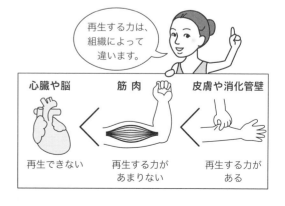

まわりの細胞や残りの心臓の筋肉が機能を代償することで、心臓は回復します。しかし、ダメージがひどいと、残っている心臓の筋肉が適切に対処できず、心不全になります。同様に、脳でも、出血や血栓などの脳卒中が起きて細胞がダメージを受けると、修復や再生ができません。まわりの細胞が、破壊された細胞の神経学的な機能を引き継いで、機能が回復します[*1]。

瘢痕組織（線維組織）による修復は、元の組織による修復ほど機能的に優れてはいませんが、とても効果的で申し分のない修復方法です。修復は、次のように起きます。ダメージを受けた部分に向かって、結合組織が増殖して伸び、その部分にいわゆる器質化が起きます。増殖する組織は、肉芽組織といわれます。これは、線維組織を形成する線維芽細胞や、新しい毛細血管を形成する毛細血管芽（capillary buds）が増殖したものからなります。そこには、炎症過程で入ってきた白血球、滲出液の液体成分、緩い結合組織もあります。

器質化は、炎症が始まって4～5日で、すでに起こっています。1週間経つまでは、肉芽組織はまだ緩く、傷口は簡単に開いてしまいます。しかし1週間を過ぎると、肉芽組織の中の線維芽細胞が、コラーゲンと呼ばれるたんぱく質を作り出します。コラーゲンは、肉芽組織の中の原線維として現れます。しばらくすると、コラーゲンの量が次第に増えて、どんどん密度が高くなっていきます。瘢痕を実際に作るのは、この密集したコラーゲンです。そして十分な強さで傷口をつなげるまでに、約2週間かかります。続く数週間で、コラーゲンは強度を増していきます。コラーゲンを構築する線維は、始めは乱雑な状態ですが、次第に規則的に並んでいきます。そして、きちんと張力の方向に並びます。最初のうちは、瘢痕にはたくさんの血管が分布していて、ピンク色に見えます。しばらくすると、瘢痕にはピンク色がなくなって、白くなります。その期間は、人によって異なります。また、傷口におさまる瘢痕組織の量も、個人差があります。ときどき、瘢痕がかなり厚くなって、ケロイドといわれる傷あとになることがあります。ケロイドは、とても刺激されやすくなることがあります。

[*1] 現在、以前は再生しないとされている心筋細胞や網膜細胞はiPS細胞のシートを用い人体に使用され、良好な回復が報告されてきています。脳や脊髄の神経細胞にもiPS細胞を使っての動物実験が行われ、成績が上がってきています。末梢神経には人工神経も実際に使用されておりますが、その成績はまちまちです。

2 ケガの治癒（治ること）

ケガの治癒には、2つのパターンがあります。1つめのパターンは1次治癒、もう1つは2次治癒と呼ばれています。ケガの治癒として望ましいのは、1次治癒です。

●── 1次治癒

皮膚が鋭く切れたような、とても単純な傷を考えてください（訳者注：woundを、わかりやすく"傷"と訳していますが、医学用語で"創"つまり皮膚の破綻を伴う損傷のことです）。その傷の端と端を合わせると、1次治癒が起きます。傷ができるとすぐ出血があり、血の固まりによって傷口がつながります。血の固まりでは、糸状の線維がつなげる働きをします。傷の端では、前述したような過程で急性炎症反応が起きています。さまざまな細胞が血の固まりの中に入ってきて、特にマクロファージがそれを壊し始めます。血の固まりが壊されると、肉芽組織がそこに育ち、数日後に肉芽組織によって傷は完全にふさがれます。傷がふさがるのにかかる時間は、傷口の大きさによります。しかし、1次治癒の場合は、傷は最小限でなくてはなりません。

この間、傷の皮膚表面では上皮が再生し始め、数日後に上皮の薄い層が傷の表面をおおいます。上皮は次第に厚く成熟し、付近の皮膚と同じに見えるようになります。深い層では、肉芽組織が成熟して、コラーゲンの密集した構造、つまり白い結合組織からなる瘢痕を作り出します。皮膚の傷は、切り口が完全に向き合っていれば、最後には表面の傷あとが見えなくなるでしょう。皮膚の傷が開いているときに、傷の両端を近づけて縫い合

わせるのは、1次治癒が起きるようにするためです。

● ──2次治癒

　2次治癒も、大部分はすでに述べてきたものに似ています。しかし、傷の端が合わず対向していないケガで、2次治癒が起きます。皮膚で組織が失われていたり、切り口が割れて縫い合わせられない場合に、2次治癒となります。それは、深い層の組織で起きることもあります。傷を埋めるために、かなり多くの肉芽組織が必要とされ、皮膚の表面では、上皮細胞がさかんに再生します。そのため、より大きな瘢痕が形成されます。肉芽組織の中にコラーゲンが並んで成熟するため、コラーゲンあるいは線維組織の密集した固まりが残ります。皮膚では、これがはっきりとした傷あとになります。深い層でも同様に、傷口を埋めるために、瘢痕組織が形成されることを覚えていてください。前述したように、それぞれの組織によって、細胞を修復する力が異なります。そのため、損傷した多くの部分で、ダメージを受けた大部分あるいはすべてが線維組織によって修復されます。この瘢痕組織は、付近の組織に癒着します。瘢痕組織の固まりがあると、例えば筋肉の中では、筋肉全体としての機能が損なわれることもあります。そのため、ケガをしたときには、さらにダメージが加わって瘢痕組織が大きく発達しないようにすることが、きわめて大切です。傷ついた部分を早い時期に不用意に使ってしまうと、そこにできる瘢痕組織の量がさらに増える可能性があります。

　体の中でダメージを受けた組織は、基本的に前述のように治りますが、細胞の種類や再生能力が違うため、治り方はその部分によって異なります。骨も、実際に同じような過程で治ります。しかし、肉芽組織の形成と細胞の定着には、2つのタイプの骨細胞がかかわります。新しい骨を作り出す骨芽細胞と、骨を浸食する破骨細胞です。始めに、骨折端が破骨細胞によって少し浸食され、さまざまなミネラルが放出されます。これによって、骨の修復に必要な高いミネラルの濃度となります。肉芽組織とコラーゲンが形成されて治癒が始まり、この足場に沿って骨芽細胞が骨を作っていきます。このとき作られる骨は、全体的に無秩序な状態ですが、時間が経つと破骨細胞の働きで新しい骨が浸食され、正しい方向へ骨の組織を網目状に並べていきます。骨はゆっくりと成熟し、さまざまな型に作り直され、元の型を取り戻します。骨の成長が終わっていない子どもは、特によく元に戻ります。骨折が治る過程で最初にできる未熟な骨は、比較的柔らかく弾力があります。私たちが知っている骨の硬さは、骨の中のさまざまな骨塩によるもので、新しい骨が作られると骨塩が徐々に取り込まれ敷設されて、骨は硬くなります。

● ──治癒に影響する要素

　治癒に影響するいちばん大切な要素は、傷ついた部分へ十分な血液の供給があることです。血液の供給が足りないと、炎症反応が適切に起きず、治癒が遅れたり不十分になったりします。また、白血球が十分に傷ついた部分へたどりつかないと、体の防御機能が弱まり、感染しやすくなります。傷ついた部分を十分休ませてやらないと、新たに作られた肉芽組織が繰り返しダメージを受けます。それによって、また傷ついた部分への血液供給が影響を受け、線維組織のできる量も増えます。汚れた傷の場合のように始めから感染していると、治癒の過程がうまくいかないこともあります。感染はしていなくても、異物がある場合も同じです。

　通常どおり治癒しても、瘢痕組織自体が問題となることがあります。瘢痕組織がそこの組織にくっついて、いわゆる癒着が起きるかもしれません。瘢痕組織は成熟すると、短く収縮する傾向があります。そのため、ケガの後も永久に硬くなって、その部分の動きが制限されることがあります。皮膚にできた瘢痕は収縮して醜く見えますが、同じようなことが深部組織が傷ついたときにも生じて、拘縮によって動きが制限されることは想像しなくてもわかります。また、前述のように、皮膚では、コラーゲン量が多すぎると、ケロイドのよ

うな目立った傷あとになります。これはたいてい美容上の問題だけですが、その部分が摩擦されると、瘢痕が繰り返し壊れやすくなり、痛むこともあります。たまに、治癒の過程でダメージを受けた小さな神経線維の固まりが、治りかけている部分にできることがあります。これは神経腫と呼ばれ、この神経腫があると瘢痕の中に押すと痛む部分ができます。

どのような治療でも、いちばんの目的は1次治癒で治すことです。1次治癒は、回復にかかる時間が最も短く、瘢痕組織も最小で、元の完全で正常な機能に最も近く戻ります。

2.2 ケガのタイプ

これまでは、ケガの病態生理学と、どうやって治っていくかを説明してきました。これからは、ケガが体のさまざまな部分や構造にどのように影響するかを考えながら、いろいろなタイプのケガについて説明していきます。2.1節で述べた原則は、すべてのタイプのケガにあてはまります。しかし、体には構造的な違いがあるため、ケガへの反応は構造によって違います。そのため、治癒の過程にも差が出ることがあります。

1 関節の損傷

関節について考える場合、関節の骨の部分だけでなく、関節包、関節を支える関節外の靱帯、関節の中の靱帯、関節を裏打ちする滑膜についても考えていかなければなりません。膝関節にはさらに半月板という軟骨の弁のようなものがついていて、半月板自体が損傷を受けることもあります。膝以外に半月板があるのは、あごの側頭下顎関節だけです。

関節に最もよくあるケガは、捻挫です。捻挫は1つあるいは複数の靱帯に起きますが、ふつうは関節包や滑膜も傷つきます。捻挫では、靱帯や関節包の線維組織が引き伸ばされ、それに伴って中に微小断裂が生じます。その微小断裂の中で、実際に裂ける線維の数はさまざまです。捻挫が重症な場合は、裂けた線維が互いに引き離されるため、靱帯が伸びてしまいます。さらに力がかかり続けると、靱帯は裂けて切れめが生じます。

異常な動きで最初に捻挫するのは、ふつう関節のまわりの靱帯のひとつです。さらに引き伸ばされると、近くの関節包や、その下にある関節自体を裏打ちする滑膜も影響を受けます。捻挫によりさまざまな線維が裂けると、そこに出血が起きます。そして、出血によって皮膚の下が変色し、しばしば表面からもアザとして見えます。アザは特に、足関節のような、おおっている組織がほとんどない関節にできます。股関節のような深部の関節では、出血はたいてい皮下組織には見えません。関節の滑膜にダメージや刺激がある場合は、関節の中に液体が流れ出し、関節全体が腫れます。この液体（滑液）は滑膜によって作られ、刺激の元を洗い流そう、あるいは薄めようとしていることを表しています。とても軽い捻挫以外では、これが起きます。この滲出液は、刺激を受けた滑膜が分泌しすぎた滑液にすぎない場合がほとんどです。滑膜にダメージがある場合には、関節に出血が生じ関節血腫となります。滲出液あるいは関節血腫で常に痛みが生じるのは、血液自体の刺激も原因ですが、関節内の圧力が上がるのが主な原因です。両方とも、深刻な損傷がある可能性を示しています。滲出液と関節血腫を見分けるには、注射で液を吸引することが唯一の方法です。骨折線が関節に及ぶ場合、ときどき骨折による関節血腫が起きます。骨折しているかどうか確かめるには、X線で調べる必要があります。

捻挫が比較的軽症なものか、靱帯が完全に断裂した重症なものか、診断することが大切です。診察ではっきりわかるかもしれませんが、痛みがひどくて、適切な靱帯の検査に患者が耐えられないことがときどきあります。こういった場合は、関節の安定性を検査するために麻酔を使う必要があるかもしれません。同時に、関節がどちらか一方に引っ張られたときに、不安定になるかどうかを

図2.2　足関節のX線写真

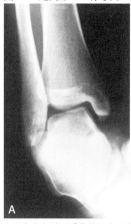 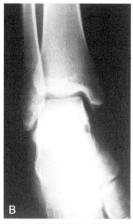

A：力をかけて受動的に内反させると、距骨が傾くのがわかります。
B：Aと同じX線写真ですが、足関節を内反させる力をかけていません。靱帯にダメージがあるにもかかわらず、通常の状態に見えます。

調べるため、複数枚のX線検査をします（図2.2）。膝関節の内部の靱帯（十字靱帯）にダメージがある場合、あるいは膝の半月板が傷ついた可能性がある場合は、関節鏡検査が大変役に立ちます。関節鏡は、小さな傷をつけるだけで、そこから関節の中に入れることのできる繊細な内視鏡で、関節内を直接のぞくことができます。いくつかの手術の処置も、関節鏡を使って行うことが可能です。半月板の傷ついた部分を切除する手術も、大きく関節を切開せずに、関節鏡を使ってよく行われます。しかし、膝や他の関節で手術が必要な場合、ほとんどは切開する手術が必要です。

靱帯の重大なダメージを早く診断しないと、慢性的な捻挫に進行することがあります。つまり、靱帯がひどく引き伸ばされたり、断裂を起こすと、慢性的に不安定な関節となることがあります。

関節が不安定だと、ダンサーがその関節の上にのると不安に感じ、関節はくずれがちになります。これに伴い、痛みだけでなく、関節のまわりに腫れが繰り返し起きることがあります。ただし、腫れが起きない場合もあります。靱帯断裂の診断が遅れると、十分に修復できなくなります。断裂した靱帯を損傷後すぐに修復した場合に比べ、かなり悪い結果になります。すぐというのは、24時間から長くても48時間以内です。手術が必要なときに手術をしないと、ダンサーが自信をもって踊りに復帰できなくなるくらい、不安定な状態になるかもしれません。修復が遅れると、症状は改善しても、ダンサーが完全な状態で踊るために必要とされる安定性が得られないことがあります。

関節包や靱帯にある神経末端がダメージを受けると、関節に不安定な感覚が生じることがときどきあります。さまざまな形の理学療法を徹底的に行って、これを改善します。足関節は、このようなダメージを最も受ける関節です。バランスボードは、このリハビリテーション計画でいちばん重要な部分の1つです（図3.3〜3.5）。

たまに、関節の中で、骨軟骨骨折が起きます。傷ついた関節軟骨のかけらと、その下の骨の小さなかけらが、関節の表面からはがれます。骨軟骨骨折は、屈曲した膝の前側のような、保護されていない関節表面が、直接打撃を受けて起きることが多いため、ダンサーにはあまりありません。しかし、ある種の足関節の内がえしによるケガでは、距骨のドームから骨のかけらがはがれ落ちることがあります。

2 骨の損傷

●——急性の骨折

骨によくある損傷は、骨が折れること、つまり医学用語でいう骨折です（図2.3）。子どもには、若木骨折というタイプの骨折が起きることがあります。若木骨折は部分的な骨折で、骨の折れていない部分が少し曲がります。ときには折れた部分の骨が粉々になることがあり、これを粉砕骨折と呼びます。複雑骨折は、皮膚を突き破って骨が外に出る骨折です。ひどい骨折は、ダンサーにはあまりありません。

最もよくある骨折は、第5中足骨に起きるものです。これは強く内がえしにしたときに起きます。骨折を治すには、6週間から何ヵ月もかかることがあります。ふつうは、石膏のギプスで固定します。たまに、内固定（プレートやスクリューを用

図2.3　骨折

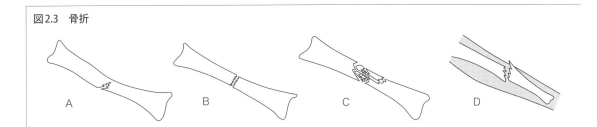

A：若木骨折　B：横骨折　C：粉砕骨折（骨がいくつかに砕けた状態）　D：複雑骨折（骨が皮膚から飛び出た状態）

いての）が必要なときがあります。簡単な粘着性のテープ（ストラッピング）で治療するだけの骨折もあります。固定期間中、ギプスで固定されている部分以外の他のすべての筋群のトレーニングに、ダンサーは時間を費やすべきです。ギプスがとれたら、固定されて弱くなっていた筋肉を強化するために時間をとるべきです。たとえ完全につながっても、多くの骨折にはズキズキする痛みが残るでしょう。これは不快なものですが、重大な意味があるわけではなく、長い時間がかかりますが、徐々に落ち着きます。寒冷な気候や湿度の高い気候で、痛みがはっきり出てくることがよくあります。この痛みでダンサーが踊れなくなるということはありません。また、骨折が治る過程で、何か悪いことが起きたのではありません。

　もちろん、早く骨折を診断することが大切です。ふつうは診察で明らかに骨折とわかりますが、診断を確定するためにX線検査が必要です。

*2　現在はプラスチック製のギプスまたはシーネで固定します。

● ――疲労骨折

　疲労骨折は、ダンサーに特によくある骨折で、急性骨折よりも多く見られます。疲労骨折は、骨の一部分に繰り返しストレスがかかり、徐々に進行して起きます。歩いたり、階段を上ったり、短距離を走ったりなどの日常の行動とはやや違ったストレスや力を、骨が繰り返し受けて起きる場合があります。あるいは、日常の行動が過度になっても生じます。骨にストレスがかかる部分では、まず硬い皮質が次第に肥厚して対応します。ダンサーにはこの肥厚がよく見られ、とりわけ第2中足骨（特に第2中足骨が長い場合）に多く、X線で見るととても肥厚しているのがわかります。ダンサーが引退するなどでストレスがなくなると、肥厚は徐々に消えて、X線で見ると通常の状態に戻ります。

　ストレスがさらに強くなり、集中すると、小さなひびが骨にできます。その部分に、炎症と治癒の反応が起きます。しかしストレスが続くと、体が治るより、ひびができるほうが早くなります。そして、1ヵ所あるいは複数の疲労骨折（脛骨によくあります）が起きます。ダンサーは、疲労骨折による痛みを次第に強く感じます。はじめは踊っているときだけ痛みを感じますが、疲労骨折がひどくなると痛みが続くようになり、ついにはどんな動きをしているときも痛くなります。しかし、その部分を完全に休ませていると、たいてい痛みは消えます。疲労骨折を無視していると、徐々に進行し、完全な骨折に至ります。また、疲労骨折のまま踊り続ける時間が長ければ長いほど、治すのにかかる時間も長くなります。病歴を聞いて診察すると、疲労骨折であることが難なくわかります。運動すると痛みが続き、それが一部分に限られていると、疲労骨折の疑いがあります。骨が表面に近い場合には、そこが部分的に熱をもち、ごく一部に圧痛があり、触れると肥厚しているのがわかります。これらの徴候があると、疲労骨折の可能性が高くなります。初期の治療として、ダンスを休むべきです。

　疲労骨折は、ふつう初期にはX線写真上に現れません。中足骨の場合には、疲労骨折がX線上に

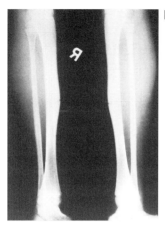

図2.4 脛骨の骨幹中央部にできた疲労骨折

現れるまで、2週間かかることがあります。脛骨（図2.4）あるいは脊椎の関節突起間部の場合には、数ヵ月かかる場合があります。X線ではっきりとわかるようになる前に、手当てをすることが大切です。そうしないと、治して復帰するための時間が長くなり、何ヵ月もかかるでしょう。ラジオアイソトープによる骨シンチグラフィ検査（訳者注：p.98参照）で骨を調べると、疲労骨折の存在を確認することができます。ラジオアイソトープは疲労骨折の部分に集中し、いわゆる"ホットスポット"ができます。

他のケガと同じように、ダンスを休んでいる期間も体をよい状態に保っておくために、ダンサーはエクササイズ全般を行います。経験のある理学療法士の助けをかりて、疲労骨折の部分にストレスがかからないようなエクササイズプログラムを行います。

骨自体ではなく、骨に関係のある部分のケガで、骨膜下血腫というものがあります（図2.5）。脛骨のような比較的表面近くにある骨が、直接打撃を受けた場合に起きます。骨と骨膜の間に起きた出血によって、骨から骨膜がもち上げられて、大きな痛みを伴うコブができます。治療は、対症療法（訳者注：症状を和らげるための治療）だけです。大変まれですが、血腫が感染することがあり、骨膜炎となります。無分別にも針で刺して、穴を開けて血を出そうとするような人によく起きます。骨膜下血腫の後に、血液が完全に吸収されず、そこに残ったいくらかの血液が骨に変わり、小さな骨のコブとなることもあります。

❸ 腱の損傷

腱は、収縮性のある筋腹と、動かされる部分を、強く結びつけています。密で強い結合組織からなる腱は、対応する筋肉の形状と伝える力に合わせて、太いロープや細いワイヤーのような形になったり、1枚の広い布のような形となります。腱は、筋腹から骨につく部分まで通じ、骨膜に強く付着しています。腱は、筋肉が作り出す大きな引く力を、狭い部分（足首、膝、手首、肘）を通って伝えます。腱は強く、あまり伸ばされず、血液の供給は限られています。

腱に突然過剰な負荷がかかったり、関節のアライメントが悪かったり、痛みを伴うアンバランスな力がかかったりすると、腱も他の組織と同じように反応して、肥厚が生じ、効率が低下します。この腱の障害を総称して、腱障害（tendinopathy）と呼びます。

ダンスでも、他のスポーツと同じように、腱に過剰な負担がかかるのはジャンプで、膝蓋骨についている膝蓋腱に痛みが生じます（"ジャンパーズニー"で知られています）。その他で起きやすいのは、アキレス腱の中央の痛みです。これは経験のあるプロのダンサーに多く起き、重症で長期間かかる病態であり、若いダンサーの成長に伴う問題と混同してはいけません。腱は肥厚して、運動すると痛み、触るととてもひりひりと痛みます。冷却、安静、抗炎症薬が短期間は役立ちますが、問題を解決できずに症状が続くと、ダンサーはそ

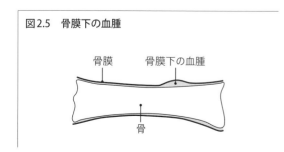

図2.5 骨膜下の血腫

の部分の力を失ったように感じます。

最近の10年で、腱障害の研究が進んできました。膝蓋腱の近位（図3.33）、アキレス腱、ハムストリングスの腱での慢性的な痛みが、トレーニングやパフォーマンスの支障となることがあります。これには、最近の調査で明らかになった事実をもとに取り組んでいく必要があります。腱炎（tendinitis）は腱の炎症を表す言葉ですが、長期にわたる腱の問題は、炎症を抑える治療や薬剤が効かず治らないために、いまでは炎症ではないと考えられています。その代わりに、腱炎は治癒が困難な変性疾患であると記述されています。

腱を治すために血液を供給しようとして新たな毛細血管が成長し（しかし、この方法は成功しません）、血管とともに神経組織も増殖することが、複数の研究で明らかになりました。この病態に伴う痛みは、これが原因と考えられています。腱が要求される力に耐えきれなくなり、細胞レベルの変化とともに、腱を形づくる密な組織のコラーゲンが崩壊して肥厚します。腱症（tendinosis）は、この病態を表す最近の言葉です。まず行うべきことは、バイオメカニクス的な間違い、あるいはテクニックの問題を修正することです。安静、冷却、穏やかなストレッチを行うべきですが、長期的な問題に対しては、科学的根拠に基づいた計画的なリハビリが必要です。

臨床では、その問題の病歴を聞くことで診断がつきますが、超音波写真やカラードップラー法によって、腱症は確かめられます。超音波は、トランデューサーを経て組織を通過し、コンピューター上にその部分の画像を映し出します。カラードップラー法は、血液の流れをとらえ、それに色がついた画像が見えます。そのため、新生血管の形成や血流増加が検出され、診断が確定されます。

この病態の治療を実験している研究者が、数多くいます。注射を含むさまざまな治療法があり、効果のあるものが報告されてきています。スポーツの理学療法士なら、最新の治療法を知られ、研究に参加していることもあります。保存療法（訳者注：手術以外の治療方法。薬物療法、理学療法など）で主となるのは、伸張性収縮（エキセントリック収縮）の運動を注意深く処方した治療計画を用いることです。このタイプの運動は、腱に最大限の負荷をかけます。注意深く処方し、コントロールして等級分けをすれば、痛みを減らすことができます。片側の膝蓋腱の腱症では、等張性の伸張性収縮のスクワットを処方します。アキレス腱症では、等張性の伸張性収縮で踵を落とす方法（ankle drop）を、6～12週間の計画で処方します。ハムストリングスの腱症も、このようにして治療できます。正確な診断がとても大切で、その後は最近の研究ガイドラインに従った保存療法の計画を選択すべきで、理学療法士が監視して行います。痛みがパフォーマンスに影響し体を衰弱させる場合には、スポーツドクターに紹介し、さらに治療を行うほうがよいでしょう。

● ── **腱の断裂（部分的な断裂、完全な断裂）**

腱の部分的な断裂はさらに重症な損傷で、靱帯に起きる捻挫と同じタイプのものです。ダンサーは突然痛みを感じ、実際に何かが切れるのを聞いたり感じたりするかもしれません。部分断裂では、腱のいくつかの線維が断裂しますが、他の線維は切れずに残っています。部分断裂したところには、出血が起き、その部分に触れると痛く、腫れがあるので、部分断裂がはっきりわかります。腱が表面近くにある場合は、指で触れると熱をもってくるのがわかります。固定をする場合もしない場合も、休ませることが腱の部分断裂を治すために必要とされるすべてです。しかしたまに、部分断裂がかなり広範囲にわたっていたり、腱が完全に断裂している可能性があったりするときに、手術の適応となります。治るために必要な休みを十分にとらないと、治るのと並行して断裂がさらに起きる慢性の状態になります。ダンサーが完全に治すために必要な休みをとらない場合に、たいていこうなります。休みをとった後には、その間に影響を受けた筋肉を強化するために、エクササイズプログラムが必要です。

腱の完全断裂は、幸いにもダンサーには大変ま

れです。一般の人に最も多い腱の断裂は、指の末節骨の伸筋腱の1つが引き離されて、その結果、指節骨が部分的に曲がってしまうものです。これは、槌指（マレット指）といわれています。球技で、指の先を強く打ったときにも起きます。まれに、主要な腱の断裂が、ダンサーに起きます。アキレス腱、膝蓋腱、大腿四頭筋腱の断裂です。たいていの場合、筋肉が突然強く収縮したことが原因で起きます。ダンサーの場合、着地に失敗したり、足が滑ったりして起きます。さらによく起きるのは、熟練ダンサーやダンス教師が、筋肉の瞬発力を必要とする大きなジャンプや慣れない振りを見本で示すときです。

ただちに診断することが大切です。最初は、はっきり診断がつきますが、数時間経つと、断裂した部位が腫れて、触れると簡単にわかっていた裂けめが隠れてしまいます。機能的に満足のいく回復を得たいのであれば、損傷後24時間以内に早急に修復しなくてはいけません。たとえそうしても、大きな腱を断裂すると、たいていダンサーは断裂前と同じようには動けなくなるでしょう。患者が満足できるほど回復するためには、熟練した医師がすぐに手術して修復するのに加えて、手術後の理学療法が大切です。[*3] 治療には完全なリハビリ計画が含まれ、患者自身の大変な努力が必要です。

[*3] アキレス腱の場合は保存療法でもよいと考えている医師もいます。

● ―― 腱鞘炎、腱周囲炎

腱の周囲の組織が、炎症や痛みを起こす部位となることがあります。固有の腱鞘をもつ腱は、腱鞘に炎症が起きて、いわゆる腱鞘炎になります。アキレス腱や膝蓋腱などのいくつかの腱は、腱鞘をもちませんが、腱のまわりに軟部組織があって、腱鞘と全く同じように炎症を起こします。これを腱周囲炎といいます。腱鞘炎と腱周囲炎はともに、腱の使いすぎがきっかけになります。間違ったテクニックで過剰なストレスを腱が繰り返し受けたり、同じ動きをあまりに多く繰り返したりすることで起きます。診察すると、炎症を起こした腱や腱鞘に沿って、腫れや圧痛があるのがわかります。動くと痛み、動かしている腱の上を指で押さえると、きしむような軋轢音（訳者注：きしむ音のことですが、実際に耳で聞こえるものではなく指で感じられます）がしばしば感じられます。

治療は休ませることです。ふつうはそれですぐに回復します。そうでない場合は、冷却や超音波療法などの理学療法が必要で、何らかの（外）固定をすることもあります。長引く場合は、ステロイド注射も有効でしょう。大変まれですが、腱鞘にかかる圧力を減らす手術が必要な場合もあります。ただし、慢性的で、保存的治療では効果がないときだけ、手術を必要とします。それまでに、たいてい腱鞘や腱周囲組織に、肥厚や瘢痕ができます。たまに、腱にかかる局所的な圧力が原因のことがあります。ダンサーではアキレス腱下端の付着部近くにときどき見られ、靴が合わないため圧迫されて起きます。アスリートは、靴の後ろやタブが高いために、アキレス腱を痛めることがあります。そこに明らかな原因があるときは、その原因を除かなくてはいけません。

● ―― 腱が付着する部分の損傷（腱付着部症）

腱が骨に付着する部分に起きる損傷は、ふつう腱が引き伸ばされる形で起きます。十分な安静をとることが治療には不可欠です。超音波療法、冷却、たまにステロイド注射が必要な場合があります。治療の効果がはかばかしくないことが多く、治療は長引きます。

どんなタイプの腱のケガでも、ステロイド剤を使用するのは慢性の場合に限られます。多くの専門家は、ステロイド注射が腱の完全断裂を起こしやすくするという説を信じています。決してステロイド注射は腱自体にせず、腱を取り囲む組織、つまり腱鞘内や腱周囲組織だけにします。繰り返しステロイド注射をすると、腱断裂がさらに起きやすくなるので、避けなければいけません。他の部分と同様、ダンサーが踊りに復帰するためのてっとり早い治療として、ステロイド注射を利用すべきではありません。ステロイド注射の後は、

たとえ症状が改善しても、正しいリハビリ運動を始めて、すぐに再発したり症状が悪化したりするのを防がなくてはいけません。

4 筋肉の損傷

　幸いにも、筋肉のひどい損傷は、ダンサーにはあまりありません。しかし、筋肉が引っ張られて少し傷つくことはよくあります。

　脚をぶつけてしまったり、支柱や大道具にぶつかったり、直接打撃を受けて筋肉が傷つく場合があります。これは打撲傷で、おそらく筋線維のいくつかが実際に傷つきます。短期間休んで、冷却と超音波療法をした後、徐々に穏やかにエクササイズとストレッチをすれば、ふつうはすぐに症状が改善されます。

●──筋肉の断裂

　筋肉は実際に断裂します。ふつう小さなものか部分的なもので、断裂が筋肉全体に及ぶことはなく、筋腹の一部に生じます。よく肉ばなれといわれ、ほとんどの場合は、筋肉やその一部の収縮のバランスがとれていないために起きます。また、ウォームアップが適切でないか不完全であったり、寒い所で踊る必要があったり、あるいは突然激しい運動をしようとしたりしたときに起きます。

　断裂は筋実質の中心かもしれませんし、筋肉の辺縁かもしれません。中心に比べると辺縁の断裂は、はっきりした痛みが少ない傾向があり、あまり運動の障害にもなりません。中心の断裂では、中央に腫れが生じて、筋肉の全体を圧迫します。一方、辺縁の断裂では、出血が筋肉に沿って分散し、断裂から少し離れたところに現れることがあります。しかしそうはいっても、この2つのタイプの断裂を区別するのは難しく、区別できないことがしばしばあります。回復が予期していたよりかなり長くかかって初めて、筋肉の中心に断裂が起きていたとわかる場合があります。腫れが広範囲に生じた場合は辺縁の断裂でしょうから、かなり早い回復が望めます。中心の断裂の場合には、治って回復するまでに、ふつうは3〜4週間かかります。出血量を最小限にし、それ以上断裂しないように、まず治療として安静にします。冷却や圧迫包帯が、出血量を減らすのに有効でしょう。ケガをした四肢を挙上して、傷ついた部分の圧力を減らすことも有効です。

　出血が止まったのが確認されたら、早期に自動運動、他動運動を始めます。エクササイズは、痛みの程度に合わせて調節します。無分別なエクササイズをすると症状が悪化します。症状が落ち着いたら、徐々に負荷をかけたエクササイズを増やしていき、筋肉の強化をはかります。それと同時に、断裂した部分の瘢痕組織を収縮させないように、調節しながら穏やかにストレッチをします。ダンサーが毎日のエクササイズを徐々に増やして、それにかける時間が多くなればなるほど、回復は早く満足のいくものになります。エクササイズを1日1回短時間しか行わず、その間に何もしないと、早い回復にはつながりません。

　ダンサーが完全に踊りに復帰する前に、筋肉は完全に元の強さに戻っていなければいけません。しかし、リハビリ計画の一環として注意深く徐々にレッスンに戻るようにします。

　たまに、筋肉の損傷が治りかけている部分に、骨形成が合併します。筋肉が傷つくのと同時に、骨膜が傷つき、骨細胞が筋肉の血腫の中へ流れ込むためです。この骨の形成は、ひどい痛みを起こし、動きに明らかな制限を生じさせます。筋肉の深部にとても固い腫れを感じて、腫れは徐々に固くなっていきます。X線で見ると、筋肉の中に骨ができ始めているのがわかります。唯一の治療は、筋肉を完全に安静にすることです。どのような活動も症状を悪化させ、骨化を進ませます。どのような理学療法も役立たず、たいてい回復に悪影響を及ぼすため、行ってはいけません。骨が完成しきって、骨化が進む恐れがなくなって初めて、理学療法を積極的に始められます。このように最初の予防措置を注意して行えば、ふつうは満足に回復します。まれに、骨の固まりを取り除く必要がある場合があります。残念なことに、それ自体が

さらに骨細胞の流出を促し、同じ症状が再発するかもしれません。そのため、手術は軽率に行われるべきではありません。

●──筋肉の痛みと硬直

筋肉の硬直は、慣れない運動をした後に、たいてい起きます。そのため、ダンサーが休暇から仕事に戻ったときに、よく経験します。休憩後のグラン・プリエやジャンプでも、大腿四頭筋とふくらはぎの筋肉が硬直することがあります。ダンサーの仕事量が突然増えた場合にも、たまに起きます。筋肉に激しい運動をする準備ができていなかったために、筋線維にとても小さな断裂が起き、そこに腫れが生じて痛みと炎症を起こすことが原因ではないかと考えられています。訓練されていない筋肉は、訓練された筋肉に比べ、さまざまな老廃物を速やかに取り除けないことがもう1つの原因と考えられています。しかし、この2つの説は証明されていません。

筋肉のこの特別な痛みは遅発性筋肉痛（Delayed Onset Muscle Soreness：DOMS）と呼ばれ、慣れない伸張性収縮（筋肉が伸びながら収縮）の運動後に、最もひどく現れます。運動の24〜48時間後の鈍い痛みが特徴的です。これは、常に動いていて日頃からトレーニングをしている人には、あまり起きません。規則的な運動後のクールダウンとストレッチ、おそらくマッサージも、この症状が起きるのを防ぐでしょう。

硬直の原因が何であれ、治療は通常のレッスンを続けて徐々に鍛えていくことです。また、レッスン場を暖かくし、動く量を徐々に増やして、ウォームアップが適切にできるようにすることも大切です。レッスンは、適切なウォームダウンで終わらせるべきです。

5 X線などの画像検査

どのような治療でも、始める前には正確な診断をしなければいけません。病歴を注意深く正確に聴き終わった時点で75％の診断がつくと、いわれています。その他の10％は、検査を終えて診断がつきますが、検査の多くは最初の診断を確かめているだけです。残り5〜10％は、最終的に特別なテストで診断をつけられます。

病歴をとること、診察をする能力は、医師の研修過程で学ぶことですので、この本の範囲外です。同様に、血液検査や他の病理検査も、ここで扱う必要はありません。しかし、ダンサーに起きる問題を診断するのに、さまざまな画像検査がよく用いられていて、興味をもたれています。患者が、それぞれの検査技術の目的と限界を知っておくことが大切です。ダンサーや他のアスリートは、おそらく一般人よりも、体の肉体的構造に大きな関心をもっていて、その知識もあるでしょう。また、実際に画像を見ることができれば、例えば疲労骨折で、ダンサーは（教師や芸術監督も）望まない診断を受け入れ、ダンスを休む期間をとりなさいという忠告を聞き入れてくれるでしょう。理学療法士や医師がいう証拠のない言葉より、説得力があります。

●──X線検査

X線は、ドイツ人のヴィルヘルム・レントゲンが1895年に発見して報告しました。この段階では、より正確な定義ができなかったため、彼はX線と名づけました。しかし、他の科学者たちは、それをレントゲン線と呼び、フィルムに映し出された画像をレントゲン写真と呼びました。この名は、まだドイツやアメリカでもときどき使われています。レントゲン自身は、彼の名が使われることを嫌っていたといわれています。

誰もが、X線写真を見たことがあるでしょう。X線自体は、電磁スペクトルで短波長の端にあります。可視光線よりも大きなエネルギーをもつ紫外線（Ultraviolet：UV）は、やけど（日焼け）を起こしますが、X線はさらにとても大きなエネルギーをもっています。X線は電離放射線で、その波長よりもエネルギーで計測されます。より長い波長でエネルギーの少ない電磁波と比べ、大変危険なものです。このことを初期の研究者たちは

知らなかったため、X線写真を撮った彼ら自身やその仲間が、しばしば永続的損傷を受け、ときには死に至るダメージを受けました。現代の技術や機械によって大変安全になりましたが、それでも不要なX線は避けるべきです。特に若い女性の場合は避けるべきです。

　X線が吸収される量は、組織の密度によって異なります。そのため、骨や金属がはっきりと映し出される一方、筋肉や内臓のような軟部組織はわずかしか描き出されません。この問題を部分的に解決するために、長い間、造影剤が用いられてきました。ヨウ素を含む造影剤を注射すると、肝臓や脊柱管などが映し出されます。また、バリウムの造影剤は消化管の撮影に用いられます。今日では、より高度な検査法がありますが、まだ造影剤が使われています。いまでは、ほとんどの放射線写真はデジタルで記録され、コンピューターの画面で見られています。

● ── CT検査

　CTは、Computerised Tomography(コンピューター断層撮影)の略です。イギリス人の科学者ゴッドフリー・ハウンズフィールド卿がこれを発明し、ノーベル賞を受賞しました。

　患者は、広くて短いトンネルの中に横たわり、いくつかの方向からX線を体にあてられます。X線は、組織の密度の違いによって吸収される量が異なります。X線は体を通過すると検出器に拾いあげられ、その結果がコンピューターで処理されて、体の断面像が得られます。つまり、体を切片にするのです。単純X線写真のように骨はほとんどのX線を吸収しますが、他の組織では、密度の違いによってコンピュータがさまざまな組織の画像を作り出します。組織をはっきり見分けるために、いろいろな造影剤が使われます。CT検査ではX線が用いられるため、正しい適応があるときにだけ行うべきで、"やったほうがよいかもしれない"で行ってはいけません。

● ── MRI検査

　核磁気共鳴画像(nuclear Magnetic Resonance Imaging) が、MRIのフルネームです。ここでの核（nuclear）は、分子細胞の構成要素を意味し、放射性物質の核のことではありません。核という言葉は、混同や不安を避けるために、医学用語では省略されました。MRIはレイモンド・ダマディアンが初めに発明しましたが、体の部分を十分に描き出すほどのものは、まだ作ることができませんでした。画像ができるまで、長い時間がかかりました。ノッティンガム大学のピーター・マンスフィールド卿とイリノイ大学のポール・ラウターバー博士が、短時間で明瞭な画像を最初に作り出し、その業績でノーベル賞を受賞しました。この開発には多くの人が貢献しました。アバディーン大学のジョン・マラッド博士とその共同研究者たちは、初期の医療用のMRIを作って名声を得ました。残念なことに、X線写真やCTとは違い、MRIの重要な最初の開発者だという人が多くいて、おそらくそのとおりであったと思います。技術的な面ではまだ改良され続けていて、特に中枢神経系の研究では進化しています。前述で名前を挙げなかった方々に、おわび申し上げます。

　患者は、MRI装置の狭いトンネル内で、とても強い磁場の中に横たわります。これにより、体の水分中にある水素の陽子が整列します。2番目の電磁場が直角にその陽子の整列を壊します。陽子はゆっくりと、それぞれの組織によってさまざまな速度で、ラジオ波を放出しながら元に戻っていきます。これらがスキャナーにより検出され、コンピューターが組織や内臓を目に見える画像に変換します。

　X線とは違って、MRI検査で使われる磁場とラジオ波は、患者には危険がないと信じられています。しかし、何度もそれらを浴びた場合に、危険があるかどうかは、まだわかっていません。X線検査室と同じように、技師は防護のために別室に退去します。患者と双方向で話しができるように、窓とマイクがあります。

患者の立場から見た、MRI検査の欠点は、かなり大きな音がときどきすること、トンネルが狭いこと、現行の機械が長いことです。なかには閉所恐怖症になる人もいるかもしれませんが、イヤホンで音楽を聞いてアイマスクをつけていれば、長旅をしているときと同じでだいぶ楽になります。これにより、自分の目の前にあるトンネルの壁を、患者は見ないですみます。現在は"オープン式"の機械もあり、患者は平行な２つのインターフェースの間に横たわります。これは、閉所恐怖症がひどい患者によく用いられています。

さまざまな組織を描き出すのを助けるために、ガリウムを含む造影剤を静脈に注射することがときどきあります。

MRI検査はCT検査よりも軟部組織を調べるのにとても適していますが、CTは骨の検査により適しています。どちらの検査か決めるのは、担当する医師に任せなければいけません。

● ── 超音波検査

この検査は、携帯式のスキャナーから出る直進する音波を、体にあててスキャンします。スキャナーの頭部と体を密接にするため、皮膚にジェルを塗ります。体の構造によって、音波がはね返ってくる程度が異なり、スキャナーがそれを拾います。コンピューターが作った像が画面に映し出され、他の画像検査と同じようにプリントできます。

超音波検査は、一般に腱などの軟部組織のケガの診断にMRIよりも向いています。検査費用は安く、検査に時間もかかりません。超音波検査には有害な作用はなく、妊娠時に使われるのがよく知られています。

ドップラー法を用いると、特に炎症に関係する血流を調べることができます。

● ── ラジオアイソトープによる骨シンチグラフィ検査

ラジオアイソトープ（以下アイソトープ）は、放射性同位元素ともいわれます。このアイソトープを、通常は静脈注射によって体内に入れて検査します。検査する部分によって、さまざまなアイソトープが用いられます。骨シンチグラフィ検査ではテクネチウムのアイソトープが、甲状腺を調べるにはヨウ素のアイソトープが用いられます。診断に用いられるアイソトープは、人工的に作られています。安定した通常の原子に比べ、アイソトープは不安定で、中性子を多くもっています。不安定な状態のアイソトープは、崩壊するときにエネルギーを放出し、これがガンマ線の形となり、ガンマカメラによって検出されます。最終的に画像として臨床医が見るときは、X線写真と同じように見えます。

骨では、活性化した部分（つまり局所的に血液の供給が増えている部分）があると、アイソトープが取り込まれる量がとても増えます。画面上では、骨の中に黒い部分となって写ります。それが現れること自体は診断にならず、単に血液の供給が増えていることを表します。この変化は、炎症、腫瘍、骨折などによるものです。しかし、骨シンチグラフィを行う前に、臨床医は診断名を予測しているでしょう。検査で、その病態があるのを確かめます。ダンサーでは、ふつうこの検査は、疲労骨折が疑われる場合に行われます。

骨シンチグラフィでは、アイソトープを静脈から注射します。その後に、血流を表す画像を撮影します。骨にアイソトープが取り込まれるまで、３〜４時間の休憩をとります。待っている間に、水分を多くとると、余分なアイソトープを流し出すのに大変役立ちます。休憩後、再びガンマカメラで患者を撮影します。

テクネチウムのアイソトープの半減期は６時間です。つまり、アイソトープの放射能は６時間経過すると半分になるということです。注射するアイソトープは大変わずかで、放射線量は危険ではありません。その量は、X線写真と同じくらいです。しかし、アイソトープが弱くなるまで、わずかな放射線が患者から出るため、ふつうは妊婦や子どもから離れているようにいわれます。大変まれですが、撮影に用いられる造影剤やアイソトープに、患者がアレルギーを起こす場合があります。

そのため、わかっているアレルギーがあったら、検査前に告げておくのが賢明です。

2.3 ダンスのケガの原因と影響

ダンスのケガはすべて、間違ったテクニックが原因で生じます。

ダンスのケガは、神の仕業ではありません。

これが、最も大切な真実であることは疑いようがありません。ダンサーやダンスの教師は、それをわかっていなければいけません。ケガの原因を見つけようとするとき、プロのダンサーやダンスを学ぶ人、教師や医療関係者は"どういうテクニックの間違いが原因で、ケガをしたのか？"と、まず疑問をもたなければいけません。この疑問をもち始めることは、少なくとも正しい診断、正しい対処、治療方法への第一歩となります。目標は、完全に、できるだけ早く回復させることですが、ケガが再発することを防ぐのも同じくらい大切です。

ケガの原因は、1つでも複数でも、細心の注意を払って観察や検査をしないと明らかにならないということを覚えていてください。

ケガのうちの一部は、ダンスに関連するケガで、ダンス特有のケガではありません。ここでは、間違ったテクニックというより、環境（床、衣装、シューズ）による外部の原因で起きるダンス中のケガも扱います。

ダンスやダンス関連以外のケガで、悩むダンサーもいます。階段から落ちたときは、足や足首を骨折することがあります。治療は基本に沿って進められますが、治療の初期段階からリハビリを始めるべきです。患者がダンサーであること、ハイレベルな動きができるように回復しなくてはいけないことを考えて、リハビリを行わなければいけません。リハビリは、徹底的にやり通さなくてはいけません。

❶ ダンスのケガの原因

●――間違ったテクニック

◎ 体の構造上の問題（解剖学的要因）

ほとんどのダンサーは、完璧にダンスに向いた体をしているわけではありません。そのため、肉体的な限界や制約が、テクニックを完全にするために障害となることがあります。問題やケガを起こす可能性のある体の構造上の問題で最も多いのは、股関節でのターンアウト（外旋）の制限です。

ダンスを学ぶ生徒もその教師も、できるだけ早く、体の構造上の限界があることを正しく理解し把握して、自分の真の肉体的な限界内で動くことを学ぶのが大切です。始めの頃は、生徒はすべての面で体のもつ可能性を最大限に使うことを学ばなければいけませんが、肉体的な限界を超えてはいけません。5.7節を読めば、ダンサーが股関節の限界以上に足先を外に向けようとしたとき、つまり体の限界を超えようとしたときに起きるすべての障害や問題がわかるでしょう。

過度運動性のある体は、可動域が広くなりますが、コントロールされないと関節に負担が多くかかります。筋肉を強化すること、安定させること、テクニックの指導が、ケガを防いで長く続けていくための唯一の方法となるでしょう。

◎ テクニックの知識不足

学生時代、練習段階のテクニックを行おうとして、若いダンサーはケガをすることがよくあります。この時期には多くのケガを経験しますが、早めの診断と治療ができる医療施設があれば、たいてい小さなケガですみます。しかし、医療施設を利用できないと、この時期に起きたケガは、生涯残って長く続くことがあります。ケガの実際の原因が見つけられず、ケガの再発や慢性化を防ぐためのテクニック的な支援を生徒が受けられないと、たいてい同じ結果になります。

◎ 間違った教え方

教師が、目の前にいる生徒の体の構造の限界を把握していないことがよくありますが、これがケガの原因となります。成長スパート、伝染性単核

症などの病気、あるいは他の問題によって、一時的に悪化する弱い部分があることを、このような教師は知りません。子どもが間違ったテクニックを行っていようと、それに気づかないどころか、さらに悪いことに間違ったテクニックを教えていることがあります。それにより、ケガが生じたり、すでにある問題を複雑にしたりします。

股関節でできる以上に足を外に向けること、例えば股関節はそれほど外旋できないのに足を180度平らに外に向けるように要求することは、おそらく最もよくある間違った教え方です。原則として、股関節でターンアウトできる以上に、足を外に向けてはいけません。子どもたちが十分に強くなる前にポアントを早く履かせてしまったり、まだ準備ができていないのに強引に試験などを受けさせたりすることも、重大な問題を招く可能性があります。

◉ 正しいテクニックを"使えない"こと

これは、技術的に完璧なプロのダンサーにも起きます。さまざまな理由で、テクニックをうっかり誤ることがあります。特に疲れたときに起きがちで、長期の旅公演中によくあります。このような状況では旅が進むにつれ、多くの舞台が続いたり、公演場所の移動の合間に十分な休息がとれなかったり、舞台に適さない状況や不十分なホテルの施設で踊ったりすることが要因となって、ケガをする率が次第に高くなります。

この項目には、無理を強いる振付のせいで起きるケガも入れておくべきでしょう。振付家が全く新しい何かを追及し続けて、正しいテクニックが使えないような踊りにくい演技に取り組んでいる場合です。このような場合にダンサーは、求められた振りをこなすためのテクニックを得ようとしてケガをしたり、突然慣れない体の使い方をしてケガをしたりすることがあります。新しい動き方は、徐々に作り上げていく必要があります。

●——環境的な要因

環境は、ダンス関連のケガの原因ですが、実際には純粋なダンスのケガ自体にも影響しています。ほとんどの環境的な要因については、ダンサーは個人的には、ほとんどあるいは全く調整できないでしょう。しかし、経験を積んだプロのダンサーなら、危険な環境に気づいて、少なくとも現状の改善や修正を要求すべきです。

環境的な要因の中には、施設が不十分なことがあります。これは特に、踊る量の多い舞台に数多く出演していて、毎日レッスンを受ける機会がなくなる場合にあてはまります。それとは対照的に、プロのダンスカンパニーであれば、毎日の仕事の一部としてレッスンが組み込まれています。大都市では、ダンサーは外に出かけて、利用できるオープンクラスに参加することができるでしょう。しかし、適当なクラスがない地域もあり、ダンサーがいつも行っているようなレッスンをできる施設が用意されていなければ、運営者が、出演中のダンサーのケガを悪化させる環境的な要因を作ることになります。ダンサーが、いつものレッスンをするのに十分な広さの場所に行けないことさえあり、本番前に体の準備もできないまま、夕方の舞台に立たなければいけない状況になるでしょう。ケガをする確率が、確実に上がるのはこのようなときです。出演中のダンサーに毎日レッスンできる施設を提供したり、できるならレッスンを受けさせたり、外部のクラスに出る機会を作るようにすることは運営者側の利益でもあります。運営者や主催者にこのような意識が欠けるのは、ダンサーに必要なものを故意に無視しているだけでなく、必要なものがおそらくわかっていないためです。こう考えると、ダンサー自身も自分たちの代表者とともに、適切な施設を用意するように、責任をもって主張しなければいけません。

ケガをしやすい環境的要因で純粋なものには、気温、床が挙げられます。

a) 気 温

レッスン場、リハーサル室、舞台の気温は、運動する前も最中も後も、ダンサーが冷えない温度でなければいけません。気温は20～21℃より低くしてはいけません。ケガのタイプのところ(2.2節「筋肉の断裂」p.95)でもすでに述べましたが、

筋肉の損傷はダンサーが十分にウォームアップしていないときに特に起きやすくなります。

しかし、逆に温度が高すぎると、ケガの直接の要因とはなりませんが、それ自体が問題となります。汗をかきすぎて、水分や電解質（主に塩分）が失われてしまいます。失われたものを十分に補えば危険はありませんが、ダンサーは水分を失っても十分に補わない傾向があります。そのため、筋痙攣を起こします。同じようなことが長期間続けば、さらに重大な医学的問題につながる可能性があります（2.7節「水と水分補給」p.135）。

b）床

床は、ケガの環境的な要因の中で、きわめて大切な要素です。ダンサーにとって、実際の床の構造は重大な問題です。残念なことに、ダンスを目的に建設されていない、多くの近代的な劇場やスタジオでは、床の下にある土台がコンクリートで補強されています。見かけが木の床でも、木の弾力があると勘違いしてはいけません。木の床が、コンクリートの床の上や鉄の梁の上に、直接置かれていることがよくあります。弾力が欠けると、多くのケガの原因となります。特に、足の障害、腰椎の損傷、踏み切りや着地に関連する筋肉の損傷、脛骨や中足骨などに疲労骨折となりうる骨の損傷などを引き起こす可能性があります。床の構造は難しい問題で、この本で扱う範囲外です。しかし、普段はダンスに完璧に適した床でレッスンやリハーサルを行っていても、たまに適さない構造の床で踊るときには、床を特殊なクッションの効いた2層のビニール樹脂でカバーすればまだよいでしょう。これは現時点での考えであり、この固い床のカバーでさえも、1回きりのステージやテレビスタジオの短い踊りではなく、定期的にその床で公演をするために長期間使うには不適切なものだと、さらに経験すればわかるでしょう。

床の構造のもう1つの問題は、舞台に関係するものです。旅興行の多いカンパニーは、かなり傾斜した舞台で踊らなければいけないことがあります。この舞台だと観客はとても見やすいので、一般の劇場の制作者には都合がよいのですが、ダンサーにとっては大変な問題となります。舞台に傾斜があると、ケガをしやすくなるだけでなく、舞台を休むほどではない小さなケガの回復も遅らせてしまいます。傾斜舞台によって、体重がかなり後ろにかかる状況となり、それに関連する問題が生じます（第5章）。さらに、傾斜舞台を横切ると、別の問題も起きます。残念なことに、こういった舞台への対処法はなく、ダンサーや医療関係者は危険性に気づいていることが大切です。

最後に、床に関する問題を考えるとき、床の表面も大切です。表面がよく滑ると、困るのは当然です。安定しようとして、腰と大腿の外側の筋肉が緊張し、その結果、問題が起きます。しかし、松ヤニの使いすぎも、目立ちませんが問題となります。床を定期的に掃除していないと、松ヤニが積み重なり不規則なデコボコとした部分ができ、ダンサーがこれに足をひっかけて、ケガをしそうになることがあります。また、ターンの途中で、動いている体と軸足の間にねじれる力がかかると、足関節や膝に重症なケガをすることもあります。

❷ ケガによる一般的な影響

● **全身への影響**

◎ **心肺機能の減弱**

ケガの後は運動量がどうしても減るため、ダンサーの心肺機能は衰えます。踊りに戻ると、すぐに息切れしたり、心拍数が上がったり、運動をこなすために心臓がドキドキしたりするのを感じるでしょう。心臓の1回拍出量が低下するため、こういった症状が起きます。つまり、心臓が1回収縮するごとに血液を送り出す量（1回拍出量）が減るため、さまざまな器官、特に筋肉に同じ量の血液を送り出すには、心臓がより速く打たなければならなくなります。訓練された人の心臓は、訓練されていない人の心臓に比べると、1回拍出量が多くなります。そのため、アスリートは、心拍数だけでなく1回拍出量も増やして、筋肉へ供給する血液の量を増やします。鍛えられていない心

臓では、酸素の供給と二酸化炭素の排出を増やすには、心拍数を増加させるだけで、1回拍出量を増加させることがほとんどできません。この制限のため、心臓の収縮と収縮の間に血液を満たす時間が十分にとれなくなるほど、心臓は速く打ちます。さらに心拍数が増加しても、目的が果たせなくなります。心臓を鍛えている間は、収縮と収縮の間に十分に弛緩ができれば、心臓を満たす血液の量が増え、1回ごとに送り出す血液の量も増えていきます。呼吸でも、胸郭と肺を同じように働かせると、1回の息で吸って吐く空気の量はかなり増えていきます。

◎ 全身の筋肉の衰え

　運動していないと、筋肉は衰えます。需要がなくなると筋肉の量は次第におちて（筋衰弱）、筋の緊張も弱くなり、それぞれの筋肉が収縮する力も、同様に弱くなります。休む期間が長くなるほど、筋肉は徐々にたるみます。休んでいる間、筋肉は少し短くなる傾向もあり、可動域がわずかに減ります。

◎ 体重の増加

　これは決して避けられないものではありません。しかし、食生活は、必要な量よりも心理的なものに左右されてしまいます。そのため、運動量が減って必要なカロリーがかなり減っても、摂取カロリーはおそらく前と同じままです。余分で不必要なカロリーは、代謝されないと必然的に脂肪となって蓄えられます。ケガをした後、しっかり食事をコントロールしていれば体重は増えません。しかし同時に、ケガを早く治せるように、適切なバランスのとれた栄養をとらなければいけません（2.7節）。

◎ 心理的な影響

　ダンサー個人の心のもち方によって、心の問題は重くも軽くもなります。しかし、ケガのために休まなくてはいけないとき、落ち込むことは珍しくありません。この傾向は、ダンサーが踊りから約5週間離れているときにピークになるでしょう。その頃、彼らのほとんどは意気消沈しています。睡眠不足になったり、もう治らないのではないかと考えます。この状況を予想して、教師やセラピストが支えれば、ダンサーはそれほど難しくなくこの時期を乗り越えられるでしょう。プロの心理学者なら、コーピング（訳者注：ストレスに対処して、適切にコントロールすること）の方法を説明し、ダンサーがケガとリハビリの見通しを立てるのを手伝うことができます。

● ── 局所的な影響

◎ 頑固な腫れ

　ほとんどのケガの後には腫れが生じますが、ふつうはすぐ治ります。たまに、ダンサーが朝起きたときに消えていた腫れが、日中、次第に再び現れることがあります。このタイプの腫れは、日中その部分をときどき上げれば減らすことができ、治療して順調に治っていけば徐々に減って消えてしまうので、安心していてかまいません。しかし、腫れがずっと続くことがあります。朝、目覚めたときにまだ腫れがある場合、特に足をベッドから上げていた場合だと、それはもっと悪いことを意味しているかもしれません。初めの頃は、液体成分が残っているため腫れがありますが、これは排出することができます。しかし、患部の上げ方が不十分であったり、わかっていたより局所的ダメージがひどかったり、何らかの理由で排液が不十分な場合には、腫れた部分に線維組織が侵入して、肥厚と瘢痕が残ることがあります。そのため、腫れを早くとることは、治療過程で最初から継続して行うべき大切な要素だといえます。

　しかし、夜に患部を上げて寝た後に、腫れがいつも消えている場合は、瘢痕組織の侵入は起きていないでしょう。また、軟部組織がかなりダメージを受けた重症なケガでは、肥厚が残るのは避けられないことがあります。残念なことに、治療やダンサーへのアドバイスが不適切なことが原因で、傷が残ることもあります。これは避けられることであり、腫れをひどくさせることは許されません。

◎ 局所的な血管やリンパ管への影響

　これらは、頑固な腫れに発展させる原因の1つ

です。ケガをした部分の小さな管、特に毛細血管やリンパ管がダメージを受けて、組織液の再吸収が妨げられることがあります。重力を利用して組織液の排出を助けるために、ケガをした部分を上げることが非常に大切です。時が経てば、ダメージを受けた管は再生して、ふさがれた道が再開するか、新しいものができるでしょう。ケガが治る過程で、冷却や挙上などの手当てによって腫れを最小限にし、組織液の再吸収を助けるようにすれば、順調な回復を助けられます。

あまりないことですが、血流がとても増えて赤くなったり、血管が締めつけられて白くなったりというように、血管が局所的に異常な反応をすることがあります。神経組織によってこういった症状が起きることがありますが、たいてい自然に治まります。上肢や下肢の末梢部分には、手と手首、あるいは足と足首の骨からミネラルの一部が失われるという、まれな血管に由来する現象(ズデック・ジストロフィー)[*4]が起こります。皮膚がぴんと張って光沢が出て、組織が腫れる傾向があります。この症状が起きる原因は、はっきりわかっていませんが、固定によって悪化することは確かです。残念なことに、この症状は痛みが続くために固定する期間が長くなりがちで、これがさらに事態を悪化させます。能動的に動かしたり使ったりすることでよくなるため、原因となった骨折が治れば、その部分を動かしたほうがよいでしょう。幸いにも、この症状はたいていひどくはならず、回復もゆっくりですが、自然に治っていくでしょう。

◉ 局所的な筋肉の衰え

原因は、前述した全身の筋肉の衰えと同じです。しかし、ケガをした部分を動かさないため、特に四肢を骨折して固定したときには、その部分の筋肉は大変衰えます。筋肉の衰えはすぐに始まり、ケガの2〜3日後にははっきり出てきます。固定をはずす頃に、指で触ってみると筋肉の緊張が弱くなっているのがわかり、もう一方の四肢と比べると測れるほどの違いが出ています。ケガや固定に差し障りない範囲でエクササイズを行うことによって、筋肉の衰えは最小限に抑えられます。リハビリ期間中、それに適したエクササイズを早く始め、日課として続けることが大切です(2.5節)。

◉ 関節のこわばり

体全体を動かさないでいると、全身がかなり硬くなったように感じます。治療期間中に1つあるいは複数の関節を固定していた場合、固定がはずされると、その関節が多かれ少なかれ硬くなっているのがわかります。関節のまわりの軟部組織、つまり関節包、靱帯、さまざまな構造物の間にある軟部組織の層に硬さが生じます。筋肉自体も、わずかに短くなって硬くなります。さらに、弱くなった筋肉は、訓練した筋肉に比べると、弛緩して伸びることができなくなり、可動域が狭くなります。関節自体がダメージを受けていなければ、固定や安静の後の硬さは、ふつうはすぐに消えていき、再び完全に動かせるようになるでしょう。可動域を完全に回復させるためにはエクササイズがいちばん大切な要素で、その関節をコントロールする筋群全体を強化することも大切だと、念を押しておきます。残念なことに関節自体にダメージがある場合、特にそれが関節の中であれば、ある程度の動きの制限が残ることがあります。

[*4] 現在では複合性局所疼痛症候群(CRPS)と呼ばれ、自律神経の不調と考えられています。原因は、①末梢神経の損傷断裂、②不明なものとされており、初期には痛みを減らすため固定が行われることが多いです。一方、鎮痛薬などで痛みを落ち着かせ、動かすことが重要と考えられています。

2.4 ケガの治療—原則

治療自体はケガを治すものではないという事実は、知っておくべき最も大切なことです。ケガは2.1節で解説した過程によって治りますが、それらはすべて体の働きだけによって起こります。

治療には、第1の目的と第2の目的があります。

1 治療の第1の目的

体が自然に治っていく過程を、最も効果的にそ

して早くできるように、最善の状況を用意することが、治療の本質的な目的です。この最善の状況というのは、安静にすること、血液循環を良好に保つこと、そして必要な栄養を供給することです。

● ──ケガをした部分の安静

安静にして、治る過程を妨げないようにします。動くことで、肉芽組織や他の治癒組織にダメージを与えることがあり、その結果、ケガをした部分にできる瘢痕組織の量がとても増えます。

◉ 安静のマイナス面

例えば四肢全体や全身の場合など、安静にした部分が広いと、好ましくない影響が3つあります。1つめは循環系の刺激が減ること、2つめは筋肉が不必要に衰えること、3つめは安静期間がとても長い場合に骨のミネラルが減ることです。そのため、理想的には、実際にケガをした部分だけを安静にし、他のすべての部分は動かしておくべきです。

◉ 固定の影響

固定期間中、コラーゲンや疎性結合組織などの線維組織は、柔軟性が失われて硬く密になります。これは、数日後に起き始めます。柔軟性を回復するまでの時間は、固定の期間によります。しかし、完全な動きにまで回復するための時間は、単純な等差数列ではなく、等比数列で増減します。つまり、固定期間が4週間であれば、2週間の固定後にかかる回復期間の2倍ではなく、4〜5倍の回復期間がかかります。

● ──十分な血液循環の維持

ケガをした部分へ血液を十分に供給することは必要不可欠だと、2.1節ですでに説明しました。血液循環は、順調に治るために必要なほとんどの細胞や、たんぱく質、ミネラルなどの物質を運ぶ働きをしています。そのため、血液の循環を良好にすべきです。血液の供給を妨げる原因は、できるだけ除かなければいけません。おそらく、血液供給を妨げる最大の原因は、局所の腫れです。ケガの後、血液と体液がたくさん組織内に流れ込みます。これはリンパ管や循環系に、吸収されるべきものです。しかし、重力の影響やケガをした部分を動かさないと、再吸収する量が減り、腫れがひどくなります。心臓は、ふつうの状況ではケガをした部分に血液を難なく送り出すでしょうが、局所的な腫れや重力の影響で圧力が増すことによって、静脈やリンパ管からの排液がかなり妨げられることがあります。腫れがあまりにひどくなると、血液がそこに流れ込むのが制限されて、治癒が妨げられます。血液の供給がなくなって、傷ついた組織の周辺が死に始める、いわゆる壊死（えし）が起きます。

腫れを軽減させ、血液循環を良好に保つために、比較的簡単で大切な方法が2つあります。

a) 挙上：ダンサーは足や下肢のどこかにケガをすることが多いのですが、その部分を上げておきます。重力を利用して、ケガをした部分から腫れを引かせます。

b) 冷却：ケガをした部分にアイスパックや冷却パックをあてて、腫れの減少を助けます。

［注意］ −18℃設定の冷凍庫で保管されているアイスパックを使う場合は注意してください（2.5節 p.108）。

ケガをした部分の出血と腫れを最小限にするための方法は、**血液循環を良好に保つこと**と矛盾していません。血液循環とは、血液がその部分に運ばれ、再び静脈から運び去られることを意味しています。ケガをした部分に出血がある場合は、そこに腫れが生じるだけでなく、出血した血液が循環からなくなります。理想的な状況は、ケガの後の出血は最小に抑えながら、血液の循環を最大に保つことです。

c) 圧迫包帯：ケガをした部分の出血を最小限にするために行います。圧迫は、組織間へ血液が流出するのをコントロールできるほど十分でなければいけませんが、また同時に、血液循環が止まるほど強い力ではいけません。圧迫が弱いと、動脈の流れを抑えるより、静脈からの戻りを抑えたり止めてしまいます。静脈からの戻りだけが妨げられると、動脈からその部分へ血液が送

り出され続けるために、腫れは減るどころか増えていきます。正しくできない場合は、圧迫しないほうがよいでしょう。また、出血が止まったら、圧迫の意義はなくなるので、はずします。

挙上と冷却は、患者自身やまわりの人間でも簡単にできます。すぐに実行すれば、ケガの回復を早くするために大変役立ちます。ケガの部分を短期間安静にして、これらの簡単な手当てをすることが、ケガを十分に治すために必要なすべてかもしれません。

治療の第1の目的（つまり、瘢痕を最小限にとどめて早く治すこと）を達成するには、理学療法士が用いる超音波なども有効です。これについては、後で説明します。

●――十分な栄養

ダンスカンパニーや同等の"贅沢な存在"を維持できるほど、余裕がある豊かな社会では、十分な栄養という言葉は妙に聞こえるかもしれません。しかし、2.7節で栄養について説明するように、多くのダンサーは（多くのアスリートと同様）、食べ物に関して偏った考えをもっています。健康的な体重よりずっと軽くなりたいという気持ちから、しばしば間違った食生活をします。栄養を十分にとらないと、ケガでダメージを受けた組織を、体は適切に修復できなくなります。

すべての生きている器官では、細胞の破壊と修復というサイクルが常に起きています。栄養が十分でないと、その通常のサイクルに最もよい状態で、組織を維持することさえできなくなります。生きている間は常に、体のさまざまな組織は変化し、置き換わっています。細胞を構成する成分は、常に変化していきます。体内のさまざまなたんぱく質は、壊されて再び作られます。ミネラルは、体の中を循環しています。死んだ細胞は、毎日何百万も新しく入れ替わります。これが生きているものの特徴です。それに対し、岩の固まりのようなものは、化学的に複雑かもしれませんが、それ自体の内部は変化しません。

■ 治療の第2の目的

治療の第2の目的は、第1の目的を危うくさせないようにしながら、体の他の部分をできるだけ良好な健康状態に保てるようにリハビリの計画を立てることです。リハビリが可能なすべての筋群を、強く動けるように保って衰えさせないだけでなく、心循環系や呼吸系の働きを衰えさせないことも目的にします。そのためには、それぞれのダンサーのケガに応じて、個々にエクササイズプログラムを立てることが最も大切です。

リハビリテーションで最大の成果を望むなら、ケガの後すぐ始めるべきで、数日または数週間後に始めるものではないと、認識しなればいけません。

2.5　ケガの具体的な治療法

ほとんどの形の治療は、理学療法士か、高度な治療の場合は整形外科医が行わなくてはいけません。しかし、ダンサー自身ができる手当ての方法もいくつかあります。冷却、挙上、患部の安静、エクササイズです。安静とエクササイズは、もちろん本人だけができるものであって、第三者が代わりにできるものではありません。

■ 応急処置

急なケガ、つまり突然生じたケガのほとんどでは、ゆっくりと知らない間に小さな外傷が繰り返されてできた慢性的なケガとは違って、ダンサー自身ができるだけ早く行うべき手当てがいくつかあります。すぐに手当てを行えば、体の一部あるいは全身が使えなくなる期間を、劇的に短くする効果があります。

●――冷　却

ケガをしたら、ただちに、患部とそのまわりを冷やします。実際の冷却の方法については、少し

図Ⅲ◆RICE処置による応急手当ての方法

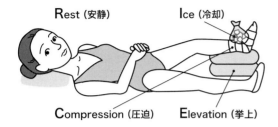

後の理学療法の項目で説明します（p.107）。

● ―― 挙　上

　冷却するのと同時に、腫れを防ぐため、患部を上げます。ダンサーのケガはほとんど下肢に起きるので、重力が大きく影響して、腫れをひどくします。脚を上げれば、重力が患部から液体成分を排出するのを助けるでしょう。

● ―― 安　静

　安静によって、傷ついた組織にさらなる障害を与えないことで、治りが早くなります。要するに、ごく小さなケガの場合を除いて、レッスンや公演を続けてはいけないということです。長距離を歩いたり、公共の乗物で立って帰るのでなく、タクシーを使ってください。家に着いたら、冷却と挙上を続けてください。これらの簡単な手当てをすぐに行えば、回復にかかる時間を半分に減らせることが多くあります。

● ―― 圧　迫

　患部を包帯できつく圧迫する方法も、しばしば薦められます。患部に起きた出血を止めることが目的です。理論的には役立つのですが、同時に望まない合併症も起きる可能性があります。患部の出血を止めるために血管も圧迫されてしまうので、圧迫を長く続けすぎたり、圧迫がきつすぎたりすると、必要な血液の供給が絶たれて、その部分の組織が壊死することがあります。この処置を行うときは、比較的短い時間だけにするべきです。患部の出血が止まったら、圧迫をする意義はもうなくなります。

　少々のケガであれば、包帯やテーピングで補強して、レッスンや公演を続けられます。しかし、このような行動をとる前に、重大なケガが隠されていないか確かめることが大切です。ケガの直後は、ダメージを受けた部分が少ししびれるため、その間は、ケガをした人が大変なダメージを受けている可能性に気づかない場合があります。骨折したまま動き続けると、回復にかかる期間がとても長くなったり、より重大なダメージが生じるかもしれません。

　応急処置に関係するこの項目では、処方されるであろう痛みを抑える薬や、より強力な痛み止めの注射に対する警告もしておきましょう。痛みで踊れなくなるとき、薬や注射で痛みを消して10回のうち9回の公演を続けることは、潜んでいる重大なケガを一時的に隠しているにすぎません。そのような状態で踊り続けると、回復にかかる時間が大変長くなり、ダンサーのキャリアを破壊するほどの重大なダメージとなることがあります。肉体的にもう踊りに戻れなくなるか、回復するための時間が長くかかりすぎて仕事を失ってしまうか、どちらかです。

　痛みは、ダメージをより大きくしないため、できるだけ短期間で治せるようにするための、体に備わった防御機能だということを忘れないでください。もう1つの防御機能で、後の結果や治療の次の段階を考えもせずに止めようとする人がいるのは、筋スパズムです。筋スパズムは、患部への添え木となる体本来の方法です。ダメージを受けた部分のまわりの筋肉は、硬く締まって、その部分を動かさないようにします。つまり、できるだけ早くよく治るように、その部分を安静にします。その下で何が起きているかを考えもせず、次にどのような治療を行うかを考えずに、薬や他の方法で筋スパズムを止めることは、痛み止めの薬を無分別に使うのとほぼ同じであり、ダメージを起こすでしょう。適切なときに筋スパズムを止めたり和らげたりすること、つまり正しい治療の過程と

して行うことは、大変望ましいことです。しかし、ダンサーに公演を続けさせるために、結果を無視して行う処置ではありません。

ケガの後に起きることは、ケガを治すための最適な条件となるように、進化によって発達した体本来の反応であるということを、ダンサーは常に覚えておくべきです。体本来の防御機能を取り除いてよいのは、適切な治療がなされたときだけです。あまりに多くのダンサーやアスリートが、自分自身や友人や知識不足のアドバイザーによる間違った治療で、回復をむだに遅らせているということは、どんなに強調してもしきれません。

ダンサーとその雇用者の最大の関心事が、ケガのために仕事やレッスンを休む期間をできるだけ短くすることと、できるだけ完全に回復することにあるというのは確かです。回復が不完全だと、同じ部位や他の部位でのケガの再発につながるため、とても面倒なことになります。

2 理学療法

●――寒冷療法

寒冷療法は、一般に冷却と呼ばれますが、後述の手当ての方法で紹介するようなさまざまな方法があります。寒冷療法は、次の場合に行います。

a) 筋スパズムの軽減
b) 物理的な外傷
c) 痛みの軽減
d) 関節炎
e) やけど

最後の2つ（関節炎、やけど）は、この本には関係がありません。

◎ 筋スパズムに対して

筋スパズムが起きたときに、寒冷療法を行って筋肉の温度を下げれば、筋肉自体の緊張を和らげることができます。筋肉の温度が下がらないと、緊張が和らがず、筋スパズムは抑えられません。皮膚だけを冷やすと、実はスパズムを強くすることがあります。寒冷療法で筋肉の温度を下げるための時間は、その部分の脂肪の量によって異なりますが、10分から長くても30分です。しかし、一度その効果が得られれば、脂肪層の血管収縮によって絶縁効果が出るために、冷却効果は長く続きます。脂肪はすぐれた絶縁体であり、脂肪中の血管が収縮すること（血管が狭くなること）で、さらにその絶縁効果が増します。

拮抗筋のスパズムを抑えることで、主動筋が解放され、その効果を50％向上させることができます。拮抗筋への効果も、治療の助けとなります。

◎ 物理的な外傷に対して

寒冷療法は、物理的な外傷にも効果があります。この場合、外傷は急性のもの、つまり新しくできた外傷でないといけません。しかし、重症な外傷には行ってはいけません。冷やすと、血管が収縮し（血管が狭くなり）、腫れや出血が抑えられます。そのためには、ケガの直後できるだけ早く、腫れや出血がひどくならないうちに手当てすれば、十分な効果が得られるということも覚えていてください。血管の収縮は、交感神経への影響によって起きます。また直接、血管内の血液の温度が下がることによっても、血管は収縮します。

◎ 痛みの軽減に対して

寒冷療法による痛みの軽減には、いくつかの経路があります。感覚神経の末端と、痛みを感じる神経線維に、直接作用して痛みを減らします。また、筋スパズムを抑えて、筋肉に起きる痛みを和らげます。さらに、腫れを減らすことで、間接的に痛みを抑えます。腫れによって組織内の緊張（圧力）が増えることで、痛みが生じるからです。結局、冷やすことが反対刺激効果として働くため、寒冷療法によって痛みを除くことができます。痛みを抑える反対刺激剤は何千年も使われていて、皮膚に擦り込むさまざまな鎮痛効果のある軟膏、バルム剤、リニメント剤の基本になっています。

◎ 手当ての方法

湿布で手当てします。湿布は、溶けかけた氷の入った水に、ふつうはパイル地のタオルを浸して行います。氷水の温度は0℃になります。そこから取り出したタオルを、患部のまわりにあてます。

患部を直接、氷水につけることもできます。氷

の固まりでマッサージすることもあります。冷蔵庫の製氷室で、ジェルパックを凍らせておいてもよいでしょう。ジェルパックは凍っていても固くならず、患部に沿ってあてることができるので、大変便利です。

[注意]氷の固まりやジェルパックでマッサージをするときは、十分に注意しなければいけません。冷蔵庫の製氷室や冷凍庫は、食物を保存するのに適した-18℃にふつう設定されています。そのため、冷凍庫から出したばかりの氷は-18℃で、溶け始めるまでは0℃になっていません。ですから、氷と水を合わせて使うことは、安全で大切なことなのです。氷の表面はとても温度が低く、皮膚にはりつく可能性があります。氷の表面温度が0℃にならず、溶け始めていないと、ダメージを受けることがあります。ジェルパックは、氷のように固くないため、とても低い温度だということを忘れてしまいがちですが、氷と同様に危険です。そのため、冷凍庫から取り出してすぐ皮膚に直接あてるべきではありません。温度を上げるための確実な方法とはいえないかもしれませんが、あてる前に冷水に浸すとよいでしょう。患部を冷やすときは、パイル地のタオルをまず皮膚にあてて、タオルの上に冷却パックをのせます。その代わりに、冷却パックをあてる前に、皮膚にオイルを塗っておいてもよいでしょう。オイルは、とても薄い絶縁体の層として働き、皮膚が氷にはりつくのを防ぎます。冷たくしすぎたパックで凍傷になる可能性もあります。冷却パックをあてたら、皮膚が青白くなって冷えすぎていないか確かめるために、1分ごとにパックを皮膚から上げます。

皮膚自体はすぐに冷えますが、筋肉の温度はとてもゆっくり下がります。下がるスピードは、脂肪層の厚さによります。皮膚の下にある筋肉を冷やし始めるには、やせた人では10分、太った人では30分、少なくともかかるでしょう。

外傷を冷やす際には、腫れがひどくなる前に、早く冷やさなければいけません。患部を上げたり、ときには同時に圧迫すると、さらに効果があります。腫れや出血がおさまり再び起きないようなら、それ以上冷却しても意味はありません(もちろん、筋スパズムを抑えるために冷却しているときは違います)。冷却時間が長すぎると、血管収縮によって治りが遅くなります。十分に治すためには、十分な血液の供給が必要条件の1つであると、2.1節で述べました。その部分の出血と血液循環を、混同してはいけません。出血は全く望ましい成果をもたらさず、組織内の圧力を上げるだけのものです。血液循環は、必要な細胞や栄養をのせて血液を送り込むだけでなく、そこから代謝物や他の物質を運び出すものです。つまり良好な血液循環のためには、十分な動脈の流れと供給だけでなく、静脈からの順調な排出も必要なのです。患部の腫れと圧力が増えると、はるかに大きな圧力で流れてくる動脈血よりも、静脈やリンパ管からの排出のほうが妨げられます。

● ──温熱療法：方法と効果

熱を利用して治療する方法は、表面の組織だけを温めるものと、深部の組織を温めるものとに分けられます。温熱パック、赤外線、同様の放射熱源は、表面の組織だけを温めます。一方、短波ジアテルミー、マイクロ波、超音波はすべて深部を温めます。これらはすべて異なる方法で温度を上げますが、どの方法を選ぶかは、体のどの部分を温めるか、それぞれの位置で温度の最高点をどのように出すかで決めます。

これらの温熱療法のどれも、それだけでは治すことができません。他の治療と組み合わせて初めて大変役に立つことを覚えておいてください。

体の反応の度合いを左右する最も大切な要素を、次に挙げます。

a) 達成すべき**温度の高さ**：組織を温める温度。治療の効果を得るには、40〜45℃の温度が必要です。

b) **時間**：治療効果を得るため、熱を保つ時間。3〜30分になります。

c) **速さ**：治療する組織の中で、温度が上がる速さ。

d) **大きさ**：温められる部分の大きさ。

温熱療法に対する生理的反応は次のとおりです。
1) 温度が上昇すると、コラーゲンが伸びやすくなります。腱、関節包、靱帯、瘢痕を作っている線維組織が、熱によって変化します。そのため、組織がとても楽に伸びやすくなります。このような温熱効果を得るためには、深部を温める治療が必要です。皮膚だけを温めるのでは効果がありません。伸ばされる部分の温度を適切に上げるには、熱は活発なものでなくてはいけません。断続的あるいは短時間のストレッチより、確実に伸ばしたほうがずっと効果があります。ストレッチは、レッスンの前や始めよりも、体が温まったレッスンの終わりのほうが効果があるのは、まさに同じ理由です。全身や体の一部が冷えているときに、ストレッチをしてはいけないことは確かです。そのような状況では、組織が伸びるのではなく、裂けやすくなるでしょう。
2) 温めることは、関節の硬直を和らげます。関節のまわりの線維組織に対する効果と、関節自体への効果によります。
3) 温めることは、末梢神経や神経末端への効果で、痛みを抑えます。
4) 温めることは、伸張刺激に対して鈍感になっている筋紡錘に直接作用して、筋スパズムを抑えます。これは、筋肉が温まったときにだけストレッチすることの、もう1つの理由です。
5) 温めることは、血行をよくします。熱への反射作用だけでなく、血管に熱が直接影響するためです。
6) 温めることは、組織や細胞の機能に作用して、炎症による腫れや滲出液を除く助けとなります。

◎ 温めることの間接的な効果

ある部分の皮膚が温められると、温められている部分ほどではありませんが、体の他の部分の血行もよくなります。その一方で、奥にある筋肉自体が温められないと、筋肉の血管が実際には収縮することがあります。これは、熱交換と体温調節のために、働いていない器官から皮膚へ血液が移動するためです。腹壁を温めると、胃の内層が白くなり（血液の供給が減って白くなります）、胃の酸性度が低下したという興味深い実験結果があります。また、腹壁を温めると消化管や子宮の平滑筋が弛緩するため、消化管に痛みが生じたときや月経痛のときに役立つ効果があり、お腹をお湯の入った容器で温めると痛みが和らぎます。

温熱療法は、強いものから穏やかなものまであります。強い温熱療法は深部組織の温度を上げ、特に瘢痕組織をストレッチするときに必要です。表面の温熱療法は、穏やかなものが多いのですが、指のような小さな部分に用いる場合、その部分全体の温度がかなり上昇することがあります。

◎ 温熱療法を行ってはいけない場合（禁忌）
1) 無感覚になっている部分では、治療を受けている人が熱すぎることがわからないため、熱によるダメージを受けることがあります。ほとんどの場合、患部が熱くなりすぎたと患者が訴えてくるのを、理学療法士はあてにしています。
2) 血液の供給が不十分な場所は、温めることで代謝の需要が増えるため、温めるべきではありません。血管の反応が不十分で、血液の供給がわずかな場合には、代謝の需要が増えることによって虚血性の壊死（血液が十分に供給されないため細胞が死ぬこと）が起きる場合があります。
3) 温めることによって、血流や血管分布が増えるため、出血する傾向が大きくなります。
4) 急性の炎症反応がある場合、強く温めることで悪化しますが、穏やかに温めると有益なことがあります。
5) 急性の器質的な問題の多くでは、温熱療法を行ってはいけません。例えば、急性の椎間板ヘルニアでは、熱で温度が上がるため局所の腫れが増えます。椎間板ヘルニアによって神経がすでに圧迫されている場合、神経への圧迫が増して、おそらく重大な結果となります。しかし、急性の器質的な問題の場合でも、穏やかに表面を温めれば、二次的に起きるスパズムを抑える助けになる場合があります。

穏やかな表面の温熱療法は、あまり危険がないかもしれませんが、深部の温熱療法はどれも専門の熟練した理学療法士でなければ行うべきではありません。複雑な深部の温熱療法はすべて、ひどいダメージが残る可能性があります。また、温熱の効果がない場合もあります。どのような状況でも、ダンサー自身やその友人が、機械を使って温熱療法を試みてはいけません。

●──温熱療法の選択
◎ 表面の温熱療法

ホットパック、パラフィン浴、赤外線や熱気浴などの方法があります。しかし、指のようなとても小さい部分では、表面の温熱療法でも、体積が少ないために全体の温度が上がってしまうことも覚えていてください。

ホットパックは、お湯につけたパイル地のタオルを絞って、患部にあてます。しかし、すぐに冷えるという欠点があります。ジェルパックは冷却と同じように温熱にも使え、熱を長時間保っておけるという利点があります。パラフィン浴は手や足の治療法として、何十年もの間、伝統的に行われています。特に、手のケガやリウマチ関節炎の治療で有効ですが、スポーツやダンスのケガではほとんど行われません。

赤外線あるいは放射熱は、特殊な電球や熱源で作られます。光スペクトルで赤の隣にある赤外線が、治療に使われます。赤外線は表面に浸透するだけで、皮膚と表面に最も近い皮下組織にのみ達します。

◎ 表面の温熱療法の効果

表面の温熱療法は、痛みに対抗する刺激として、痛みを抑える効果があります。反射的に深部も少し反応して、筋スパズムがいくらか抑えられますが、それほど意味のあるものではありません。主に患者を心地よくリラックスさせるという点で役立ちます。

◎ 交代浴

温熱療法と寒冷療法については、それぞれの項目で書きましたが、交代浴では両方を行います。お湯と冷たい水に患部を交互に浸して、血行をよくすることで効果が出ます。スポーツやダンスのケガでは、特に足や足首で役に立つでしょう。お湯は40〜44℃にし、冷水は15〜20℃にします。冷水には、もっと低い温度を薦める専門家もいます。

交代浴では、患部をまずお湯に10分間浸し、次に冷水に移し1分間浸します。その後、お湯に4分、冷水に1分のサイクルで、30分間繰り返します。交代浴は安全なもので、家でも十分行えます。とても効果があり、血行が改善されてよい結果が得られるでしょう。最後は、冷水で終わります。

●──深部の温熱療法

ジアテルミーとは、熱を作り出すさまざまな方法のことで、すべて深部の組織まで作用します。皮下組織と筋肉層の間や、筋肉層と骨の間のような境界面で、エネルギーは熱に変えられます。

温めるパターンは、それぞれのジアテルミーの方法によって異なります。組織によって生理的な性質が異なるために、熱の分布も異なります。例えば、比熱（特定の組織の温度を1度上げるのに必要な熱量。組織などすべての物質には、それぞれ特定の比熱があります）や、熱の伝導性（例えば、金属は熱を大変速く効率的に伝えますが、木のような物質は熱をゆっくり伝えます）などの性質です。

現在のイギリスでは、マイクロ波を用いることは、ごくまれです。連続短波ジアテルミーを限定的に用いることがありますが、まだパルス型短波がよく用いられています。電気療法に対する批判の多くは、温熱療法の種類を間違って使っているか知識がないことが、原因となっています。イギリスのハートフォードシャー大学のティム・ワトソン教授が行った研究が、電気療法の主唱者たちの主張を補強しているように思えます。電気療法を絶対に行ってはいけない場合を理解することも重要です（それぞれの項目に書きました）。ワトソン教授が推薦するウェブサイトwww.

electrotherapy.orgや、彼の著書と多くの論文も参考にしてください。

◎ 短波ジアテルミー（Short-Wave Diathermy：SWD）

高周波電流を治療目的に使った方法です。SWDの機械にはすべて、電源供給部分、発振回路、患者側回路の3つの部分があります。認可されている周波数は、13.66、27.33、40.98メガヘルツ（MHz）です。最も用いられるのは27.33MHzで、11mの波長と同じです。患者自身の電気インピーダンス（電流回路の抵抗）が、患者側の回路となります。そのため、それぞれの患者ごとに機械を調整しなければいけません。高周波発振回路と患者側回路の誘導結合を変化させてチューニングし、実際に患者に流れる電流を調整できます。患者に流れる高周波電流は、測定できません。理学療法士は、患者側の温かさの感覚を目安にします。温度が低いのは、投与量が少ないことを示します。我慢できるぎりぎりまで温めるには、投与量を多くする必要があります。そのため、治療する部分には、通常の感覚があることが大切です。無感覚な部分は、SWDを絶対に行ってはいけません。

基本的に、患部を2つのコンデンサー板の間にはさんで治療します。コンデンサー板には、さまざまな形や弾力性のものがあります。

注意しなければいけないことがあります。金属は選択的に熱せられるため、治療が始まる前に、時計やアクセサリーなどをすべてはずしてください。患者は、金属ではなく木製の寝台の上で治療しなくてはいけません。回路が正しく調整されていないと、患者のちょっとした動きで回路のインピーダンスが変わり、共振が起きることがあります。その結果、増加した電流のうねりが起こり、患者がやけどをする可能性があります。ペースメーカー、人工関節（ダンサーにはあまりありません）、過去に骨折して固定したプレートやスクリュー（ダンサーやアスリートによくあります）のように体内に埋め込まれた金属があるときは、短波ジアテルミー治療を絶対に行ってはいけません。理学療法士が、体内に金属があるか前もって質問しないときは、治療が始まる前に知らせなければいけません。しかし、プレートやスクリューのような外科の体内挿入物は、治療部分からかなり離れている場合、特に危険はありません。コンタクトレンズは熱くなるかもしれないので、ふつうは治療する部分の近くではありませんが、治療が始まる前にはずしておいたほうがよいでしょう。

◎ マイクロ波

マイクロ波は超高周波電流で、一般的に医療用では2,456MHzか915MHzを用います。より深い部分を温めるには、後者が適しています。この超高周波電流は、選択的に水分に吸収されるため、筋肉のような水分をたくさん含んだ組織を特に温めますが、それに比べてほとんど水分を含まない骨はほとんど温められません（このため、マイクロ波を使って調理すると、水分を多く含む食物はすべて温められます。しかし、皿などは、食物からの熱が直接伝わるまで冷たいままです）。

治療の効果：マイクロ波は、筋肉系を選択的に容易に温めることができます。関節も、軟部組織が少しだけおおっているのであれば、選択的に温められます。

副作用：目はかなりの量の水分を含んでいて、選択的に熱せられるため、注意して避けなければいけません。マイクロ波は、骨の成長を抑えることがあります。無感覚な部分や金属が埋められている部分には、使ってはいけません。

熱以外の影響：マイクロ波には熱以外の影響があるかもしれませんが、完全にはわかっていません。そのため、治療目的では、割引いて使わなくてはいけません。

◎ 超音波

超音波装置は、0.8～1.00MHzの高周波交流を作り出します。高周波は、水晶のトランスデューサーによって、機械的な音波（音響振動）に変換されます。超音波装置から出る音波ビームは、ほとんど円柱の形をしています。超音波の強さは、1cm^{2}あたりのワット数（watts/cm^2）で表わされます。最高で4 watts/cm^{2}の超音波が使われま

す。最もよく治療に用いられるのは、1 watts/cm^2 未満です。可聴音波のように、超音波は圧縮波によって伝えられます。そのため、圧縮できる媒体があれば、超音波は伝えられます。超音波は組織を通過するとき、機械的に強い力を生じさせ、なかでも、体内に溶けている気体から小さな気泡で充満した腔（空洞）を生じさせる作用があります。これらの腔はつぶれ、衝撃波を起こします。音波は組織を通過するとき、吸収されて熱に変えられます。物理の基本の法則を思い出してください。エネルギーは新たに作られたり壊されたりしません。エネルギーは、ある形から別の形に変えられます。超音波の場合、最初に電気エネルギーが音波に変えられ、次にその音波が熱に変えられます。

超音波は、筋肉まで十分に達します。超音波による温度の分布は、他の方法—短波ジアテルミーやマイクロ波—とは異なります。超音波は表面的な温度はほとんど上げず、短波ジアテルミーやマイクロ波よりさらに深く、筋肉や軟部組織に達します。組織の音響インピーダンスは、反射やS波の形や吸収率によって異なります。超音波は、異なった音響インピーダンスをもった組織間の接点を選択的に熱します。厚い軟部組織におおわれた関節でさえ、超音波療法で、温度を上げることができます（例えば、短波ジアテルミーやマイクロ波があまり作用しない股関節のようなところでも、温度を上げられます）。

超音波の効果：他の療法と同様に、超音波の温める効果に由来します。前述したように、超音波ははるかに深いところまで達します。

熱以外の影響：超音波は、組織膜の透過性を上げます。空洞形成が起きて、組織にダメージを与える可能性があります。点状出血（肌にできる小さな赤い斑点）はその現れで、超音波が強かったり、治療の技術が悪かったりするときにだけ起きます。しかし、治療技術が悪いと、1～2 watts/cm^2 でさえ空洞形成が生じます。治療技術がよければ、ふつうは必要ではありませんが、4 watts/cm^2 の強さでも安全です。ある特定の状況では、超音波は治る過程を早めることができますが、急性の傷害よりも主に慢性の傷害に効果があります。

副作用：超音波は、神経との境界面や、神経内の神経線維どうしの接点にも熱を集中させるために、神経にダメージを与える可能性があります。

しかし超音波は、体内に金属が埋められていても安全に使える唯一の深部温熱療法です。なぜなら、超音波が反射して金属との境界面が熱せられても、ダメージを起こすほど温度が上がる前に、すぐ熱を運び去るからです。

短波、マイクロ波、超音波を発生させる機械はどれも、資格をもった理学療法士以外は、患者自身も他の人も扱うべきではないと、念を押しておかなければいけません。特に超音波は無害なように見えるため、ダンサーが自分で扱う誘惑にかられると、大変不幸な結果になるでしょう。また理学療法士は、どんなに忙しくても、患者に自分で超音波を使わせてはいけません。たとえ部分的に監視していても使わせてはいけません。弱い超音波でさえも、治療技術が悪いと、神経のような感受性の高い部分にダメージが生じる可能性があります。

●──干渉波療法

4,000～4,100ヘルツの間の2つの中周波電流が重ねられると、その部分に0～100ヘルツの低周波波動が発生し、そこに干渉波が生じます。

低周波電流の波長に依存して、鎮痛（痛みを抑えること）効果や、筋肉の収縮を刺激したり、血液の供給を増やしたりする効果があります。痛みを和らげるか筋肉を刺激するかのいずれかで楽に行える運動などの積極的な治療に、これらの効果を選択して用います。血行改善の効果は、疲労骨折が治る過程を刺激することも含めて、治癒を促すために役立ちます。熟練した理学療法士が行えば、干渉波療法は安全かつ効果的で、体内に金属が埋められていても利用できます。しかし、不注意に行うか技術のない人間が行うと、よくても効

果がないだけで、悪くすると機械を大きく変動させて電気ショックを与えたり、刺激を与えすぎて痛みを伴う筋スパズムを起こしたりして、患者に大変な苦痛を与えます。他の機械と同じように、素人が扱うべきではありません。

●――感応電流

感応電流は、筋肉を収縮させるために正と負の二相性の電流を使って、筋肉自体の神経末端を直接刺激する方法です。筋肉や筋群を収縮させることで、必要とされる動きだけではなく、筋肉が収縮する感覚を、患者に脳の知覚部分で意識させる再教育に用います。筋肉の腱が伸ばされる感覚反応の組み合わせと、関節の動きに刺激された固有受容器によって、この感覚がもたらされます。患者は、電流の刺激で起きた収縮を意識的にコピーし、その収縮をさらに強くするように努力しなくてはいけません。この治療が順調にいくと、刺激を減らし、やがて止めても、患者は再び能動的に収縮できるようになります。筋肉を能動的に収縮させて初めて、筋肉をしっかりと強化できます。ただ受動的に感応電流に刺激されているだけでは、筋肉はほとんど強化されません。

最もよく利用されるのは、感応電流の足浴です。足の内在筋をほとんど使えない一般の患者が、どんなに努力しても望む動きを意識的に全くできないときに足浴をします。感応電流を使うことで、どう動いているのか"感覚を得たら"、患者は再び意識的に同じように収縮できるようになります。この治療で効果を得るには、感応電流による治療を受けながら、自分も努力しなければいけないことを、患者が理解することが大切です。患者が全く受け身のままだと、この治療はほとんど恩恵がありません。

収縮が抑制されている他の部位（例えば膝の手術後の大腿四頭筋）で、感応電流は筋肉の収縮を開始させるのに役立つでしょう。どのような部位でも、感応電流は動きを思い出させるものであって、決定的な治療法ではありません。内在筋を効率よく働かせてコントロールし続けるために、小さな自分用の感応電流器を携帯して、定期的に感応電流の足浴を行っているダンサーが多くいます。どんなにダンサーが意識的に努力して足を働かせようとしても、脳と足の内在筋のつながりが全く失われたように見えることがあり、筋肉を意識的にコントロールする感覚が、いかに簡単に失われるかは驚くほどです。進化論的に考えると、おそらく、類人猿のように足の筋肉で物をつかむ必要がなくなったので、筋肉の働きがなくなりかけているのでしょう。感応電流の大切な役割は、意識的なコントロールを保つことにあります。

以前、感応電流は、体重を減らさずに特定の部分の脂肪を減らしたり、脂肪を再分配するといわれていたことがありました。こういった効果をうたって、商業的にその機械が大衆に売られました。これらの機械は高額なうえに、宣伝文句のような効果はまったくありません。

●――経皮的神経刺激法

(Transcutaneous Nerve Stimulation：TNS［イギリス］、TENS［アメリカ］)

この治療法は、携帯できる小さなバッテリー装置を、ベルトにつけたりポケットに入れたりして行います。神経を刺激して痛みを抑えるために、ワイヤーの端の電極を皮膚に固定し、少量の電気を流します（作用機序：脊髄中の神経電気回路の門を閉じることにより、痛みの刺激がその地点を通って脊髄を上ることが妨げられ、痛みが意識されなくなると考えられています。エンドルフィン生成の刺激によるという説もあります。エンドルフィンは、体内で発生する鎮痛作用のある物質です。最近、この物質が話題になったことがあり、モルヒネのような物質が自然に作り出されるといわれました。TNSの作用は、この両方の説により起きるのかもしれません）。これを繰り返し用いると次第に痛みが和らぐ時間が長くなり、多くの場合、最終的には痛みが完全になくなってTNSが不要になります。皮膚に直接電極を固定するため、体を傷つけないので、治療に伴う危険はないでしょう。

● はり

この方法はおそらく、TNSと同じような作用で、効果があるのでしょう。しかし、一度使った針を完全に殺菌しないと、肝炎やエイズの原因となるウイルスをうつす可能性があるので、TNSより安全ではありません。

● 指 圧

はりと同じ部分を、外から押す方法です。はりと同じように作用しますが、おそらくそれほど効果はありません。非侵襲的な方法（訳者注：体内に器具を入れない方法）なので、はりより安全で感染の危険もありません。

● マッサージ

この方法は、間違いなくすべての治療法の中で最も古く、3000年以上も前から行われてきました。治療とはっきり認めていなくても、人でも動物でも痛いところを自然に手でこする習性があり、本能的にマッサージをしています。

◉ マッサージの効果
1) 反射作用

脊髄と脳へ刺激を伝える末梢の受容器を刺激して、喜びやリラックスの感覚を作り出します。筋肉と心の両方の緊張状態をリラックスさせます。

2) 物理的な効果

　a）体の中心部に向かって最大限強く押しながらマッサージをすると、血液やリンパ液が心臓に戻るのが助けられて、血液循環がよくなります。

　b）筋肉内を動かすことができるので、筋線維間の癒着した部分をストレッチする効果があるかもしれません。

マッサージでは、筋肉を強化することも、脂肪を散らすこともできないと覚えていてください。総合的に見れば、心地よくリラックスさせることは別として、効果はあまりありません。しかし、注意して行えば、全く危険はありません。

◉ 行ってはいけない場合（禁忌）

局所的な感染、血栓性静脈炎があるとき、あるいは疑われるときには、マッサージを行ってはいけません。

● 関節モビライゼーション

穏やかで、暴力的でなく、受動的に関節を動かす方法です。末梢の関節だけでなく脊椎の部分にも、この治療は行えます。関節包や靱帯を穏やかに繰り返しストレッチして、それらの器官内の神経末端から伝わる痛みの刺激を、減らしたり除いたりする効果が徐々に得られます。痛みの刺激は、反射的に筋スパズムをよく起こすため、関節モビライゼーションの2次的な効果には、スパズムの抑制があります。この療法（メイトランド・モビライゼーションともいわれます）は、力まかせの技でなく、受動的な動きで揺らして行います。脊椎を治療するときには、整骨やカイロプラクティックで行う荒っぽいマニピュレーションよりも安全に行えて局所的な効果が得られます。

● マニピュレーション

マニピュレーションは（Thrust TechniqueやGrade Vともいわれます）、小さな振幅ですばやく強く受動的に動かす方法をいいます。マニピュレーションを巧みに行えば、特定の硬直を和らげたり、関節をわずかに移動させることができます。注意深く用いれば、治療の一部として最も役立つこともあります。安定や固有感覚のためのエクササイズを行わずに、マニピュレーションを行いすぎると、時が経つと不安定になることがあります。すべてのタイプの治療と同じように、上手に用いれば、ダンサーの治療の一環として入れられます。

● ストレッチ

ストレッチは、受動的なもの、補助のある能動的なもの、完全に能動的なものに分けられます。すでに述べたように、ストレッチは、伸ばされる組織が温まっているときに効果があります（2.5節「温熱療法」p.109）。ストレッチを効果的に

行うには、断続的に短時間行うよりも、長い時間をかけて落ち着いて行うべきです。どんなストレッチでも、組織にダメージを与えないように、注意して行わなければいけません。もしストレッチ中に組織が裂けると、そこが修復されなければなりません。2.1節で述べたように、組織が修復されるときには常に瘢痕組織、つまり線維組織ができます。時が経つと、瘢痕組織は収縮し、硬くなる傾向があります。硬さを和らげることがストレッチの本来の目的なのに、ストレッチの前より悪くなってしまいます。力まかせのストレッチは危険だけで、最終的に逆効果になってしまいがちです。

どんなストレッチでも、組織に出血を起こさずに、硬い組織を伸ばすことが目的です。そのためには、時間をかけて徐々に伸ばすことが唯一の方法で、決して急いではいけません。ケガの後、たとえ明らかに治っているように見えても、初期の段階では組織はまだとても傷つきやすく、ストレッチの影響が悪く出るかもしれません。そうなると、伸ばすことを望んでいたのに、さらに拘縮が起きる可能性があります。ですから、ケガの後のストレッチは、回復の適切な時期を待って行われなければいけません。ストレッチをする時期は回復の時期よりもやや遅くなる傾向があります。回復期の長さは、一般的な基準を定めることができません。スポーツやダンスのケガの治療を経験してきた理学療法士のアドバイスが、このときにとても大切になります。

ある程度の柔軟性が、ダンスではまず求められます。専門学校の入学テストでは、硬くつながった体より、生まれつき遺伝的に柔らかい体が求められます。極端な過度運動性（p.74）は、注意深く扱って、安定させる必要があります。一方、硬い体は、成長のさまざまな過程で、多かれ少なかれストレッチを必要とします（ここでいっているのは、関節の可動域を広げるために筋肉を伸ばすことであり、足の骨の構造のようなことではありません）。

軽く短いストレッチは、ウォームアップやエクササイズの準備運動として、筋腱複合体を伸ばす目的で行います。より強く長いストレッチは、筋肉や筋線維、腱、関節包と靱帯の中にある結合組織の層を引き伸ばし、それにより可動域を永続的に広げる目的で行います。ストレッチで得た可動域を使うためには、ストレッチした部分の反対側の筋肉の強化も、治療計画の一部として同時に行うものと理解しておきましょう。筋群が動く範囲は、能動的範囲（例：ルルヴェ・ランをしているとき）と、それより大きい受動的範囲（例：グラン・バットマンで脚を"放り上げて"いるとき）からなっています。この2つの違いが大きいほど、ダンサーはケガをしやすくなります。実は、コントロールが十分にできないほど可動域を広げてしまうのは、賢明とはいえません。

関節の可動域は、次のものに制限されます。

a）骨と関節の構造
b）筋肉内の結合組織の硬さ
c）筋肉の緊張

骨の構造をはっきりと変えることはできませんが、軟部組織は時間をかければ伸ばすことができます。

静的ストレッチ（スタティックストレッチ） は効果的なストレッチ方法で、心地よい緊張が感じられる範囲の最後まで（痛みのない範囲）、ゆっくりと動かす必要があります。ストレッチして10秒以上保つと、筋肉が緊張の解放を"許す"ように感じ、ストレッチする範囲をさらに広げることができます。この過程は、4〜5分間続けることができます。

筋肉は伸張受容体によって、ケガから守られています。筋組織、血管、神経は繊細で、神経系とその受容体によって守られていなければ、簡単に裂けてしまうでしょう。筋紡錘と呼ばれるセンサーが、収縮する筋腹全体にあって、常に筋肉の長さとその変化率を監視しています。筋紡錘（顕微鏡で見ると、糸を紡ぐ紡錘のような形をしています）は、動きを感知して筋肉が短くなるのを監視している錘内筋線維という特別な線維からできています。錘内筋線維は、筋肉を短くするために

収縮する錘外筋線維と、平行して並んでいます。筋紡錘から脊髄と脳へと、神経線維が伸ばされているというメッセージをリレーします。伸張反射は、突然引き伸ばされたことに対してのすばやい反応です。中枢神経系は、突然あるいは危険なほど伸ばされていることに警報を出し、筋肉（錘外筋線維）に収縮するようにメッセージを送り、筋肉が伸ばされすぎないように守ります。これらの反応は、文字どおり1000分の1秒単位で起きます。

ゆっくりと行う静的ストレッチでは、ストレッチを不快に感じるまで行い、筋肉が"許して"少し弛緩するのを感じるまで待つことで、筋紡錘の働きが抑えられます。そして、筋紡錘の働きで生じる緊張が、再び穏やかにおさまったとき、不快感と抵抗に対してさらに可動域が広がります。

緊張が解放されてリラックスしたときにだけ、筋肉は長くなります。呼吸法によって、心と体はよりリラックスした状態になり、筋肉が伸びやすくなります。ヨガのように、コントロールした規則的な呼吸は、心を集中させ穏やかな気持ちにさせてくれます。前述のように、可動域の最大限まで動くと、筋肉に抵抗と緊張が生じます。適合するために止まっている間、3～4回呼吸をして、息を吐くときにリラックスすることに集中すると、長く伸びる感覚を心地よく感じるでしょう。その後も息を吐くときに、さらに伸ばすように試みます。呼吸法は、ヨガのように、鼻から息を吸って肺の下葉を満たし、肋骨を広げる方法にします。

想像することでも、ストレッチの効果を上げられます。筋肉の構造や筋線維が伸びる様子を思い描くだけで、さらに伸びやすくなります。

神経、筋肉、関節は、温められたときに、よりよく機能します。そのため、強いストレッチをする前には、しっかりとウォームアップすることが大切です。軟部組織には、粘性があります。チューイングガムは温かいと柔らかくなり簡単に伸びますが、冷たいと、もろく壊れます。筋肉と結合組織が温まっていると、強く深い角度までストレッチしやすくなります。神経は温まっているときによく働いて、反射作用が安全に起きます。筋肉が冷たいと不快に感じ、ストレッチに抵抗して、防御のための反射が鈍くなります。ストレッチに最適なときは、体が完全に温まったレッスンの後です。バーレッスンの後では、全身的なストレッチをするには時間が少ないでしょう。

静的ストレッチは、ダンサーに自分で安全にストレッチする方法を教えるのに、おそらく最も簡単なものでしょう。体が必要とする程度まで、どれくらい押せばよいか、ダンサーは実感できます。生徒どうしで互いにストレッチするのは、賢明ではありません。コントロールと知識と熟練した技がないと、しばしば思わぬ事故につながります。

理学療法科では、硬く使いすぎた筋肉をリラックスさせて伸ばすために、**収縮／弛緩法（コントラクト／リラックス法）**が用いられます。対象とする筋肉を最大限の長さとなるように動かして、その後、抵抗に対して約10秒数える間収縮させると、理学療法的に大きくリリース（解放）されて、より大きくストレッチすることができます。この方法の欠点も、ある程度の技能が必要とされることです。

繰り返して行うバリスティックストレッチ（訳者注：反動を利用して、弾みをつけて行うストレッチ）は、たとえダンスの多くの動きがもともと弾みをつけるものであっても、避けるべきです。ハムストリングスのストレッチを反動をつけて繰り返し行っても、筋肉は伸びません。むしろ、筋紡錘を刺激して作動させます。体が冷えているときに急なストレッチを行うと、ケガをする可能性があります。しかし、振付に弾みをつけた動きが繰り返し含まれている場合には、その準備として同様の動きをウォームアップの最後に入れておくべきです。

ここでは、神経系のストレッチに関しても、忠告を加えておく必要があります。例えば、ハムストリングスのストレッチをすると足にしびれが生じる場合は（健康な若い人で）、神経系が傷つけられていることを意味します。坐骨神経が伸ばされると、一部の神経インパルスだけを伝えることがあります。その感覚は不快で、時には吐き気も

図2.6 下肢伸展挙上テスト
（SLRテスト：Straight Leg Raise test）

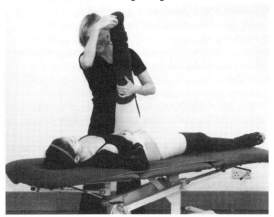

神経系に障害がないかを、療法士が下肢をもって検査しています。股関節を屈曲して内転、膝を伸展、足関節を背屈させます。

図2.7 スランプテスト

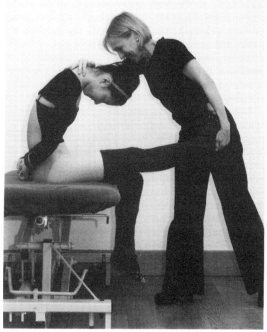

これも、神経系に障害がないかを調べるテストです。今度は、脊柱の屈曲も加えます。これらのテストは、検査と治療の目的で、注意して行います。ダンサーが日課にするストレッチでは、神経を傷つけてしびれや麻痺を起こす姿勢を、勢いよく行うべきではありません。

生じます。それはまた、一時的に神経機能を妨げるもので、特にダンスで繊細に動きを調整してコントロールする人たちには決して薦められません。最も神経が傷つきやすい姿勢は、神経系をテストする"スランプの姿勢"と似ています（図2.7）。このテストでは、脊柱と股関節を屈曲し、膝を伸展、足関節を背屈します。これに似たハムストリングスの静的ストレッチでは、脊柱の屈曲の程度を軽くし、足関節を底屈し、膝の下にタオルを置くと、神経を妨げることなく効果的にハムストリングスをストレッチできます。股関節を屈曲、内転、内旋して、足関節を背屈しながら、脚をまっすぐ伸ばして上げても、神経が引き伸ばされる可能性があります。このポジションでは、坐骨神経にかかる負担を減らすために、足をポイントにし、少しターンアウトにして、脚を股関節と同じラインから外側に緩めます（外転）。

最後に、筋肉を酷使したときには、回復させるためのストレッチを毎回行う必要があります。運動の直後や遅れて出てくる筋肉痛は、ストレッチで防げると考えられています。

受動的ストレッチは、その名のとおり、完全に治療者によって行われるものです。能動的ストレッチは、患者あるいはダンサーだけで行われるものです。補助のある能動的ストレッチは、理学療法士と患者が行うストレッチを組み合わせたも

図2.8
膝を伸展し、足関節を背屈し、その上で脊柱を屈曲させています。これより股関節を内転、内旋させると、神経系をさらに傷めます。これは、やってはいけません。

図2.9
脚が内旋も内転もしないように、ここでは注意しなければいけません。

のです。ダンサーは、何を目的にしているか、そしてそのためにいちばんよい方法は何であるかを意識しなければいけないと、もう一度強調しておきます。大切なポイントを次に挙げます。

1) ダンサーは温まっていなければいけません。
2) レッスン前のウォームアップ後、そしてレッスン途中で、筋肉が本当に温まってきたとき（例えばバーレッスンの終わり）にもう一度"穏やかな"ストレッチを行うべきです。
3) ストレッチは、落ち着いて長い時間をかけて行うもので、力まかせに行ってはいけません。
4) 突然力を入れたり、ぐいぐい押したり、弾みをつけたりして行うストレッチは、たいてい望まない逆効果になります。
5) 弱い筋肉は、決してストレッチするべきではありません。このようなときは、筋肉が十分強くなるまで、待たなくてはいけません。ストレッチとともに、筋肉を強化するエクササイズも常に行わなければいけません。
6) 伸ばそうとする組織の線維に沿って、縦方向にストレッチをしなくてはいけません。線維を横切ってストレッチしても、何の効果もなく、断裂が起きるかもしれません。硬い部分をストレッチするときは、明らかに硬い方向に行うことが、最善ではないことがよくあります。硬さの原因となるのが、どの構造なのか、その線維がどの方向に走っているのか、考えなければいけません。そして、正しい方向に行われたときにだけ、ストレッチできます。関節が特定の方向に硬いように見えるとき（例えば、股関節でのターンアウトの硬さ）、思いどおりに可動域を広げるためには、個別のストレッチ計画を立て、2つあるいはそれ以上の異なる方向にストレッチする必要があります。

特に2つの最悪の行為を、たいていは生徒ですが、いまだにダンサーが行っているのをときどき見かけます。1つは、カエルのポジションで横たわり、膝の上に誰かにのってもらい、両膝を離して床に押しつけようとするものです。軟部組織に与えるダメージは別にしても、カエルのポジションでのターンアウトは、股関節と下肢を伸展して踊っている姿勢での股関節のターンアウトには全くつながりません（5.8節）。もう1つの忌まわしい行為は、女子生徒に見かけられるものですが、ポアントの角度を"改善する"ために、ピアノやラジエーターの下に前足部（足の指と中足骨の部分）を突っ込んで、後ろに反るというものです。残念なことに、これがポアントを改善するための唯一の方法だと主張する老教師がいまだに周囲にいます。これら2つの行為は、よくても効果がないだけで、悪くすると実際に危険です。これらは、ターンアウトでもポアントでも何の役にも立ちません。

●――エクササイズ：その価値

ダンスやスポーツのケガでは、治療とリハビリの一環として、それに適したエクササイズプログラムがとても大切です。前述した理学療法を早くから行うと、多くの状況で効果があり、治る過程を助けますが、どのような治療法でもそれ自体では、正常な機能と強さに完全に戻すことができません。エクササイズだけが、筋肉を強化できます。エクササイズだけが、関節を満足にかつ永続的に動かすために役立ちます。ダンサーだけでなく、ダンサーを手当てする人は、適切なエクササイズプログラムの重要性を知っていなければいけません。いまある症状や痛みを、ただ和らげる安易で早急な治療だけでは、隠された弱さやケガの原因となった弱さが、改善されないまま放置されることになります。その結果、ケガを再発させたり、他の部分もケガをしたりするかもしれません。

どのようなタイプのケガの後でも、その部分の筋肉だけでなく、さらに離れたところの筋肉も弱くなります。これは体の自然な反応で、筋肉は短期間でも使われないと弱くなります。ケガをすると弱くなりますが、弱くなることによってさらに別のケガをしやすくなります。

●──エクササイズの目的
◎ 心肺機能を適合させる（フィットネス）

　全身のエクササイズは、どのようなものでも心循環系や呼吸器系によい効果があります。いわゆる心肺機能を適合させます。つまり、心臓、体循環、呼吸容量、代謝産物（運動により増加する組織代謝の副産物）の処理方法を刺激して強くします。そのため、エクササイズをすることで、その人の運動に対する耐久力が上がります。心肺機能を改善するには、息切れして心拍数が上がるほどのエクササイズを毎日行わなければいけません。心拍数が上がるとともに、心臓の処理能力が向上し、1回の収縮で送り出される血液の量（1回拍出量）が増えます。鍛えられた心臓は、鍛えられていない心臓に比べると、1回ではるかに多くの血液を送り出します。心肺機能を改善するために最もよいエクササイズは、水泳、ボートこぎ、サイクリング（ふつうの自転車、固定自転車）、クロスカントリースキー（実際に行うもの、クロストレーナーマシーンを使うもの）、ランニング、活発なウォーキングです。ランニングやジョギングは人気がありますが、重大な欠点もあります。ほとんどの人にとって、ランニングとは当然、舗道や道路の上を走ることを意味します。たとえ最良のランニングシューズを履いていても、振動が繰り返し起きるため、背中、膝、足や足首の問題につながります。芝生の上でランニングができるようなら、そのほうがよいでしょう。もしそれができなければ、他のエクササイズのほうが、ケガをする率がはるかに低いでしょう。

　公演の準備期間中は、繰り返し必要なリハーサルを行ううち、特にその演目に対して、ダンサーは運動の耐久力を徐々に上げていきます。有酸素能力が向上すると、心臓、血液循環、体の酸素消費の能率がより改善されることがわかっています。ダンサーは、無酸素運動でもダンスに向いた体を作るために、ジムの設備も使ってさまざまな形のトレーニングをしています。

◎ 筋力を強化する

　エクササイズは、体の骨格筋を強化するのに必要不可欠です。この種のエクササイズプログラムには、ダンサーやアスリートが特定の筋群を強化する目的のものと、より広い範囲を強化するものがあります。筋群を強くするだけでなく、筋群のバランスをとることもとても大切です。体の片側の筋群が、反対側の同じ筋群に比べて強くなりすぎるのは、明らかに役に立たないことです。ほとんどの人は優先して動かす側があり、そちら側に関連する筋群のエクササイズを多くするため、一般的にどちらかに偏る傾向があります。

◎ 可動性を高め、関節可動域を広げる

　ダンサーやある種のアスリートのエクササイズは、可動性を高め、関節可動域を広げるように計画します。もちろん、軟部組織も同時にストレッチします。しかし、純粋なストレッチだけでは、関節の動く範囲を必ずしも効果的に広げられません。関節の動きをコントロールする筋群を強化するエクササイズは、ストレッチより大切だとはいいませんが、同じくらい大切です。

　可動域を調べると実際はその範囲が完全なのに、関節に制限があると思っているダンサーがよくいます。しかし、この場合は、関節をコントロールする筋肉が十分強くないために、動かせる範囲すべてを利用することができていないのです。そのため、純粋に可動域を広げるエクササイズに加えて、関節をコントロールする筋群の強化も行うように心がけなければいけません。そして、筋肉を完全にコントロールして、可動域のすべてを利用できるようにします。

●──エクササイズのタイプ
◎ 他動運動

　他動運動に、ダンサーや運動選手がかかわることはほとんどありません。この運動は関節の可動域をいっぱいに保つために、関節や体の一部を別の人に動かしてもらうものです。これは特に、四肢が麻痺してしまったときに行います。他動運動は、関節のまわりに拘縮が起きるのを防ぐために

行うもので、関係する筋肉を強化するものではありません。

◉ 自動運動

ダンサーが行うのは、自動運動です。この運動では、関連する筋群を積極的に収縮させる必要があります。収縮させる方法の1つは、等尺性収縮（アイソメトリック）で、筋肉を強く収縮させますが、抵抗を増やし、筋肉は実際には動かない方法です。もう1つは、等張性収縮（アイソトニック）という方法で、一定の抵抗をかけ続けて関節を動かす方法です。自動運動だけが、筋肉を強くすることができます。

通常は何らかの形の抵抗が必要で、一般的に、抵抗をかけるにはウエイトを用います。トレーニングプログラムの初期、特に手術後は、抵抗は重力だけのことがあります。しかしダンサーは、ウエイトや他の抵抗を用いることが、すぐに必要となるでしょう。ケガの後の場合には、治療を管理している理学療法士が、抵抗を与えることも時にはあります。

抵抗には2つのタイプがあります。1つはとても大きな抵抗で、患者が抵抗に対し比較的少ない回数しか筋肉を収縮させることができないものです。これを、高負荷低回数の運動といいます。もう1つは、比較的小さな抵抗（1〜4kgぐらいのウエイトを使用）で、はるかに多くの回数、筋肉を収縮させて動かす方法です。これは、低負荷高回数の運動といいます。10〜20年前によく行われていた高負荷低回数の運動に比べて、この運動のほうが筋肉を強化するのに好ましく、おそらく効果があるでしょう。

大変重いウエイトを使った運動は、筋肉に実際にダメージを与え、関節自体にかかる摩耗率が増えて変形性関節症になりやすいことが、現在わかってきました。重いウエイトは、不自然で望まないほど筋肉の量を増やしてしまいます。これは、低負荷高回数の運動に比べて、筋肉の強化には効果的でないでしょう。

◉ 介助自動運動

これは、両方の運動を合わせたものです。患者は、能動的に筋肉を収縮させますが、理学療法士による何らかの補助も受けます。特に、ケガの後の早い時期や、手術後に役立ちます。この運動を行うのは、重力の抵抗でさえ筋肉が対抗できる限界を超えているものの、重力を完全に除いた運動にはしたくないと理学療法士が判断したときです。同じように、感応電流の機器で筋肉の収縮を起こし、患者自身が努力して収縮を補おうとすることで、よりよい筋肉の反応を得るのに役立つことがあります。個々の筋群に対する運動と、実施すべき方法についての詳細は、第4章で検討します。

●──エクササイズトレーニング

ダンサーは、さまざまな筋群を強化する目的で、エクササイズトレーニングを行います。強化が必要な筋群があっても、レッスン構成のため、あるいは、主にダンサーの労働時間を満たすダンスの種類であるために、通常のレッスンではその筋群が無視されてしまうことがあります。

基本的に、筋群には主な機能が2つあることを理解しなければいけません。誰もが高く評価している機能、つまり体のさまざまな部分や四肢を動かすことのために筋肉は必要です。しかし、同じ

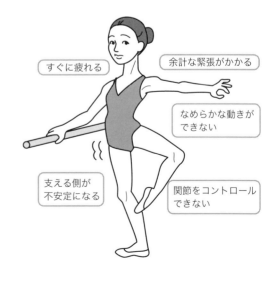

図IV◆筋群が弱いと…

- すぐに疲れる
- 余計な緊張がかかる
- なめらかな動きができない
- 支える側が不安定になる
- 関節をコントロールできない

くらい大切なのに無視されるか注意を払われないのが、体幹と四肢の両方を安定させるためにも筋肉は必要だということです。支える部分が完全に安定していなければ、動く部分が最善の成果を得ることはできません。この強さと安定性が、中心から始まり外に向かって働き、全身に備わっていなければいけません。どのような部分でも無視されると、全体として満足に働くことができなくなるでしょう。特定の部分の弱さで起きることについては第5章で論じます。しかし、ここでも一般論をいくつか説明します。

筋群が弱いところには、いくつかの異なった影響があります。第1に、弱い筋群は、動く部分を支えている領域を安定させようとすると、すぐに疲れる傾向があります。そしてスパズムを起こすでしょう。このスパズムは緊張となって広がり、他の部分にも影響して、動いている部分も含めながら、どのような動きをする演技も妨げます。第2に、支えている領域が弱いと不安定に感じられ、この不安定感自体が動いている部分を緊張させます。それにより、拮抗筋が適切に弛緩できず、なめらかな動きができなくなります（1.3節「筋肉の収縮」p.21）。第3に、筋肉が弱いと、一般的に可動域に制限が生じます。弱さのため、関節を完全にコントロールできないからです。コントロールできないと、その動きと反対の働きをする筋肉が完全に弛緩できないため、1つあるいは複数の関節を可動域いっぱいに動かす妨げとなるでしょう。

ある部分が純粋に硬いのではなく、実は単にその部分をコントロールする筋群が弱いために、十分に関節を動かせていないことがあります。そういうとき、ダンサーはその部分が硬いのだと考えて、しばしばストレッチをしようとします。全般的に、関節が硬いように見えるダンサーは、ストレッチよりも筋群を強化する必要があることが多いようです。早い段階で、本当の原因がどちらかを見つけて、適切なエクササイズを行うことが大切です。

エクササイズトレーニングのもう1つの重要な目的に、さまざまな筋群どうしの**バランスの大切さ**を知って、完全に理解することがあります。バランスがとれていない部分がどこにあっても不安定となり、それに伴って問題が生じます。ダンサーが、自分の特定の部分が弱いことを正しく把握していて、弱い部分のエクササイズを与えられているのに、拮抗筋や共動筋のエクササイズは与えられていないのを、実に多く見かけます。その結果、以前からバランスがとれていなかったのがさらに偏って、状況が悪化することがあります。このように間違っていると、その特定のダンサーのために作られたプログラムでも、エクササイズにも筋肉の強化にもなりません。弱い筋群は、ダンサーが問題があると思っている部分、あるいは第三者が見て問題があると思われる部分から、離れたところにある場合があると知っておくことも大切です。これはダンサーの股関節のまわりに問題やケガがある場合に、特によく見かけます。その部位の治療やエクササイズをしているのに、足が全く無視されていることがあります。実は、その問題の最初の原因が足であり、足を強化して体の土台を支えるために、かなり多くのエクササイズを必要とする場合があります。

筋肉を強化するエクササイズは、さまざまな方法で行うことができます。ジムでのエクササイズは、安全にそれぞれの目的に応じてデザインされた設備があって便利です。それ以外にも、通常2～5kgのフリーウエイト（訳者注：バーベルやダンベルなどの器具）を使っても、エクササイズは行えます。ピラティスのマット運動は、実際のウエイトは必要ではなく、必要なものは重力に対する四肢の重さだけですが、とてもきつい運動になることがあります。

ウエイトを使うには、2つの方法があります。筋肉を太くする必要がなければ、軽いウエイトを使って回数を多く繰り返す方法が、ダンサーには最も有効な方法だと考えられます。筋肉は、疲れるまで運動させなければいけません。筋肉を強化するプログラムでとても大切なのは、疲れるほど運動することです。筋肉を強化する運動を行うと

きは、動かせる範囲のすべてで、筋肉を働かせることが必要不可欠です。関節をコントロールできるすべての範囲で、力を全開にして使えなければいけません。つまり、このエクササイズの方法は、完全な伸展から完全な屈曲まで、抵抗に対して筋肉を働かせるのを目標にしなければいけません。

等尺性運動（アイソメトリック）と等張性運動（アイソトニック）は、効果が互いに異なっているように、見かけも異なっています。等尺性運動は筋肉を同じ長さに保ったままで、抵抗を変えて行います。等張性運動は、筋肉の長さが変わりますが、抵抗は一定のまま行います。等張性運動だけでプログラムを作ると、その効果を他に変換することができず、トレーニングをした等張性運動において最もよく動き続けることが、実験でわかっています。同様に、等尺性運動だけのプログラムも、等張性運動を改善しません。そのため、エクササイズのプログラムを作るときには、等尺性運動と等張性運動の両方を組み合わせることが大切です。

女性ダンサーは、エクササイズプログラムを行うと、筋肉が太くなるのではないかと、よく心配します。通常の内分泌機能を備えた女性ならば、筋肉隆々にはなりません。むしろ、筋肉を正しく強化することで体の線にメリハリがつきます。有酸素運動とともに毎回行うと、ダンサーにはよい効果だけが現れます。

●――疲　労

筋肉をしっかりと強化するためには、筋肉を疲れるまで使わなければいけないと、繰り返しいっておきます。筋肉をその能力内でうまく使っていても、筋肉を前より強くする刺激にはなりません（生理学者は、筋肉や他の組織が独立した思考回路や魂をもっているかのように暗示する以前の説には、全く賛成していません）。

疲労とは何を意味するのでしょう？　前の行動の結果として起きる特異的な状況下で、特定の方法で特定の仕事を行うことができなくなることと、疲労は定義されます。しかし、これは行動の定義です。生理学的に疲労が起きるポイントを計測するのは、とても難しいことです。仕事量が増えても酸素摂取量が増えなくなる最大酸素摂取量を測れば、計測できるかもしれません。それ以上の仕事は無酸素で行われ、すぐに疲労が始まって、同じ強度で仕事を続けていられなくなります。もう1つの方法として、最大限の等尺性収縮をしているときの活動電位を、筋電図で測ることができます。物理的な力が減少しているときに活動電位が増加しているのは、完全に力を出し続けているにもかかわらず、筋肉に疲労が生じていることを意味します。

残念なことに、疲労を決める両論は、実験室でしか行われていません。そのため、理学療法士あるいはダンサー自身が、筋肉に純粋な疲労が起きたと感じるまで、エクササイズプログラムを続けるよう努力しなければいけません。

3 内科的療法、外科的療法

ダンスのケガでもスポーツのケガでも、整形外科医やスポーツドクターの役割は、主に診断することです。ほとんどの治療は保存療法（つまり手術をしない治療）で、ダンスにかかわる理学療法士が行います。整形外科医は、患者を検査し、潜んでいる問題を的確に診断し、特別な治療を必要とする骨折や他の重大なケガの可能性を除外します。そして、理学療法士と連絡し合って、その患者に適した治療やリハビリの計画を、テクニックの修正も含めて工夫します。患者もケガの症状も皆それぞれ微妙に違っているので、注意深く評価しなくてはいけません。しかし、整形外科医だけができる治療があります。

●――痛みと痛みのコントロール

痛いという感覚は、どのような人にも健康な状態を保つため必要です。大変まれに、生まれつき痛みを感じない人がいます。また、何らかの病気で、その感覚を失ってしまう人もいます。その結果、皮膚や軟部組織がダメージを受けても気づか

ないために、関節が重症なダメージを受けることがあります。

とるに足らない痛みもあることは確かです。例えば、前の晩にパーティーがあった日の頭痛です。お腹や胸が痛んだり、頭痛が長引いたりする場合には、適切な内科医に診てもらうべきです。筋骨格系の痛みを訴えているダンサーは、理学療法士やスポーツドクターの扱う範囲です。初診では、徹底的な評価を行うべきです。ほとんどの例で、その後に理学療法が必要となるでしょう。

痛みのある部分が、常に痛みの原因となる部分ではないということを、覚えておくことが大切です。例えば、子どもが膝の痛みを訴えている場合、股関節の問題が原因となっていることがよくあり、大腿骨頭すべり症によることがあります。これは、大きなダメージを与える可能性がある病態で、早期段階で見逃されると重大な問題になります。一般的ではありませんが、股関節に関節炎のある成人が、膝の痛みだけを訴える場合もあります。痛みのある部分がケガをした部分と同じでも、実際の原因はそこから離れている場合があると、もう一度繰り返しておきます。例えば、ターンアウト（訳者注：つまり股関節の外旋）に制限があると、膝や足にケガをすることが多いということです。これは特に、力ずくで足を外に向けているとき（足の過度な外旋）にあてはまります。

理学療法の補助として、薬物療法を必要とする場合があります。しかし、痛みがおさまらず踊れないときに、ダンサーを踊らせるためだけに鎮痛薬を用いるべきではありません。これが、ケガを進行させる道筋になります。頭痛で、ふつうの鎮痛薬を用いるときも注意すべきです。鎮痛薬を常に使っていると、薬自体が日常の慢性的な頭痛の原因となることがあります。

● ──除痛ラダー（痛みを除くための段階）

除痛ラダーは、鎮痛薬を処方する目安として、世界保健機関（WHO）が提唱したものです（鎮痛薬は、痛みを抑える薬です）。除痛ラダーでは、進行の状況に応じた薬剤が紹介されています。

◎ 第1段階

薬局で買える（処方せんなしで）基本的な鎮痛薬です。パラセタモール（訳者注：解熱鎮痛薬の1つ。別名アセトアミノフェン）やアスピリンがあります。

パラセタモールは、よく選ばれる薬です。頭痛などの一時的な痛みには、500mg錠を2錠で十分ですが、痛みが続く場合には、血中の薬剤濃度を保つために6時間ごとに定量のパラセタモールをとります。最大用量は24時間に500mg錠を8錠で、厳守しなければいけません。パラセタモールを過剰にとると肝臓を傷め、20錠で死ぬこともあります。

アスピリンは効果がありますが、消化不良、潰瘍、出血などの胃の症状を引き起こしやすい薬です。抗炎症作用があります。熱を下げる効果も多少あります。**注意すべき点は、アスピリンは18歳未満の子どもには決して飲ませてはいけないことです。** 原因は不明ですが、子どもではアスピリンがライ症候群にかかわっていることがわかっています。この疾患はまれですが、命にかかわる危険がある病気です。支持療法（訳者注：病気の症状や治療による副作用を、予防したり軽減させるための治療）以外に治療はなく、ふつうは集中治療室に入ります。

パラセタモールに非ステロイド性抗炎症薬（Non-Steroidal Anti-Inflammatory Drugs：NSAID）を追加することもできます。イブプロフェン（Nurofen〈訳者注：商品名〉）は薬局で買えますが、他のNSAIDsには処方せんが必要です。これらはパラセタモールの代用にするべきではなく、補助的に用います。その名のとおり、NSAIDsは炎症反応を抑えます。これが原因で、骨折の治りを遅らせるという証拠もいくつかあります。アスピリンもNSAIDsも胃を刺激するため、これらは合わせて使わないほうがよいでしょう。さらに、NSAIDsとアスピリンは両方とも喘息を悪化させることがあり、喘息患者には避けるべきで、医師の指示のもとだけで用います。

抗炎症作用のある塗り薬、例えばVoltarol（訳

者注：商品名）やイブプロフェンのジェルを、痛みのある部分にやさしくすり込むと、軟部組織の痛みにとても効きます。これらは驚くほど深く浸透するため、NSAIDsをすでに飲んでいると過剰投与となるリスクもあります。

◉ 第2段階

第1段階で概略した方法で痛みがコントロールされない場合、弱い麻薬性鎮痛薬を追加すると、十分な効果が得られる場合があります。よく使われる薬はコデインとジヒドロコデインで、わずかに後者のほうが効果があります。両方とも便秘、吐き気、嘔吐、眠気を起こすことがあります。どちらか一方を用いる場合、第1段階で使った薬と組み合わせて用いるべきです。

パラセタモールとコデインの合剤はco-co-damol、パラセタモールとジヒドロコデインはco-dydramolとして、薬局で買うことができます（訳者注：両方ともイギリスで販売されている鎮痛薬）。その他にも商品化された合剤はたくさんありますが、ほとんどが高価で、その効果はそれほどではありません。

特に注意すべき点として、パラセタモールを含む合剤を用いる場合は、第1段階ですでに飲んでいるパラセタモールの服用をやめることがとても大切です。

薬の箱にある注意書きや箱の中の説明書は、常に読むようにしてください。疑問があれば、薬剤師に質問してください。処方せんによる薬を飲む場合も、危険な相互作用もあるので、同じように注意してください。

◉ 第3段階

痛みが大変ひどく、第2段階の方法でもコントロールできない場合、モルヒネのような強いオピエートが必要とされます。これらは規制された薬剤で、登録された医師の管理下だけで投与されます。そのため、これ以上説明する必要はないでしょう。

ルールは次のとおりです。

- 効果のある最小限の量をとります。
- 多くの理学療法士が行う理学療法、マッサージ、はり療法、冷湿布や温湿布などの効果も利用します。これらによって、鎮痛薬を使う必要がなくなることがあります。
- 症状がすぐに改善しない場合は、資格のある専門家（スポーツ傷害の知識をもっている理学療法士または医師）に相談してください。
- 痛みを隠して踊り続けるためだけに、適切なアドバイスを受けないまま、鎮痛薬を用いることは決してしないでください。そのようなことをすればケガが悪化し、回復も遅れ、踊りをやめることになる可能性もあります。
- 繰り返しますが、薬の注意書きをいつも読みましょう。薬は慎重に扱います。すべての薬は、副作用が出る可能性があります。

●── 酢酸ヒドロコルチゾンと同種の薬剤

これらの薬剤を注射で投与することは、ダンスやスポーツのケガの治療では、適応が限られています。炎症反応を止める作用がありますが、ステロイドの懸濁液であるため、作用は局所に限られます。体全体に作用を及ぼさず、経口ステロイド薬のような副作用がありません。どのような場合でも、酢酸ヒドロコルチゾンの1回の投与量は、1日に体で分泌されるヒドロコルチゾンの約12分の1の量までにします。

酢酸ヒドロコルチゾンは、ヒドロコルチゾンの不溶形で、ケガの治療に用いるものですが、その効果を得るには、治療する正確な部分に薬剤がとどまらなければいけません。投与により、局所的に24時間ほど痛みが増すことがあり、しばしば局所麻酔を同時に行います。この薬剤が主に使われるのは、ケガが慢性的になったときです。つまり、わずかな炎症がまだあって、完全には治っていないときです。テニス肘、慢性腱鞘炎、腱炎の治療で、一般的に有効です。

使用してはいけない場合（禁忌）は、次のとおりです。

1) ヒドロコルチゾンは、急性のケガでは決して使ってはいけません。治る過程を完全に止めてしまうからです。

2) 骨折の疑いや可能性があるとき、例えば疲労骨折では決して使ってはいけません。
3) 大きな腱（アキレス腱、膝蓋腱など）に関しては注意して使うべきで、おそらく投与は1回だけにすべきです。腱自体には決して投与せず、腱周囲の組織にだけ投与すべきです。腱自体がダメージを受けているときには、治癒過程が進んでいるのをヒドロコルチゾンが止めてしまい、腱が完全に断裂してしまう可能性のあることが、とても注意しなければいけない理由の1つです。同様に、腱周囲の組織より腱自体に注射したときのほうが、腱にダメージを与えて断裂させる可能性があります。
4) 診断が確かでない場合、よりよい方法がある場合には、決して投与すべきではありません。
5) ダンサーやアスリートに関する限り、ヒドロコルチゾンは決して関節に投与すべきではありません。関節内へのステロイド投与は、ふつうは関節炎を起こした人に限られます。この状態は、ダンサーやアスリートの現役中には、あまり現れません。関節で単にケガが治りかけているにすぎないときに、投与すべきではありません。
6) ダンサーやアスリートを動けるようにするためだけに、局部麻酔剤や特にステロイドを投与するのは非難されます。おそらくささいなケガを重大なケガに変えて、ケガの悪化を招くことになるでしょう。

●──経口ステロイド薬

地域によっては、経口ステロイド薬（コルチゾン、プレドニゾンなど）が、腫れを減らすか防ぐ目的で、ケガの後に3〜4日間投与されることがあります。

しかし、これによって腫れだけでなく炎症過程も抑えられてしまいます。2.1節で説明した治癒過程の初期段階を、完全に妨げることになります。ケガが本当に小さなものなら差し障りないかもしれませんが、かなり傷ついた組織がある場合は、治癒過程が始まるのを遅らせるのは不利だけです。炎症過程を抑えることによって、ダンサーは完全に動き続けられるかもしれませんが、重大で悲惨な結果を招く可能性があります。

経口ステロイド薬投与のさらなる合併症は、体自体のステロイド生成が抑制されて、それと同時に他のホルモンのバランスも広範囲に変わることです。体が生成するステロイドが4〜5日間でさえ抑制されると、体が元のようにバランスのとれた状態に戻るまで、さらに長い期間ホルモンのバランスがくずれることがあります。

経口ステロイド薬をダンサーに使うのは、浅はかで不必要で、非難されることでしかありません。

●──手 術

外科的な手術は、特定の症状があるとき、的確な診断がなされたとき、保存療法で改善されないか保存療法の適応がないときに行われます。

こういったことは、書くまでもない当然のことに思われるかもしれません。しかし、かなり多くのダンサーが、さまざまな理由から全く必要のない手術を受けています。整形外科医の側が、ダンスやスポーツのケガについての知識がないため、不十分あるいは不正確な診断をすることがあります。外科医が、適切な保存療法を薦めるための知識や理解が不足しているために、手術による方法を選んでしまうこともあります。このよい例は、X線写真に骨棘や石灰化部分が見られると、患者の症状とは無関係であるにもかかわらず、それを取り除くために全く必要のない手術がよく行われていることです。どのような手術を行う前でも、手術の絶対的な必要性があって、しかも、それを外科医と患者の両方が納得していなければいけません。

手術は時として、ダンサー自身からの強い要求で、不必要にもかかわらず行われることがあるようです。よくなるだろうか、早く仕事に戻れるだろうかと、ダンサーが大変不安に思うのはごく自然なことです。目的を果たすには、手術が最も簡単で手っ取り早い方法に思えるかもしれません。ダンサーが骨棘の映ったX線写真を見せられ、そこにあるべきでない何かがあって症状を起こして

いると外科医よりはるかに思い込むのはもっともです。そして、気のりのしない外科医に手術をするように頼み込んでしまいます。手術を受けた結果、長期的に見るとよくならずに、悪くなることがしばしば見かけられます。

小さな骨棘や石灰化は、たいてい靱帯や関節包の付着部で起きた小さな古傷が治る過程でできたものだと、誰もが知っておくべきです。その段階になれば、それ自体が何らかの症状の原因となることはめったにありません。

別の面から覚えておきたいことは、手術後に傷や組織が治るまで、ダンサーは休むしかない時期が必ずあるということです。この期間、全身の筋肉は徐々に弱くなり、手術した四肢はさらに弱くなります。さらに、仕事に徐々に戻るための期間が必要です。症状の根本的な原因だけを治療して、可能ならば短期間の休みをとり、必要ならテクニック的な支援も含めた積極的な治療を確実に行えば、手術をしなくても、かなり早く完全に解決することがよくあります。

最後に、どんなに小さな手術でも、危険があることを覚えていてください。麻酔自体は、わずかですが明らかに危険を伴います。皮膚にできた傷は、すべて感染のリスクがあります。手術後の後遺症には、深部の静脈の血栓症があります。幸いにも、これらの合併症に苦しむ率はかなり少ないとはいえ、合併症はあります。手術は軽率に必要もないのに行ってはいけません。整形外科医の側に無知な部分があるということは、手術では許されません。

● サポーターの利用

ダンサーの場合、弾力性のあるサポーターを腰椎、膝、足首に用いることに、常に疑問をもつべきです。体の中心をしっかりと安定させて、バイオメカニクスと、腰椎から固有感覚のフィードバックを得ることを、まず考えるべきです。腰にサポーターをつけることが、ケガの予防になるとは証明されていません。それどころか、腹部や腰椎のまわりの筋肉の上にきついサポーターを締めると、筋肉の活動を減らし、自らのコントロールよりも外部の支えに頼る傾向があると考えられています。

パ・ド・ドゥのクラスや、リフトが必要な役のリハーサルのために、背中にサポーターをつけていれば安全だと勘違いしてしまい、かえって必要以上にパートナーを押し上げてしまうことがあります。プロのダンサーは、よくneoprene(訳者注：合成ゴムの商品名) の"バックウォーマー"を選んでいますが、これを支えとして常に使っていると、腰を傷めやすくなるかもしれません。教師が脊柱の姿勢とコントロールをはっきり観察できるように、生徒にはこれらを使うのをやめさせるべきです。

特定の背中のケガで一時的に固定が必要とされる場合は、しっかりとした背中のサポーターを療法士が薦めます。しかし、損傷した構造に負担をかけないようにして、脊柱と骨盤の深部の筋肉を働かせ続けるために、適切なエクササイズも行うべきです。同じことが、膝や足首の装具やサポーターにも、あてはまります。習慣的に関節にサポートが加えられていると、自分自身のバランス機能が低下すると考えられています。一方でテーピングは、傷めやすい部分の感覚も保ったまま、適切な固有感覚のフィードバックがあります。例えばⅠ度の捻挫で、正しい治療計画の中でバランスと固有感覚のエクササイズも同時に行えば、テーピングは大変価値があるものとなりえます。

2.6 ケガの予防

他の章を読めば、ケガの予防法を推測できるでしょうが、予防法の主な要素を要約しておきます。

❶ 正しいテクニックを身につけて維持する

2.3節で述べたように、ダンスのケガの原因は、間違ったテクニックです。ですから逆に、正しいテクニックを身につけて維持していれば、ダンス

でケガをする率は最小限ですみます。正しいテクニックのレベルを保っておくためには、**有能で鋭い観察力をもつ教師**のレッスンに定期的に出ることが、大きな助けとなります。どのような活動のときも、精神面においても肉体面においても、テクニックとその応用と心構えは、時が経つにつれて簡単に質が低下していきます。たとえ厳しく自己評価や自己批判をしていても、テクニックの間違いや欠点がひどくなっていくのを、自分で防ぐのは難しいことです。しかし、本当によいレッスンに定期的に出ていれば、ケガをする率は最小限に保てます。

❷ 筋力をつけ、関節の可動性を高め、その状態を維持する

ケガの予防という点で、適切な筋力を保つことの重要性は、どんなに強調してもしすぎることはありません。しかし、重量挙げの選手やボディービルのコンテストに出る人のように、筋肉の体積を過剰に増やすことではないと、念を押しておきます。筋肉の体積は、ダンサーが望む筋肉の強さと、必ずしも一致しません。隆々とした筋肉は、ダンサーにとっては見苦しさという明らかな欠点になるだけでなく、ダンスをするのに邪魔になります。例えば、ウエイトリフティングに熱中するあまり、肩甲帯や腕のまわりに筋肉がつきすぎると、体の重心が上になり、バランスをとるときに不安定になります。また、隆々とした筋肉は、関節を可動域いっぱいに動かすのに邪魔になります。

筋肉のバランスがよいことは、筋肉が強いことと同じくらい大切です。まず、体幹の片側ともう一方の側のバランス、そして四肢の片側と反対側のバランスです。次に、特定の関節の動きをコントロールするさまざまな筋群間のバランスです。このよい例が、太ももで大腿四頭筋を鍛えることが強調されすぎているのに、その部分の他の筋肉、つまり内転筋、ハムストリングス、殿筋が無視されていることです。筋肉のアンバランスによる悪影響は他の章、特に第3章、第5章で述べます。

関節の可動性は、筋肉の強さと深くかかわっています。関節をコントロールする筋肉が弱いと、関節は十分に安定せず、可動域いっぱいまで関節を使うことができません。そのため、筋肉の強さとバランスを保てば、関節の可動性も保ちやすくなるでしょう。また、関節の可動性をできるだけ高めるために大変重要な役割を果たすのは、その関節をコントロールする筋群を、**動く範囲のすべてを通して運動させる**ことです。例えば、関節の伸展をコントロールする筋群は、可動域の一部だけでなく、完全な屈曲から完全な伸展まで、可動域のすべての範囲で力強く働くことができなければいけません。そのためには、どのようなエクササイズプログラムでも、筋群の可動域をすべて使う正しいエクササイズ方法を行うことを目指す必要があります。**関節をコントロールする筋群が強くなって初めて、徐々に穏やかにストレッチすることによって、解剖学的に可能な範囲いっぱいまで可動域を増やすことができます。ストレッチと筋肉の強化は、関連づけて進めなければいけません。弱い筋肉は、決してストレッチされません。**

❸ 心肺機能の適応性を保つ

ダンサーが筋力や関節可動性を保つためのエクササイズプログラムを行うことで、ふつうは心肺機能も適応するでしょう。どのような全身のエクササイズでも、心循環系と呼吸系を最もよい状態に保つために役立ちます。しかし、休暇期間中には、ダンスと関係がなくても何らかの運動をダンサーが続けていれば、心肺機能の維持に役立ちます。水泳、サイクリング、ウォーキングなど、休暇中にふさわしい運動もあります。前述したように、心肺機能の適応性を保つには、息切れするほど活発なエクササイズでなければいけません。このようなときに、心拍出量が増やされることで、適応性が保たれます。心循環系に一定の需要があることで、生理学的適応性は保たれます。

学校の長い休暇は、ダンスで体を酷使している生徒にとって休憩の時間となりますが、適応性を

保つという点では、その期間は長すぎます。テクニックを休ませている間も、基本的な適応性は保っておくべきです。体をよい状態に保っておけば、高いレベルの動きに戻るのが楽になります。

● ── 喫　煙

たばこを吸うことの悪影響については、メディアで多くの情報が流れています。世界中のほとんどの国では、会社や公共機関での喫煙が制限されています。オペラハウスやダンススタジオでも、禁煙になっています。

たばこに火をつけると、たばこが熱により分解され、トキシンが放出されます。最も有害な産物を次に挙げます。

- タール：発がん物質（がんを引き起こします）。
- ニコチン：習慣性があり、この刺激により心拍数と血圧を上げます。
- 一酸化炭素：体に供給される酸素の量を減らします。

◎ ニコチン

たばこの煙が吸い込まれると、ニコチンが肺胞を通って、血流の中に吸収されます。そこから脳に運ばれて、この時点で気持ちよいと感じます。ニコチンは、脳の活動を刺激する神経伝達物質と相互作用し、反応時間や集中力を改善するため、喫煙者はうまくいっていると感じます。ニコチンは、最初にアドレナリンの放出をすばやくします。アドレナリンは血圧を上げ、呼吸を速め、心拍数を上げます。喫煙者は、再び自分のエネルギーを高めるために、1日中これを行っています。脳は、心地よいと感じる報酬を覚えていて、繰り返し求めてきます。そして、中毒になります。やがて、この効果にも耐性がついて、禁断症状を満たすためだけに、たばこを吸うようになります。

◎ タール

タールは発がん物質（がんを引き起こす物質）です。肺に付着して、肺胞（空気の袋）の弾力性が失われます。その結果、血流に取り込まれる酸素の量が減ります。タールの刺激によって、粘膜が腫れて炎症を起こし、肺の浄化作用も妨げられます。気道で痰が作られて、抵抗が増えます。そのために呼吸が影響を受けて、作られた粘液を外に出そうとして、咳が出ます。

◎ 一酸化炭素

たばこの煙に含まれる一酸化炭素は、体内の酸素を減らします。酸素は肺を離れるとき、赤血球のヘモグロビンと結びついて、血液中で運ばれます。しかし、一酸化炭素があると、それが代わりに優先的にヘモグロビンと結びつき、血液中の酸素量が減ります。酸素を必要とする細胞に、血液から渡される酸素も減ります。これにより、心筋（酸素を多く必要とします）や骨格筋が影響を受けます。体のすべてのエネルギーシステムが働くのに、酸素は大切です。酸素の運搬と取り込みを妨げるメカニズムは、どのようなものでもエネルギーの生産を妨げ、ダンスのパフォーマンスにも影響します。結合組織も、悪影響を受けます。酸素が枯渇すると、コラーゲンの生成スピードが落ちて、体の表面では皮膚がたるみ、若いうちから深いシワや小ジワができます。皮膚の下では、組織が治るのにも影響が出て、靭帯や腱の治りが遅くなります。ケガの回復が遅れるということは、ダンサーとしてのキャリアが危うくなる可能性があります。

ダンスでは、ダンスに適した肺活量が求められますが、喫煙はそれを損なわせます。高いレベルの動きをするには、酸素を最大限取り込む必要がありますが、喫煙はその量を減らします。気道の抵抗、酸素の欠乏、血圧の上昇が合わさった影響で、生理的機能が低下します。体を最高の状態に保っておく責任のあるプロのダンサーには、パフォーマンスを損なう依存症は許されません。

喫煙は、全身の血管にダメージを与えます。心臓、脳、皮膚、筋肉の血管を狭くして、酸素がさらに運ばれにくくなります。ペニスへの血管も影響を受けて、やがては勃起不全になります。

喫煙は、強力な抗酸化作用があるビタミンCとビタミンEも、体から奪います。

免疫系は体本来の防御システムで、細菌やウイルスの感染から体を守っています。体を酷使する

ダンサーは、始めから免疫系が傷つきやすく、専門職の厳しさに対処するためには、気をつけてバランスのとれたライフスタイルを送る必要があります。喫煙は免疫系にもダメージを与え、風邪や他の病気にかかりやすくなります。肺に感染症が起きると、仕事や舞台ができなくなります。これは長期にわたってすべてに対し高い代償がつくことがあります。

喫煙の骨への影響が思春期に始まると、通常の最大骨量（訳者注：成長期に骨は増え続け、一般的に20〜30代で骨量が最も多くなります。そのときの値が最大骨量です）よりも少なくなることがわかってきました。バランスのとれていない食事をして喫煙している女性のダンサーは、近い将来にも遠い将来にも、問題を招くことになります。

喫煙は、運動中もその後も、疲労のレベルを上げます。酸素が運ばれる量が減ると、喫煙者の持久力は低下します。非喫煙者に比べると、疲労が回復しにくくなります。

喫煙が体重のコントロールに役立つ、というダンサーもいるでしょう。喫煙は新陳代謝を増やし、食欲を減らすと信じられています。喫煙は味覚も衰えさせるため、食事もおいしくなくなります。コーヒーとたばこだけの朝食で1日を始めるのに十分だというのなら、喫煙習慣は健康なライフスタイルを送れなくする役割もしています。

喫煙者は、ストレスをコントロールするのに喫煙が役立つともいうでしょう。しかし本当は、ニコチンの禁断症状を防いでいるだけにすぎません。最後のたばこから数時間以内に、イライラして集中力が失われます。喫煙すると落ち着くという関係は、その習慣を強めていきます。

◉ **いくつかの興味深い事実**
- 最後にたばこを吸ってから20分以内に、血圧と心拍数は正常に戻ります。
- 8時間以内に、血流中の酸素濃度が正常になり、一酸化炭素が減ります。
- 2日以内に、味覚と臭覚が改善します。
- 3日以内に、肺活量が増えて、気道の緊張が解け、呼吸が楽になります。
- 2週間以内に、ニコチンの欠乏に体が慣れます。
- 3ヵ月以内に、循環系や肺の機能が改善します。
- 9ヵ月以内に、肺自体の浄化作用によって肺がきれいになり、感染リスクが減ります。

たばこを吸うダンサーは歯や手に着色し、吸っていない人に比べて髪や服にも臭いが強くつきます。人と体を近づけて働く仕事では魅力的でありません。一般的に収入が高くない仕事では、たばこは高額です。毎年の貯蓄を考えると、やめたほうが得策です。

ダンス教師や権威のある人たちはすべて、手本となり指導する義務があります。生徒は、たばこを吸う教師の真似をします。たばこを吸うプリンシパルはごくまれにいますが、若いダンサーにその習慣を薦めているようなものです。踊ることで生活しようと強く願う者にとって、喫煙が逆効果となるという圧倒的な証拠があるにもかかわらず、年長者の影響を受けて道を誤りやすいことは明らかです。

4 適切な栄養をとる

栄養が十分にとれている状態を保つことは、ケガの予防そしてケガを治すために、必要不可欠です（2.7節）。

5 ケガの予防の見地から、ダンサーを整形外科的に評価する

ダンスのケガを予防するために最も大切なものの1つに、プロを養成する専門学校に入る前の生徒の評価があります。この入学時の評価には大きな意義があり、それぞれのダンサーが最初にカンパニーに入るときに評価されるまで、継続して用いられるでしょう。

整形外科的テストをする目的は、ダンスのトレーニング中に肉体的問題を引き起こしそうな体の構造がないかを調べることです。成人を評価す

図2.10　整形外科的な評価

整形外科的な評価			
氏　名：	生年月日：		年　齢：
身長：	体重：		BMI：
首	可動域：	僧帽筋の硬さ：	
肩甲帯	非対称： 翼状肩甲骨： 肘：	肩甲上腕関節の可動域： 手首：	
骨　盤	高さ：	非対称：	
脊　柱	側弯： 胸椎の屈曲： 胸椎の回旋： 腰椎の屈曲： 腰椎の側屈： 全体の外観：	後弯： 胸椎の伸展： 胸椎の側屈： 腰椎の伸展：	
下　肢	右 ハムストリングス： 右 アキレス：	左 ハムストリングス： 左 アキレス：	
膝	過伸展： 膝蓋骨：	外反膝： 脛骨の弯曲：	
足	ポアント：右　　左 足関節　：右　　左 右親指の伸展： その他の指： 右横足根関節： 右距骨下関節：	中足骨：右　　　左 左親指の伸展： 中足骨： 左横足根関節： 左距骨下関節：	
股関節	回旋（伸展して）：右（外旋）　　右（内旋）　　左（外旋）　　左（内旋） 回旋（屈曲して）：右（外旋）　　右（内旋）　　左（外旋）　　左（内旋）		
全　身	外傷歴： 手術： 調査：	Beightonスコア： 成長： 健康状態：	
その他のコメント			
試験者	試験日：		

る場合は、さまざまな種類のダンスを踊ることで特別な問題を起こしそうな何かがないかを調べます。たまに肉体的にダンスに不向きな人もいますが、ほとんどの場合は、特定のダンスの形式（例えばクラッシクバレエ）に肉体的に適していない人でも、他のタイプのダンスでは問題なくやっていけます。そのため、若いダンサーを正しい方向に導くために、注意深い評価を用いることができます。整形外科的な評価は、あるテクニックの面で明らかに困難に見える生徒を教師が受けもったときに、大変役立ちます。見てすぐわかるものではありませんが、しばしばダンサーの肉体的なある面が、ダンステクニックの特定の部分を正しく行うことを難しくしている場合があります。

生徒がすべての予選を通過するまでに、そしてダンス専門学校での最終オーディションに参加する前に、明らかに不向きな受験者は落とされるでしょう。一般人を手あたり次第にダンスに適しているかどうか整形外科的に調べていったら、多くの人がダンスには不向きとわかるでしょう。しかし、ダンス専門学校では、実際に整形外科的な評価をする前の段階で、肉体的にダンスに不向きな受験者は、オーディションで落とされています。

芸術的な素質によって、多くの肉体的な問題が克服できることを、覚えておくことも大切です。もし生徒が大きな潜在的素質を発揮したら、トレーニングを始める許可を出し、ダンスの機会を与えるのが正しいでしょう。問題点を克服しているかどうか、上達具合を注意深く観察すべきです。このような場合、トレーニングや将来のプロとしての仕事で、テクニック的な問題や、ケガを起こす可能性がある肉体的問題を、教師と生徒がよく理解しておくことが大切です。そのため整形外科医は、評価するときに2つのことを念頭に置かなければいけません。まず、即座に落とすほどの肉体的な問題（例えば確定的な脊椎すべり症）がないかどうかということです。次に、問題を起こす可能性がある部分を、注意深く書き記しておくことです。早い時期から理学療法士や教師の助けを借りて、特定の部分を強化する特別なエクササイズを行えば、問題を克服できることが、評価の過程でわかるかもしれません。

図2.10は、生徒やプロのダンサーを整形外科的に評価するときに、私たちが何年間も使っているカードを再現したものです。

ほとんどは、書いてあるとおりです。例えば、僧帽筋が硬い場合は、書きとめておきます。特に、首を横へ倒すだけでなく、回すときに何らかの制限がある場合には、頭の動きに影響するからです。肩の高さが左右で一致していないと、側弯や脚の長さの違いなどの異常が潜んでいる可能性が大きくなります。しかし、肩の高さが違うのは姿勢によるものであることが多く、おそらく重いバッグを一方の肩にかけることに、ある程度関係します（旧式の学生かばんは両肩に重さが均等にかかるので、大変お薦めです）。肩甲帯の項目では、肩が前に出て、胸が狭くなって見える子どもがいないかを調べます。軍人のように肩を後ろで締める姿勢もよくありませんが、肩甲帯を胸郭に沿って前に回して胸を狭くするのも同じように悪い姿勢です。

翼状肩甲骨は、体幹上部が弱いことを示しています。肩甲骨内側の縁と胸壁の間に手をすべり込ませられるくらいに、肩甲骨が浮いていることがよくあります。肩甲骨が回旋する動きの一部で、広背筋が弱いためによく起きます。肩甲骨の下端につく広背筋の一部が十分に働かず、肩甲骨を押さえていられなくなるためです。この姿勢を改善するためには、肩甲骨を主に広背筋で押さえなければいけませんが、肩全体のラインに影響するほど肩甲骨を後ろに締めてはいけません。

肩甲上腕関節の可動域の項目では、肩の外転と屈曲を合わせた動きを調べます。これは、男子ではとても大切です。この動きに制限があると、腰椎の部分で後ろに反らなければ、女子を頭上にリフトすることができないからです。腕の第5ポジションにはある程度の柔らかさが必要ですが、教師が気づいていれば適応できます。肩の動きとコントロールについては、第1章の上肢で詳しく書きました（p.11）。

腕では、全身の過度運動性を示す症状の1つとして、手首の過剰な動きだけでなく、肘が反り返っていないかを調べます（第1章の最後を参照のこと）。この本で述べてきたように、ダンサーの過度運動性は、ケガをする可能性が高くなる原因となります。生徒やダンサーに過度運動性があるときは、関節の過度運動性をコントロールするために筋力を保つよう、はるかに厳しい練習に励まなければいけません。

手首では、特に男子で、リフトで問題となることもあるため、背屈に制限がないかどうか調べます。

骨盤では、上前腸骨棘の高さに違いがないかを評価します。この違いは、脚の長さの違いや腰椎に弯曲がある可能性を示しています。同様に、骨盤に非対称性が見られる場合には、背中の評価と脚の長さの測定で、特に注意する必要があります。

背柱では、側弯や後弯があれば書きとめます。子どもの場合、この整形外科的な評価が、医師による初めての全身検査であるかもしれません。それまで発見されなかった側弯が見つかり、治療を薦められることがたまにあります。とても軽い側弯の場合には、ダンスを禁止する理由とはなりません。しかし、幼い生徒の場合は、成長過程で側弯がひどくなる可能性があり、よく観察しておくように親に警告しておかなければいけません。ダンスのトレーニングで側弯が悪化することは決してありません。実際は、それと逆です。体幹を横にずらす運動や他の体幹の運動と合わせて、エクササイズを多くすることで側弯の悪化を止め、状況を改善する効果が実際にはあります。[*5] 脊柱の動きの測定は、図2.10のとおりです。どのような制限も書きとめておき、ダンスで問題が起きるほどの制限かどうかを見極めるため、評価しなければいけません。特に腰椎の下部に硬直がないか、つまり腰椎下部に硬い区画（図3.35）がないかを確認します。他の区画にも、硬直がないか確認します。

"アキレス腱"の項目では、ふくらはぎの硬さを評価します。ダンサーも他のアスリートと同じように、「アキレス腱が硬い」とよく訴えてきます。ふくらはぎには腓腹筋とヒラメ筋があり、これらは下端で一緒になりアキレス腱を形成しています。硬さの原因となるのは、アキレス腱だけでなく、この複合体のすべてです。この部分が硬いと、ダンサーは正しいプリエに下りるのが、もちろん難しくなります。同様に、ハムストリングスの硬さの評価も、特に女子では大切です。しかし、アキレス腱、ふくらはぎの筋肉、ハムストリングスがとても緩いと、ジャンプで高く跳べなくなります。そのため、これらの部分が緩すぎると、男子では不利になります。

ジャンプは、オーディション中にダンス教師の審査員が注目します。

膝では、過伸展あるいは反張膝があるかどうかを調べます。同様に、X脚（外反膝）は軽度であれば大きな問題とならないでしょうが、ダンサーとしては見た目に美しくなく、重度であれば問題となるでしょう。"膝蓋骨"の項目では、実際には、脛骨にねじれがあるかどうかを診断します。足を前にまっすぐに向けたときに、脛骨にねじれがあると、膝蓋骨は内側を向くでしょう（いわゆる、やぶにらみの膝蓋骨）。その角度を調べて、書きとめておきます。ねじれがあるとダンスができないというわけではありませんが、観察していくべきです。

脛骨が弯曲している場合は、脛骨全体であれ下部4分の1程度であれ、評価します。脛骨下部が弓なりに弯曲していると、足関節の角度が変わり、足関節と膝関節の水平面が平行でなくなります。これを観察していないと、足や足首に問題が起きることがあります。足の回内とカマ足の両方が起きやすくなって、関連する問題が起きることがあります。

Beightonスコアについては、p.75で解説し、図1.96に示しました。

成長の段階を、書きとめておきます。

足の親指の伸転は、特に大切です。生徒で、第1中足趾節関節の背屈にすでに制限がある場合には、初期段階の強剛母趾（きょうごうぼし）がしばしば見つけられま

す。制限が大きいと、ダンスを続けられなくなります。どのような形のダンスでもドゥミポアントが必要で、強剛母趾がひどくなるにつれ、正しいドゥミポアントで立つのが次第に難しくなります。4分の3ポアントで立つことも、正しいルルヴェをすることも妨げられます。

　第2〜第5趾では、変形がないか、相対的な足指の長さと中足骨の長さを評価します。ドゥミポアントやポアントで立つとき、足で十分に支えるためには、中足骨と足指の長さが均等になっているほうがはるかに望ましい状態です。

　足では、内在筋がとても大切で、ダンサーがまっすぐな足指で正しいポアントをするときに、内在筋は力強く働きます。内在筋が弱いと、足をポアントにしたときに、長趾屈筋の働きによって、足指がかぎ爪のように曲がってしまいます(訳者注：かぎ爪〈claw〉は、猫やタカの爪のように根元から鋭く曲がった爪です。この場合は、足指の近位と遠位の指節間関節が両方とも屈曲した状態をいいます)。

　股関節の伸展は、股関節の前方が硬いとさまざまな問題の原因となるため、評価が大切です。これについては、この本の後半で扱います。

　股関節を90度屈曲した状態で、股関節の回旋を計測し書きとめます。股関節を完全に伸展した状態でも、股関節の回旋を計測しますが、これはさらに大切な計測方法で、ダンサーが実際に立っているときのターンアウトの角度を反映します。これはもちろん、踊っているときの基本の姿勢です。カエルの姿勢でのターンアウトが、ダンサーとは本来無関係であることを、5.8節の「股関節のターンアウトの制限」で論じます。しかし、ほとんどのダンサーや教師は、まだカエルのポジションがターンアウトを評価する方法の1つだと考えています。このカードには含まれていませんが、その教育が続いています。

　このカードの他の項目については特に説明しませんが、書いてあるとおりです。

　このようなカードを使っていても、ダンサーを本当に評価するには、かなりの経験が必要です。例えば、硬いと見える部分を調べるとき、熟練した検査者がその部分を触診すれば、エクササイズやよいトレーニングでその部分をストレッチできるかどうかがわかります。これは本から学ぶものではなく実践のみで得られるもので、多くのダンサーや生徒を診て、何年もかけて彼らの進歩を見続けてわかるものです。

＊5　側弯症学会の見解では、装具療法に関してはその有効性が示されていますが、その他の保存療法に関するエビデンスの高い研究はありません。

2.7　栄　養

　すべての人に、十分で基本的な栄養が必要です。カロリーは十分に、しかし過剰にならずに、たんぱく質、脂肪、炭水化物をバランスよく、必要なすべてのミネラル、ビタミン、水分をとらなければいけません。正しくバランスのとれた食事をしないと、体の生理的機能が最善の効率で働けなくなります。ダンサーやアスリートも、この点では一般の人と変わりありません。しかしダンサーには、偏るほど多くのダイエットをする人がいます。さまざまな誤解のもと、間違った努力をしている人がいて、先輩や同僚により繰り返し言い広められてきた迷信やうわさに惑わされています。印刷物でも話題でも、間違ったアドバイスにすぐに飛びついてしまいがちです。そういったアドバイスは、望みどおりのレベルの活動ができ維持できる、つまりダンサーが必要とするときに限りないエネルギーを与えてくれるとうたっています。

　残念なことに、多くのダンサーは比較的安い給料で雇われていたり、仕事がなかったり、わずかなお金で生活しなければいけないという現実のため、これらの誤解がさらにひどくなります。これは、賢明で正しい食事をするための助けにはなりません。ダンス専門学校では、舞台に立つダンサーの養成所でも教師の養成所でも、栄養学をしっかりと教えるべきです。ダンサーの気持ちを理解し、アドバイスをできる栄養士が、授業を受けもつのがいちばんよいでしょう。基本的な栄養学や食事

メニューを教えるだけでなく、ダンサーたちが限られた予算内で健康な生活を送るために必要な栄養をとれるように、毎日の食生活のアドバイスができる栄養士が必要です。食事や栄養をテーマにしたよい本の多くは、生徒やプロのダンサーが経済的に許される額を超えた食事を薦めています。よく考えて正しい知識をもって食物を選べば、適切な栄養がとれるだけでなく、体重が増えすぎたり減りすぎたりするのを防げます。正しい食事は、ケガを順調に治すために大切です。また、体を最善の状態に保つことで、ケガを防ぐ助けになります。

1 必要な栄養素

●――たんぱく質

たんぱく質は、筋肉や組織の発達、そして修復のために必要です。また、体内で通常行われている代謝作用に必要なアミノ酸も、たんぱく質から作られます。たんぱく質は特に、脂肪の少ない赤身の肉、鶏肉、魚に含まれています。毎日とっている牛乳やチーズ、卵、ある種の野菜にも、さまざまな量のたんぱく質が含まれています。人間は、炭水化物や脂肪を、ほとんどのたんぱく質やアミノ酸に作り替えることができますが（アミノ酸はたんぱく質の代謝で得られる物質です）、必須アミノ酸と呼ばれる、体で合成できないアミノ酸があります。そのため、必須アミノ酸は食物から直接とらなければいけません。これらはある種の野菜にもありますが、動物性たんぱく質にとても豊富に含まれています。動物性たんぱく質は、しばしば第一級のたんぱく質だといわれます。食事全体で十分なアミノ酸がとれないと、必要なアミノ酸を作るために、体内のたんぱく質、それも主に筋肉組織のたんぱく質が壊され始めます。無分別な食事や、間違ったダイエット計画によって、このようなことが起きます。

●――炭水化物

炭水化物は、エネルギー源として必要です。炭水化物には2つのタイプがあります。1つはブドウ糖、しょ糖、その他の単糖類のような単純炭水化物です。もう1つはでんぷん、多糖類のような複合炭水化物です。単純炭水化物は、体内ですぐに吸収されて代謝されます。一方、複合炭水化物は、吸収や代謝に長時間かかり、そのためエネルギーをゆっくりと放出します。

●――脂　肪

脂肪は高エネルギー源です（高エネルギーは高カロリーを意味します）。脂肪は、複合炭水化物より、ゆっくりと時間をかけて代謝されます。そのため、脂肪はエネルギー源として、より長時間にわたり作用します。脂肪は、脂溶性のビタミンAとビタミンDを運ぶという大切な働きもしています。

●――ビタミン

ビタミンには1日に必要な最小限の量があり、その量を毎日とらなくてはいけません。エネルギーとなる食物ではありませんが、体が正常に働いていくために必要な栄養素です。最小限必要なビタミンがとれていれば、ビタミン剤をとることで摂取量を増やす効果があるという証拠は全くありません。パフォーマンスをよくしたり、持久力を上げたりする効果はありません。ビタミンAとDを過剰にとると、とても危険です。ビタミンAは目にダメージを与えることがあり、ビタミンDはカルシウムとリンの代謝とバランスをくずします。食事で十分なビタミンがとれるので、2つのビタミンを補うのは賢明ではありません。

現在のところ、ビタミンB群とビタミンCを過剰にとっても、危ない副作用はないとされています。両方ともとりすぎると、尿で排泄されます。ビタミンB群の錠剤を何錠か飲んだ後の尿は明るい黄色になるので、尿で排泄されるのがはっきりとわかります。ビタミンCを大量にとった場合に限って、風邪の引き始めに効果があるかもしれません。風邪の症状が起きたときにビタミンCを1日1gとれば、病気の期間が有意に短くなる、あ

るいは治る可能性さえあると発表している研究者たちがいますが、決して結論が出たわけではありません。ビタミン剤の値段は安いものではありませんが、ダンサーは薬の代金を払うだけの価値があると考えているのかもしれません。確かに、薬に危険はなく安心できますが、ビタミンCを大量にとり続けていれば、風邪が予防できるというわけではありません。

ビタミンB_{12}は運動に効果があると考える人がときどきいます。アスリートに、競技前にビタミンB_{12}の注射をしようとする無知なトレーナーもいます。ビタミンB_{12}の注射をすることで、調子がよくなったと感じる人が多くいます。しかし、徹底的に研究されているにもかかわらず、余分なビタミンB_{12}が、難しいパフォーマンスをうまくできるようにしたり、持久力や瞬発力を高めたりするという証拠はありません。

このような状況でビタミン剤の注射は許されないことであり、誤った情報のもと何らかの薬物を不適切に使用するように強要することと同じです。また、注射は無傷な皮膚の表面に穴をあけるため、わずかですが常に危険があります。危険は最小かもしれませんが、アスリートやダンサーはこのような愚かなアドバイスは避けるべきです。

● ミネラル

必須ミネラルはたくさんの種類があり、食事でとる必要があります。ほとんどのミネラルは、必要とされる量がわずかで、毎日の食事で十分とれます。唯一の例外は鉄とカルシウムで、両方ともダンサーに不足しがちです。鉄は特に、女性では生理のため不足する可能性があります。しかし、ほとんどの女性ダンサーは非常にやせていて、生理が不定期だったり、たまにあるだけの人が多くいます。そのため、食事でとる鉄が最小限でも、鉄の不足はひどくならないかもしれません。少しでも貧血の疑いがある場合は、簡単な血液検査ですぐにわかるので、医師に相談すべきです。貧血は、鉄分を補う薬ですぐによくなります。必要な量は、1日18mgです。貧血があると、ダンサーは最善の状態で踊れなくなります。疲れやすく、気力もなくなり、ケガをしやすくなります。また、さまざまな感染症にかかりやすくなります。ある調査で偶然に、体重が45kg未満のダンサーは生理がないことがわかりました。現在アメリカで行われている調査によると、かなり危機的な数字であることがわかっています。

カルシウムは、1日1,200mg必要です。毎日牛乳を4〜5杯飲めば摂取できますが、それができなければ栄養補助剤が必要となるでしょう。

● 水と水分補給

水は、健康のために最も必要とされる成分で、人体の50〜70%を占めています。ダンサーは、運動で失われた水を補給するため、水分を適切にとる必要があります。最高のパフォーマンスは、集中力があり、頭がさえて、長時間スタミナが維持されることによって生み出されますが、それは体に蓄えられたエネルギーと適切な水分補給にかかっています。

水は、次のために必要です。
- 栄養の運搬
- 老廃物の廃棄
- 体温の調節：筋肉は熱を作りますが、汗の蒸発によって体は冷やされます。
- 良好な消化作用、健康な腸

図2.11
クロストレーナーを使った有酸素運動をしながら、水分補給をしています。

- 関節や組織の潤滑剤

　脱水症状により血液の量が減ると、心臓に負担がかかり、次のことが起きます
- 早期の疲労、筋肉の協調運動の欠如
- 筋肉の痙攣、特に脚
- 無気力、めまい
- 吐き気、嘔吐
- パフォーマンスの低下

　十分な水分補給は、体の生理的機能がうまく働くために必要不可欠です。必要とされる水分の量は、運動の激しさと時間、気温、個人差によって違ってきます。少なくとも、1日に2リットルの水分をとるべきですが、一度に多く飲むと気持ち悪くなります。1日かけて、休憩時に少しずつ飲むべきです。ダンスの生徒が、水分をとらずに1時間半のレッスンを続けるというのは、昔の話です。のどの乾きを感じたときは、すでに脱水状態になっていて、筋肉も耐えている状態です。そのため、レッスン、リハーサル、公演時には、水の入ったボトルを用意しておきましょう。尿の色で、水分が足りているかどうかわかります。明るく澄んでいる場合は水分が足りていて、暗く濃い色の場合はおそらく脱水状態です。

　腎臓は、代謝によってできた老廃物を排出するために、適度な量の水分を外に出す必要があります。体に水分が足りていないと、血液の量が減ります。そのために、二酸化炭素や代謝産物を除くのが遅くなるだけでなく、栄養や酸素が細胞に運ばれるのも妨げられる可能性があります。汗をかいて体温の調節をするのにも、水は必要不可欠です。ダンサーが脱水状態になると、筋肉や全身の疲労がとても早く始まり、ケガをしやすくなります。脱水は、筋肉の痙攣、体温の上昇、極度な疲労も招きます。十分な量の水分をとることができないと、脱水の影響が他にまだ現れていないときでも、ダンサーはまず吐き気を感じます。この吐き気自体は、パフォーマンスにとって何の役にもなりません。

　汗によって水分が失われると、塩分も失われます。塩は食事で簡単に補えますが、激しいパフォーマンスや、特に暑い環境では、さらに塩分の補給が必要になることがあります。食事時間に塩分をいくらか多めにとることで十分補えますので、塩の錠剤を使う必要はありません。通常の環境では、薄めの果汁飲料に塩をひとつまみ加えたもので、ふつう十分です。塩分が欠乏すると、とてもひどい痙攣を起こすことがあるので、塩分の補給が賢明な予防策となることは確かです。スポーツドリンクは、水分補給に便利です。これは等張液で、体液と同じ糖質と電解質を含んでいます。

　ダンサーは脱水にならないよう十分注意し、予防として24時間ずっと水分が足りているようにするべきです。前述した1日2リットルの摂取は、すべての成人に推奨される量ですが、運動すると必要量が増えます。食物からある程度の量の水分が代謝時に得られますが、水分を追加する必要があります。その量は、室温や汗をかいた程度によります。水分は、純粋な水として摂取する必要はなく、フルーツスカッシュ、炭酸のオレンジエードやレモネード、その他の味の炭酸水などでも、とることができます。しかし、さまざまなコーラ飲料は、紅茶やコーヒーと同じように、水分補給のための飲み物に含めるべきではありません。これらはすべて、利尿作用のある物質を含んでいるからです。利尿作用のある物質は、腎臓に直接働きかけて、水の排出量を増やします。この3つの飲み物をとると、水分が補給される量よりも、かなり多くの量の水分が失われます。アルコールにも利尿作用があって、これらと同じ仲間に入り、脱水症状を招く可能性があります。アルコールにはカロリーも確実にありますが、抑制作用や沈静作用があるため、エネルギー源とみなすべきではありません。しかし、公演後に少しアルコールを飲むぐらいなら、ダンサーがリラックスするのに役立つこともあるので、ワイン1杯なら危険はないでしょう。

　最近では、皆それぞれに紅茶やコーヒーを毎日の習慣にしていますが、運動に関連した水分補給のために用いるべきではありません。

定期的に体重を測ることによって、脱水症状があるか、それが解消されたかを、効率的に確かめることができます。これは、トップクラスのアスリートがしばしば行っている方法です。1リットルの水分が失われると、体重が1kg減ります。激しい公演やレッスンの前後に計測すると、特に暑い環境では、水分補給の必要な量が正しく示されるでしょう。

2 食生活

毎日何を食べるかを決めるときに、たんぱく質、炭水化物、脂肪、ビタミン、ミネラル、水といった言葉で考えるのは面倒なことです。いわゆる食品群として考えて、4つの食品群のそれぞれから1つずつ十分な栄養をとれば、バランスのとれた食事の献立を立てやすくなります。食品群は次のとおりです。

● ――肉のグループ

1日2単位とります。
《1単位—脂身を除いた肉か鶏肉か魚：約57g、または卵2個、またはカテージチーズ：約114g》

● ――穀物のグループ

1日4単位とります。
《1単位—食パン1枚（できれば全粒パン）、またはコーンフレークのようなシリアルか、スパゲッティなどの麺類：約57g》

● ――乳製品のグループ

1日3単位とります。このグループからは、カルシウムや他の栄養素がとれます。
《1単位—ミルクかヨーグルト（低脂肪か無脂肪のもの）：約284mL、またはふつうのチーズ：約43g》

● ――野菜と果物のグループ

1日4単位とります。緑黄色野菜やニンジンなどのオレンジ色の野菜は、ビタミンAを含んでいます。1週間に4回は、これらの野菜を1単位とるべきです。その他の野菜や、特にオレンジなどの柑橘類は、ビタミンCを含んでいます。
《1単位—大きなひと盛りの野菜、またはリンゴ、オレンジ、洋ナシなどの果物1個》

毎日の食事を考えるときには、1回の食事に各グループから1単位ずつとるようにしてください。できるなら、少ない回数でそれぞれのグループからたくさん食べるよりも、1日3回の食事でとるようにしましょう。特に、寝る前の1日の最後の食事で、たくさん食べることは避けてください。カロリーを減らすのにいちばんよい方法は、脂肪をとる量を減らすことです。例えば、肉は脂身を落とし、スキムミルクや低脂肪のヨーグルトを利用し、ふつうのチーズよりカテージチーズを選んで、脂肪を減らします。同じ重さだと、炭水化物やたんぱく質のカロリー量は同じですが、脂肪はその2倍のカロリーがあります。ダイエットを計画するときは、カロリーはエネルギーと同じことで、エネルギーは毎日踊るために必要なものだということを忘れないでください。また、たとえ24時間じっと動かずにいても、体には生き続けるために最小限必要なカロリーがあります。実際に必要なカロリーは、代謝率によって1人ひとり異なります。基礎代謝率は、全く動かないでいるときのものですが、何らかの活動をするときは大きく増加します。

3 公演前の飲食

ほとんどのダンサーは、公演前に飲食できるものとできないものを自分で決めているようですが、守るべきガイドラインがいくつかあります。まず、1日を通して、水分が十分に補給されているか確かめるべきです。それには、何回にも分けて定期的に少量の水をとるようにします。公演中、特に暑いところでエネルギッシュに踊るときは、定期的に水を少しずつ飲むようにしましょう。こうすることで、脱水やのどの乾きすぎが防げます。

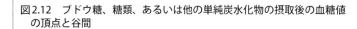

図2.12 ブドウ糖、糖類、あるいは他の単純炭水化物の摂取後の血糖値の頂点と谷間

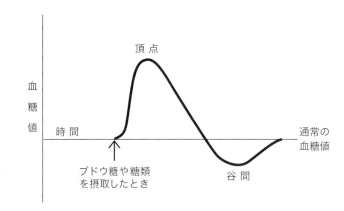

公演の直前に300〜600mLの水分をとって、体に水分が十分吸収されると、おそらく伝導体が破綻してしまうはずです。ダンサーは、これほどの量を必要とする状態にまで、自分を追い込むべきではありません。

濃く甘い飲み物は避けてください。これらは、かなりゆっくりと吸収されるので、エネルギーや活性度を高めません。薄いブドウ糖の飲み物のように、薄めた炭水化物でさえ、公演が進行していくうちに逆効果になってしまいます。ブドウ糖を薄めて飲むと、すばやく吸収されます。しかし、血流中の血糖値がピークになると、体の生理的機能がこの高い値に対処すべく刺激されて、それを代謝しようとします。その結果、血流中に一気にインシュリンが流れ込みます。そして、血糖値がピークから下がり、通常の値以下に低い谷間となります（図2.12）。そのため、ダンサーは公演の途中に突然、疲れを大変感じます。公演の間を通して十分なエネルギーの供給を保つためには、公演の始まる1時間半から3時間前に軽い食事をとるほうが、はるかに満足できるでしょう。必要なエネルギーをとるために、でんぷんのような複合炭水化物を、この食事に含めるべきです。パスタの小皿やサンドイッチを、果物も添えて軽く食べれば簡単にとれます。公演前にこのような食事をとっておけば、出番前のウォームアップを始めよ

うとするまでに消化されて、エネルギーは踊っている間も供給されるでしょう。また、公演の後に、たくさん食べるのはよくありません。前述したように、1日に何回かの軽い食事で、必要なだけの食物をとるほうがずっとよい方法です。

ダイエットや食事のとり方を計画するための一般的なガイドラインを述べてきましたが、ダンサーが体重に特に関心があり、食物やダイエットの問題があるのなら、医者や資格をもった栄養士にアドバイスを求めるよう強く薦めます。栄養士は、予算内で毎日の仕事のプログラムにも合う、おいしくて栄養のある食事を計画するのを手伝ってくれるでしょう。

ダンサーが確実に最高の状態で踊れるようにするために、経営管理者には、もっと注意深く考えてスケジュールを立てるように忠告します。午前中のレッスンに出るように強いられ、それからリハーサルへかけ込むまでのわずかな時間で軽いスナックをあわてて食べるようなスケジュールを強いられることなく、1日の真ん中にダンサーが適切な食事をとるのに十分な時間を設けてあれば、よい結果が得られるでしょう。夕方の公演に出るダンサーにも、公演前に軽い食事がとれるように、時間をとるべきです。このようなことは理想論だと思われるかもしれませんが、経営管理者もダンサーも、生活を支えている体の生理的要求に対してもう少し注意を払うことで、双方とも報われるでしょう。

2.8 原因不明のパフォーマンス低下症候群（UUPS）

Budgettらは、オックスフォードの聖キャサリン大学での会議後に、いわゆるオーバートレーニング症候群を、原因不明のパフォーマンス低下症

候群（Unexplained Underperformance Syndrome：UUPS）と再定義しました。UUPSは、このオックスフォードのグループが最初に定義したものです。UUPSは、しばしば気づかない間に進行して始まり、かなりの時間が経つまで気づかれないことがあります。外的な要因（社会的要因など）が進行させる原因の一部となっていることもあります。

UUPSは、ダンサー、教師、カンパニーの経営管理者が知っておくべき問題です。アスリートを調査した結果、持久力を要する一流アスリートでは、この特別な疲労症候群が10％に達していることが確認されました。

ダンサーは疲れているときが多いのですが、それでもなお毎日のレッスンを完全にこなして、質の高いパフォーマンスを作り出しています。彼らがひどく疲れている場合には、それに対して2週間の休みをとって回復させ、通常のパフォーマンスの基本レベルに戻すべきです。UUPSでは、休みをとっても疲労とパフォーマンスの低下が続き、教師もダンサーもそれを認めます。ダンサーは、体調が悪く、ゆううつで、常に疲れていて、よく眠れず、目覚めたときも回復していません。エネルギーをなくし、感情的になり、イライラして不安になります。免疫系も低下して、小さな感染や上気道の感染症に3～4週間ごとに悩まされます。

英国オリンピック医療センターによると、UUPSでは次のようなことが報告されています。

- トレーニング中の疲労と予想外の苦労
- 過酷なトレーニングと競争の履歴（ダンスの場合は、厳しいレッスン、指導、リハーサル、あるいは危険なパフォーマンス）
- 頻発する小さな感染症
- 原因不明あるいは異常な筋肉の硬直や痛み
- 情緒不安定
- 眠りの質の低下
- エネルギーの喪失
- 闘争心の喪失
- 性欲の喪失
- 食欲の喪失
- 過剰な発汗

持久力を要するアスリートには、疲労とパフォーマンスの低下が出て、二次的に気持ちの変化を伴うという調査報告があります。力を要するアスリートや短距離走者には（ダンサーはこの部類に入ります）、最初に気持ちの変化があり、それに続いてパフォーマンスの低下が現れます。

UUPSが疑われる場合、スポーツドクターは、他の病気を除外するため血液検査を行います。しばしば、鉄の欠乏が見られます。ダンサーの場合、少ない食事と脱水のためにグリコーゲンが欠乏すると、回復能力が低下し、厳しいトレーニングに耐える力が減ります。診断がつけば、医師は回復プログラムを立てて、栄養士や心理療法士の元に差し向けるでしょう。軽い運動を行い、厳密にペースを保って、よい栄養をとり、抑うつや睡眠障害を治療するため必要な場合は薬も飲めば、最長3ヵ月で回復できます。これは驚くほど長い時間ですが、少しよくなったと感じる頃、運動を増やすのが早すぎると、再び疲労が始まることがわかっています。

予防のためには、教師か経営管理者がダンサーの仕事量に気づく必要があります。ダンサーが、上を目指すのをやめることは、めったにないからです。お金を払ってレッスンを受けるためにパートタイムの仕事もしているダンスの生徒は、リハーサル後にくつろげるダンサーほど、回復は早くないでしょう。プロのダンサーに携わる教師や医療の専門家は、彼らの食習慣、水分補給、休息、ペースの保持を観察し、回復への作戦を指示するための定期的な話し合いが必要になります。

《参考文献》
Budgett, R., Newsholme, E., Lehmann, M. et al. 'Redefining the Overtraining Syndrome as the Unexplained Underperformance Syndrome'. British Journal of Sports Medicine (2000), 34: 67-8.

第3章
ダンサーに起きやすいケガ：原因と治療

Specific Injuries:Their Cause and Treatment

この章では、ダンサーによく起きるケガについて解説していきます。ケガの多い順番ではなく、体を体系的に見ていった順番で書きます。

この章の解説では、ケガとその原因について必要なことを書いた後、治療や起こりうる合併症についても、ダンサーに関係することを書いていきます。ケガの原因、治療のいくつかの方法など、ダンサーが特に関心をもつ内容のあるケガにしぼって解説するようにしました。

【原因】では、ダンサーやダンス教師、テラピストが、ダンサーがケガを負った原因となった可能性があるものを、見つけられるように願っています。原因は、たいてい何らかのダンスのテクニックに関係があります。ケガが再発するときは、特に原因を探すことが大切です。治療期間中は、可能性がある原因をすべて探し出して、原因を除くか修正することがとても大切です。

弱い部分やテクニックの間違い、体の構造上の問題があっても、症状が長い間出ないことがあります。しかし、踊りの量が少し増えただけで、あるいは、テクニックや振付が変わることや、傾斜した舞台で踊ることで、突然重い症状が出ることがあります。

【治療】では治療の一般的な方法を書きますが、患者を診る理学療法士や外科医なら、専門的治療の適応について当然詳しく知っているはずです。治療に疑問がある人、費用のかかる治療が必要かどうか心配なダンサーは、2.4節と2.5節が参考になります。残念なことに、他のアスリートと同様にダンサーも、ケガを治し舞台に戻ること、つまり踊りを一時も休まないで続けることに死に物狂いになります。そのため、"すぐに治せる"という人に対し、特に無防備になります（たいてい効果はありません。特に長期的には効果が望めません）。体を完全に治して復帰することに生活がかかっているダンサーには、正しい治療を受け、最小限の治療回数で治すことが必要です。治療は、がんばって稼いだお金を払うだけの価値がなくてはいけません。しかし、すぐに効くマニピュレーションや注射には、ケガから永久に解放されるための最善の治療法とはかけ離れたものが多いと、ここで強調しておかなければいけません。それらはすぐに効いて、お金もかからない方法に思えるかもしれませんが、短期間だけ効果があっても、長期的に治ることはめったにありません。ケガの再発や問題を招くことがかなり多くあり、前より悪くなることもあります。そのため、最終的にダンサーがより長く踊りを休まなければならない結果となります。正しい診断後、的確な治療を早く行うことが、悲惨な結果となるのを防ぐでしょう。

特別な【合併症】を挙げた節では、そのケガに伴って起きる問題の兆候について、短期的なものであれ長期的なものであれ、それぞれ書くようにしています。ダンスへの復帰に影響するすべての要素を、再発を防ぐための予防と合わせて書いています。合併症の項目は、はっきりとしない、あるいは離れた部位にある落し穴を、一般の医師が診察時に見逃さないためにも役立つでしょう。

3.1 足関節外側靱帯の捻挫

外側靱帯は、3組の線維からできています。ダンサーに最もよくあるケガは、腓骨と距骨をつないでいる前距腓靱帯

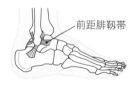

(anterior talofibular ligament：ATFL)という前方の線維に起きます。この靱帯は、内がえしと底屈でストレスがかかります。中央の線維は、腓骨から踵骨まで達している踵腓靱帯で、純粋な内がえしでストレスがかかります。後方の線維は、後距腓靱帯となります。

初診時には、外果（腓骨の下端）に骨折がないか、X線写真（図3.1）で確かめることがとても大切です。第5中足骨の骨折も、同時によく起きます（図3.2）。靱帯が完全に断裂していないか確かめることも同様に大切です。超音波検査かガドリウム造影剤を使ったMRI検査[*1]で、靱帯が完

図3.1　外果のらせん骨折　　図3.2　第5中足骨の基底部の骨折（矢印の部分）

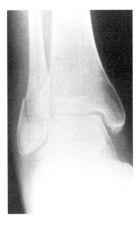
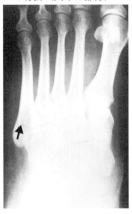

全に断裂しているか部分的に断裂しているかを明らかにし、ケガに応じた適切な治療をします。距腿関節窩（訳者注：脛骨と腓骨の下端が距骨をはさむ関節〈距腿関節〉のくぼみの部分）で、距骨を前に回旋させてしまう靱帯線維のダメージを見逃さないことが大切です。ケガをした関節で、"前方引き出しテスト"を行う必要があります。片手ですね（脛）を押さえ、足の後部をしっかりともう片方の手で押さえ、足指のほうへ足を前に引っ張ったとき、距腿関節窩で距骨が前にずれるのと同時に、内側にわずかに回旋することがあります。この種の不安定性が見逃されると、ダンサーの慢性的な問題につながり、足は永久に不安定なままとなります。

足関節の捻挫は、次の3つの程度に分けられます。

- **I度捻挫**：靱帯がわずかに伸ばされます。数本の線維が切れている可能性がありますが、重症ではありません。痛みと腫れが、ある程度あります。補助なしで歩くことは可能ですが、おそらく走ったりジョギングしたりはできません。数日間の安静と何らかの挙上、短期間の冷却で、ふつう症状は治まります。
- **II度捻挫**：靱帯が部分的に断裂します。痛みと腫れがあります。皮下出血によるアザも出るでしょう。歩くと痛みがあり、ふつうは歩けません。
- **III度捻挫**：靱帯が完全に断裂します。体重をか

けるのは難しくなるでしょう。かなりひどい腫れとアザが現れます。足関節が不安定（くずれる状態）になることがあります。

どの段階でも、ダンサーはケガの後できるだけ早く、医療のプロにアドバイスを求めることが大切です。最善の結果につなげるには、早期の治療が必要だからです。

【原因】

足関節の外側靱帯は、急性の外傷でいつもダメージを受けます。内がえしによるケガの後に起きます。この捻挫は、内がえしの要素、回旋の要素、過度な底屈の要素、まれに背屈の要素がからんで、しばしば大変複雑な捻挫となることがあります。実際には、ほとんどの捻挫は、単純に一方向あるいはもう一方に位置がずれるのではありません。ダンサーがポアントで倒れたときや、男子のグラン・アレグロ中によく起きます。ふつう男子では中央の線維（踵腓靱帯）に影響があり、女子では前の線維（前距腓靱帯）に影響があります。道路の縁石につまずいたり、階段で落ちたり、ダンスに全く関係がない日常の災難でも、一般人のようにダンサーも捻挫することがあります。

◉ 捻挫を起こしやすくする原因

外側靱帯の捻挫を起こしやすくする原因には、全般にさまざまなものがあります。過去に受けた損傷に十分なリハビリができていないことが、おそらく最も重要な原因です。

足が弱いこと（つまり内在筋が弱い）、足関節のコントロールが十分できないこと、特に腓骨筋群が弱いこと、ふくらはぎの筋肉が弱くてジャンプからの着地でコントロールできないこと、これらはすべてケガをしやすい原因になります。ターンアウトのコントロールができないと膝が内側を向いてしまい、足関節の上で脚のアライメントがくずれ、体重を正しく足にかけられなくなり、体重が後ろにかかった状態になります（5.21節）。その結果、足関節は不安定になります。シューズが合っていないと、問題がさらに悪化します。骨盤が不安定だと、腰椎の前弯あるいは骨盤の前傾

が起き、たいていは体幹の筋肉の弱さも重なって、脚の下端がさらに不安定になります（5.6節）。間違った頭の位置や、間違ったジャンプも同じように影響します。緊張して踊るとコントロールできなくなり、この種のケガだけでなく他のほとんどのケガの原因となります。床の表面が悪いと問題を起こすことが多く、特にそれが悪い踏み切りにつながると、必然的に着地も悪くなって、ケガの原因となります。

【治療】

まず、骨折がないとわかるまでは、体重をかけないでおくべきです。捻挫に伴って、外果や第5中足骨の基部が骨折していることがあります。

初期段階では、アイスパックをして、脚を挙上し、安静にします。診断を受けて、ごく軽い捻挫だけで重症なケガではないとわかったら、足首のサポーターかテーピングをして、制限した動きなら続けてもかまいません。しかし、他のすべてのケガと同様、ダンサーが踊り続ける前に、正確な診断が必要です。診断を誤ると、長期にわたって悪影響が出ることは、どんなに強調してもしすぎることはありません。

● **最終的治療**

冷却、挙上、安静を続けるべきです。ケガから48時間後には、ダメージを受けて腫れた靱帯に超音波療法を行うのがよいでしょう。また、脚を挙上して体重をかけずに、足と足首のエクササイズを始めるべきです。脚を挙上して筋肉を収縮させたり弛緩させたりすると、腫れをさらに早くひかせるのに役立ちます。この期間、夜寝るときに足を上げておくのも、腫れをひかせる効果がとてもあります。これは、すべての下肢のケガにいえることです。エクササイズは足関節周囲のすべての筋群に行い、足をポアントの状態（つまり完全な底屈）と直角（つまり中間位）にして行います。この2つの異なるポジションは、エクササイズプログラムですべての腓骨筋を使うために必要です。ふくらはぎの筋肉は短縮しがちなため、治療の初期段階から十分にストレッチするべきです（次項の合併症を参照）。足の内在筋はすぐに衰える傾向があるため、内在筋のエクササイズも行うべきです。この期間、下肢の他の部分や体幹の一般的なエクササイズに、患者は十分な時間をかけるのがよいでしょう。

症状が改善してきたら、部分的に体重をかけたものから、全体重をかけたものへとエクササイズを進めていきます。バランスや固有感覚のためのエクササイズも、できるようになったらすぐに始

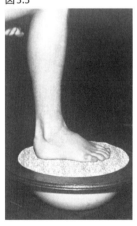

図3.3

座った状態で、バランスボードを使用。ボードの上に立って体重をかけるための準備として、座った状態で正しい足のプレースメントを覚えます。

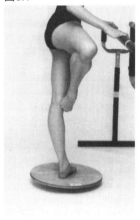

図3.4

バーに向かって、バランスボードを使用。座った状態と補助なしで立つ状態の中間段階です。バランスをとるのに、まだ補助が少し必要なときに行います。

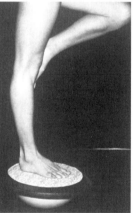

図3.5A

補助なしで立って、バランスボードを使用。このダンサーは、まだ過伸展した膝のコントロールができていません。写真で見る限り、踵に体重の大部分がかかっています。

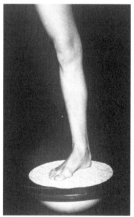

図3.5B

ポジションが正しく保たれています。ケガや長い仕事休みの後には、姿勢反射がすぐに悪くなります。その反射を再び覚えるために、バランスボードを使います。

めるべきです。後期の段階では、バランスボードを使ったエクササイズがとても重要になってきます。最初は、患者は座ってバランスボードに足をのせ、体重を足にかけないでエクササイズを始めます。このボードが足を動かす助けとなって、足関節の動く感覚を患者に思い出させます(図3.3)。バランスボードに体重を部分的にかける場合は、バーに向かって、両手で体を支えて行うのがよいでしょう（図3.4）。完全に体重を支えられるようになったら、バランスボードを使っての本当のチャレンジに進みます（図3.5）。

　本当に小さな捻挫を除いて、実際に起きる捻挫ではいつも靱帯や関節包（内）の神経や神経末端にもダメージがあります。神経末端は固有感覚(関節のポジションを認識する感覚）を担っているため、この感覚が失われたり妨げられたりすると、足関節の不安定感が強くなったり、時には不安定感が残る原因となります。ダンサーは足関節を不安定に感じ、どんなときでも足関節がくずれるのではないかと不安になるでしょう。踊ろうとするとき、さらにひどくなると、歩くときでさえ関節に安定した感じが得られなくなります。これに対する治療と、足の位置や関節をコントロールする反射を取り戻すために、バランスボードは最も効果があります。

【合併症】
　足関節の捻挫は、ダンスやスポーツのケガの中でも、おそらく最も不適切に扱われています。ダンサーはしばしば包帯をとってしまい、ケガは自然に治るといいます。とるに足らないほどの軽い捻挫でない限り、適切な治療をしないと、再び腫れたり、痛みが続いたり、足関節に信頼がおけず不安定に感じたりと、慢性的な問題が生じます。こういった状況を避けたいのなら、適切で積極的な治療が必要です。

　外側靱帯の捻挫だけでなく、足関節のほとんどのケガでは、アキレス腱（つまり、ふくらはぎの筋肉ですが、ダンサーはよくアキレス腱だけに注目します）が、ケガの後の数日で硬くなります。ほとんどの場合、筋肉は不均等に硬くなるため、

後にダンサーがプリエやフォンデュを始めて、より深く行おうとすると、足がローリングしたポジション（回内）に引き込まれてしまいます。ふくらはぎの硬さを調べるには、足の中央と膝蓋骨を同じ向きにして他動的に足を背屈させ、手のひらが中足骨の下に均等にあたるように足を押します（図3.6）。その際、足指は中間位以上に背屈させないように注意します。この方法で、足がどちらか片側にずれて曲がる傾向が、簡単に見つけられます。ふくらはぎの硬さは、試験者の素手でも感じとることができます。足関節から、膝後部の上にある腓腹筋の起始まで、ふくらはぎの筋肉全体をマッサージして硬さを和らげます。受動的ストレッチは、理学療法士が行います(2.5節「ストレッチ」p.114〜118)。その後は、患者自身がストレッチを続けます。リハビリの最終段階では、傾斜台

図3.6

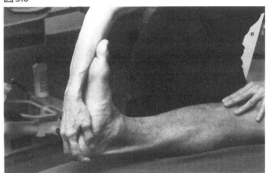

アキレス腱（実際は、ふくらはぎの筋肉とアキレス腱の複合体）の硬さのテスト。足は、脚に対して正確に同一線上にして、内がえしにも外がえしにもさせてはいけません。足指はまっすぐにしたまま、手のひらで足全体を背屈させます。

図3.7
アキレス腱とふくらはぎの筋肉をストレッチするため、傾斜台にのって運動します。足は平行に保っていなければいけません。

を利用することができます（図3.7）。瘢痕ができて外側靱帯が拘縮していないか、観察しなければいけません。この場合、とても穏やかに軟部組織を動かす必要があり、ストレッチも必要であれば行います。

Ⅱ度とⅢ度の捻挫では、内がえしによる外傷で圧迫を受けるため、内側靱帯が痛くなることがあります。この部分も、軟部組織のテクニックで治療する必要があります。

立方骨も、内がえしによる捻挫で亜脱臼しやすく、調べなくてはいけません（3.20節）。

＊1 日本ではほとんど行いません。現在では超音波検査で診断する医療機関が増えてきました。

3.2 足関節外側靱帯の断裂

原因は、外側靱帯の捻挫と同じです。ケガの後、ただちに診断する必要があります。見逃されると、ダンサーにとって深刻な結果となります。靱帯の完全断裂や部分断裂は、前距腓靱帯に最もよく生じ、外科的な修復が必要です。断裂が疑われる場合、MRI検査で断裂の有無を確認できます。足関節前方の不安定な状態を、見逃さないことが大切です。これは、前距腓靱帯と足関節前方の関節包の断裂によって起きます。距腿関節窩で距骨が前に引き出されると、この断裂があることがわかります。通常は、距骨は目に見えるほど前へずれません（正常な側と比較して）。不安定性があると、距骨は（その下の足全体も）前に動いて、おそらく内側にもわずかに回旋します。これは、前方引き出しテストといわれています。断裂の修復が遅くなると、ただちに修復した場合に比べ、よくない結果につながります。

リハビリは、外科的な治療が完全に終われば、足関節の外側靱帯の捻挫と同じです（3.1節）。

＊2 トップアスリートでも、最近また手術をする方向になっています。これは著者J.ハウスの信念で、もうひとりのバレエ医学の大家ハミルトン先生は保存的に治療していることが多いようです。

3.3 足関節内側靱帯の捻挫

この捻挫は、ダンサーにはまれです。しかし、内果の骨折や、靱帯の完全断裂がないかを確かめることがとても大切です。両方とも、整形外科の治療がただちに必要です。靱帯の断裂は、手術を必要とします。内果の骨折は、ひびが入った程度よりひどい場合は、元の場所にスクリューで固定する必要がおそらくあるでしょう。

【原因】

着地が悪く、主に足の内側と親指に体重がかかることで、よく生じます。その結果、足が回って、外がえしになります（過剰な回内）。

【治療】

外側靱帯の捻挫と同様です。足関節を内がえしにして内側で支える後脛骨筋の強化と、腓骨筋の強化に、特に気を配らなくてはいけません。

【合併症】

3.1節を参照してください。加えて、後脛骨筋の腱が傷ついている場合があり、完全な強さに戻す必要があるでしょう。そうしないと、足のローリング（回内）が起きて、軽度の外がえしになる負担が繰り返しかかります。ローリングの結果、外側靱帯が外果と距骨にはさまれて、押しつぶされることがあります。

3.4 足関節外側靱帯と内側靱帯の慢性的な捻挫

【原因】

たいていの場合、急性の捻挫に続いて生じます。捻挫後の治療が不十分だと、慢性的な捻挫になります。つまり、理学療法が十分でなかったこと、ダンサーが指示どおりにしていなかったこと、あ

るいはケガの後に仕事へ戻るのが早すぎたことが原因です（フリーのダンサーにこの恐れがあります）。しかし、急性の段階がなくても、間違ったテクニックによって足に体重が正しくかからず、徐々に慢性の捻挫が起きてくることもあります。

【治療】

急性の捻挫の後期治療と同様です。しかし、靱帯にかなり多くの瘢痕があるかもしれないため、理学療法士はかなり気をつけなければいけません。ダンサーはさまざまな筋群のエクササイズを、一層努力して行わなくてはいけません。慢性の捻挫の場合、ふつうは脚の上部と体幹までも筋群が弱く衰えているでしょう。その結果、踊りに支障が出るでしょう。症状が始まる前から、テクニックに間違いがあって、慢性の捻挫が起きる場合があります。逆に、それ以前にテクニックに間違いがなくても、慢性的な捻挫が原因となって、明らかな間違いが生じる場合もあります。つまり、修正するためには、多くの時間を費やさなければいけないということです。

3.5 腓骨筋腱の亜脱臼

これは、ダンサーにはとても多いわけではありません。ふつうは足関節の捻挫に続いて起きます。腓骨の後下方にある溝の中に腱を押さえている筋支帯（線維の帯）が傷つけられます。その結果、腓骨筋腱が溝からはずれて、外果(足首の外側にある、くるぶしの骨)を超えてはずれることがあります。この状態は、診察の際に触れても見てもわかります。ダンサーが能動的に足を背屈し外がえしにすると、特によくわかります。ダンサーは、何かが滑っているように感じます。

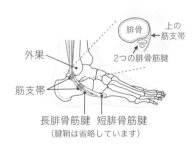

急性期には、約6週間のギプス固定を治療に含めます。しかし残念なことに、約50％で再発します。この状態が繰り返し起きて、慢性的な状態になった場合には、保存療法はあまり効果がなく、手術が必要となります。

手術で、筋支帯の修復あるいは再建を試みることができますが、この方法では効果がないことがたびたびあります。もう1つの手術法は、腱が通る溝を深くする方法です。この方法はうまくいくのですが、その溝に粗いザラザラとした端が残り、腱がこすれることがあります。さまざまな骨片をスライドさせる方法が考案されていますが、おそらく最も簡単で効果的な方法は、後方が蝶番（ヒンジ）となるよう深部を骨につけたまま、外果から薄い層の骨を骨膜とともに切る方法です。後方を蝶番として生きたままの骨片が形成され、それを腱の後方に縫合してつけます。

手術後は、4〜6週間ギプス固定の必要があります。すべての手術法と同じように、その後は理学療法を行って、足関節と筋群を動かす準備をして強化します。ダンサーは常に、一部分が動かせなくても時間を無駄にすべきではなく、体の他の部分に適したエクササイズプログラムによって良好な状態に保っておくよう気を配るべきです。リハビリは、最も深いドゥミプリエから4分の3ポアントやフルポアントまで完全に回復できるように、距骨と腓骨と距骨下関節を強化して動かすことから構成されます。[*3]

[*3] 初めの段落に記載されている内容は、完全脱臼です。ハミルトン先生も私も、慢性化するためダンサーやアスリートには手術を薦めています。†のついた手術法はDas De法で、日本では多く行われていて成績も比較的良好です。‡はJ. ハウスが行った手術法と推定しますが、成書にはないと思います。私は、ダンサーやアスリートには腱溝形成術を行っています。術後の固定は3週間です。

3.6 足関節前方関節包の損傷

この損傷は、外側あるいは内側の靱帯の捻挫に伴って、過屈曲（底屈）させる力が加わって起きます。損傷が1ヵ所のみに起きるのはまれで、た

いてい近くの組織も含まれていることを覚えていてください。純粋な内がえし、外がえしなどだけに力がかかることは、めったにありません。

前方の関節包を損傷したときの治療と合併症は、外側靱帯と内側靱帯の捻挫と似ています。しかし、前方の関節包の損傷は、反張膝（過伸転した膝）（5.13節）の場合や、踊るときに体重が過度に後ろへかかる場合（5.21節）に、さらに複雑になります。これらの場合、ポアントで立つときに足関節前方に過度な負担がかかり、プリエでは足関節の前方が緊張します。捻挫をした靱帯には、冷却と超音波療法を行います。底屈の最後の範囲を制限する保護用のテーピングで、ダンサーはある程度踊り続けられます。

図3.8　外果のらせん骨折

3.7　外果骨折

この骨折は、外側靱帯の捻挫と同じ仕組みで起きます。ふつう内がえしや回旋の力がかかるために、実際の骨折は、らせん骨折か斜骨折になります（図3.8）。多くの場合、転位はほとんどありません。転位がひどいときでも、整復はふつう簡単で完全にできます。外傷がひどい場合は、ダメージを与えた力の強さとダメージの程度は同等なので、内果や脛骨後部の関節縁も骨折していることがあります。

【治療】

基本的な整形外科の治療を行います。ふつうギプスを6週間（損傷がひどい場合はさらに長く）します。骨折が小さいときは、時に簡単な弾性絆創膏を利用することもありますが、ギプスに比べかなり快適性に欠けます。弾性絆創膏を巻けば、ダンサーが踊り続けられるという意味では決してありません。骨折をスクリューによって内固定する手術が、必要なときもあります。

ギプスをしている期間も、他のケガと同様、ダンサーはギプスで固定していないすべての部分のエクササイズを続けられます。これによって筋肉を強く保てるだけでなく、血行を促進することで、ギプス内の骨折が治るのも速められます。

ギプスがとれたら、動かさないでいた筋群に集中的にエクササイズを始めます。動かさないでいた関節のすべてを動かすために、エクササイズが必要です。腫れに対する電気療法と冷却、その他の治療法も有効です。その後の治療法は、足関節の外側靱帯の捻挫後と同様です（3.1節）。

3.8　内果骨折

内果骨折が単独に起きた場合、外果骨折と反対の力が原因です。3.7節で述べたように、外果骨折が重症な場合に、内果骨折を伴うこともあります。単独の骨折の場合、ふつう斜骨折か、らせん骨折です。外果骨折も伴う場合は、内側靱帯にかかる力で、内果が引っ張られて横骨折になります（図3.9）。

【治療】

基本的な整形外科の治療をします。内果骨折は、スクリューによる内固定がふつうは必要となりますが、固定しても癒合しない部分がたいてい残ります。しかし、内果が解剖学的に正しい位置にあれば、骨癒合不全が起きても、健全な線維結合により全体的に十分安定し、痛みはほとんどなくなります。[*4] 痛みが残るような異常がある場合は、小さな骨を移植する必要があります。

その後の治療は、エクササイズによる治療計画になります。骨折箇所がつながった後の治療と一

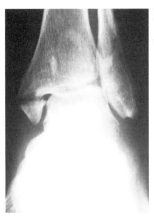

図3.9 典型的な内果の横骨折
外果にも骨折があります。

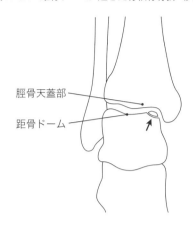

図3.10A 距骨ドームに起きた骨軟骨骨折（矢印の部分）

脛骨天蓋部
距骨ドーム

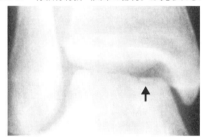

図3.10 B 骨軟骨骨折（矢印の部分）が見られるX線写真

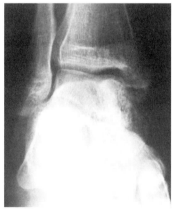

図3.10 C 足関節の広範囲の損傷を示したX線写真

距骨の上内側の骨軟骨炎と、内果の慢性的なダメージも見えています。このタイプの関節内の変化は、ヒドロコルチゾンや他のステロイド剤を無分別に関節内に注射した後に起きることがあります。この変化が長期間続くと、重症の変形性関節症になります。

一般的なリハビリは、前述の外果骨折（3.7節）と外側靱帯や内側靱帯の捻挫後の後期リハビリ（3.1、3.3節）と同じです。

＊4 異論があり、そうでない場合のほうが多いと思います。

3.9 距骨ドームの骨軟骨骨折

　距骨ドーム（上面）が圧迫により欠けて、関節軟骨の一部とその下の骨のかけらを含む小さな骨片が生じる損傷です（図3.10）。これは、足関節の靱帯の捻挫と同時に起きます。あるいはまれに、足関節の骨折と同時に起きます。骨軟骨の骨折はX線上に現れにくいため、足関節の症状が続いて再びX線検査（おそらく関節造影）を行って、かなり後になって発見されることがあります（関節造影は、関節内に空気と造影剤を注入する検査法です）[*5]。

【治療】

　早いうちに発見されて、骨折部が離れている場合は、もし骨片が小さければ取り除き、骨片が大きければピンで元の位置に固定すべきです。骨片が離れていない場合は、単純な（外）固定法によって、骨片が正しい位置のままで治るようにします。残念なことに、この骨片に血液の供給がなくなり、後になって分離して、関節内の遊離体となることがよくあります。元の骨折が原因と考えられる症状がより長く続いた場合には、骨の断片が遊離している可能性を考えることが大切です。

＊5 現在では、アレルギー（ショック）症状や感染などが起こりえるので一般的には行わず、CTまたはMRIで診断します。

3.10 アキレス腱障害

アキレス腱には腱鞘がありません。そのため、この部分の炎症は、腱を囲む緩い線維組織に起きて腱周囲炎となるか、腱自体を変化させるか、あるいはその両方になります。腱の場合は、腱組織の中のごく小さな断裂、大きな部分断裂、あるいは腱症といわれる変性のある場合があります（2.2節「3 腱の損傷」p.92）。

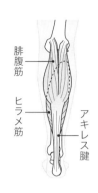

腓腹筋
ヒラメ筋
アキレス腱

【原因】

足、腓腹筋、大腿四頭筋、ハムストリングス、殿筋のほとんどかすべての筋群が疲労した後もさらに動いたため、使いすぎでアキレス腱に痛みが生じることがあります。あるいは、それらの筋群が弱いことが痛みの原因となることがあります。反張膝（5.13節）や、体重を過度に後ろへかけて踊ること（5.21節）で、痛みは悪化します。これらの要因はすべて、腓腹筋の使いすぎを招きます。他の筋群が行うはずの仕事や補助するはずの仕事のほとんどを、腓腹筋が代わりにしなければいけないからです。ヒラメ筋は、膝の後ろにまたがっていないので、この状況ではあまり使われません。レッスン中に4分の3ポアントを使う動きが入っていないと、この状態が進行する傾向があります。筋肉を十分に強くするためには、可動域のすべてで筋肉を使わなければいけません。レッスン中に4分の3ポアントが十分使えていないと、実際に4分の3ポアントを通過して足が働かなければいけないときに、その筋肉が十分に力強く使えないことになります。その結果、しばしばアキレス腱を傷めるでしょう。4分の3ポアントは、すべてのジャンプや着地、ルルヴェで立ち上がるときなどに、必ず使われます。このときだけ4分の3ポアントを使っても、筋肉は十分に対処できるほど力強くならないでしょう。

きついシューズやリボンで締めつけられることも、アキレス腱障害の原因となることがあります。シューズが小さすぎると足指が丸まって、体重が後ろにかかります（5.21節）。また、シューズが広すぎると前足部の支えがなくなり、ジャンプのときに足からの力が弱くなります。足が安定せずローリングしていると、ふくらはぎの筋肉をバランスよく使えなくなります。カマ足でポアントにすると、ふくらはぎの内側の筋肉と内側ハムストリングスを使いすぎます。逆カマ足にすると、ふくらはぎの外側を使いすぎて、今度は足関節の前内側が引き伸ばされ（図3.11）、アキレス腱の付着部がはさまれがちになります。ポアントで底屈を妨げる原因となるもの、例えば三角骨や大きな距骨後結節などがあると、アキレス腱の問題を進行させることがあります。また、踊っているときにふくらはぎを適切に伸ばさないこと、つまり可動域が十分なのにドゥミプリエで踵を下ろさないことで、問題が起きることもあります。傾斜した舞台で踊ると、これらすべての原因の影響を悪化させます。

【治療】

可能性のある原因すべてを取り除き、修正するために注意を払わ

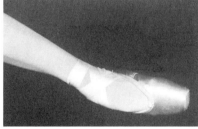

図3.11A　ポアントで立っているときの逆カマ足　　図3.11B　空中に上げているときの逆カマ足

なければいけません（例えば、他の弱い筋群の強化）。バイオメカニクスに何らかの異常がないか、注意深く調べなくてはいけません。ふくらはぎのマッサージやストレッチを行うとともに、ふくらはぎとバランスを保つ背屈筋にもエクササイズを行う必要があります。ある程度の腱症が疑われる場合、伸張性収縮で踵を下ろすプログラムを始めて、注意深く観察すべきです（図4.213〜4.218）。

【合併症】

アキレス腱の踵への付着部に痛みがあるときは、腱の中央に腱症がある場合より、この状態が長引きます。これを、腱付着部症（腱がつく部分の痛み）といいます。

腱とふくらはぎは、均等（内側と外側、右と左）に伸ばされて動かさなければいけません。そうしないと、動き始めるとすぐに、また姿勢のバランスがくずれて、ダンステクニックにも影響が出ます。

3.11 アキレス腱断裂

微小断裂や小さな部分断裂はアキレス腱障害で起きることがありますが、ここでは完全な断裂を扱います。完全断裂を見逃したり、完全断裂を部分断裂と間違えないように注意してください。

【原因】

ほとんどの場合、腱に突然慣れないストレスがかかって起きます。自分のトレーニングをしていない教師が、ウォームアップもしないまま、お手本でジャンプしようとして起きることがあります。肉体的に訓練されたダンサーでも、ウォームアップが十分ではなかったり、ふくらはぎの筋肉を使った激しい動きを必要とする振付を、それまでになく何度も繰り返すと、起きることがよくあります。もどかしいことに、原因はときどき説明できないこともあります。

【診断】

最初は腱にギャップ（裂け目）があるのがわかりますが、断裂後すぐに局所的に腫れるため、隠れてしまい、診断が難しくなります。痛み、腫れ、傷めた側でドゥミポアントに補助なしで立てなくなることは、整形外科医の診断を必要とする緊急の症状です。超音波検査で、診断を確定できます。

【治療】

断裂をすぐに（24時間以内に）修復します。[6] 部分断裂の診断が確実であれば、単純なギプス固定でよい結果が得られ、手術をしなくても治療が成功することがあります。完全断裂の手術後には、早期からリハビリで他のすべての筋群のエクササイズを始めます。手術後、ギプスがとれたら（ふつう6週間）[7]、踵に3枚のウェッジが入っているエアーキャストブーツ（訳者注：足関節を固定するための装具の商品名。取り外しのできるウェッジ〈底敷〉を踵の部分に入れます）に変えます。最小限のプリエを始められるときがくるまでに、6週間以上かけて2週ごとにウェッジを1枚ずつはがしていきます。下肢全体の筋肉を強化する集中的なプログラムを行う必要があり、その後に技術的な指導をします。始めは誰もが硬くなったと感じますが、ストレッチを穏やかに徐々に進めていき、強化エクササイズも常に合わせて行います。踊りに完全に復帰するまでに、6ヵ月は十分かかるでしょう。しかし、慎重に考案されたリハビリのプログラムの一部として、早めにいくつかのレッスンの動きをすることができます。長期間のうちに、ふくらはぎの筋肉がもう一方の脚より少し細くなったように見えたとしても、治癒過程でできた瘢痕組織のためにアキレス腱は太くなるでしょう。ギプスで固定されていても、いつものように、体の他の部分にはジムやピラティスエクササイズを続けることができます。

手術中は、修復をきつくしすぎると、アキレス腱が短くなることに注意しなければいけません。一方、切れた腱の端が十分接合していないと、腱が長くなりすぎます。腱が長いと、ジャンプのときに高く跳べなくなったり、その他の問題も生じます。腱が短いと、プリエが制限されます。

---

[6] 完全断裂の場合でもギプスや装具で治す保存療法もありますが、手術療法よりも治療期間が長く、再断裂率もやや高いとされています。

*7　現在は、外固定なしの縫合法もありますが、3週間程度の固定が多くなっています。

3.12　アキレス腱滑液包炎

アキレス腱の滑液包は、腱停止部の真上と踵骨の間にあります（図3.12）。そこが刺激されると、炎症を起こし、肥厚して腫れることがあります。

【原因】

アキレス腱障害とかかわっていることがあり、特に使いすぎの場合に起きます。ふくらはぎの筋肉の長さと強さに気をつけなくてはいけません。柔らかすぎるポアントシューズを履いていると、この問題の一因となることがあります。使いすぎの状態、つまり踵骨後部の突起（calcaneus altus）にかかる圧力のために、単独で起きることもあります。

【治療】

冷却、超音波療法が有効なことがあります。原因を取り除くことが必要です。大変まれにヒドロコルチゾン注射をする場合がありますが、たいていの場合は注射をしなくてもよくなるものなので、よく考えて用いるべきです。

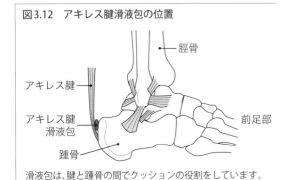

図3.12　アキレス腱滑液包の位置

滑液包は、腱と踵骨の間でクッションの役割をしています。

3.13　足関節後方インピンジメント

足関節の後方インピンジメントは、三角骨あるいは大きな距骨後結節の存在が、ふつうは原因となります（訳者注：インピンジメントは衝突という意味。この場合、足関節を動かす距骨と脛骨、距骨と踵骨が衝突します。軟部組織がはさみ込まれることもあります）。すべての場合ではありませんが、ほとんどの場合、三角骨は大きな距骨後結節が疲労骨折してできます（図3.13）。*8 疲労骨折の始まりが、症状の始まりとなることもあります。多くの場合は、手術の必要はないでしょう。しかし、症状が一度現れると、保存療法では症状を十分に抑えられないことがよくあります。それでも、慎重に保存療法で様子を見るべきです。

それまでは症状がなかった足やふくらはぎが、急激な成長期の後に弱くなって、症状が出ることもあります。長期休暇の後にレッスンやリハーサルに直行して戻り、徐々に慣らさずにポアントワークで踊るなどして、問題が生じることがときどきあります。インフルエンザなどの病気で休んだ後、ただちにレッスンに戻るときもあり、ダンサーは弱ったままでしょう。ダンサーが体重を後ろにかけて踊る何らかの状況が（5.21節）、症状を引き起こすことがあります。実際に弱い部位は、足関節からかなり離れている部位のことがあります。例えば、殿筋が弱いと、ヒップに体重をかけるようになり、体重が後ろにかかります。シューズが合わなくても、特にシューズが小さい場合は、原因になります。生徒の場合、底屈の可動域が広がるにつれ、症状が徐々に起きることがあります。

大変まれですが、ちょうど距踵関節の後ろのあたりで、踵骨の背側に外骨腫（がいこつしゅ）があって、同様のインピンジメントの症状に関係することがあります。

【治療】

一度症状が起きると、手術しないで治すのは難しいかもしれません。しかしそれでも、手術の前に、症状を軽くするための他のすべての方法を試みるべきです。保存療法でよくなることもときどきあるからです。治療では、足の内在筋のエクササイズを行って、足の強化を目指します。大腿四頭筋、内転筋、殿筋を強化し、ふくらはぎの筋肉を使いすぎないようにします。体重が間違って伝わるのを修正するため、技術的な指導をします。

保存療法で効果がない場合のみ、手術を考えま

図3.13

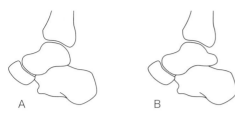
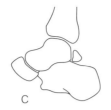
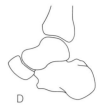

A：通常の足関節　B：大きな距骨後結節　C：三角骨　D：踵骨背部の外骨腫

す。この場合、三角骨や大きな距骨後突起を取り除く必要があるでしょう。手術では、足関節の内側からアプローチするべきです。外側からアプローチすると、腓骨筋腱や腱鞘を傷つける恐れがあり、回復期間を大幅に長くしてしまいます。[*9]

手術後すぐに、底屈（ポイントにする動き）を促すため、他動運動と自動運動の両方を始めなくてはいけません。手術前は、底屈の動きに制限があったからです。手術後数日したら、体重をかけず穏やかに背屈する動きを、自動運動か自動介助運動で始めますが、他動的な力はかけません。足や足首が中間位まで背屈できるようになったら、徐々に体重をかけ始めます。傷が治ったら、バーで自分を支えながら、さらに自分で体重をかけて、プリエも含めて足関節を背屈させます。足の内在筋のエクササイズは、縫合糸がとれる前からでも始めます。さらに回復すれば、足関節の強化エクササイズや、バランスボードや斜面を歩く運動を始めます。離れたところの筋群も、無視してはいけません。

【合併症】

手術後6ヵ月間あるいはそれ以上の期間は、足関節の後側にできた瘢痕が収縮する傾向があります。[*10]そうならないように注意深く観察し、穏やかなストレッチを長期間続けなくてはいけません。ドゥミプリエが深くできなくなるため、早期の拘縮がわかるでしょう。

手術後の理学療法が適切でなかったり、テクニックの修正が不十分だと、プリエが徐々に深くできなくなるだけでなく、手術後早期に改善されていたポイントができなくなることがあります。

長期間の経過観察が行われていない場合が、あまりに多くあります。

- [*8] X線で見える三角骨は、10歳頃に距骨後方に現れる2番めの骨化中心で、成長すると本体と骨性につながることもあります。軟骨でつながっている場合（軟骨結合）も多く、X線で見えても症状がないことが多いです。症状が起こるのは、その部分にストレス（慢性的なもの、または捻挫のような強い力）がかかり、軟骨結合損傷や完全に離開して独立した三角骨となる場合が多く、骨折することもまれにあります。
- [*9] 外側アプローチでは、腓腹神経障害はある率で起きますが、骨を切除するには一般に外側アプローチが行われます。ハミルトン先生は、長母趾屈筋腱損傷が高率に起きており修復すべき場合もあるので、内側アプローチがよいとしています。腱の修復が必要なのは、私の経験で5％程度と低く、また、その他の軟部組織インピンジメントや足関節・距骨下（距踵）関節内を見て対処するため、私は内視鏡で行っています。
- [*10] 個人差がありますが、日本人に比較的多いと思います。ケロイドと同じように、ストレッチだけではこの傾向は改善されない場合があり、私はケロイド治療用のステロイドテープをひどい場合に使います。

3.14 足関節前方インピンジメント

1.2節の「足首と足の関節」（p.14）で解説したように、距腿関節はホゾ穴とホゾのように機能します。足関節をポイントポジションに底屈するとき、距骨はこのホゾ穴を前に動きます。プリエで足関節が背屈するとき、距骨は後ろに動きます。背屈を制限するものは、アキレス腱とふくらはぎの筋群です。底屈を制限するものは、前方の関節包と背屈筋の腱です。

ダンサーは、特に高レベルのポイントやジャンプをする人では、屈筋（底屈筋）と伸筋（背屈筋）のバランスがとても悪いと、ふくらはぎが極端に

硬くなる場合があります。足関節のまわりの筋肉がアンバランスだと、関節のアライメントがくずれます。この場合、距骨がはさまれて前に押し出され、正常な後方への移動が妨げられます。距骨が前に出ていると、いくつかの問題が生じます。最もよくある問題は、プリエやフォンデュをするときに、距骨頚部の上面と脛骨下端の間で、前方インピンジメントが起きることです。ジャンプからの着地に痛みがあり、それをかばって上のほうにも問題が生じます。

脛骨前方の縁に"外骨腫"、つまり骨棘ができることがあり、X線写真で確認できます。これは、足関節を治療しないでおくと大きくなることがあります。

【診断】

中間位で距骨の頭部を触診すると、症状のない側と比べ、かなり前にあることがわかります。モビライゼーションをかけると足関節が制限されています。ふくらはぎの筋肉と腓骨筋が緊張して(詰まって)、硬くなっています。前区画も緊張しています。患側では、腓骨の頭部が動かなくなっていることがあり、その場合もモビライゼーションが必要です。

【治療】

ふくらはぎに、軟部組織のモビライゼーションとストレッチが必要です。距腿関節に、距骨のAPグライド（訳者注：前後方向に滑らす動き）を伴うモビライゼーション技術が必要です。マニピュレーションが、距骨を本来の位置に移動させ、フォンデュのポジションで運動併用モビライゼーション（Mobilisation With Movemant：MWM）を行うことで、正常な動きを取り戻します。テーピング（「テーピングの技術」p.226）が治療直後の足関節を安定させるのに有効なときもありますが、足関節周囲でバランスのとれた力を取り戻すために、ふくらはぎをストレッチする治療計画と背屈のエクササイズを、ダンサーは続けなければいけません。

固有感覚のためのエクササイズも、常に治療に含めるべきです。有害な神経緊張も調べておくべきで、SLR（訳者注：Straight Leg Raiseの略。下肢伸展挙上テスト、p.117）でふくらはぎのストレッチも調べます。

【合併症】

距骨が前に位置していると、足関節前方で深腓骨神経が刺激されることがときどきあります。それにより神経痛が起きて、足の第1趾間（第1中足骨頭と第2中足骨頭の間）にしびれや麻痺が生じます。

3.15 後脛骨筋の腱障害と腱鞘炎

【原因】

間違った体重のかけ方が原因です（5.18、5.21節）。ローリングの修正を、脚の上部で行うのでなく、足関節で行うと特に悪化します。*11 足関節で修正する

と緊張が生じ、足の内在筋が弱いとさらに緊張します。特に、中足骨頭のラインが斜めであったり（図3.14）、ポアントワークで古いシューズや合わないシューズを履いていたり、ターンアウトが正しく保てていなかったり、あるいはこれらの要素が重なったときに悪化します。傾斜した舞台や滑る床で踊ると、この状態がひどくなります。

図3.14　第2～第5中足骨頭の斜めのライン

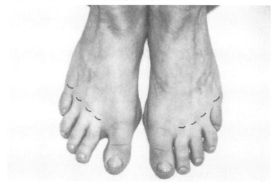

【治療】

超音波療法、冷却が有効です。足の内在筋のエクササイズも、常に必要です。足関節周囲のすべての筋群と、脚の上部の筋群を、全般的に強化するべきです。回内しすぎた足を正すために、ターンアウトした股関節／膝／足に対するテクニックの修正がかなり必要です。シューズも調べなくてはいけません。足首と足が正しいバイオメカニクスになるよう固有感覚が促すのに、テーピングは役に立ちます。

【合併症】

この状態が治まるには大変長くかかり、満足のいくように治すのが難しいことがあります。長期間苦しめられる傾向があり、補助的治療がかなり必要です。レッスンでのジャンプの練習は、リハビリ期間中は気をつけて調整しなければいけません。

＊11　ローリング（ロール・イン）（過回内）で後脛骨筋腱の緊張が増します。

3.16　長母趾屈筋の腱障害と腱鞘炎

腱、そのまわりの腱鞘、あるいは最もよくあるのはその両方に、刺激や炎症が起きる状態です。筋線維が腱につながる近位端から、

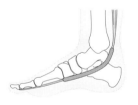

足の親指の末節骨の基底部につく部分まで、腱のどこにでも問題が生じる可能性があります。

長母趾屈筋とその腱だけに見られる症状が1つあり、それは筋腱移行部に起きます。この特別な筋肉は、筋線維が、遠位では足関節の後ろまで達しています。腱鞘は、足関節を越えて足へ伸びて実際の腱を包んでいますが、足関節の位置の遠位で始まっています。この解剖学的な配置のために、中足趾節関節と趾節間関節で親指を完全に背屈させると、腱だけでなく腱につながる筋肉も、腱鞘の管の中に引っ張られて症状が起きることがときどきあります（ダンサーは、この筋肉が肥大して

いることがあります）。それが何度も起きると、筋腱移行部が腱鞘の中に出たり入ったりして、そこに腫れが生じます。クリック音を感じたり聞いたりすることがあり、"トリガリング"といわれています。この部分に痛みの症状が続くときは、手術で腱鞘の近位を切開すれば、症状が治まるでしょう。

【原因】

この状態は、足に体重が正しくかかっていないと起きます（5.21節）。また、あまりない原因ですが、直接打撃を受けたり、合わないシューズで痛いほど圧迫されて起きることもあります。第1骨間筋が弱いと、症状を悪化させたり、原因となることがあります。

【治療】

冷却と超音波療法が、足関節の内側から足にかけた腱の腫れに有効です。安静と長母趾屈筋のストレッチ（p.105〜118）を、ふくらはぎのマッサージとストレッチ、足の内在筋のエクササイズとともに行うと、症状を抑えるのに有効です。この状態では、たいてい内在筋がとても弱く、親指の趾節間関節を完全に伸ばせません。同時に、第1趾間は、第1骨間筋が弱いために広がります。この指の間を閉じ、親指の趾節間関節を伸ばすのに、内在筋の強化が役立ちます。それにより、体重が過度に後ろへかかっていたのが修正されて（5.21節）、正しいポジションになります。母趾外転筋の強化（p.221）も、足の内側の縦アーチや、親指を安定させるのに役立つでしょう。強化中は、第1趾を正しいアライメントにするテーピングも有効です。その代わりに、第1趾と第2趾の間に、トゥスペーサー（訳者注：指の間にはさんで、指どうしの間を広げる道具）を入れておくこともよいでしょう。

【合併症】

この状態が治まるまで、長くかかります。治療とテクニックの修正にも、長期間かかるでしょう。

＊12　バネ指をtrigger fingerといいます。ダンサーでは10歳くらいから足の親指に見られます。トリガリング（triggering）は、引き金を引く指のように曲がって動かないことをいいます。

3.17 長母趾伸筋の腱炎

これは、腱のどの部分にでも起きます。

【原因】

直接の打撃も珍しくありません。あるいはポアントシューズの引きひもが腱をさえぎっていることがあります。ローリングが有力な原因で、足指がかぎ爪状に曲がって体重が後ろにかかることも（5.18、5.19節）原因となります。この状態では、長母趾伸筋腱は短くなる傾向があります。内在筋が弱いと、踊っているときに、親指を正しく伸ばせなくなります。足指が曲がっていなくても、体重が後ろにかかっていると、繰り返し足指が地面からもち上がってしまい、長母趾伸筋が短くなりがちです。足の縦アーチが高く、足底が床に全く触れない人は、親指が床から離れがちになります。シューズのブロックあるいはヴァンプ（訳者注：p.73参照）で締めつけられることも、遠位で腱炎が起きる原因となりえます。ポアントに立つときやポアントで踊るとき、特に逆カマ足を伴う場合には、足指が曲がっていること（ナックリング）が原因となることがあります（訳者注：ナックル〈knuckle〉は、指関節あるいは指のふしで打つという意味。この場合、足指を底屈させて、指の関節でヴァンプを打つ状態）。

【治療】

冷却と超音波療法を、足の内在筋の強化エクササイズとともに、ただちに始めます。足の親指の趾節間関節をまっすぐに保つためにテーピングやトゥスペーサーを使うとともに、根源的な原因すべての修正が必要です。ヒドロコルチゾン注射によって慢性的問題を治せるときがあります。

【合併症】

この状態を落ち着かせるのは、難しい場合があります。普段履いている靴が合っていなくて、治りを遅らせているか妨げていることがあるので、よく調べる必要があります。直接打撃を受けて起きた場合は、他の組織もダメージを受けていて、治療が必要かもしれません。また、第2中足骨で疲労骨折が進行すると、長母趾伸筋腱に沿って痛みが生じるため、診断を難しくすることがあります。

3.18 中足骨の疲労骨折

2.2節（p.91）も参考にしてください。

疲労骨折が起きるのは、ふつう第2、第3中足骨です。たまに第4、第5中足骨に起きることがあります。ダンサーの場合、テクニックが相当ひどかったり、かなり変わった振付でもない限り、第1中足骨にはほとんど起きません。第2、第3中足骨の骨折は、ふつう骨幹の中央（図3.15）に起きますが、第2中足骨の基部の疲労骨折も珍しくありません[*13]。皮膚に近い骨なので、局所的に熱をもち、圧痛や腫れがあることが簡単にわかるので、診断がすぐにつきます。

【原因】

中足骨の長さの差が原因となります。例えば、

図3.15 第2中足骨の骨幹に起きた疲労骨折のX線写真

図3.16 第2中足骨に比べて、第1中足骨が短い例

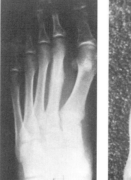
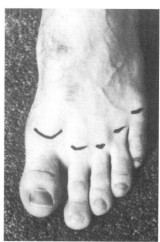

たくさんの仮骨（新しい骨）ができて、治りかけているのがわかります。

この例では、第2と第3の中足骨が同じ長さです。

長い第2中足骨あるいは短い第1中足骨（図3.16）、時に長い第3中足骨が原因となります。足指が長く、前足部が弱いと、第2中足骨の基部が骨折しやすくなります。解剖学的な素因に、内在筋の弱さが加わると、さらに悪化します。コンクリートや硬い木の床などの弾力のない床で踊っていると、そのクラスやカンパニーで疲労骨折が続出します。仕事量が急に増えると、特にポアントやジャンプが多く必要になると、疲労骨折を起こすことがあります。これは、コール・ド・バレエからプリンシパルに突然移ったときや、週に3、4回のレッスンを受けていた生徒が毎日レッスンを受けるようになったときに、よくあります。合わないシューズや、履き古してブロックが軟らかくなったシューズも、疲労骨折を招く原因となります。足に不快な症状が起き始めると、ダンサーはシューズ自体が痛みの原因だと考えて、幅の広いシューズに替えてしまうことがよくあります。こうすることは前足部のサポートが少なくなることを意味し、症状が悪化します。

　内在筋が弱いと、第2〜第5中足骨の頭部が落ちて、中足骨に余計な負担がかかるために、疲労骨折が起きやすくなります。中等度の強剛母趾（足の親指の変形性関節症、3.25節）があると、第1中足趾節関節の動きが制限されて、足で正しく立ち上がれないため、間違った体重のかけ方（5.21節）になります。第5中足骨の疲労骨折は特殊な例で、外側靱帯の重度の捻挫に伴って始まることがよくあります。捻挫の影響で、足関節、特に外側（腓骨筋群）がコントロールできなくなり、第5中足骨に余計な負担がかかるからです。外側靱帯の捻挫の後にレッスンに戻るのが早すぎると、そうなりがちです。

　テクニックの原因では、体重の伝わり方が正しくないことが最も多く、ローリング、逆カマ足、足が過度に外旋していること、ターンアウトが正しく保てないこと、かぎ爪状に曲がった足指で踊ること、体重を後ろにかけることが挙げられます。これらは弱い内在筋をさらに弱くします（5.21節）。

【治療】

　骨折を治すためには、安静が必要です。この間は、弱い筋群を強化するエクササイズをします。特に、足の内在筋—虫様筋、骨間筋、母趾外転筋—のエクササイズを行います。可能であれば原因を修正します（解剖学的な異常は修正できないかもしれませんが、前足部を強くすれば、骨にかかる負担を小さくすることができます）。

【合併症】

　最初に単純な軟部組織の障害と間違えて診断した医師が、ヒドロコルチゾン注射をして治りを妨げることが、最もよく見られる問題です。経口の抗炎症剤を全量投与してしまうことも、治るための大切な過程である炎症反応（2.1節）を抑制するため、治りをかなり遅らせます。X線写真で疲労骨折を発見できるのは、症状が始まってから少なくとも10〜14日後であることに注意するのが大切です。骨シンチグラフィで進行中の疲労骨折を見つけられますが、診察でもかなり確実に診断することができます。中足骨は表面にかなり近いため、その骨の位置に限られた熱、腫れ、圧痛が局所的にあるので、正しい診断をするのはあまり難しくありません。

*13　骨幹部は背側に起こることが多くわかりやすいですが、基部は足底側に起き、診察ではわかりにくいことが多いです。

3.19　第2、第3中足骨頭の骨軟骨炎

　これは子どもに起きる疾患です。中足骨頭への外傷が、おそらく原因です。その結果、中足骨頭に変化が生じ、関節の表面がくずれ始めます。ダンサーだけでなく、短距離走や他の運動をしている子どもにも見られます。中足趾節関節に局所的な肥厚や圧痛があるため、臨床的に診断がつけられます。X線写真によって、中足骨頭の構造の変化や、関節面の早期あるいは後期の崩壊が見られるため、診断を確定できます（図3.17）。

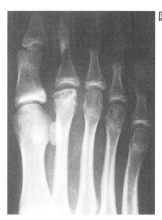

図3.17　第2中足骨頭の骨軟骨炎（X線写真）

【治療】

関節面の崩壊がまだわずかで早期と考えられる場合は、手術を行うべきです。手術では、中足骨の頚部を開き、関節面を正しい位置まで上げて、骨幹部から削り取った骨のかけらを骨頭に詰め込みます。その後、骨が癒合するまで、体重をかけないようにします。リハビリでは、感応電流の足浴と、療養期に弱くなった前足部を強化するための内在筋のエクササイズが必要です。療養期間には、他のすべての筋群のエクササイズに多くの時間を費やさなければいけません。

残念なことに、かなり進行した状態になってから、たいてい発見されます。初診時に患者が痛みを訴えてくると、中足骨頭と中足趾節関節の周囲にかなりの肥厚と圧痛があるだけでなく、その関節の動きが相当制限されていることがわかります。特に、背屈がとても制限されます。これにより、ドゥミポアントに問題が生じるでしょう。この段階のX線を見ると、関節面が完全に平らになっていて、中足骨頭が広がって、時には骨棘のようなものができているのがわかります。

治療は手術となりますが、通常の解剖学的な構造に戻すのは不可能です。代わりに、偽関節を作って、足指の背屈の範囲を取り戻すために、足指の基節骨の近位半分を切除します。大きな骨棘は、たまにその部分を圧迫する原因となるので、同時に中足骨頭から骨棘を削り取ることが必要な場合があります。しかし、その部分を圧迫する兆候がなければ、そのままにしておきます。傷口が治っ

たらすぐに、感応電流の足浴と内在筋のエクササイズを、足指の自動運動や他動運動とともに始めます。ふつう、結果はとても良好です。患部の指が短くなっても、どのような形であれ、ダンスパフォーマンスの支障にはなりません。

3.20　立方骨の亜脱臼

立方骨は、外側の縦アーチを安定させる重要な骨と考えられています。このアーチは、踵骨、立方骨、第4、第5中足骨（p.15）からなっています。踵立方関節は、横足根関節の外側を構成しています。ダンサーがターンアウトで足を回内しすぎて踊ると、横足根関節が緩みます。これに伴って起きる外転は、立方骨を下に移動させて、下方へ亜脱臼します。マーシャルとハミルトンは（1994年に）、クラシックダンサーが"前足部を外反位にして"ルルヴェをすると、立方骨の亜脱臼が起きやすいと提唱しました。回内した位置から立ち上がり、第1趾に体重をかけすぎていると、力強い4分の3ポアントやフルポアントのポジションで横足根関節が安定しにくくなります。このポジションの立方骨は、すきだらけの状態になります。ダンサーは、足の外側の縁に痛みを訴えるでしょう。足背（足の甲）では、立方骨の上が少しへこむことがあります。足底の表面では、立方骨が突出したように感じられます。

底屈と内がえしによる、足あるいは足関節の外側の捻挫も、立方骨の亜脱臼を起こすと考えられるため調べるべきです。

【治療】

亜脱臼を戻すために、ここでは手技が必要になります。マニピュレーションか、あるいはマーシャルとハミルトンが提唱する"立方骨スクィーズ"が、周囲の軟部組織が緩められた後に有効です。初期治療の後は、立方骨のパッドとテーピングでサポートすることを薦めます（p.228）。

亜脱臼した立方骨の上にある短趾伸筋で、筋肉の容積が減った場合には、外側の足指を伸展する

エクササイズで、これを回復させられます。

ターンアウトの角度を修正するべきです。足の内在筋のエクササイズも、必要であれば教えるべきです。ポアントシューズのプラットフォームの内側に足が押される場合には、シューズのサイズとブロックの形を調べるべきです。

《参考文献》
Marshall, P. and Hamilton, W. 'Cuboid subluxation in ballet dancers'. American Journal of Sports Medicine (March 1992), 20(2) 169-75.

3.21 足底腱膜の損傷

足底腱膜は足の底にあって、その上をおおっているのは脂肪と皮膚だけです。とても強くて厚く、弾力のない組織の帯です。後方は、踵骨の内側結節につき、前方に向かって細い片に分かれ、それぞれの足指の近位趾節骨に付着します（図3.18）。足指を上げると、腱膜が緊張します。この腱膜は縦アーチをサポートしますが、内在筋が弱いと損傷しやすくなります。

【原因】

回内をしすぎると慢性的に刺激され、足底腱膜にごく小さな断裂が生じることが、しばしば原因となります。足底腱膜が踵につく起始部に、よく起きます。それを放置して進行させてしまうと、腱膜はとても弱まることがあります。この状態は、足の弱さからくることがあり、特に高い縦アーチを伴うときに起きやすくなります。足を弱らせる

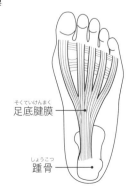

図3.18　足底腱膜
そくていけんまく
足底腱膜
しょうこつ
踵骨

ほど短いシューズを履いていると悪化します。たまに、女性ダンサーが慣れないとても高いハイヒールで長時間立っていて、起きることがあります。

【治療】

初期段階では、冷却、超音波療法、足のエクササイズが最も効果的です。慢性的になって肥厚が伴えば、もしダンサーが安静にして保存療法を試したのであれば、超音波ガイド下でヒドロコルチゾン注射を打つのが、唯一の手段となるときがあります。再発を防ぐには、内在筋をすべて強化して、テクニックを修正する必要があります。

テーピングで縦アーチをサポートするのが、痛みを和らげるのに有効です（p.227）。

3.22 第1中足趾節関節の関節包の損傷

【原因】

直接の打撃、例えばつま先をぶつけたり、着地が悪いことが原因となります。この状態は、男子によくあります。もう1つの主な原因は、テクニックの間違いが繰り返されることです。特に、その間違いによって足指がねじれる場合、例えばローリング（図3.19）とそのすべての原因（5.18節）、もちろんカマ足も、繰り返されると原因になります。第1中足骨が短いか、逆に第2中足骨が長いと、同じように足全体に力学的な影響が生じ、とても悪化しがちです。シューズが短くても、足の親指がかぎ爪状になります。外反母趾があると、ルルヴェで足指に体重がかかるときに、親指と関節の内側にさらに外反力がかかって、関節が緊張します。第1骨間筋が弱く、第1と第2の中足骨頭部の間に触れてわかるほどのすき間があると、先天的な第1中足骨の内反がなくても、内在筋が全般的に弱い場合と同様に、かなり悪化するでしょう。

いずれの場合も、体重のほとんどが足の中央に正しくかからず、足の親指の関節にかかってしま

図3.19　ローリング

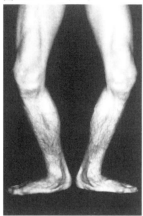
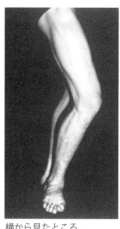

前から見たところ。親指がねじれています。　横から見たところ。

います。幅の広すぎるシューズは、足のサポートには全くなりません。足指に何らかの不快感があるとき、一般的にダンサーは幅の広いシューズを選ぶ傾向がありますが、これはもちろん状態を悪化させます。使い古したポアントシューズも、親指の関節に大変ストレスをかけます。足指に痛みがあると、例えば陥入爪（かんにゅうそう）や、痛むマメかイボがあっても、体重がずれてかかる原因になります。多くの例で、内側靱帯と中足趾節関節の関節包に、ひずみが集中してかかります。この関節の症状が問題となるときは、しばしば動きが制限されて、強剛母趾に似た臨床症状になります。しかし、関節包の損傷が正しく治療されれば、再び動かせるようになります。

【治療】

冷却、水中の超音波療法、内在筋のエクササイズは、すべて役立ちます。アライメントを保つための親指のテーピングやトゥスペーサーも、治療中は役立つでしょう。足指や足の血行が特によくないと、治療をしてもなかなか治らない傾向があるため、ダンサーは自分で温冷交代浴も行います。シューズを、外履きの靴も含めて、注意深く調べる必要があります。正しいアライメントを確保して硬い部分をストレッチするために、足の親指を何度も牽引し、他動運動も合わせて行うと、とても効果があるでしょう。

【合併症】

血行が悪いと治りが遅くなり、治療がはるかに難しくなります。たいてい、このケガに関連したテクニックの間違いがあり、テクニック面を注意深く調べないと、他のケガにつながるでしょう。強剛母趾になる傾向が潜んでいると、かなり悪化するでしょう。この状態が続いたり、完全に治療しないでいたり、長年続くと、種子骨炎も起きることがあります。悪い踊りの習慣が原因となっていることが多く、それを十分に修正するのはとても難しいため、この状態を完全に治すのが簡単ではないことがよくあります。体重を後ろにかけて踊ることが、1つの悪い例です（5.21節）。

3.23　種子骨炎

第1中足骨の骨頭の下に、2つの小さな骨があり、親指につく腱の中に入っています（図3.20）。内側種子骨と外側種子骨という骨です。これらはちょうど、膝蓋骨（膝がしら）を小さくしたようなものです。膝蓋骨は、大腿四頭筋から脛骨付着部までをつなぐ腱の中にある種子骨です。膝蓋骨は大きいので固有の名前をもっていますが、第1中足骨頭の下にある2つの種子骨は、脛骨側（内側）と腓骨側（外側）の種子骨とだけ名づけられています。これらは小さく、それぞれは小さな豆ほどの大きさです。ふつうに歩いているときや

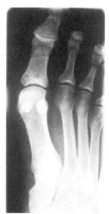

図3.20　種子骨
第1中足骨頭の下にあります。このX線写真は、足の上から撮っています。

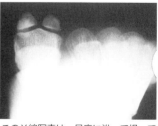

このX線写真は、足底に沿って撮っています。

走っているとき、種子骨は中足骨頭の下で負荷と圧力を受け、圧力を分散する助けをして、腱を守っています。そうでないと、腱に圧力が直接かかってしまいます。

種子骨には大きな力が伝わり、損傷を受けやすい位置にあるというのに、驚くほど問題は起きません。

たまに、片方あるいは両方の種子骨が傷つき、炎症を起こして痛くなることがあり、体重がかかると違和感が大変あります。この状態は、種子骨炎として知られています。大変まれに外傷を直接受けて、種子骨が骨折することがあります。骨折は、生まれつき2つか3つに分かれている種子骨と、区別されなければいけません。膝蓋骨でも、同じような状態が起こりえます。種子骨炎では、局所的な痛みが生じ、腫れるときがあります。圧痛は、第1中足骨頭の下に限られています。第1中足骨頭の下に圧力をかけて、足指を他動的に背屈させると、圧痛がひどくなります。

【原因】
種子骨炎は、たいてい悪い着地によって外傷を直接受けて進行します。硬い床の上で長時間踊ることも、ときどき原因となります。足の親指が弱いと、種子骨は傷つきやすくなります。

【治療】
種子骨炎は、治りがかなり遅くなることがよくあります。ダンサー側にも治療者側にも、忍耐がいちばん大切です。

局所の治療には、冷却、超音波療法を用いることができます。フェルトのパッドは、第1中足骨頭の下にかかる圧力を、一時的に和らげるのに有効です。足の専門医に相談して、回復中の種子骨にかかる圧力を減らせるように、バレエシューズやポアントシューズの内側に入れる薄い中敷きを作ってもらうと、役立つことがあります。

しばしば何ヵ月も長くかかることが多いのですが、時間が経てば、症状が治まることがほとんどです。

手術はあまり薦められません。*14 種子骨を切除すると、後遺症で圧痛が永久に残ることがよくあります。痛みをとるため、少ない確率を期待して手術をするのは、賢明ではありません。我慢していれば、症状はいつも治まります。

*14 J. ハウスの意見です。私の経験では、2年以上痛みが続いて満足に踊れなかったダンサーが、摘出手術でよくなった人も数人います。6ヵ月程度で完全に復帰しました。

3.24 外反母趾とバニオン

【原因】
ダンサーに、おそらく最もよくある外反母趾の原因は、先天的な第1中足骨の内反で、それにより2次的に外反母趾が生じます（図3.21）。後天的な外反母趾（図3.22）は、とても悪い靴を履いたり、子どもの頃に足がまだ十分に強くないときにポアントを早く履かせたりすると、生じることがあります。また、大変長い間ローリングしていることや、前足部が弱いこと（つまり内在筋がとても弱いこと）も原因となります。

しかし、後天的な原因が悪影響する前に、潜在的に軽度の外反母趾の変形があって、わずかにあった外反が悪化すると考えられます。ほとんどあるいは全く症状がないのに、大変ひどい外反変形が全体的によく見られて驚かされます。

図3.21

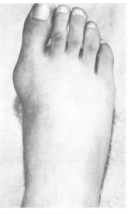 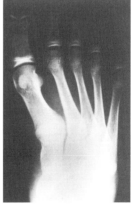

第1中足骨が内反して、2次的な軽い外反母趾になりつつあります。　同じ足のX線写真。

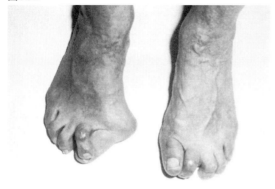

図3.22

重度の外反母趾が、右足にあります。第2趾が上にのっているのに注意してください。ときどき、第1趾が第2趾の上にのっていることもあります。左足はケーラーの手術法で、外観を改善したものです。この方法では、第1趾を適度に短くします。動く力がかなり減少するため、この手術は現役のダンサーには不向きです。

【治療】

先天的な第1中足骨の内反がある外反母趾では、第1中足骨のホフマンの骨切り術で、よい結果が得られます[*15]（図3.23）。この矯正手術は、手術を正しく行えば、第1中足趾節関節の関節包や靱帯には全く触れないので、それらを硬直させることはありません。10代の半ばに、この手術法を行うことが理想的です。奇形がかなり目立つ場合、そのときは症状がなくてもこの手術を行うべきでしょう。家族の中に、ひどいバニオンをもつ人がいる場合も、手術を考えます。20代半ばから後半、あるいはおそらく30代初期を過ぎると、ホフマンの手術法はふつう行うべきではありません。なぜなら、年をとると、足の構造を変えても足がそれに十分適応できなくなり、足に痛みが残って、特に第2〜第5趾の下に圧痛が生じることがあるためです。

第1中足骨の内反がない外反母趾の場合、現役のプロのダンサーは手術をすべきではありません。現役から退くまでは、根本的な手術治療をするべきではありません。しかし教師の場合は、標準的なケーラーの手術法を行えば、ふつうその後も順調にやっていけます[*16]（図3.24）。バニオンの部分が繰り返し感染する場合は、骨棘を関節包下で切除し、内側の関節包をていねいに再建する方法が可能です。しかし、手術によってたまに動きに制限が生じることがあり、明確な手術適応がなければ手術を行うべきではありません。手術適応は、炎症や感染が繰り返し起きることや、骨に問題が生じる危険が潜んでいることです。手術は、軟部組織をはっきりと確認して保存できるように、切開して行わなければなりません。この手術で最も大切なことの1つは、内側の関節包を正確に再建することです。これができていない場合、この種の手術後には、外反の変形が急速に悪化するでしょう。とても小さな切開から手術を行い、目で確認せずに突起部をそぎ落とすことは、全く無責任な処置で、責められるべきです。しばしば関節包がひどいダメージを受け、再建の機会が全

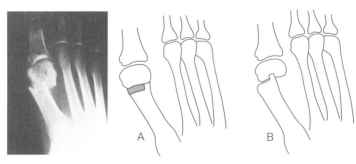

図3.23 ホフマンの手術法

A：濃い色の部分は、骨を切除する部分です。
B：第1中足骨頭を第2中足骨のほうへ移動したところです。そして、骨幹の端に作った骨の突起に、骨頭部を固定します。その状態が、X線写真に出ています。中足骨幹部内側の端で骨が出っ張った部分は、骨切り術後に骨がついて硬くなる間に、吸収されて形が作り直されます。

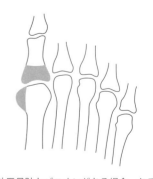

図3.24 ケーラーの手術法

外反母趾とバニオンがある場合、あるいは強剛母趾（第1中足趾節関節の変形性関節症）の場合に、行われます。

くなくなります。

外反母趾とバニオンの保存療法は、バニオン部分の治療を目的とします。リング形のフェルトパッドを使えば、バニオン部分への圧力を和らげることができます。第1趾と第2趾の間にくさび形のパッドをはさむと、親指を支える効果があるときもあります。しかし、この方法では、たまに他の足指に圧力が伝わり、それらも外反になり始めるという欠点があります。感応電流の足浴と内在筋のエクササイズも、足指のコントロールを強くするので有効です。

【合併症】

水疱が繰り返し生じます。バニオンに炎症や感染が起きやすくなり、たまに骨にまで影響することがあります。

---

*15　第1中足骨が短縮し、第2、第3中足骨が相対的に長くなるため第2、第3中足骨頚下に痛みが出たりタコができたりするので、ホフマンの骨切り術は現在ではほとんど行われていません。

*16　現在ではあまり行われていません。

3.25　強剛母趾

これは、足の親指の中足趾節関節に起きる変形性関節症です。症状が進むと足指の関節が硬くなり、ついには足指が動かなくなって硬直することが、強剛母趾の名前の由来です。強剛母趾は子どもの頃に始まり、親指の関節で主に背屈する動きに制限が生じることで、初めてわかります。この段階ではX線写真上はめったに変化がありませんが、親指の基節骨の基部骨端にいくらかの硬化が生じている場合があります。後になって動きにかなりの制限が生じたときでさえ、X線写真上に見える変化は、比較的軽度なものです。足指の関節がひどくおかされて大変硬くなったときに初めて、進行した変化がX線写真上ではっきり見えます。

【原因】

強剛母趾は、ふつう外傷に関係なく、両側にあるため、おそらく原因は遺伝性のものです。しかし、関節にかなりのダメージがあると、他の関節と同じように、関節炎が続いて起きます。後者のタイプの強剛母趾は、外傷がきっかけとなるので、一生のうちいつでも始まる可能性があります。この疾患は、原因が何であれ、残念なことに進行性のものです。可動域はだんだんせまくなり、背屈が制限されるため、テクニック的にさまざまな問題が生じます。これに伴って、体重を正しくかけることが困難あるいは不可能になります（5.21節）。

【治療】

軟部組織の硬直や短縮を減らすために親指の関

図3.25A

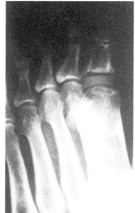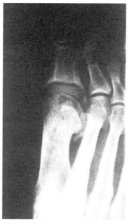

親指の基節骨の基部を、シリコン製インプラントに置換。

図3.25B

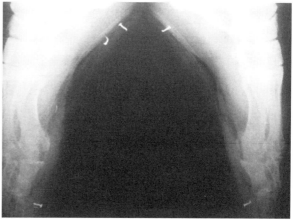

置換後に、ポアントで立ったところ。

節を穏やかに牽引し、自動運動と他動運動を穏やかに行い、前足部の内在筋を強化すれば、進行を遅らせて症状を和らげることができます。高く立ち上がろうとして無理に4分の3ポイントをすれば、症状はよくなるどころか悪くなると、ダンサーには忠告しておきます。ダンサーは、経験する痛みの程度から判断し、どれだけ高く上がるか指導されておくべきです。この状態のある程度の痛みは、性質上避けられませんが、それでもまだ極端ではありません。

保存療法を行っていても症状が続く場合、特に親指に硬直があってテクニック上の問題や他のケガを生じさせる場合は、手術を考えます。ダンサーの場合は、親指の基節骨の基部を置換する方法をとることがあります（図3.25 A、B）。筆者（J. ハウス）はシリコン製のものを使って成功していますが、新しい人工関節（置換物）は試していません。[*17] どのような場合でも、本当に最後の手段が手術です。それに代わる方法が、Dr. Boni Rietveldが提唱する基節骨近位端の骨切り術です。これは、背屈よりも制限されていない底屈の可動域を利用する方法です。手術で骨を切る部分では、基節骨の遠位を背屈する方向に角度をつけます。これにより、関節に残っている可動域が、全体的に背屈の方向に移動して、より使いやすくなります。底屈は制限されますが、正しいポアントを行うのに十分である限り、ダンサーにはほとんど問題とならないでしょう。そのため、骨切り術を施した部分で、背屈させすぎないように気をつけなくてはいけません。しかし、強剛母趾は進行する疾患なので、手術でよい効果が出ても、効果の続く期間は限られています。

生徒には手術を行うべきではありません。置換したものの寿命には差がありますが、限られています。将来、他の職業につくための努力をしたほうがよいだろうと思える年齢で、生徒に大変短いプロとしての道を選択させてしまうのは、おそらく間違っているでしょう。シリコンの関節が機能しなくなったときは、取りはずせます。それにより足指がやや短くなり、ジャンプやルルヴェなどの力が大変弱くなります。しかし、このような状況でも、一般人の生活では問題がなく、ほとんどのダンス教師にも多分問題がないでしょう。プロのダンサーの場合、シリコンを移植して、その後の仕事を続けられるようにするのは大いによいでしょう。手術の前に、人工関節がどれだけ長くもつか予測することは不可能です。しかし、そのダンサーがすでに円熟しきった人でない限り、その後の舞台にずっと耐えられるほど人工関節は長くはもたないと忠告しておきます。

しかし、**注意してください！** 親指の関節に**明らかな硬直**があるときにだけ、強剛母趾と診断します。硬くなった親指は、慎重に調べなければいけません。初診時で親指の関節に純粋な動きの制限があっても、その硬さは一時的なことが多いのです。これは本物の強剛母趾ではありません。この症状は、間違った使い方や、第1中足趾節関節が繰り返し外傷を受けることで起きます。特にローリングをしていると、中足趾節関節の角に体重が繰り返しかかります。その結果、関節自体が腫れて痛みが生じ、硬くなります。しかし、そこを適切に治療し、テクニックの間違いを修正すれば、可動域は十分回復できるでしょう。足指のX線写真には、明らかに骨の異常も変形性関節症の兆候も見られないでしょう。

【合併症】

親指の痛みから逃れようとして、ダンサーが体重のかけ方を変えるために、テクニック的な間違いが生じて問題が起きます。ふつう、片足がもう一方に比べ、痛みと硬直の症状がひどくなります。

[*17] シリコン製の人工関節は力があまりかからない手指でも成績がよくないので、力がかかる足趾に行っている症例の報告は現在ではほとんどありません。

3.26 陥入爪

【原因】

陥入爪は、たまに先天的に現れます。足の親指の爪がとてもカーブしていて、爪の両端が肉に垂

直に食い込む傾向のある子どもがいます。これは、陥入爪になりやすい爪のタイプです。しかし、陥入爪は主に、シューズがきつすぎたり合っていないことが原因で起きます。普段履いているものも含めて、シューズをすべて調べるべきです。

【治療】
　初期段階では、爪の角をもち上げ、その下に小さな動物性のウール素材（綿ではいけません）をはさみ込めば、陥入爪を止めるのに十分です。また、爪をまっすぐ横に切って、爪の角を切り落とすべきではありません。原因も同時に取り除いたら、ふつうそれ以上の治療は必要ありません。しかし、それでも陥入爪が続くときは、細心の注意を払って爪床の角を切除すれば、爪の縁の端をくさび状に切り取る方法でふつう十分です。根本的な手術としては、爪母から完全に切除してしまう方法がありますが、めったにその必要はありません。たまに、爪の端を切除した後、小さな爪の出っ張りが再び生えてくることがありますが、これは簡単にとることができ、ふつう痛みはありません。

3.27　ウオノメとタコ

【原因】
　これらは、ダンサーにとっては職業病のようなものです。しかし、ポアントで立つときにナックリング（訳者注：p.156参照）していたり、ポアントシューズが足に合っていなかったりすると、とても悪化することがあります。

【治療】
　ウオノメとタコは、感染を防ぐ観点から、注意して治療しなければいけません。感染する可能性が大きい場合は、カミソリの刃などの道具を使って自分で手入れするよりも、プロの腕のいい足専門の治療士に任せたほうがよいでしょう。すべての原因を、できるだけ取り除かなければいけません。

3.28　石灰化部など

【原因】
　これらの骨棘などは、過去にケガをした部分に、ふつう現れます。ケガが治る過程で、骨化あるいは石灰化によって、ダメージを受けた組織が部分的に修復されることがあります。しばしば、骨との結合部で、軟部組織がダメージを受けたときに起きます。例えば、靱帯か関節包の一部が骨から引き離されて、その下の骨が露出したとき、骨細胞がこぼれ出し、新しい小さな骨の出っ張り（骨棘）ができて治ります。この骨棘は、X線写真に現れた影と一致します。つまり、患者が痛いと訴えてきてX線写真を撮ると、1つあるいはそれ以上の骨棘がX線写真に写っているのです。しかし、骨棘の存在が患者の症状の原因となっているわけではないと、どれほど強調してもしすぎることはありません。実は、この骨棘自体が症状を引き起こすことはめったになく、骨棘を切除したり、腱の石灰化部を削ったり、その他さまざまな疑わしい治療をする必要は全くありません。このタイプの手術はたいてい、症状を起こす本当の原因がわからなかったり調べられていなかったり、保存療法が不適切か役に立っていないために行われます。

　その結果、ダンサーは必要のない麻酔と手術を受けます。手術後に強いられる休養期間が、治る要因となることがときどきあり、手術が正しい方法だったと錯覚を与えます。しかし、休養後ダンサーが仕事に戻ったとき、手術前に悩まされていた症状が再発することが、実に多くあります。なぜなら、根本的な原因が修正されていないからです。この場合、ダンサーの体が弱まっているため、症状が前より悪くなっていることがよくあります。そしておそらく、さらにどこかが傷つき、根本的な原因が修正されないままさらに手術をすることになります。

【治療】
　大変まれですが、関節が動くと骨棘がはさまれることがあり、切除の正当な理由になります。ふ

つうはありませんが、そのような状況でも根本的な原因を修正することが、きわめて重要です。(3.13、3.14節)

3.29 腓骨の疲労骨折

これは、たいてい外果の先端から約8〜12cm上に起きます。局所的な熱感、圧痛、肥厚があります。臨床的な診断は、それほど難しくありません（図3.26）。

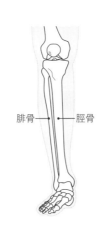

腓骨 — 脛骨

【原因】

腓骨の疲労骨折の主な原因は、逆カマ足と、足が過度に外旋したポジションでの回内です。しばしば、足が弱いことと関係します。東洋のダンサーによく見られますが、脛骨の下部が弓なりに弯曲していると確実に悪化します（5.16節）。これにより、大腿の内側と足の外側を強化することが特に難しくなります。股関節でターンアウトを保てないと、下腿にストレスがかかります。ポアントシューズのブロックが合っていなくても、体重のかかるアライメントがくずれます。足の捻挫を治療しないでいると疲労骨折が進行することがあるため、これから推論すれば、疲労骨折には慢性的捻挫の進行が伴っている場合があります。

【治療】

変更したプログラムを全く痛みなくこなせるようになるまで、踊りの量を減らすべきです。痛みがなくならない場合は、短期間休みをとらなければいけません。局所的に冷却すべきです。ダンスの量を減らすと同時に、弱い筋群をすべて強化するために相当な努力をしなければいけません。

この疲労骨折は、基本的にテクニックの間違いによるものであるため、特にテクニックの再教育が大切です。弓なりの脛骨下部のような解剖学的な特徴が潜在的原因となっている場合は、その状況でもダンサーが踊れるように、できるだけテクニックを改善するための時間をとるべきです。

【合併症】

疲労骨折を治療しないでいると、まれに完全な骨折に進行することがあります。

3.30 すねの痛みと脛骨の疲労骨折

向こうずねの痛みはダンサーによくあることですが、その痛みがかかわる部位の正確な構造と、なるべく原因を診断することが大切です。ダンサーはよく"シンスプリント"といいますが、これは下腿に起きる痛みを全般的に表す言葉です。ランナーでは、脛骨の内側縁に沿った痛みに対し、この言葉が用いられますが、治療を効果的にしたければ的確な診断をして患者に説明すべきです。

すねの部分の痛みには、次の原因が考えられます。

1) 骨にかかる応力への反応。それが、骨折に進行するおそれがあります。
2) 筋付着部、特に脛骨の内側縁での炎症と痛み。
3) 筋区画（コンパートメント）症候群（3.31節）。使いすぎと炎症によって、筋肉が腫れるため。

図3.26

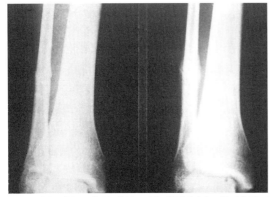

腓骨の疲労骨折に、仮骨（新しい骨）が形成され、治りかけているときのX線写真。

❶ 骨にかかる応力への反応と疲労骨折

骨にかかる負担に、骨が反応します。まず始めにストレスへの反応として、骨皮質の部分が密になって**厚みを増し**、その負担に耐えようとします。X線写真で、骨皮質の白い部分が厚くなっているのを確認できます。これは応力による肥厚として知られています。そのレベルを超えて骨に負担がかかり続けると、骨は弱くなり始め、疲労骨折がその結果起きます。ダンサーは「痛みが徐々に現れて、踊るとひどくなる。特にジャンプのときに痛くなる」と訴えてきます。歩くと痛みがあったり、夜も痛みがあったり、診察すると局所的に圧痛がある場合は、診断の確定と治癒期間の予測と治療法を決めるために、検査を行うべきです。

この疲労骨折は、脛骨の内側縁では上から3分の2、下から3分の1の地点、そして脛骨の前縁では骨幹のほぼ中央に、たいてい起きます（図3.27）。たまに、上から3分の1、下から3分の2の高い地点に起きることがあります。疲労骨折は、脛骨の形が原因で起きることがあります。例えば、弓なりの形と、弯曲の高さ（位置）が問題となります（図3.28）。

他のアスリートでは、ほとんどの疲労骨折が内側縁に起きて、骨に局所的な圧痛があると報告されています。しかしダンサーでは、前縁にストレスがかかるほうが一般的であることがわかっています。脛骨の前方の骨皮質が、中央と下3分の1のつなぎ目で押すと痛むようになります。痛みは、放散する鈍い痛みで、運動するとひどくなります。ダンサーが、何週間も何ヵ月も症状を無視していると、骨膜の肥厚が触れてわかるほどの固まりになってきます。こうなると、最初に行うべきX線に"恐怖の黒い線（白い皮質を傷つける黒い水平の線）"が現れることがあります。**ほとんどの場合、長期間安静にすることで治まります**。骨が癒合しない場合もあり、注意深く扱う必要があります。

なぜ疲労骨折がこの部分に起きるかを説明するには、脛骨の構造を考える必要があります。脛骨は、体の中で2番めに長い骨で、下部では距骨を

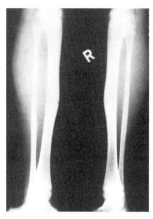

図3.27 脛骨の疲労骨折
ほとんど左右対称で起きています。治りつつある過程で、X線上では、ごくわずかしか新しい骨が見えません。

図3.28

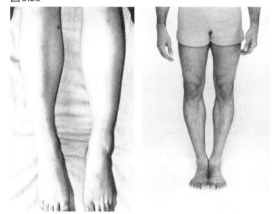

両方とも、脛骨の下部が弯曲しています。

通り足に力を伝え、上部では膝を通り大腿骨に力を伝えます。脛骨の横断面を見ると三角形をしていて、3つの縁と3つの面があります。前縁と内側面は、皮膚のすぐ下にあり、向こうずねとしてよく知られています。骨間の（外側の）縁を腓骨のそれとつなげているのは、骨間膜です。下腿の筋肉は3つのグループに分かれています。前方の筋群（背屈筋）は、脛骨と腓骨の表面と骨間膜から起きて、前区画を形成しています。後区画は、脛骨と腓骨と骨間膜の後方から起きる底屈筋からなっています。外側区画は、腓骨から起きる外がえし筋群からなっています。後方の骨皮質は、いくつかの筋肉に支えられ十分な血液を供給されていますが、これとは異なり前方の骨皮質には再生と治癒に十分なほどの血液が供給されていません。ふくらはぎの筋肉が収縮するとき、前に向かってしなるため、前方の骨皮質には張力が作用し、

ひずみ（ゆがみ）が生じ、後方には圧迫する力がかかります。これは"弓の現象（bow phenomenon）"といわれています。テクニック的に必要とされるため、ダンサーは底屈筋を使いすぎますが、背屈筋はそれほど使わないため、筋肉がアンバランスになります。このアンバランスに気をつけないでいると、脛骨は危険にさらされます。これらの生理学的影響が、その他の危険因子と重なって、前方の骨皮質に骨折が起きるリスクが高くなります。

❷ 危険因子（リスクファクター）

a）ジャンプ量の突然の増加

仕事量が突然増えると、衝撃を吸収する体の構造は、その負担に適応して強くなるための時間が足りません。疲労すると、筋骨格系が十分に働かず（テクニックも悪くなり）、筋肉は適切に力を生み出すことも、強い力を吸収することもできなくなり、骨に傷害が起きます。

b）硬い床

ふだん弾力のある床で踊っているダンサーが、ツアーなどで一定の期間、硬い床で踊ると、応力への反応が脛骨に出ることがあります。床反力は反発力であり、それをダンサーは着地で吸収します（すべての力には、同じだけの反対の力があります）。ダンサーはこの衝撃を、プリエによって、足からふくらはぎの筋肉、大腿四頭筋、殿筋を使って吸収し、背中でも吸収します。足が床につくとき、同じだけ反対に上に向かう力が、まず足と足関節に、そして脛骨に吸収されます。もし床が十分に弾力のあるものだったら、着地にかかる力のいくらかは床に吸収されます。吸収されたエネルギーは、床の熱に変換されます（エネルギーは作られたり、壊されたりしません）。

c）弱い足

クラシックバレエの練習時、バレエシューズには、トレーニングシューズのようなクッションの役割はありません。足には、優れた固有感覚を備えた強さが必要です。バイオメカニクス的に正確に用いられたときにだけ、その力が強くなります。前足部と足指の内在筋は、床を最後に押して、着地では最初に衝撃力を弱めます。着地を静かにするのも、力強い足です。下で衝撃が吸収されると、上の脛骨が守られます。

d）体力の低下

全身のコンディションが落ちていると、すべての構造—骨、関節、筋肉、腱—にかかる負担が増えるでしょう。心肺機能が落ちていると早く疲れ、テクニックに正確さを欠き、その結果、負担がかかります。

e）月経の異常

無月経で、骨密度が低い女性の場合、骨にリスクがあります。しっかり食事をとっていないダンサーの筋肉は、骨にかかる負担を吸収するのに必要な力も出ません。

f）シューズ

ダンスシューズは、衝撃をほとんど吸収しないことがわかっています。しかし、シューズが少し小さすぎる場合（短いか狭い）、それが妨げとなって足は効果的に動けません。足の内在筋が制限されて、伸張性収縮によるコントロールが失われます。たとえプロのダンサーでも、ダンスシューズ、ブーツなどの中の層がすり減っていないか調べるべきです。

g）姿 勢

プロのダンサーが間違った姿勢でいることはあまりないでしょうが（ありえないことではありません）、専門学校に通っていて練習量が多い若いダンサーは、注意深く観察する必要があります。体重が後ろにかかっていると、特にジャンプのときに、前足部に必要な力がつきません。

症状が始まって**少なくとも3週間**までは、それより長いことも多いのですが、X線写真上に異常は現れないでしょう。その頃でも、変化はとてもわずかで、簡単にわからないかもしれません。アイソトープ検査による骨シンチグラフィで、早くから変化と高集積を見つけることができますが、この変化は骨折に限られたものではありません

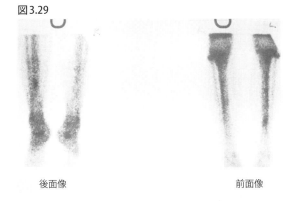

図3.29

後面像　　　　　　　前面像

アイソトープ検査の骨シンチグラフィで、脛骨の中央部3分の1と下3分の1の境界に"ホット・スポット"が現れ、疲労骨折が進行しているのがわかります。

（図3.29）。**疲労骨折以外の骨の病気の診断は、この年代では大変まれです。**CT検査は骨折線をより特定でき、骨折線を見ることができます。MRI検査も用いられますが、CTほど有用ではありません[*18]。これらの画像検査は費用がかかり、ダンサーにはめったに必要ありません。

スポーツ医は、これらのケガを定期的に扱っていて、最新情報も入手しています。医師と協力して、理学療法士はバイオメカニクス的な問題を評価して修正します。リウマチ専門医は骨代謝と骨密度を専門としているため、プロのアスリートを扱う専門医の診察を受けることを薦めます。プロサッカー界では、骨の治癒を促して骨密度を上げる薬が試されていますが、まだ一般に広くは使われていません。前方の骨皮質の疲労骨折に対する保存療法には、少なくとも6ヵ月の安静を必要とします。放射線検査で完全に骨がついたのを確認するまでは、トレーニングに戻るように助言すべきではありません。もし症状が続く場合は、整形外科医の意見を求めるべきです。手術を選択するのはダンサーにとって最後の手段で、仕事を長く休む必要がありますが、保証はありません。干渉療法と磁気コイルが用いられていますが、効果があるという確かな証拠はないものの、危険ではありません。

その代わりに、まず予防がいちばんです。専門学校の教師は生徒に、筋骨格系に問題があれば早く助言を求めるよう教えておくべきです。プロのダンサーも、仕事の程度や他の危険因子に気をつける必要があります。

【合併症】

疲労骨折は、前方コンパートメント症候群と間違って診断されることがありますが、臨床症状が限局しているので、その間違いを防げるでしょう。しかし、疲労骨折が複数ある場合は、混同しやすくなります。このような状態では、少なくともいくつかの骨折がX線写真上に見えるでしょう。進行させてしまうと、疲労骨折が徐々に進んで、脛骨の完全な骨折となることがあります（図3.30）。この場合、骨の癒合はひどく遅く、1年あるいはそれ以上かかります。唯一の例外は、ダンサーが大きなジャンプをしたとき、疲労骨折の位置に突発的な急性の骨折が起きた場合です。この場合、疲労骨折が骨幹の直径の大部分に達していなければ、急性のケガで起きた通常タイプの骨折と同じくらいの期間で骨は癒合します。つまり、約3～4ヵ月で完全に癒合します。

---

*18　早期診断や骨折の治癒過程の評価に関してはMRIが有用です。

図3.30A　脛骨の疲労骨折　　図3.30B

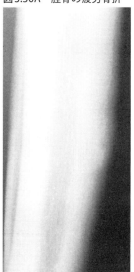 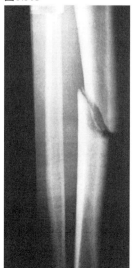

Bは、疲労骨折が急性の完全骨折になったところ。この患者さんの場合は、電車に乗ろうと急いで、最後の数段を飛び降り着地して起きました。これと似たようなタイプのジャンプが、踊っているときに起こりえます。

3.31 前方コンパートメント症候群

すねの前区画（前方コンパートメント）は、脛骨と腓骨の2つの骨と、その間にあって2つの骨をつなげる大変強い線維性のシートである骨間膜、そして表面の深在筋膜によって、区切られています（図3.31）。これらの構造はすべて伸びません。この非伸縮性が、前方コンパートメント症候群で起きる問題の原因となります。前区画に何らかの腫れがあると（ケガや他の原因で）、前区画を包み込んでいる構造に伸縮性がないため、必然的に圧力が上がります。圧力が上がると次第に強くなる痛みが生じ、いわゆるシンスプリントになります。腫れが過剰になると、組織内の圧力が上昇し、血流が妨げられるか完全に遮断されます。そうなると、酸素が欠乏して、前区画の組織が壊死します。圧力がひどく上昇している状態は緊急に手術をして、組織に壊死が起きる前に、前方コンパートメント症候群の減圧をただちに行う必要があります。幸いにも、これほど重症な前方コンパートメント症候群はまれで、ふつう軽症の初期段階以上になることはありません。

【原因】

最もよくある原因は、前区画の筋群（前脛骨筋、足指の伸筋）を使う慣れない運動をすることや、過剰な運動をすることです。運動しすぎると筋腹が腫れて（筋肉を突然極端に使いすぎると起きます）、シンスプリントの症状が起きます。体重が後ろにかかっても、これらの筋肉に余計な緊張を与えます（5.21節）。同じように、足が弱いと、これらの筋群の使いすぎにつながります。シューズのリボンがきつすぎて、下腿が締めつけられると、表面の血行が妨げられ、動きが制限されます。これにより前脛骨筋と足指の伸筋の腱が刺激され、軽度の前方コンパートメント症候群が生じます。短いシューズも、足指をかぎ爪状に曲げるため、同じような影響があります。ローリングすると、前区画の筋肉を使いすぎます。レッスンでダンサーを観察すると、腱がとても浮き出て見える

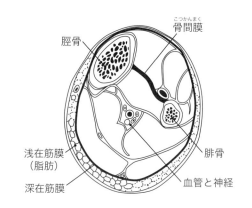

図3.31　下脚の上3分の1の断面図

筋膜の区画が示されています。

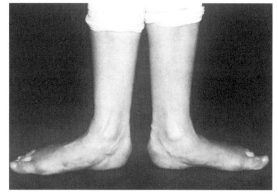

図3.32

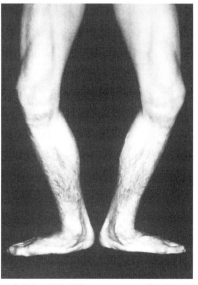

両方とも、足と足首でのローリングです。さらに、足関節の前側が緊張し始めているのも、写真に出ています。

ことがあります（図3.32）。アキレス腱が硬く、プリエに制限があっても、同じような影響があります。前方コンパートメント症候群はふつうとても軽症ですが、毎日レッスンをするようになった初年度や、急激な成長期にもよく見られます。ストレスがかかるときには、しばしば筋肉が緊張して、ダンサーがむだに足指で床をつかんでしまうことがあります。

【治療】

循環系が危うくなるほど重症でなければ、保存療法が有効です。治療は、脚を挙上して行うべきで、循環系と静脈の戻りを刺激するため、足関節から鼠径部まで冷却と干渉波療法を行います（必ず膝を後ろから支えてください。下腿の傷害の治療はすべて、同様にすべきです）。強化エクササイズを、他のすべての筋群に行います。それには足、ふくらはぎ、大腿四頭筋、ハムストリングス、内転筋、殿筋のエクササイズを含めます。シンスプリントになるダンサーは、これらの筋群がすべて比較的弱いようです。これらの他の筋群を強化すれば、必要とされるテクニックの修正がしやすくなるでしょう。また、眠るときにその足をベッドから約25cm上げるとよいでしょう。踊りを完全に休まなければいけないほど重症でなければ、レッスンの合間にシューズを脱いで、両脚を挙上しておくのもよいでしょう。時間がかかりますが、マッサージも有効です。より重症な場合、脚を挙上して圧迫し感応電流を行うのが、大変痛いかもしれませんが効果があります。アキレス腱の硬さは、一時的なものでも、治療プログラムの中では無視するべきではありません（5.15節）。

【合併症】

重症な場合に診断されずにいると、手術で減圧することができずに、筋肉に壊死が生じることがあります。シンスプリントと同じ原因で起きるため、脛骨の疲労骨折が見逃されていることがあります。別のいい方をすれば、疲労骨折が前方コンパートメント症候群と間違って診断されていることがあります。進行中の疲労骨折を、シンスプリントと呼ぶのは間違いです。

3.32 ふくらはぎの筋肉の断裂と痙攣

腓腹筋とヒラメ筋のケガはともによく起きます。腓腹筋の急性の肉ばなれは、ジャンプの踏み切りや、伸張性収縮で突然伸ばされすぎたときに起きるのが典型的です。突然鋭い、突き刺すような、または裂けるような痛みを、腓腹筋内側の筋腹か、筋腱移行部に感じます。膝を伸展した状態で、筋力とストレッチの検査をします。ヒラメ筋も、特に足が回内していると、肉ばなれしやすくなります。同じく肉ばなれしやすいのは、内側の筋線維です。膝を屈曲した状態で検査します。(訳者注：〈strain〉を肉ばなれと訳していますが、ここでのstrainは筋肉や腱の線維が伸ばされるか一部が切れる状態で、日本語の肉ばなれ〈自家筋力による〉と筋挫傷〈外因性〉の両方を含みます)

第Ⅰ度の肉ばなれは、そのときの痛みは鋭いものですが、ダンサーは続けられます。ダンスに戻るまでに、10〜12日かかることがあります。第Ⅱ度の肉ばなれは、ダンサーは続けていられなくなり、ケガが治るのに3週間かかるでしょう。第Ⅲ度の肉ばなれは、筋腱移行部の断裂で、激しい痛みがあり、おそらく手術かギプスが必要です。

【治療】

踵を上げて、ふくらはぎの負担となる要素を除きます。この治療については、筋肉の断裂のところで、一般的な治療を書きました（2.2節「4 筋肉の損傷」p.95）。

【合併症】

ふくらはぎの痙攣の既往があり、ふくらはぎの痛みの位置が変化しやすく、位置を限定するのが難しいときは、脊髄の問題の関与を疑うべきです。スランプテストで、神経組織を調べるべきです(訳者注：p.117 参照)。高齢のダンサーで、病歴に脊髄の問題がある場合は、腰椎も常に調べるべきです。

特に、ふくらはぎの筋肉は、断裂すると拘縮しやすくなります。瘢痕化が原因の一部ですが、ふ

くらはぎの筋肉とアキレス腱はともに、思ったよりかなり速く緊張する傾向が元々あることも一因です。ふくらはぎの筋肉の肉ばなれは、膝の後ろの痛みとなって現れることがあります。そのため、ハムストリングスの問題あるいは膝のケガと、間違って診断されることがあります。腓腹筋の2つの頭部は、大腿骨の下端に起始し、膝関節の後ろをまたいでいることを覚えていてください。

3.33 膝前部痛

膝前部痛（anterior knee pain：AKP）とは、膝蓋大腿関節に生じる痛みに対して使う言葉です。生徒や若いダンサーは、成長やテクニックを上達させる厳しい過程で、この関節にかかる筋肉の力が変化して、ケガをしやすくなります。膝蓋骨は、大腿四頭筋が膝を"引き上げる"ときに、近位にだけでなく外側に引きずられるように見えることがあります。外側の構造が硬すぎることによって、膝蓋骨は外側に傾くこともあります。膝蓋骨の後面と大腿骨顆の前面の間で、正しくない軌跡をたどると摩擦が生じます。その結果、腫れや痛みが生じ、さらに膝の固有感覚やコントロールが失われます。

【原因】

大腿四頭筋で、外側広筋（大腿筋膜張筋と硬い腸脛靱帯に沿っている筋肉）を使いすぎる一方、内側広筋を使わないでいると、そのアンバランスによって大腿骨の溝の中で膝蓋骨が外側に引きずられます。これにより痛みと腫れが起き、運動するとひどくなります。原因には、構造的なものとテクニック的なものがあります。過伸展した膝は、膝を伸展して後ろに固定すると、傷つきやすくなります。ターンアウトで足が過度に外旋すると、筋肉がさらにアンバランスになるでしょう。

【治療】

硬くなって使いすぎた筋肉に、マッサージやストレッチをする必要があります。必要ならば、膝蓋骨のモビリゼーションを行います。マッコーネルテーピングは内側広筋の働きを刺激することができ、治療の初期段階では痛みを和らげます。内側広筋と内転筋を働かせるエクササイズも、外側の力に対抗するのによいでしょう。痛みの症状を抑えるためには、過伸展した膝のテクニック的な修正と、ターンアウトのコントロールが必須です。

3.34 硬い大腿筋膜張筋

【原因】

大腿の筋肉がアンバランスで、内側の筋肉が比較的弱いことがふつう原因となります（比較して強くないという意味で、強い脚でも起こりえます。アンバランスが重大な糸口です）。この場合、大腿筋膜張筋（tensor fasciae latae：TFL）を含む外側の筋群を使いすぎています。極端な例では、大腿の外側が張っていて使いすぎが見るだけでわかり、発達していない内側広筋を含めて内側には筋肉が少ないのがわかります。しかし、発達の違いがまだ明らかに見えていないこともあります。この場合、手で触れると、筋肉の緊張に差があるのがわかります。診察中注意深く観察すると、大腿四頭筋が等尺性収縮をしている間、膝蓋骨が近位だけでなく外側に動くことがわかります。これは、膝が構造的に健全であれば、外側と内側の筋肉のアンバランスと診断できます。X脚をもつ若いダンサーは、外側の力に対し傷つきやすく、クラシックバレエは膝にかかる負担を増やすだけになるでしょう。

クラシックバレエでは股関節の屈筋と外転筋を使う必要があるため、筋肉のアンバランスが進行し、より表面に近い筋肉が優位となり、深部の安

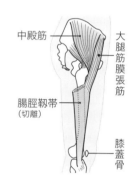

定筋の働きが比較的少なくなります。これは、プロのダンサーに多く見られます。TFLは、股関節を屈曲、外転、内旋する筋肉です。

TFLが硬いと、腸骨を前に回旋する力がかかり、仙腸関節とその靱帯、そして腰椎を妨害します。TFLが硬いと腸脛靱帯が緊張し、さらに腸脛靱帯の膝への付着部が緊張し、膝蓋大腿関節の連結を妨害します。股関節が影響を受けて、その状況が修正されなければ、前方のインピンジメントが続いて起きるでしょう。TFLを使いすぎている場合は、上部の殿筋が優位となり、深部のターンアウトの筋肉（特に梨状筋、あまり使われていない腰筋、腸骨筋、大殿筋の下部）が硬くなっていることも、しばしばあります。大腿筋膜張筋が硬いと、骨盤を正しく調整しにくくなり、片脚に体重を移動するのが妨げられます。

【治療】

深部のマッサージでTFLと腸脛靱帯を緩めて、外側の力を減らす必要があります。姿勢とターンアウトのコントロールの修正を、使われていない筋肉のエクササイズ計画と合わせて、始めなければいけません。骨盤の安定が基本的に必要であり、それが十分できていないと、股関節や鼠径部に問題が生じます。

どのような場合でも、保存療法を優先します。筋肉のアンバランスを修正するのは難しく、分析に時間もかかります。また、ダンサーに複雑な理論を理解させて、以前と違った動きに専念させなければいけないため、ダンサーを教える時間もかかります。

外側を解放する形の手術は、薦められません。

3.35 膝蓋腱の障害

膝蓋腱の障害は、膝蓋骨と腱の連結部にふつう起きます（訳者注：一般に膝蓋腱炎といわれますが、ここでは腱障害〈tendinopathy〉としています。p.92参照）。痛みは、腱がつく膝蓋骨下極と腱が連結する部分（図3.33）がゆがむことで

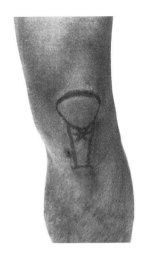

図3.33　膝蓋腱で障害が起きる位置

生じます。

【原因】

これは"ジャンパー膝"とも呼ばれます。膝蓋腱の障害で最も多い原因は、大腿四頭筋の内側と外側がアンバランスなため、膝蓋腱が不均等に引き上げられることです。ジャンプするとさらにゆがみが増えて、この組織に痛みと肥厚を伴う反応が出るでしょう。ローリング（5.18節）、足の過度な外旋（5.7節）、あるいは体重が過度に後ろへかかっていること（5.21節）に、関係することがよくあります。また、大腿の外側が発達しすぎていることにも、しばしば関係します。アキレス腱が硬かったり、足が弱かったりすると、ダンサーが着地するときに足でショックを吸収できず、膝蓋腱に負担がかかります。床がべたついていても、足と床の摩擦が大きくなり、何らかのねじる動きによって、この部分にゆがみが生じます。成長が急激な時期は、一時的に大腿四頭筋がうまく働かなくなり、腱に問題が生じることがあります。また、反張膝で膝が後ろに押されていても、大腿四頭筋が働きにくくなります。この場合、外側と内側のアンバランスも加わっていることがあり、この両方が原因となって膝蓋腱の障害が起きます。体重が後ろにかかる（5.21節）と、体重が踵の軟部組織の前方ではなく後ろにかかって、伸筋反射が刺激されません。前方に圧力がかかっていると、よりいっそう効果的に大腿四頭筋が収

縮するように刺激されるでしょう。股関節の前方が硬いと（5.9節）、大腿四頭筋が十分に働けません。ハムストリングスの硬さ（5.12節）は、成長と関係することがよくありますが、それにより大腿四頭筋の動きが妨げられるため、膝蓋腱の障害が起きることがあります。最後に、日常ひざまずく習慣があると腱障害が起きることがあり、膝蓋骨下の滑液包炎を伴うことがよくあります。

【治療】

局所的な治療は、特に腫れがある場合、冷却から始めます。そして、超音波療法、硬くなりすぎた構造のマッサージと続きます。さらに、筋肉のアンバランスをすべて修正しなくてはいけません。これには、内側広筋の能動的収縮を強化するエクササイズがとても役立ちます。大腿筋膜のあたりが硬い場合は、まず大腿筋膜をマッサージして、次に大腿筋膜張筋のストレッチをしないと、筋肉強化とアンバランスの修正を試みても効果が得られません。これまでに挙げた原因をすべて注意深く調べて、それらを除くことも必要です。そうしないと、局所的な治療をしても効果はないでしょう。

【合併症】

腱は簡単に治らず、慢性的な状態になると、腱症といわれます（2.2節「3 腱の損傷」p.92）。膝蓋腱の慢性的な痛みと肥厚に対して、現在行われている決定的な保存療法は、傾斜したスロープ上で伸張性収縮のスクワットを行う治療計画です。この治療は療法士が処方し、動きの制限とジャンプの禁止を伴います。この治療計画には、体重をかけて腱を刺激するエクササイズも含めて、回復に3ヵ月かかることがあります。

3.36 オスグッド・シュラッター病

脛骨結節は、骨が突起した部分で、膝関節のすぐ下の脛骨前側にあります。思春期には骨端（アポフィシス）と呼ばれ、骨の突起はまだ完全に骨についていません。その代わりに軟骨でついて、その軟骨は成熟すると完全に骨化します。膝蓋腱は脛骨結節につき、ここに大腿四頭筋の力を伝え、膝関節において大腿骨に対し脛骨を伸展させます。付着部のひずみが大きくなりすぎると、結節に炎症や腫れや痛みが生じます。これを骨端炎といいます。長管骨の骨端（エピフィシス）のように骨化が起こり、やがて結節はしっかりとつきます。これが起きるのは成熟しきったときで、それ以降はもう成長しません。エピフィシスとは違い、アポフィシスには骨を長くする役割はありません。体のあちこちに、この小さなアポフィシスの部分があり、ふつう腱が付着しています。[*19]

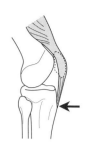

【原因】

オスグッド・シュラッター病は、大腿四頭筋が比較的弱いことが、おそらく最も多い原因で、急激な成長期によく起きます。大腿四頭筋が弱いと、腱の下端の付着部が均等にコントロールされて引っ張られずに、急にぐいっと引っ張られます。最初の検査では、大腿四頭筋は弱く見えないことが多く、そのため"比較的弱い"という言葉を使っています。オスグッド・シュラッター病になった人が行おうとする運動のレベルに対して、比較的弱いということです。競技やスポーツ、その他の運動に熱中している子どもに、最もよくあります。思春期に、その子が必要とする運動に耐えられるほど大腿四頭筋の力が発達していないために、腱が不均等に引っ張られた結果、骨端炎となることがあります。

【治療】

脛骨結節に強い痛みとかなりの圧痛がある場合、ダンサーは運動を控え、休むべきです。この部分が、腫れて熱をもつことがあります。その期間は、エクササイズに集中して、内転筋、殿筋、ハムストリングスだけでなく大腿四頭筋も鍛えます。アンバランスを修正し、膝を後ろに押し込む癖も修正します。ここでは、テクニックの修正も

大切です。急性の痛みが治まったら、生徒は徐々にレッスンや踊りに戻れます。

時には、ジャンプだけを避ければよいことがあります。ジャンプの練習が始まるときは、その生徒はフロアーのエクササイズプログラムを仕上げることができます。

【合併症】

ふつうは一過性の問題で、我慢して指導を受けていれば、いつかは終わるでしょう。

痛みという警告を無視して、激しい運動を続けると、その骨の結節が永久に大きくなってしまいます。大きくなること自体は、あまり重要ではありません。しかし、女子だと、その部分が見苦しくなるでしょう。男子だと、ひざまずく必要があるときに、純粋に物理的に突出しているために、痛む部分ができることがあります。その患者が急速に成長し続けると、日頃の強化プログラムではその成長の速さに追いつかなくなるため、オスグッド・シュラッター病の治療は難しいことがあります。

＊19　Apophysis（アポフィシス）は、脊椎などの扁平骨の骨端、Epiphysis（エピフィシス）は、長管骨の骨端です。

3.37　膝蓋軟骨軟化症

膝前部痛（訳者注：3.33節）全般に対して、あいまいに膝蓋軟骨軟化症という名称が使われることがよくあります。しかし、膝蓋軟骨軟化症には明確な定義があり、できるなら膝蓋骨後面にある軟骨に実際に変化があるときにのみ用いるべきです。この疾患の軟骨は、まだらに黄色くなって、軟らかくなり、けばだち擦り切れていきます。進行した本当の膝蓋軟骨軟化症は、膝蓋大腿部の変形性関節症の前駆段階となることがあります。この言葉をあいまいに使うことを避けて、膝の前方の痛みとだけいうようにしたほうがよいでしょう。ダンサーたちは他の患者と同様に、実際の診断名を意味する言葉の響きが好きです。

【原因】

これが最もよく起きるのは、膝蓋骨が正しい場所を通らない場合（つまり大腿四頭筋がアンバランス）で、特に大腿四頭筋の全体的な弱さを伴うときです。そのため、筋肉が比較的弱くなる急激な成長期の後に起きやすく、しばしば思春期や10代によく起きます。股関節の前方が硬いために、大腿四頭筋が硬くなることがあります。アキレス腱が硬いと、ショックを吸収するのが主に膝になりがちで、この状態が悪化します。膝前部痛は、他のアスリートに比べて、ランナー、体操選手、ダンサーによく見られます。3つのグループはすべて、特定の動きを繰り返し、かなりの回数行います。また、反張膝がある場合も、よく起きます。

たまに、膝蓋骨に直接打撃があって、引き起こされることがあります。しかし打撃した場合は、骨軟骨の骨折と混同しないようにすべきです。これは、関節軟骨のすぐ下にある骨に起きる急性の骨折で、おおっている軟骨とともに、骨の小さなカケラが生じることがよくあります。膝蓋軟骨軟化症は、それよりも徐々に始まります。膝蓋骨を打撃した後、膝蓋骨後面の軟骨が傷つき、軟骨軟化症につながることがあります。

【治療】

局所の治療には、軟部組織のマッサージと、適切な膝蓋骨のモビライゼーションを行います。しかし、この治療では、適切なエクササイズプログラムがはるかに重要です。エクササイズは、筋肉のバランスを取り戻すこと、大腿四頭筋を強化すること、他の弱い筋群、特にハムストリングス、内転筋、殿筋、ふくらはぎの筋肉を強化することも目指します。股関節の前面、大腿四頭筋自体、ふくらはぎが硬い場合には、ストレッチをします。反張膝がある場合は、低いヒール（約2cm）のシューズを履くと、体重が後ろにかかるのが避けられます。同様に、バレエシューズの内部を上げてもよいでしょう。この場合、筋肉が強化されるまで、整形外科で使うフェルトを一時的にその部分に置いても大変役立つでしょう。症状が改善さ

れたら、これらの補助をはずします。いつもどおり、テクニックの間違いを調べることが最も大切です。

【合併症】

真の膝蓋骨軟化症は持続的で、長く放置しておくと治療が難しくなることがあります。一方、早期に発見された場合、治療は大変しやすくなります。診断を確定するだけのために、関節鏡検査が必要なことがあります。手術は、思いとどまるべきです。たとえ膝蓋骨の通るところが誤っている場合でも、外側解離術は、筋肉をさらに弱くするだけで、さらにバランスを悪くします。筋肉の強化プログラムを行っても、外側の関節包にストレッチできない本当の拘縮がある場合にだけ、外側解離術を行うべきです。

3.38 膝の関節包の損傷

膝のまわりの、どの部位にでも起きますが、後方に最もよく起きます。

【原因】

膝に過伸展を強いることが、おそらく最もよくある原因です。この場合、腓腹筋頭部の片方あるいは両方の損傷を伴うことがあります。これは、多くのダンスのステップで起きる可能性があります。例えば、カブリオールの着地で踵に体重がかかり、膝が後ろに押された場合です。このケガに伴って、かなりのアザや腫れがしばしば生じます。

【治療】

局所の冷却と電気療法を、腫れを減らすために行います。症状が治まるまで、ダンサーは完全に休むべきです。この段階では、膝の後ろを守っているハムストリングスに特に注意を払って、強化エクササイズを行うべきです。

3.39 膝の内側側副靱帯の損傷

【原因】

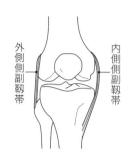

断裂でよくある原因は、間違った着地、衝突、転倒です。これは、べたついた床で起きやすくなります。捻挫は、間違った着地、床表面の悪さが原因です。つまり、断裂を起こすのと同じ出来事や状態で、その力が弱いときに捻挫になります。

ダンサーが慣れていない変わった振付を踊ったり、さまざまな舞台道具からジャンプしたりするとき、ケガをすることもあります。カマ足だと着地が悪くなって、膝の内側にさまざまなタイプのケガをする可能性が高くなります。リハーサルのしすぎなど、ダンサーを疲れさせるものは何であろうと、特に硬い床の上の場合には、ケガを生じやすくします。

【治療】

断裂は、整形外科的に緊急の問題で、完全に断裂した場合は手術が必要です。それより軽度な断裂の場合は、ダメージがとてもわずかなものでない限り、固定が必要です。手術が完了し断裂が治ったとき、リハビリの後期段階は、次の捻挫と同じです。

捻挫には、局所的に冷却と超音波療法が適応されます。ダンサーは、ケガがとても小さなものでない限り、踊りを休むべきです。リハビリ期間中、大腿四頭筋の内側広筋と内転筋に特に注意して、エクササイズを行うことが大切です。足を正しく動かすこと、内在筋を強化して、足に体重を正しくかけて回内を防ぐことが、特に大切です。足を過度に外旋させる傾向があると、膝の内側に余計な負担が常にかかるので、修正するように注意するべきです。膝のすべてのケガでいえることです

が、殿部や体幹まで範囲を広げて筋肉を強化しなければいけません。これらの部分まで観察して、テクニックの間違いも修正します。症状やケガを起こしていなかった靱帯が何らかの形で損傷したのをきっかけに、捻挫する前からあった誤りによって、膝の内側が悪化することもあります。

3.40 膝の外側側副靱帯の損傷

この部分の損傷は、ダンサーにはあまりありません。ふつう衝突や転倒などで直接打撃を受けたときにだけ起きます。完全に断裂した場合は、外側の膝窩神経も、永久に重度のダメージを受けることがあります。このケガは、整形外科的な治療が緊急に必要です。リハビリは内側側副靱帯の捻挫と同様です。

3.41 膝の十字靱帯の損傷

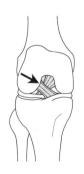

ダンスでの十字靱帯の外傷は、悪い（アライメントがくずれた）着地や、足を滑らせて膝が無理な位置にずれたことが原因で、ふつう起きます。サッカーでは、これは接触して起きるケガです。脛骨が外旋して、膝が外反位を強いられたとき（足や股関節に対して膝が内側に落ちます）、支えている筋肉がくずれて、膝が完全に屈曲した状態に陥ります。このケガのメカニズムによって、前十字靱帯（anterior cruciate ligament：ACL）が断裂し、内側側副靱帯が部分的に切れて、内側半月板が切れることがあります。そのため、このタイプのケガでは、3ヵ所それぞれを検査する必要があります。

このような悪い着地をした後は、ただちに腫れが生じて、ACLのテスト（ラックマンテスト、前方引き出しテスト、ピボットシフトテスト）を、内側側副靱帯のテストとともに行うと、陽性になるでしょう。病歴をとればケガを予測するのに十分ですが、疑わしい場合はMRI検査でダメージの範囲を完全に見つけるべきです。ダンスでは関節に複雑なストレスがかかるため、ダンサーはACLの手術が必要になるでしょう。最近の10年あまりで、これらの手術はかなり改善されて、アスリートやダンサーは舞台に復帰しています。

十字靱帯は、脛骨と大腿骨の間で、前後の動きを安定させています。側副靱帯は、左右の動きを安定させています。半月板の軟骨には、ショックを吸収する働きがあり、動いているときに関節面が正しく整列するのを助け、関節をおおい守っている関節軟骨へのストレスを最小限にします。これらの表面は摩擦がなく、膝をなめらかに動かしたり、転がしたり、回せるようにしています。

ACLは、大腿骨に対して脛骨が前にはずれるのを、主に抑制しています。断裂した場合には、移植片によって再建します。

外科医は、次の3つの移植法から選択するでしょう。まず、膝蓋腱の中央の3分の1を、その両端の骨片とともに、安全に取り出すことができます。これは、大腿骨と脛骨にしっかりとついて、治療がうまくいきます。第2の選択肢は、薄筋と半腱様筋（ハムストリングス）を再建に使う方法です。これらの腱を反対の膝から安全に取り出して、折りたたんで新しい"靱帯"を作り、スクリューで固定します。膝は、この2つの長くて薄い筋肉がなくても何とかやっていけます[20]。この方法により、膝蓋腱を傷つけるのを避けられます。この方法は、ひざまずいたりジャンプしたりする男性ダンサーに、適しているかもしれません。第3の選択肢は、同種移植片を使う方法で（訳者注：屍体の組織を移植する方法）、移植組織バンクからの膝蓋腱を使います[21]。これにより、患者自身から組織を取り出すことが避けられます。整形外科医は、患者の必要に合わせて、彼または彼女の経験や、専門的技術、最新のエビデンス（訳者注：証拠、根拠の意味。この場合、ケガや病気に対して、あ

る治療法が有効だという客観的な根拠）をアドバイスするでしょう。ACL損傷の治療法は、絶えず進歩しています。再建の手術中に、内側側副靱帯や内側半月板にもダメージがある場合は、いっしょに修復します。

手術後のリハビリは、患者にも理学療法士にも大変な努力が必要で、計画を立てて、目標を定め、忍耐強く行います。ジム、ピラティス、プール、スタジオでの指導も、さまざまなリハビリの方法に役立ちます。外科医はそれぞれ、治療にかかる時間と目標によって、治療計画を何段階かに分けるでしょう。ダンサーは、自分自身で選んだ形の再建法にどうやって対処していくかを9ヵ月間学びながら、可動域いっぱいに力強く動かせるようになるでしょう。できるだけ早く機能を完全に戻すことは、常に目標となりますが、完全に固有感覚とテクニックを一致させるために慎重な道を選んだほうが、リスクをとるよりも価値があります。

ACLは、安定させる役割だけでなく、膝の固有感覚にもかかわっています。靱帯中の力学的受容器は、膝が働いているとき、靱帯にかかる緊張を繊細にコントロールするのに貢献しています。そのため、再建しても以前の関節の能力は回復されず、前とは違った感覚や機能になるでしょう。ですから、股関節を60度以上に外旋させるクラシックダンサーは、手術した膝にかかるストレスを少なくする必要があります。リハビリでは、このことも計算に入れておかなくてはいけません。"新しい"膝には、より多くのウォームアップと、厳しい仕事に対する準備が、常に必要です。これらが行われている限り、ダンサーは以前のパフォーマンスのレベルに達するか、あるいは上回ることさえできるでしょう。

後十字靱帯の損傷は、ダンサーにはまれです。

＊20　薄筋と半腱様筋を使う場合、通常はケガをした膝から取り出します。2本取り出すと深屈曲が障害され、大多数の人でパッセの高さが違ってしまいます。そのため、ダンサーには問題となると考えられます。
＊21　同種移植片を使う方法は、日本では行われていません。

3.42　膝の内側半月板の損傷

半月板の断裂には、小さく切れた程度から全長の断裂、つまり周囲についている部分から半月板が完全にはがれてしまう場

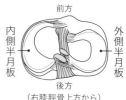

合まで、さまざまな程度があります。切れた半月板のかけらが関節内にはさまって、膝くずれやロッキングを起こします（最初の断裂の症状が治まった後に）。長期間経ってから問題が起きることもあります。

【原因】

屈曲した膝を回旋させるとき、大腿骨顆と脛骨の高原（訳者注：p.13参照）の間に、半月板がはさまって断裂が起きます。膝の故障が繰り返されて、急な症状はなく、徐々に断裂が起きているのは確かです。病歴に急性の発症がないとき、関節鏡検査で半月板の断裂を観察すると、これがわかります。最終的に急性発症する前から、比較的軽い症状が長く続いていることが、しばしばあります。おそらく、すでに進行していた断裂で最後につながっていた部分が切れたことが原因で、急性の症状が出ます。足を過度に外旋させること、内転筋と内側広筋が弱いこと、これらに関連する後方の筋肉もともに弱いこと、そして筋肉がアンバランスなために膝がコントロールされていないことが、この状態を悪化させる原因となります。内転筋が弱いと、片脚で立ったときに、体幹の下で脚を正しく保てず、膝の内側にかかる負担が増えます。さらに、内転筋が弱いと股関節でのターンアウトをコントロールすることができず、足の過度な外旋を悪化させるでしょう。動作脚を前から横に移動させるときや、特に後ろに移動させるときも、軸脚に対して骨盤が安定せずコントロールできなくなり、ぐらぐら揺れるでしょう。そのとき、膝で回旋が起きて、足に対して脚が内側に

図3.34A

軸脚が過度に外旋して、不安定なポジションになり、軸側の膝に負担がかかっています。内転筋を使うことができず、体幹が弱くなっています。

アラベスクに脚を上げていくとき、ダンサーはさらにバーに頼ります。

これも軸脚がよくありません。ここでは、動作脚を保持するのが後ろになりすぎて、軸側の膝と足（内側のアーチが平らになっている）に負担がかかっています。

ねじれるため、2次的に軸足の過度な外旋が生じます（図3.34）。ローリングのように膝と離れた場所でテクニックに間違いがあっても、半月板断裂の一因となることがあります。靭帯が緩いことも一因となるため、反張膝があって、特に大腿の筋肉の弱さを伴う場合、半月板を断裂しやすくなります。

【治療】

断裂自体は、症状が出ない限り、つまりロッキングや膝くずれ、動きに制限が出たりしなければ、手術の必要はありません。症状がある場合は、断裂した部分を取り除く必要がありますが、関節鏡を使って、できるだけ正常な半月板を残しておきます。しかし、これまで挙げた原因を修正し、筋肉の強化プログラムも合わせて行い、徐々に完全に元の仕事に戻っていけば、その段階で手術の必要がなくなることが、しばしばあります。手術をした場合も、同じリハビリのプログラムを必要としますが、たとえ関節鏡手術でも筋肉は弱くなるので、強化エクササイズがさらに必要になります。いずれの場合も、テクニックを調べて修正することが必要です。術後処置では、筋肉（特に内側広筋）の強化プログラムを早く効果的に行う妨げとなるため、固定を避けます。腫れが続いたり再発したりすると回復を遅らせるため、冷却治療や挙上、調整したエクササイズを増やす必要があります。膝のリハビリのエクササイズプログラムは、面倒で繰り返しが多いため、粘り強さと受け入れが必要です。

手術前に、関連するすべての筋群を強化するエクササイズの治療計画に時間をかけ、手術後のエクササイズのリハーサルをしておくと、リハビリにかかる時間をかなり減らせるでしょう。

3.43 膝の外側半月板の損傷

これは、内側半月板に起きるのと同じタイプの損傷です。他のスポーツに比べるとダンスでは外側半月板の断裂が多いのですが、ダンサーでも外側半月板より内側半月板の損傷のほうが多くあります。

【原因】

ダンサーの外側半月板の断裂は、急性の断裂で現れるよりも、小さな外傷が繰り返しあって徐々に始まるほうが一般的です。これは、慢性タイプ

の損傷が外側半月板より少ない内側半月板と同様です。ターンアウトが正しくコントロールされていないと、足がローリングし、大腿筋膜が硬くなって、外側半月板の断裂が引き起こされることがあります。このコントロール不足は、内転筋にも影響します。ダンサーが足を過度に外旋させるほど、大腿二頭筋、大腿筋膜張筋、外側広筋のような外側の構造がさらに固く締まります。腸脛靱帯が硬くなり、外側半月板が圧迫されて、変性して断裂が起きる可能性があります。

【治療】

内側半月板の治療と同様で、MRI検査、関節鏡検査、そして部分的な半月板切除術を必要とします。しかし、外側半月板にダメージを与えるテクニックの間違いは、内側半月板の場合とはやや異なっていることがよくあり、注意深く調べて修正する必要があります。

3.44 大腿四頭筋腱の断裂、膝蓋腱の断裂、膝蓋骨の骨折

これらのケガは原因が同じなので、まとめて扱います。それぞれの場合、大腿四頭筋の筋腹下部と脛骨結節の付着部の間で、伸展機構が分断されます。この分断が起きる3ヵ所は、膝蓋骨のすぐ上の大腿四頭筋腱、横骨折が生じる膝蓋骨自体、

膝蓋骨と脛骨結節の間の膝蓋腱です。膝蓋腱の断裂または膝蓋骨の横骨折は若い世代に起きる一方、大腿四頭筋腱の断裂はやや後の世代に起きます。

【原因】

これらのケガはすべて、大腿四頭筋が突発的に収縮することが原因で起きます。テクニックの間違いやジャンプの失敗でも起きますが、特にトレーニングがピーク時ではない人に起きます。筋肉がコントロールされずに非常に強く収縮すると、腱の線維が引き離されて断裂が起きます。膝蓋骨の骨折の場合は、この強い収縮によって、膝蓋骨が大腿骨顆部の上で後ろにポキッと折れて、膝蓋骨が横に骨折します。これら3つのケガではすべて、筋肉が収縮して大腿の近位を引き上げ続け、断裂した部分に割け目が生じます。また、広範囲の出血のために、かなりの腫れがただちに生じます。損傷後すぐに調べると、血液がまだ液体のため、実際の割け目が触れてわかります。しかし、しばらく時間が経つと血液は固まり始め、1日か2日すると割け目を触診するのが、きっと難しくなるでしょう。

事故後ただちに検査する場合は、ダンサーに脚をまっすぐに上げることができるかどうか尋ねます。もしできなければ、断裂を強く疑うべきです。膝の他のケガでは、かなり重症なものでも、早期段階だと大腿四頭筋がまだ抑制されていないので、ダンサーは脚をまっすぐ上げようと努力すればできます。しばらく時間が経つと、伸展機構に分断がなくても大腿四頭筋が抑制されて、患者は脚を上げられなくなるでしょう。これらの腱の断裂や膝蓋骨の骨折はすべて、整形外科的な緊急事態で、手術による修復がただちに必要です。ケガを発見できなかったり、ケガを疑わず整形外科に行かなかったりすると、ダンサーが完全に踊りの仕事に復帰できるか復帰できないかの分かれ目となることがあります。治療が遅れると、競技的なレベルまで、ダンスや他の活発な運動にふつう戻れなくなります。

【治療】

手術による修復をします。それぞれの手術の後には、厳密に計画した治療を続けます。手術後の期間は、体の他の部分をできるだけよい状態に保っておけるように、エクササイズプログラムを考案します。膝をまだ固定している間でも、傷めた脚の筋群に等尺性収縮を始められます。膝を動かす準備ができたら、筋群を再建して膝を動かすための集中的なエクササイズを始めるべきです。

3.45 大腿四頭筋の肉ばなれと断裂

これについては、筋肉の断裂のところ（2.2節「4 筋肉の損傷」p.95）で一般論をとりあげました。けれども、この部分のケガでは、大腿四頭筋の内側と外側の部分の正しいバランスを治療期間中に確実に取り戻しておくことが特に大切です。

【合併症】

内側と外側のバランスを取り戻すのに失敗すると、さまざまな節で述べた関連する問題が起きて、合併症につながります。

3.46 内転筋の肉ばなれと断裂

内転筋は、筋肉でおそらく最もダメージを受ける部分でしょう。断裂は、ふつう内転筋群の近位（上部）に起きます。第2ポジションで座って力ずくでスプリットをしたときのように、急な過度のストレッチによって断裂が起きます。骨盤に近

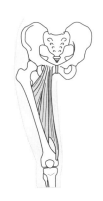

いかなり上の部分に圧痛がある場合は、小さな骨のかけらを伴って起始部の骨が剥離することがときどきあるので、X線写真を撮るべきです。ここで重要なことは、早い時期にストレッチをすると傷ついた部分が刺激され、ダメージを受けた部分の血腫（血の固まり）の中に骨細胞がさらに流れ出すということです。最初に剥離したときに骨が露出するため、すでに骨形成細胞がいくらか流出しているでしょう。さらに刺激するのは、血液が吸収されて瘢痕組織をできるだけ少なくして修復するのではなく、血腫を骨の固まりに変わるように促しているだけです。

【原因】

上述したように、第2ポジションでのスプリットや無理な外転によるねじれで、ダメージを受けることがあります。他の筋肉のケガと同様に、(肉体的に)訓練中のダンサーや、(テクニック的に)間違った指導をされたダンサーに、かなり多く見かけます。軽い肉ばなれから、筋肉の大きな断裂まで、ケガの程度はさまざまです。

【治療】

局所的に、早期の段階で冷却と安静を電気治療と合わせて行う必要があります。最初の腫れが治まり始めたらすぐに、強化エクササイズを始めるべきです（出血が止まるまでには48時間かかるので、それより早くてはいけません）。エクササイズは穏やかに始めるべきです。ダメージが広範囲の場合は、重力に抵抗するエクササイズに進む前に、介助自動運動を必要とすることがあります。どのような筋肉の断裂でも、早く抵抗をかけてはいけません（禁忌です）。

治療ではまず、次のことを目指します。
1) 血液が吸収されること
2) 瘢痕組織をできるだけ少なくして治すこと
3) 筋肉の短縮性収縮を強化すること
4) 瘢痕組織を伸ばすために十分にストレッチすること
5) 最終段階のリハビリは、伸張性収縮のエクササイズと収縮のスピードに変化をつけること

ストレッチは、良好な筋緊張が回復するまで（これが防御機能の一部となり、再び断裂するのを防ぐために役立ちます）、始めるべきではありません。ストレッチは、瘢痕組織が短くなるのを防ぐ目的で行います。ストレッチは、局所治療とエクササイズの終わりに、患者が温まっているときだけに行うべきです。踊りに完全に復帰した後も、筋肉の長さと力を保つために、続けるべきエクササイズの治療計画に組み込まれたストレッチをダンサーに教えておくべきです。

3.47 鼠径部の肉ばなれ

鼠径部のいくつかの筋肉に、肉ばなれが起きることがあります。どの筋肉に起きたか心配するより、原因を見つけ出すことが大切です。最もよく起きるところは、大腿直筋と縫工筋の起始部です。

【原因】

鼠径部の肉ばなれは、間違ったテクニックの姿勢によって、ふつう引き起こされます。実際には筋肉が弱くなくても、間違ったテクニックによって間違った筋肉を使ってしまい、特にダンスでは繰り返す傾向があるため、その筋肉が肉ばなれをします。

骨盤が不安定であるということは、鼠径部の筋肉、大腿直筋、縫工筋そして内転筋が、下肢をコントロールするための安定した起始部をもっていないことになります。"骨盤の後傾（tuck under）"は、腰椎の位置を乱して（屈曲させて）、殿筋と股関節の屈筋の働きを妨げます。前に骨盤が傾いていると、腹筋がうまく働かず、腰椎がサポートされていないことになります。ハムストリングス、大腿四頭筋、大腿筋膜、内転筋の長さも評価するべきです。成長が急激だと、これらに影響するため、適切なストレッチの治療計画が必要です（2.5節「ストレッチ」p.114）。

成長期には、股関節の屈筋に過度に負担をかける難しいエクササイズを、何度も繰り返すのは賢明ではありません。例えば、前や第2ポジションへのルルヴェ・ランです。筋肉に負荷をかけることと、傷めることは、紙一重の差です。同じクラス内に、成長段階が異なる生徒たちがいる場合、教師の仕事は容易ではありません。

肩のプレースメントとポール・ド・ブラと同様に、足の機能とバイオメカニクスは、姿勢に影響します。特定の部分だけでなく、全体的にダンサーを観察するべきです。動いているときの姿勢が安定しているか、評価しなくてはいけません。ダンサーは、片脚に体重をかけて立つ調整の仕方を、しっかりと理解していなくてはいけません。軸脚に体重をかけすぎて調整すると、股関節に"座り込んだ"状態になります。そのような調整では緊張が生じ、それを補うための間違いが生じます。

腸腰筋がうまく働いて、体表近くにある股関節の屈筋（つまり大腿直筋、縫工筋、大腿筋膜張筋）の使いすぎによって腸腰筋の働きを抑えないことが大切です。股関節の屈筋のバランスを取り戻すには分析が必要で、腰筋と腸骨筋を刺激し、大腿筋膜張筋と大腿直筋と縫工筋を抑制してストレッチするためのエクササイズを、個別に作る必要があります。

身についた姿勢と動きのパターンを変えるには、時間がかかり、忍耐もいります。

鼠径部の痛みが続く場合は、背中の傷害からくる関連痛ではないか調べてください。ティーンエイジャーでは、伝染性単核症が進行していないか調べます。この場合、ウイルスに感染した明らかな兆候がなくても、疲労感や倦怠感を訴えることもあります。

【治療】

たいてい局所のダメージは重症ではなく、たまに腫れがあるくらいです。局所的な超音波療法（ふつうはストレッチする部分にかけるのが最善です）で通常は十分です。エクササイズプログラムは、治療の最も大切な部分で、テクニックの修正も含めなくてはいけません。この場合、エクササイズの治療計画とテクニックの修正を、密接に関連づけなくてはいけません。一方が終わってからもう一方を行うのではなく、治療の始めから同時進行させます（他の多くのケガでは、治療計画の終わりに向けてテクニックの修正を始めますが、この場合は違います）。

3.48 股関節のインピンジメント

股関節にインピンジメントがあると、屈曲（制限されています）と内旋によって、鼠径部の深くに痛みが生じます。この痛みは、活発な青少年によく起きる鼠径部痛で、特にドゥバンと第2ポジ

ションのアン・レールで、股関節の前方に痛みとつかえがあると訴えてくるダンサーに見られます。

股関節が屈曲するとき、大腿骨頭はソケット（訳者注：寛骨臼のこと）の中で後方に回ります。伸展するときは、大腿骨頭は前方に回ります。中間位では、大腿骨頭は少し前方を向いています。外旋では、大腿骨頭は関節と関節包の前方に向かって、さらに前に動きます。ターンアウトや横や後ろへの動きを何度も繰り返すダンサーは、深部の外旋筋群が、後方の関節包とともに、緊張し短くなります。関節の前方では、前方の関節包と股関節の筋肉が伸ばされます。骨盤が後ろに傾いていると、問題がさらに悪化します。"骨盤を後傾(tuck under)"（股関節を伸展）した姿勢でターンアウトしたポジションで踊っていると、さらに関節が伸ばされて不安定になります。この状態を悪化させるかのように、ダンサーはしばしばターンアウトして歩き、股関節に休む間も与えません（ロイヤル・バレエスクールのBarbara Fewster校長は、これを"商売に精を出す"といって、止めさせようとしています）。

ダンサーは股関節の屈筋をしばしばストレッチしていますが、鼠径部に何らかの不快感があると、さらにストレッチをすべきだと感じるようです。この股関節のまわりのアンバランスが関節内での通常の回旋を抑制して、徐々に問題が明らかになります。大腿骨頭は、寛骨臼の中で前方にとどまり、特定の位置で明らかに引っかかり、動きが制限されます。踊っている間、ダンサーは不快感を避けて補正しようとするため、その問題はよく無視されます。ダンサーは「自分の股関節は動きにくい」と話していますが、その動きのパターンが定着して解決が難しくなるまで助けを求めに来ません。

股関節の病態を検査するときには、寛骨臼の中で大腿骨頭がどう動くかを考えることが大切です。屈曲するとき、大腿骨頭は冠状面の軸を中心に回りますが、ソケットの中を後方に滑りもします。伸展するときは、前方に滑ります。中間位では、大腿骨頭は少し前方を向きます。外旋では、

関節と関節包の前方に向かって、さらに前に動きます。股関節を外転するときは、大腿骨頭は寛骨臼の中を、下方そして内方に向かって滑ります。

股関節が完全に外旋するとき、大腿骨頸部は、寛骨臼の後縁に衝突するでしょう。さらに無理にターンアウトしようとすると、大腿骨頭を寛骨臼から前方に少しもち上げる傾向があります。特に靱帯や関節包が緩い場合、例えばある程度の過度運動性の場合、これが起きやすくなります。たとえ本物の過度運動性ではなくても、この緩みはダンサーによくあります（選ばれているので当然です）。本当の亜脱臼ではありませんが、大腿骨頭がたびたびもち上がると、長期間のうちに関節唇と関節包付着部におそらく何らかのダメージを与えて、骨増殖体／骨棘が形成される可能性があります。

3.49 ハムストリングスの肉ばなれと断裂

軽度の肉ばなれから大きな断裂まで、ハムストリングスのどの位置にでも起きることがあります。内転筋のように、骨に付着している起始部に剥離が起きて、骨のかけらが引き剥がされることがときどきあります。ハムストリングスのかなり上の位置に圧痛がある場合は、剥離した骨の有無を調べるために、X線写真を撮るべきです。骨が剥離したときに起こりうる合併症は、前述した内転筋で起きる骨の剥離の場合と同じです。

【原因】

無分別なストレッチを、特にダンサーの体が冷えた状態で行ったときに、このケガがよく起きます。間違ったテクニックも、しばしばダメージの原因となります。特に、動作脚を上げているとき

に、体重が後ろにかかること、ヒップに体重をかけることが原因となります。グラン・バットマン、パンシェ・アラベスク、あるいは第2ポジションに脚を上げたときさえも、これが起こりえます。これらの状況では、ハムストリングスの上部が傷つきやすくなります。ダンサーが体重を後ろにかけてヒップに体重をかけていると、股関節のまわりの他のすべての筋群が正しく働かなくなり、ハムストリングスの上部が無防備なままになることが基本的原因です。さらに、体重が後ろにかかると、ハムストリングス自体が正しく働かなくなり、伸ばされることに十分耐えられない状態になります。

ターンアウトで足を過度に外旋すると、外側ハムストリングスを働かせすぎて、内側ハムストリングスがあまり使われなくなります。そのため内側ハムストリングスは、急なストレッチに対して準備ができません。

サウナパンツなどの不浸透性のダンスウエアを着ると、体が温まったのではないかと錯覚します。これらにより皮膚は温かく感じますが、たいてい深部で血液の供給が増えて温まっているわけではありません。そのため、サウナパンツをはいて踊ると、特にストレッチをしようとしているときに、ケガをしやすくなります。また、このタイプの衣類は汗の量をかなり増やしますが、ビニールから汗を蒸発させません。この衣類をレッスンや舞台のために脱いだとき、蒸発量が突然増えて、体温が部分的にかなり下がります。この冷えにより、筋肉を損傷しやすくなります。

【治療】

腫れや出血の形跡がある場合は、局所的に冷却すべきです。腫れと痛みを和らげるため、電気療法を用いることができます。痛みと腫れが治まったら、エクササイズプログラムを始めるべきです。ハムストリングスの筋群を正しく働かせるためのエクササイズだけでなく、内転筋、殿筋、大腿四頭筋などの関連する筋群のエクササイズも行います。ストレッチは穏やかに始めるべきで、内転筋と同様の方法で続けます。ハムストリングス上端のケガの治療は難しく、時間がかかることがあります。ケガが慢性的だったり、再発したり、長期間続く場合は、広範囲にわたるテクニック的な支援が必要です。

【合併症】

ハムストリングスの腱障害は、ハムストリングスの腱が坐骨につく部分が傷ついて、治らないまま慢性的に痛む状態となって起きます。腱症の一般的な保存療法に従って、徐々に負荷をかけていく伸張性収縮のエクササイズの治療計画をハムストリングスに行うことができます。これは、より経験のあるダンサーに起きやすい障害です。

3.50 弾発股

【原因】

弾発股（訳者注：ポキッと鳴るようなクリック音がある股関節）の音は、他の関節と同様に意味があるものでなく、ふつう害はありません。股関節前方で鳴るクリック音は、腰筋の腱が股関節の上を横切ったときに鳴る[22]。股関節の側方のクリック音は、大腿筋膜の硬い帯が大転子の上を前後に滑るときに鳴ります。たいてい生徒ですが、ダンサーがわざとそのクリック音を繰り返して、関連する組織を刺激したことで、局所的に腫れが生じることがいちばんの問題です。できるだけクリック音を再び鳴らさないようにすれば、すぐに症状は治まり、深い部分（見えない部分）の腫れはすぐに消えます。硬い大腿筋膜には、マッサージとストレッチが必要です。

---

*22 "内側型弾発股"（股関節の前方のクリック）にはもう1つの説があります。腸腰筋腱が恥骨上枝の基部にある骨溝をはずれる際に起こるとされています。片脚を上げて股関節を曲げてアン・ドゥオールするときに起きます。
この痛みや（たぶん）違和感が長期間続くときには、腸腰筋腱切離をするという欧米の文献がありますが、私は疑問に思っています。

3.51 ペルテス病と大腿骨頭すべり症

　この2つの状態をとりあげるのは、生徒が足を引きずっているのを発見したり、生徒が股関節や膝が痛いといっているのに最初に気づいたりするのが、ダンスの教師だからです。これらは、特にダンスや運動が原因として関係するのではありません。

　実は、筆者（J. ハウス）が35年間一度もロイヤル・バレエや他のバレエ学校で、生徒がこれらの状態にかかったのを見たことがないほど大変まれです。

　ペルテス病は、ふつう5～10歳で発病します。片脚を引きずる症状があっても、ふつう痛みは伴いません。症状が数日間以上続くようであれば、かかりつけ医に子どもを診せるべきです。この状態になると、大腿骨頭への血液の供給が途絶えて大腿骨頭が軟らかくなり、長期間治療しないでいると不格好になります。1万人に約1人の子どもがかかるまれな病気で、男子に4倍多く発症します。血液の供給が途絶える原因は、わかっていません。診断は、X線検査で行います。

　大腿骨頭すべり症は、十万人に30～60人程度に起きて、10～17歳の子どもに見られます。[*23] 男子では13歳、女子では11.5歳が発症のピークで、男子に3倍多く発症します。小さな外傷が原因となることや、ホルモンが根本の原因となることがあります。現れる症状は痛みですが、股関節よりも膝に多く痛みが出ます（関連痛）。[*24] 膝に痛みのある子どもは、股関節も調べなくてはいけません。それをしないことは、臨床的な怠慢です。動きには少し制限があり、痛みます。整形外科的に緊急な病態で、ただちに専門医に紹介する必要があります。X線検査で診断をつけます。早期には、すべり症がはっきりと現れないことがありますが、他の放射線検査では兆候が出ていることがあり、病気を見逃すべきではありません。早期の診断と治療に、よい結果となるかどうかがかかっています。

*23　大腿骨頭すべり症は、日本ではあまりないようです。主に急激な体重増加が原因の骨端線損傷です。そのため、ダンサーにはあまり関係がないのかもしれません。
*24　thigh pain（膝の上部の大腿痛）は、股関節疾患に特徴的です。

3.52 大腿骨転子部の滑液包炎

【原因】
　この状態は、ターンアウトをして踊るときに、殿筋で強く引かれるのが原因でよく起きます。特にダンサーが同時に"骨盤を後傾（tuck under）"した姿勢をしているときに起きます。この場合、大腿筋膜張筋と大腿筋膜自体が、殿筋の遠位の腱と停止部を、圧迫する力が強くなります。大腿筋膜の腱が大転子の上を繰り返し横切って音が出る場合は、弾発股と関連することもときどきあります。

【治療】
　局所の治療には、超音波療法と干渉波療法を行います。48時間ほどダンサーが安静にしていれば、ふつうよくなります。徐々に踊りに戻れますが、テクニックの修正が必要なことがあります。

【合併症】
　滑液包炎は、治療しないと大変痛みます。特に、テクニックの問題が潜んでいるのに、それを修正しないでいると痛くなります。大腿筋膜が硬い場合は、ふつう大腿四頭筋や内転筋の弱さも伴っているため、それらの筋肉の強化に特に気をつける必要があります。

3.53 殿部の痛み

【原因】
　殿部の痛みは、坐骨神経の神経根の刺激によって起きている場合があります。この場合、痛みが大腿や下肢に放散するときと、痛みが殿部にだけ局所的に起きるときがあり、その部分に筋スパズ

ムを起こします。殿部に局所的な痛みがある場合は、股関節の小回旋筋の緊張によって起きていることがあります。しかしこの場合でも、坐骨神経が小回旋筋（特に梨状筋）を横切るときに刺激されて、大腿に痛みが放散することがあります。痛みの本来の原因が、殿部にあるのか、腰椎で坐骨神経の神経根が圧迫されて痛みが下りてきた関連痛なのか、はっきりとわからないかもしれません。椎間板ヘルニアか椎間関節の炎症が、殿部に痛みを生じさせて、2次的な筋スパズムによって限局した圧痛が殿部に起きることがあります。

しかし、クラシックバレエのダンサーは殿筋を使いすぎているために、殿筋（中殿筋と深部の外旋筋）の緊張によく慣れています。腰背部の間違った使い方、またはターンアウトを適切に保っていないテクニックの間違いが原因で、しばしば殿部の痛みにつながります。

【治療】

症状だけでなく原因自体も改善するために、治療を始める前に原因をつきとめることが大切です。痛みが、小回旋筋の緊張によるものなら、つまり純粋にその部分が原因ならば、局所的治療で筋スパズムを解放すべきです。

クラシックバレエのダンサーには、スパイキーボール（訳者注：たくさんの小さな突起がついたボール）を使って深部組織だけでなく深部の回旋筋をストレッチする治療計画を含めるべきです。振付で常にターンアウトをしている場合、それを打ち消すために内旋したポジションもとるべきです。

姿勢と骨盤が安定しているかを、もう一度調べるべきです。筋肉にバランスがとれるまでは、股関節の外旋の限界内で踊ることが必要です。

3.54 仙腸関節の挫傷

脚を高く上げるダンスでは、骨盤を経て回旋する力がかかるため、仙腸関節（sacroiliac joint：SIJ）に負荷がかかります。特に、柔軟なダンサーでは負荷がかかります。SIJの動きはごくわずかですが、関節のまわりの靱帯が伸ばされることで痛みが生じます。ふつう痛みは第5腰椎の下の片側にあ

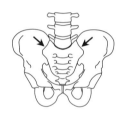

ります。腸骨は、仙骨に対して前後に（2.5度だけ）回旋し、上下に（0.7mm）移動することができます。正常な骨盤では、上前腸骨棘、上後腸骨棘、恥骨結合は左右対称です。痛みを伴う非対称なSIJは、機能障害があることを示しています。

ダンサーにありがちなのは、腰筋と大腿直筋の硬さが原因で、腸骨が前方へ片側に回旋した結果、SIJに痛みが生じることです。背部の痛みだけでなく、股関節の前が引っかかると訴えてくることがあります。

梨状筋は、SIJの上を通る唯一の筋肉です。バレエダンサーで、この筋肉が硬くなりすぎると、SIJを弱らせるゆがみが生じます。

転倒して坐骨に全体重がかかった場合、仙骨に対して腸骨が上にずれることがあり、マニピュレーションで戻す必要があるかもしれません。

【治療】

軟部組織テクニック、マニピュレーション、マッスルエナジーテクニック（訳者注：等尺性収縮後弛緩などによる理学療法の手技の1つ）が、この部分の治療に有用です。腹横筋と多裂筋を安定させるエクササイズが、回復には欠かせない要素です。

【合併症】

SIJ部の痛みに、腰椎が関係していることがあります。椎間関節の挫傷、進行中の疲労骨折、あるいは腰椎の椎間板の傷害が、SIJ部に関係することがあります。

3.55 腸骨稜につく筋肉の肉ばなれ

これらの筋肉に局所的な圧痛があるため、診断は難しくありません。腰方形筋はその1つで、腰椎を側屈、伸展させます。この筋肉はアラベスクをするときに働きます。パートナーと組んで踊り始める頃、腸骨稜に沿って痛みや圧痛が生じたり、青アザができることがときどきあります。男子が女子を支えたりリードしたりするときには、腸骨稜の周囲で骨盤を支えますが、十分な力がないと、ぐいっと不適切につかみがちです。

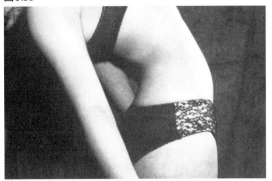

図 3.35

後ろに反るときに、腰の部分がよじれています。後ろに反り始める前に、脚と体幹を引き上げていないと（つまり、両方を引き伸ばすようにしないと）、このようになります。この写真からは、腰椎の下部が硬いこともわかります。

3.56 棘間靱帯のダメージ

椎骨1つひとつには、後ろに棘突起がありますが、棘間靱帯はその棘突起どうしをつなぐ靱帯です。

【原因】

過屈曲は、棘間靱帯の捻挫の原因となることがあります。とても強い屈曲だと、断裂することさえあります。過伸展すると、隣り合った棘突起のインピンジメントが起きて、棘間靱帯が押しつぶされることがあります。ダンサーが後ろに反り始める前に、脚と体幹を正しく引き上げていないと、一部分に過伸展が集中して、このダメージが特に起きやすくなります（図3.35）。時には、引き上げる時間の余裕がないほど、すばやく後ろに反って動きを終えることがあります。背中の筋肉が弱いと屈曲をコントロールできない場合があり、特に屈曲する動きが速く繰り返し行われるときに、棘間靱帯を捻挫することがあります。

【治療】

局所的に、超音波療法を行うことができます。超音波療法は、脊柱を少し屈曲させて、棘間の部分を広げて行うとさらに効果的です。これには、患者が片側を下にして横たわり、体を丸めて行うのがいちばんよい方法です。靱帯への血液供給は乏しいため、症状が治まるのに、しばしば時間がかかります。動きを正しくコントロールし、屈曲や伸展が1ヵ所や2ヵ所だけに集中しないように、体幹の筋肉を強化するエクササイズを相当量しなければいけません。

いわゆる"キスをする脊椎"は、1ヵ所に起きた棘突起のインピンジメントのことです。前述したように棘間靱帯が押しつぶされ、局所的に痛みや圧痛が起きます。靱帯や隣り合う棘突起の一部を切除する手術は、避けなければいけません。

3.57 椎間関節の挫傷

椎骨にはそれぞれ後ろに骨の集合体があり、そこの小さな滑膜関節が椎間関節です。他の滑膜関節と同じように、捻挫や挫傷が起きることがあります。このケガは、コントロールされていない動きによって生じ、特に動きが非対称なときに生じます。関節包

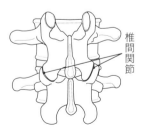

の断裂や剥離が起きることがあり、ジャンプのときに最もよく起きます。

【診断】

腰椎の片側あるいは両側の深い部分に圧痛がある場合や、後方にだけでなく片側に傾いて過伸展したときに痛みがある場合は、椎間関節の問題を疑います。同様に、屈曲しながら、どちらかの側に体を傾けたときにも、痛みが生じることがあります。この動きは、椎間関節の滑膜や関節包を伸ばす傾向があります。疲労骨折の症状や前兆に似ているため、腰椎に疲労骨折がないか確かめることが大切です。

【治療】

痛みと筋スパズムを抑えるため、局所の治療が必要です。また同時に、ダンスを休む期間が必要です。最初の痛みが治まったら、エクササイズプログラムを始めます。エクササイズは、体幹の筋肉の強化と、左右非対称な動きを修正することも目標にします。また、ターンアウトのコントロールを、特にアン・レールのときに、強化することが大切です。アン・レールの状態では、筋肉が正しく働いているときにだけターンアウトが保てます。ターンアウトを保つために床と足の摩擦に頼っているダンサーは、他の部分の多くのケガと同じように、このタイプのケガをする傾向が特にあります。

症状が長く続く場合は、時に椎間関節にステロイドを注射する必要があります。しかし、ほとんどの患者は通常の保存療法で治るので、この注射はたまにしか必要ありません。ステロイド注射をする場合、針を刺す正しい位置を注射に先立って見られるように、CT画像で調整しながら行うのが理想的です。

【合併症】

椎間関節が傷ついて炎症を起こすと、それぞれの椎間関節の近くを坐骨神経の神経根が通っているため、坐骨神経の関連痛が起きます。この状態は、腰椎の椎間板の傷害にある程度似ていますが、区別しなければいけません。椎間関節の痛みは伸展すると起きますが、椎間板の傷害は屈曲すると痛みがより多く起きます。MRI検査で診断を明らかにします。

3.58 腰椎の椎間板ヘルニア

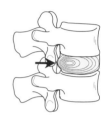

腰椎の椎間板のダメージは、脱出、脱水、狭小化、あるいは椎間板の膨隆の形で起きますが、プロのダンサーによくあります。ダンスでは、脊柱の動きや男性のリフトが必要とされるため、プロのダンサーに多いことは驚くことではありません。

線維輪(せんいりん)の後方の3分の1には神経が通っていて、軸の回旋と前への屈曲がいっしょになった動きで、最も傷つきやすい部分です。線維輪が断裂すると、炎症反応が生じ、広範囲に筋スパズムが起きます。線維輪が繰り返しねじられて傷つくと、放射状の亀裂が生じ、その結果、この弱った部分から髄核が外に出て、椎間板ヘルニアになることがあります。

急性期に、特に坐骨神経の神経根がかかわった場合には、治療はお決まりの理学療法の問題です。しかし、ダンサーが回復期に入ったら、体幹、殿部、下肢の筋肉を安定させることに、かなりの注意を払ってください。同時に、テクニックやリフトの間違いを修正することも、特に大切です。手術を避けるには、ステロイドの硬膜外注射が大変役立つことがあります。

生徒のうちに姿勢や安定性に気をつけることは、後のキャリアで起きる重大な問題を念頭に置いて予防することになります。

3.59 腰椎の疲労骨折

これは関節突起間部に起き、第4腰椎と第5腰椎に最もよく起きます。骨折は、片側だけの場合もありますが、両側に起きるほうがより一般的で、特定高位の両側の関節突起間部に起きます（図3.36）。若い生徒から熟年世代まで、どのような年齢層にもこの状態は起こりえます。もし疲労骨折が早期に発見されないと、骨折は徐々に広がり分離します。そして、その椎体と上の脊椎全体が、棘突起と下関節面を伴った後方の骨性のリングを残したまま、ゆっくりと前に滑っていきます。一度これが起き始めると、骨折がつながる見込みはありません。前方への滑りを伴う状態は、脊椎すべり症と呼ばれています（図3.37）。

【原因】

疲労骨折の最大で唯一の原因は、深部の腹筋に安定性と活動性が欠けていることです。その主な2つの誘因は、股関節をより外旋（ターンアウト）させようとして前弯した姿勢をとることと、足を過度に外旋することです（5.6、5.7節）。

特にこのような間違いがあると、腰椎全体が均等に動かずに、1ヵ所に過剰な動き（屈曲、伸展、側屈、回旋）が生じます。腰椎が骨盤につながる第5腰椎／第1仙骨の腰仙接合部、あるいは第4腰椎／第5腰椎に、最も大きな負担がかかります。

【診断】

臨床では、傷害の起きた椎体の両側、中心線から約1〜2cmの場所に、筋スパズムと圧痛を伴った腰痛をダンサーは訴えるでしょう。これらの兆候は、その位置に負担がかかっていること、あるいは実際に疲労骨折が起きているという悪化した次の段階を示しています。初期の診断がきわめて大切です。局所の治療と体幹のエクササイズで、すぐに筋スパズムがとれないときは、骨折を大いに疑うべきです。腰椎の斜位のX線写真で、診断を確定します。しかしX線写真では、症状が始まってから1〜2ヵ月、あるいはそれ以上経っても、ふつう変化が現れません。そのため、骨折が疑わ

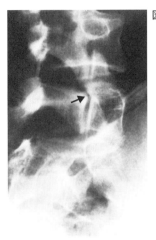

図3.36 第5腰椎の関節突起間部に起きた疲労骨折（矢印の部分）

図3.37 脊椎すべり症のX線写真

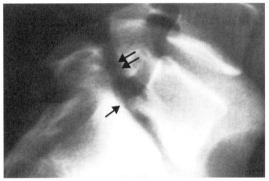

第5腰椎の椎体の上で、第4腰椎が前に滑っています。矢印が1つのところは、2つの椎体の後縁がずれている部分を指し、約1cm前に滑っています。矢印が2つのところは、疲労骨折が始まって骨の欠損が起きた部分を指しています（図3.36参照）。

れてX線写真で正常の場合は、骨シンチグラフィ検査を行うべきです。骨シンチグラフィでは、進行の初期から骨折部位に"ホットスポット"が現れます。症状が続く場合、必要ならば数週間後に、ためらわずに骨シンチグラフィ検査をもう一度行うべきです。CT検査やMRI検査が必要となることもあります。

【治療】

疲労骨折がある場合、最も悪い症状を治めるため、ただちに安静にする必要があります。最初のエクササイズプログラムは、体幹の深部を安定させる筋肉を働かせるものから始めます。これには、ダンサーが行えるように低レベルのフロアエクササイズを、個別プログラムの形で行います。ピラティスエクササイズを追加しても変化をつけられ

ます。リハビリ早期には、生徒を監視しておいたほうが賢明です。骨折が治っていないダンサーには、アラベスクをして痛みがまだあるかを確かめるために背中を"試しに"動かすことは決してしないよう、強くいっておかなければいけません。最初の1ヵ月は、簡易コルセットを使ったほうが安心できます。6〜8週間後には、骨盤と体幹の配置に集中しながら、脚を低く上げるバーエクササイズを始めます。

レッスンを始めるときは、一時的な簡易コルセットで背中は守られますが、脚は低い位置に保ち、ポール・ド・ブラでは屈曲や伸展を制限して体幹の動きを胸椎にとどめます。レッスンでコルセットをはずすときは、十分に腹筋や体幹の深部の力がつくまで、屈曲や伸展を制限して動かすように注意しなければいけません。レッスンを始めるときから、**ケガを招いた根本的なテクニックの間違いを**、注意深く観察しなければいけません。ダンサーが完全な通常のレッスンを目指して徐々に運動を増やせるようになる前に、少なくとも2ヵ月間は筋肉を鍛えてリハビリを行います。

4ヵ月間で、疲労骨折は癒合すると予想されますが、その間は体幹の筋肉のエクササイズを続けます。肩甲帯や下肢のすべての筋肉のエクササイズも、当然含めます。この治癒過程の4ヵ月間は、ダンサーは脊柱を過度に動かしたり、負担をかけることを何もしてはいけません。座ったり休んでいる姿勢でさえも、中間位でいなければいけません。ジャンプからオープンポジションで着地するのは、脊椎への過度な負担となるので、リハビリの最終段階までしないようにします。

上述した管理方法は、理学療法つまり医療を毎日受けられる理想的な状況のもとで行われます。これは、プロのカンパニーやプロの学校だけにある状況です。ダンサーが診察を毎日受けられない場合には、ギプスのジャケットを4ヵ月間つけさせておくべきです。[*25] その間、すべての四肢の筋肉のエクササイズを薦めるべきです。ギプスをつけて痛みがなくなったら、ダンサーは、脚を低く上げるような限られたバーレッスンに戻ってよいでしょう。ギプスが最終的にはずれたら、一時的にコルセットをつけておくべきです。リハビリは前述のように続けます。

---

*25 日本では、硬性コルセット（プラスチック製）をつけることが多いです。

3.60 胸椎部の痛み

これは、胸椎の中央から上部にかけて、さまざまな部分に起きます。急性の痛みが多く、しばしば帯状痛が生じます。つまり、胸壁のまわりに痛みが放散して、時には胸骨まで痛くなることがあります。それよりも、背中の肩甲骨の領域に、痛みが放散することが多くあります。

【原因】

体幹上部、肩甲帯、または首を緊張して動かすことで、ふつうは起きます。これらの領域だけでなく、腰部の筋肉やターンアウトをコントロールする筋群の弱さが関連することもよくあります。後の2ヵ所（腰部、ターンアウト）が弱いと、ダンサーが踊っているときに不安定に感じて緊張が増すだけでなく、体幹上部が体幹下部と骨盤に対して片側に回旋しやすくなります。このようなダンサーは、上体の体重が間違った位置にかかります。また、反張膝が、胸椎部の痛みに関連していることもあります。胸椎には本来緩やかな凸状のカーブがあるべきですが、クラシックバレエでは、間違ったプレースメントで肋骨を前に上げ外に張り出して、脊椎のこの部分が伸展してしまうことがあります。

肩甲帯は複雑で、その正しいプレースメントは、胸椎のプレースメントにかかっています。その逆も同じです。

男子では、不正確なリフトが関連していることがあります。男子が無分別なウエイトトレーニングで肩甲帯を発達させすぎて、体幹下部がそれに比べて弱いままでいると、同様の影響が出ることがあります。体幹のいちばん上の筋肉が大きいと、バランスをとるのが難しくなります。そして、ジャ

ンプのときに横から観察すると、重心を通って下の大転子を通る架空の線より、体幹上部が後ろになっていることがしばしばあります。

【治療】

急性の背部の痛みは、ふつうメイトランドモビライゼーションで和らげることができますが、この除痛法は治療の始めであって終わりではないと覚えておくことが大切です。モビライゼーション、マニピュレーション、何層にも重なる脊柱の筋肉へのマッサージ、または電気療法も行って、急性の痛みが治まったら、原因を調べて除かなければいけないでしょう——ふつう原因はテクニックの間違いです。そして、さまざまな位置で必要とされる強化エクササイズを、すべて始めなければいけないでしょう。

脊柱の姿勢を修正して、肩甲帯のプレースメントやポール・ド・ブラも修正する必要があるでしょう。テクニックの間違いでよく見逃されているものに、不正確な腕のプレースメントがあります。呼吸法も調べる必要があり、肋骨が外側に広がる動きが楽にできているか調べます。

3.61 急性の斜頸

これは、痛みのため、頭が片側に傾いた状態です。急性の斜頸で知られていますが、よく「首の筋を違えた」といってくる患者もいます。

【原因】

思春期によく見られ、特にダンスに関連するものではありません。生徒でもプロでも、ダンサーの場合、体幹が不安定だったり、片側のヒップに体重をかける癖があると、起きやすくなります。若いダンサーは、ふつう左右のどちらかの側が得意だからです（右利きか左利き）。トレーニングによって、踊っているときにどちらか一方に偏るのを減らしますが、大なり小なり偏りはある程度残ります。完全に左右対称のダンサーは、ほとんどいません。ほぼすべてのダンサーには、踊るときに得意側があります。

ダンサーも、ただ単に変な姿勢で寝ていたというだけの理由で、朝この状態で目覚めることがよくあります。

【治療】

抗炎症薬（鎮痛薬）が、有効なことがあります。治療は穏やかにすべきで、問題のある関節を動かすと痛みが強くなることもときどきあります。

この状態は、マッサージが特に有効です。首を少し牽引すると、痛みを和らげる助けとなることがよくあります。

3.62 肩と腕の問題

肩の脱臼や亜脱臼は、成人の男性ダンサーで、ある程度の過度運動性がある人に、比較的よく見られます。前方の脱臼がよくありますが、病歴には、たいてい無理な外転と外旋があります。脱臼が再発すると、肩関節が不安定になることがあります。関節唇のダメージは、診断しなければいけない合併症です。MRI検査では関節唇を常に十分正確に見られるとは限らないため、関節鏡検査で調べることも考慮すべきです。

男子は、ジムで大きな負荷をかけた運動を楽しんでいるようですが、肩甲骨のリズムと繊細に位置をコントロールすることにも、注意しなければいけません。時間をかけて注意を払えば、肩を強くするだけでなく、肩をしっかりと安定させられます。

棘上筋の腱炎や、肩峰下の滑液包炎が、男子がリフトを多くした後に起きることがあります。しばしばステロイド剤の局所注射によって2つの症状は治まるでしょう。

ダンサーにとって大切なことは、手術による修復が必要な場合、肩関節の動きを制限する手術法であってはいけないということです。そのためには、烏口突起の移行術（Bristow法あるいはBonnin法）が最善の選択肢です。Putti-Platt法やBankart法で常に起きる外旋の制限がなく、完全に安定させられるからです。

その他の上肢のケガは、ふつう転倒などの外傷後に起こり、ダンス特有のケガではありませんが、ダンサーにも起こりうるケガです。これらにはすべて、整形外科の基本的処置をします。ダンサーが行っておく価値のある唯一の大切なことは、治療期間中（ギプス固定など）も体の他の部分をできるだけ健全に保っておくために、自分で全身的なエクササイズプログラムを行うことです。

第4章
筋肉を鍛えるエクササイズ

Strengthening Exercises

この章では、体のさまざまな部位の筋肉を鍛えたいと思っているダンサーや生徒（あるいはその他誰でも）が、すぐに行うことのできるエクササイズを紹介します。それぞれのエクササイズに入る前に、写真と解説文とを照らし合わせて、しっかり確認しましょう。同じ部位を鍛えるエクササイズでも、難しさや必要とされる強度によって、数種類のエクササイズがあります。まずは、簡単なものから始めましょう。

すべてのエクササイズは、正確に行うことが重要です。どのエクササイズも、ゆっくり時間をかけて体や四肢を完全にコントロールする必要があります。鍛えようとするさまざまな筋肉は、エクササイズの間、しっかりと力を入れていなければなりません。例えば、体の一部分をもち上げるエクササイズでは、同じ部位を下ろすときも、もち上げるときと同じだけ、しっかりと筋肉に力を入れてコントロールしなければなりません。そのためには、動作に要する時間を利用する、つまり、時間をかけてエクササイズをするのがいちばん有効です。

一連のエクササイズの間では、完全に力を抜く、すなわちリラックスさせることも大切です。例えば、筋肉の緊張→上げる→キープ→下げる→リラックス、これを繰り返します。しっかりリラックスさせないと、筋肉は痙攣を起こしてしまうでしょう。よいやり方としては、それぞれの局面でゆっくり5つ数えるようにします。筋肉を緊張させて5カウント、ゆっくり上げて5カウント、その姿勢を保って5カウント、下げるのに5カウント、リラックスするのに5カウントとします。

ダンサーや生徒は、体のさまざまな部位に対して、有効なエクササイズを選んで、日課として行うとよいでしょう。筋肉が強化されれば、ケガの予防にも大いに役立ちます。

ここで紹介するエクササイズによって、心肺機能も少しは向上しますが、そのために考えられたものではありません。心肺機能を高めるなら、異なるタイプのエクササイズプログラム、例えば水泳やサイクリングなどを加えることが必要でしょ

図4.1〜4.4　腹直筋に対する腹部のエクササイズ

4.1

4.2

このエクササイズは、"上体起こし（sit-ups）"の方法で行います。膝関節は、腰椎が前弯するのを防ぐために曲げます。主に肩甲帯を働かせて、この動作を行ってはいけません。上体を起こすときと同様に、上体を下げるときにも、腹筋に力を入れていなくてはなりません。

図4.5〜4.7　腹部のエクササイズの間違った方法

4.5

4.6

う。エクササイズには、それぞれ特定の目的があります。ここで紹介する"エクササイズを行うこと"は、すべての体力要素に効果があるわけでもなければ、すべての部分を強化するわけでもありません。個人個人の必要に応じて、特別なプログラムを行う必要があります。これらのエクササイズは、主にダンスレッスンに加えて行うもの（あるいはダンサーでない場合には他の運動に加えて）として考案されたので、ダンスレッスンに代わるものではありません。

この本では、簡単に理解できて、エクササイズの目的や方法について混乱することなく正しくできるように、代表的なエクササイズを選ぶようにしました。ここに掲載したエクササイズは、いろいろな種類のエクササイズのうちのごくわずかですが、エクササイズを教えてもらうために理学療法士やトレーナーといったエクササイズの専門家を訪れる時間と費用を倹約したいと思うダンサーには何らかの助けになるでしょう。しかしながら、あなたがエクササイズを正しく行っているかどうか不安な場合には、エクササイズのことを正しく知っているプロの指導を仰ぐことは有効です。エクササイズを行ってみて、やけに簡単でやさしくできると感じたら、あなたはおそらく間違った方法でエクササイズをしていることでしょう。

●——主な注意点

1) すべてのエクササイズはゆっくりと、完全にコントロールしながら行わなければなりません。弾みをつけてはいけません。
2) エクササイズをする筋肉にはしっかり力を入れて、"関節を動かさずにキープする"段階では、特に意識的に力を入れます。
3) エクササイズは片側を行ったら、もう一方の体幹あるいは四肢でも繰り返します。弱いほうは反対側に比べて多く行う必要がありますが、それでも"よい（強い）側"を無視してはいけません。

脚を伸ばして上げるエクササイズは、腰椎を過度に伸展（前弯）させて、腰背部の筋肉に負担をかけてしまいます。この図でも、腰椎の前弯が強くなっていることが明らかにわかります。図4.7で、腰椎の後ろの部分に手が置かれていますが、脊柱と床との間に大きな空間ができるほど、腰椎が前弯していることがわかります。

図4.8 〜 4.9　腹直筋に対する腹部のエクササイズ

4.8

4.9

動きのコントロールと、より大きな筋肉の力を必要とします。

図4.12 〜 4.15　背中を伸展する筋肉に対するエクササイズ

4.12

4.13

肩甲骨を引き下げた状態で、うつ伏せに寝て、殿部はしっかり緊張させます。次に、腕は床につけたまま、背中の伸展筋に力を入れて、頭と背中を上げます。腕で床を押して頭や肩を上げるのではありません。エクササイズをしている間は、腹部を引っ込めます。

図4.16 〜 4.18　背中を伸展する筋肉に対するエクササイズ

4.16

4.17

筋肉を鍛えるエクササイズ 197

図4.10 〜 4.11　外腹斜筋と内腹斜筋に対する腹部のエクササイズ

基本の開始姿勢は、"上体起こし"と同じです。動き始めると同時に、体幹をねじる動きを始めます。左右交互に行います。

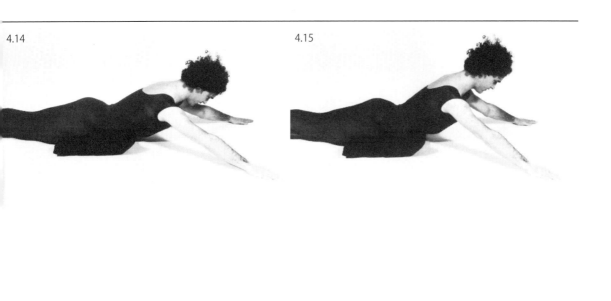

図4.12 〜 4.15をレベルアップしたエクササイズです。肩甲骨を下に引っ張って、首に力が入らないようにします。腹部を引っ込め、殿部はしっかり緊張させます。

図4.19 〜 4.22　背中を伸展する筋肉に対するエクササイズ

図4.16 〜 4.18をレベルアップしたエクササイズです。同じ注意をしながら行います。このエクササイズのほうがさらに大きな筋力を必要とします。

図4.23 〜 4.25　背中を伸展する筋肉に対するエクササイズ

図4.26 〜 4.28　回転の動きが加わった、背中を伸展する筋肉に対するエクササイズ

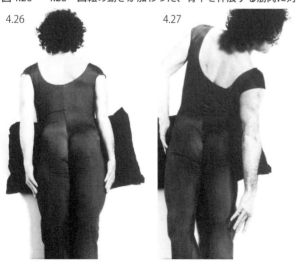

反対側も行います。これまでに紹介した背中を伸展する筋肉に対するエクササイズと同じ注意をしながら行います。図4.28は、横から見たものになります。

筋肉を鍛えるエクササイズ　199

上級者向けのものです。これまでに紹介した背中を伸展する筋肉のためのエクササイズと同じ注意をしながら行います。腕は左右交互に繰り返します。

図4.29　回転の動きが加わった、背中を伸展する筋肉に対するエクササイズ

腕を横に広げた上級編です。左右交互に行います。これまでに紹介した背中を伸展する筋肉に対するエクササイズと同じ注意をしながら行います。

◇背中を伸展する筋肉に対するエクササイズはさまざまなものがありますが、ここでは特別な器具を使わずに行えるエクササイズを紹介しました。

図 4.30 〜 4.32　立位での簡単な体幹側部のエクササイズ

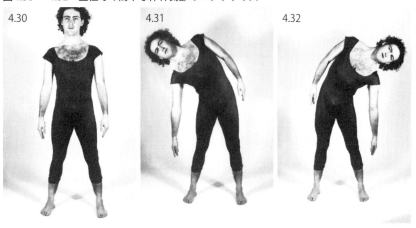

骨盤やウエストをねじらないように注意します。エクササイズをしている間は、ウエストを引っ込めて、特に体を横から起こしてくるときは、しっかりと力を入れて引っ込めます。左右交互に行います。弾みをつけてはいけません。

図 4.33 〜 4.36　体幹側部の筋肉（体幹側屈筋）を鍛えるエクササイズ

腹部を引っ込めて、右腕を頭上に上げた状態から始めます。左に上体を曲げます。左腕は、右腕とほとんど並行になるまで上げます。頭上に両腕が上がった状態で、ゆっくりと直立姿勢に戻り、右腕を下ろします。次に、右に上体を曲げるエクササイズを行い、これを繰り返します。エクササイズをしている間は、腹部をずっと引っ込めて、戻るときはさらにしっかりと引っ込めます。特に上体を戻すときに、肩が上がってしまわないように、肩甲骨を下に引っ張ります。

図 4.37 〜 4.38　体幹側部の筋肉を鍛えるエクササイズ

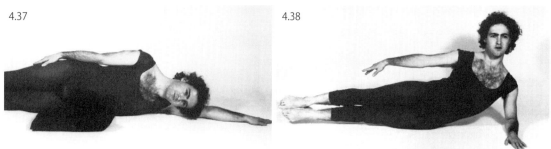

図4.33〜4.36をレベルアップしたエクササイズです。下げているほうの肘と前腕の部分は、バランスをとるために使うだけで、全体の動きの支えにしてはいけません。ウエストをしっかりと引っ込めます。両脚と体幹はまっすぐに保たなくてはいけません。反対側も同じ回数を繰り返します。

図4.39〜4.40 体幹側部の筋肉を鍛えるエクササイズ

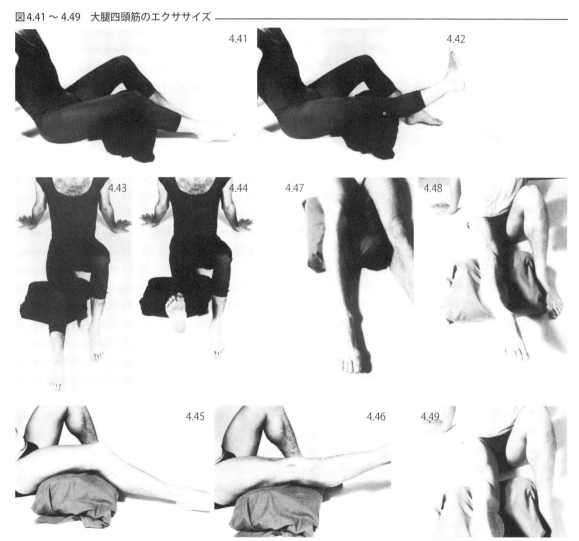

図4.37〜4.38をさらにレベルアップしたエクササイズです。両脚は体幹とまっすぐにして、両脚を互いに押しつけます。体幹側部の筋肉がこぶのようにひとかたまりにならないように、両脚は体幹から遠くに押し離されるような"伸ばされている感じ"を意識します。動かしている間は、ウエスト（腹筋）をしっかりと引っ込めます。

図4.41〜4.49 大腿四頭筋のエクササイズ

前から見たものと横から見たものを2人のダンサーの写真で示しています。図4.49では、内側広筋がしっかりと収縮していることがわかります。股関節、膝蓋骨、足関節の関節中心がまっすぐに並ぶようにします。骨盤は、左右の殿部の体重が同じになるように水平に保ちます。筋肉をリラックスさせているときは、膝を枕の上にのせて少し曲げます。股関節が自由に動くように、上体は脚から離して、少し後ろに倒します。反対側の脚も繰り返し行います。

図4.50〜4.53　大腿部の内転筋を鍛えるエクササイズ

横向きに寝て、下のエクササイズをする脚が自由に動けるように、上の脚の股関節を90度に曲げます。上の脚は、骨盤が床に対して垂直に立つように支えます。骨盤は前にも後ろにも倒れないようにします。そのためには、図4.50、4.51にあるように折り曲げた枕や、図4.52、4.53のように背もたれのない腰かけや低いベッドを使って支えてもよいでしょう。頭は、肘をついて支えます。動かしている

図4.54〜4.55　大腿部の内転筋を鍛えるエクササイズ

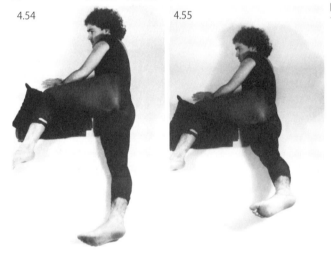

図4.50〜4.53と同じエクササイズを上から見たところです。

図4.56〜4.59　大腿部の内転筋を鍛えるエクササイズ

筋肉を鍛えるエクササイズ 203

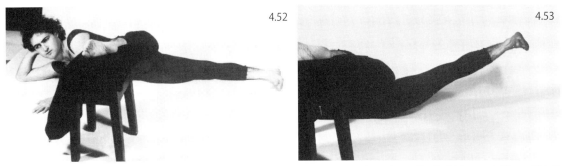

ほうの脚の膝蓋骨は、エクササイズの間ずっと前を向いているようにします。脚を上げるときに、脚は伸ばされている感じで、脚を股関節のほうに引っ張ってはいけません。腹筋を引っ込めます。反対側の脚も繰り返します。

図4.60〜4.62　大腿部の内転筋を鍛えるエクササイズ

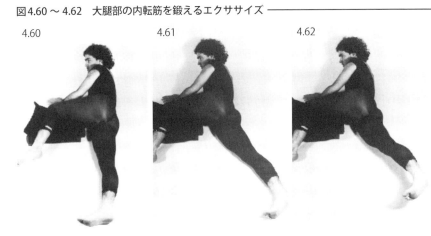

図4.56〜4.59に似たエクササイズですが、脚を少し後ろにもっていった姿勢から上げます。

図4.50〜4.51よりは少し難しいエクササイズになります。少し脚を前に出してもち上げます。

図4.63～4.79　殿筋（外転筋）のエクササイズ

横向きに寝て、下の脚は股関節と膝関節を曲げます。背中はまっすぐに保ちます。上の脚は、体幹とまっすぐになるようにして、膝蓋骨を前に向けます。脚を下方に伸ばしながら、つまり脚を長く伸ばす感覚で上げます。エクササイズはゆっくり行います。上げるときと同じように、下げるときもコントロールして動かします。

図4.80～4.82　股関節伸筋（大殿筋）のエクササイズ

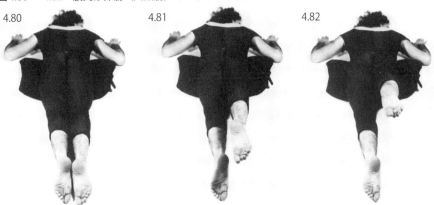

脚をまっすぐ伸ばします。脚は体幹からまっすぐにします。骨盤は、ねじったり動かしたりしないようにします。これは脚だけを動かすエクササイズです。枕は腰椎をなるべくまっすぐにするために使います。脚を左右交互に動かします。

図4.83～4.86　股関節伸筋のエクササイズ

図4.80～4.82をレベルアップさせたエクササイズです。脚をまっすぐに伸ばした状態から動かし始めます。脚を上げたまま、体の外に向けて外転させ、その後で脚を交差し、体の内側に向けて内転させたら、最後に真ん中に戻します。骨盤はねじらずに平らに保ちます。

図4.87～4.89　ハムストリングスのエクササイズ

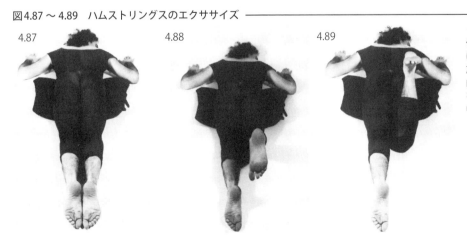

うつ伏せに寝て、脚は体幹からまっすぐに伸ばします。股関節は回旋させずに、膝だけを曲げます。踵のラインを同じ側の殿部の真ん中に近づけます。

図4.90〜4.92　ハムストリングスのエクササイズ

4.90

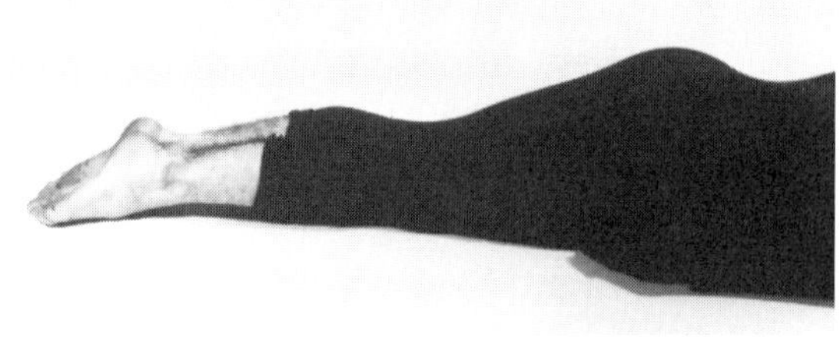

4.91

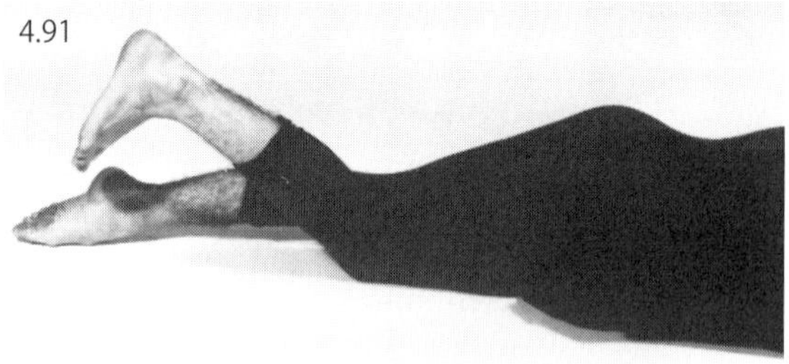

4.92

図4.87〜4.89を横から見たものです。エクササイズ中は、殿筋に力を入れて、股関節が曲がらないようにしましょう。

図4.97〜4.99　足の内在筋のエクササイズ

4.97

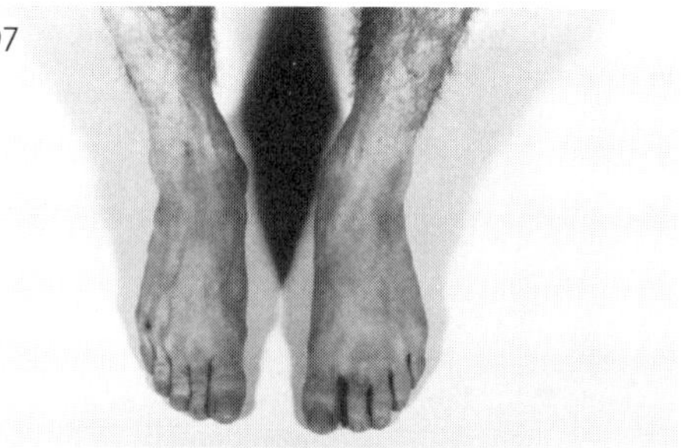

4.98

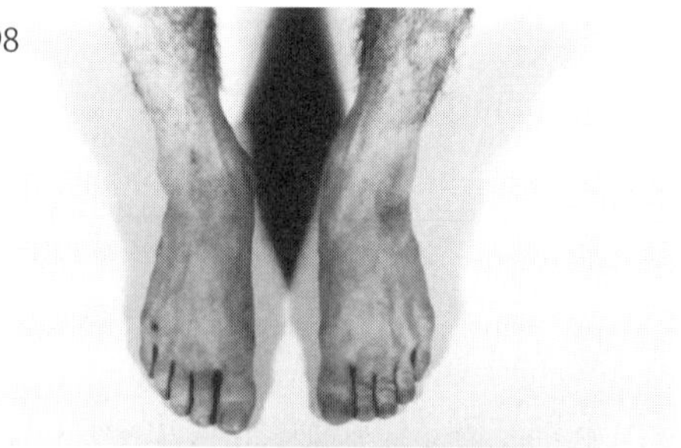

4.99

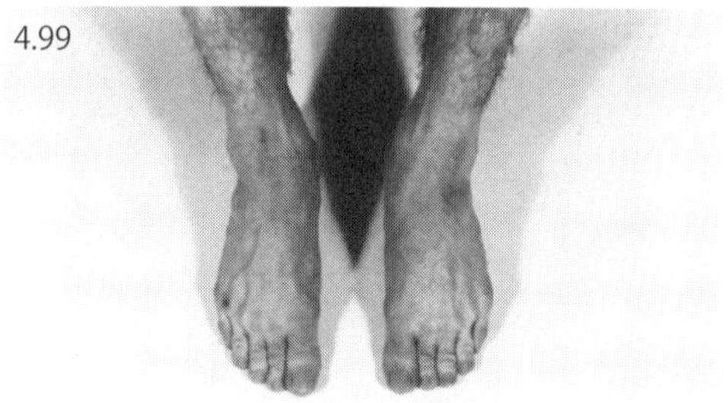

図4.97は右足を、図4.98は左足を動かしています。図4.99は、両足をいっしょに動かしています。

図4.93〜4.96　腓骨筋のエクササイズ

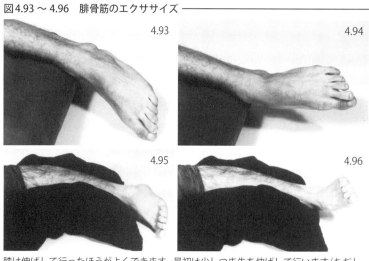

4.93　4.94

4.95　4.96

膝は伸ばして行ったほうがよくできます。最初は少しつま先を伸ばして行います（ただし、完全な底屈、つまり完全なポアントの状態で行ってはいけません）。足と足関節を直角に保ち、繰り返します

図4.100　ふくらはぎの筋肉とアキレス腱のストレッチ

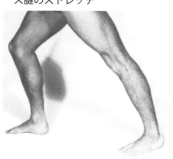

足裏全体を床につけて、踵を下ろしたまま、膝を伸ばします。やさしく伸ばしましょう。

腹筋に対するより高度なエクササイズ

　これから紹介するエクササイズは、体幹を安定させるためのエクササイズです。脊柱と骨盤を動かさずに、下肢だけを動かすことにより、体幹の安定という、腹斜筋、腹横筋、背筋の本来の役割を刺激します。

図4.101 〜 4.102

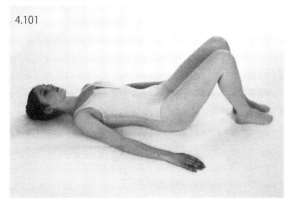
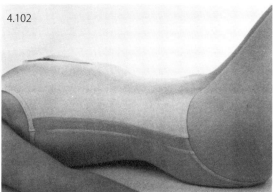

脊柱と骨盤は中間位に保ち、肩を下げ、首はリラックスした状態で、肋骨の横への動きで呼吸をします。

図4.103

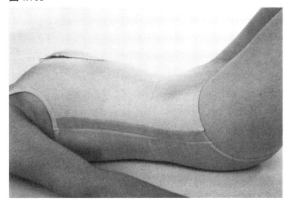

骨盤は床にしっかりつけます。

図4.104

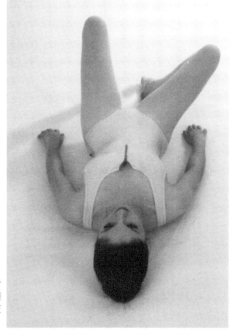

脊柱と骨盤の始めの姿勢がとれたら、脚を動かす側に骨盤が傾かないようにしながら、膝を横に45度倒してから、元の位置に戻します。腹部の深層筋および腰椎部の筋肉を鍛えます。

図4.105 ～ 4.106

4.105

4.106

始めの姿勢から、骨盤を安定させて大腿を上げていきます。足を床に戻すときも、体幹は動かしません。

図4.107

まず片脚を上げてから、脊柱と骨盤を動かさずにもう片方の脚も上げます。脊柱は平らにして始めるので、腰椎にカーブがある場合には脊柱の自然なカーブを意識的にコントロールできるようになってから、このエクササイズを始めましょう。

図4.108

違った組み合わせで、脊柱の筋群をさらに鍛えます。

図4.109

腕と股関節を直角（90度）にした状態から始めます。肩は広背筋により下げた位置に保ち、腹部の深層筋をしっかり働かせます。

図4.110

右腕を上げながら、右脚を伸ばしていきます。伸ばした脚を下ろしていけばいくほど、骨盤が鍛えられます。

図4.111 ～ 4.113

4.111

4.112

4.113

フォームローラー（訳者注：低反発素材の円柱）の上に寝て、同じエクササイズを行い、さらに筋肉を鍛えます。

図 4.114

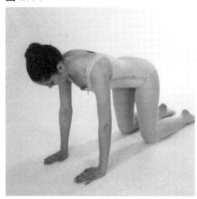

両手と両膝を床につけて、脊柱と骨盤が中間位になる状態から始めます。肩を下げて、肩甲骨を平らにします。若いダンサーには難しい姿勢かもしれません。

図 4.115

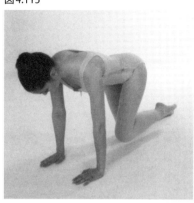

骨盤を後傾させずに、左膝を胸に近づけます。腹筋と腰椎の筋肉は安定させたままにします。

図 4.116 〜 4.118

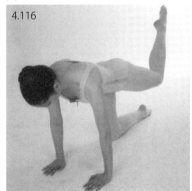

左膝を伸ばして、低いパラレルのアラベスクの姿勢をとります（訳者注：パラレルは、股関節でターンアウトしないで、両膝が正面を向いたポジションです）。

図 4.119

骨盤と脊柱を動かさずに、動かしている脚と反対側の腕を上げます。体重を支えている左肩は、安定するために十分強化されていなくてはならず、このエクササイズは体幹をコントロールできるようになってから行いましょう。

図 4.120

図 4.121

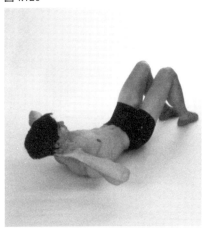

左：腹直筋を鍛えるための腹部のエクササイズです。脊柱を平らに床につけて、下腹部を平らにして、腹横筋も使って行います。

右：左肘を右膝に近づけようとすることで、腹斜筋を鍛えます。

図 4.122

図 4.123

左：右側を下にして横たわり、両脚をパラレルでそろえて、体をまっすぐに伸ばした姿勢から動作を始めます。

右：右手で体を支え、左手を膝に向けて下に滑らせて、左の腹斜筋を働かせます。広背筋で肩甲帯をコントロールします。

図 4.124〜4.125

4.124

4.125

側屈筋をさらに鍛えるエクササイズです。このエクササイズでは両方の下肢を上げます。

図4.126〜4.132

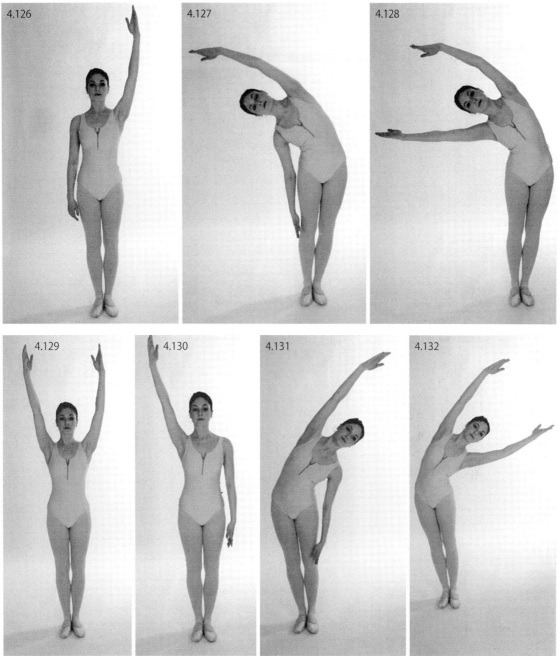

体幹を横に曲げる筋肉（腹斜筋と脊柱の屈筋）のエクササイズです。曲げる方向と反対側は伸張性収縮をしていて、戻るときは短縮性収縮をしています。動いている間は、下腹部の力を抜かずに、体幹を正面に向けたままにします。

図 4.133

両手と両膝を床につけて、肩甲骨が出たり引っ込んだりせずに平らな状態で、肩甲帯をしっかり固定します。

図 4.134

肩甲骨が出っ張った（winging）間違った姿勢です。*¹

図 4.135

この姿勢では、肩を下げた状態を保ち、肩甲骨は胸壁に対して平らに保ちます。どの姿勢でも腹部の深層筋を意識します。

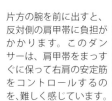

片方の腕を前に出すと、反対側の肩甲帯に負担がかかります。このダンサーは、肩甲帯をまっすぐに保って右肩の安定筋をコントロールするのを、難しく感じています。

図 4.136

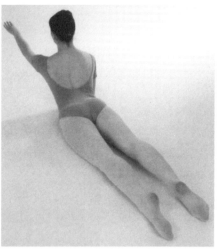

図 4.137

腕を上げると、胸椎をさらに伸展しなくてはなりません。

＊1　翼状肩甲骨（winged scapula）は、肩甲骨の内縁が出っ張った状態です。

図 4.138

このエクササイズは、肩を下ろし正面を向いた姿勢から始めます。頭は右方向45度に向けます。脊柱を伸ばして、胸椎から後ろに反ります。脊柱伸展筋の中央部と広背筋が強く働くので、これらのエクササイズは注意深く、数回だけ行います。

図 4.139

片方の腕を上げると、さらにエクササイズはハードになります。

図 4.140

エクササイズの後はストレッチを行います。

図 4.141

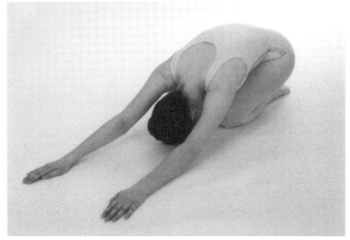

腰椎のためのストレッチです。

広背筋と脊柱伸展筋のためのエクササイズ

図 4.142

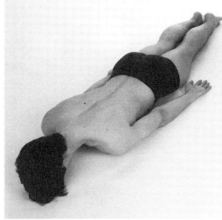

前額部（ひたい）を床につけ、腹部の深層筋に力を入れた状態から始めます。

図 4.143

肩は、立っているときと同じように、動かせる状態にします。

図 4.144

広背筋に力を入れて、肩を下ろした状態で、両腕を上げます。

図 4.145

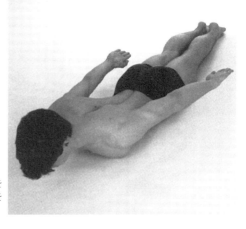

首の後ろの長さを保ったまま、頭を上げます。

図 4.146

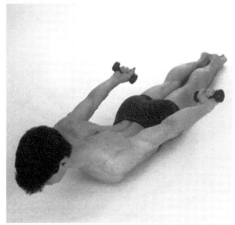

下腹部に力を入れながら、胸椎を伸展させます。

肩を安定させるエクササイズ

図 4.147

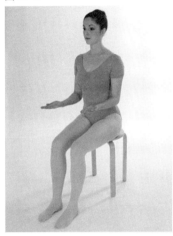

正面を向き、肘を体の横につけて、手のひらを上に向けた状態から始めます。

図 4.148

手を側方にもっていき（肩の外旋）、広背筋とともに肩甲骨周辺の筋肉を意識します。

図 4.149 〜 4.150

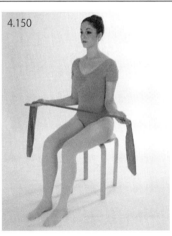

ゴムバンドの抵抗を利用した、図 4.148 と同じエクササイズです。

図 4.151 〜 4.152

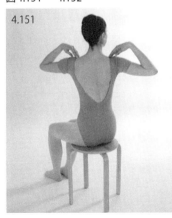
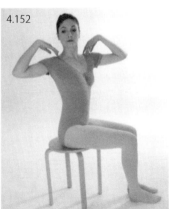

（腰椎と骨盤は動かさずに）胸椎を回旋して、脊柱中部の筋肉を緊張させたりリラックスさせたりします。

腕立て伏せ：男性ダンサーのための重要なエクササイズ

図 4.153 〜 4.157

胸の位置に手をつき、足指の先で体重を支えた状態から始めます。肩を外転し内旋すると、胸筋にさらに負荷がかかります。

図 4.158 〜 4.159

股関節深層にある回旋筋の繊細なエクササイズです。膝を90度曲げて、両足を脊柱の線に合わせ、股関節を曲げます。大殿筋や大腿筋膜張筋に力を入れずに、膝を静かに開きます。その代わりに深層の外旋筋に力が入ります。

図4.160 〜 4.161

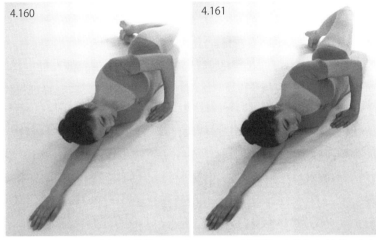

股関節は立っているときと同じ状態にして、図4.158 〜 159と同じエクササイズを行います。

図4.162

このエクササイズは、左の殿部の深層筋のよいストレッチになります。

股関節内転筋のエクササイズ

図4.163 〜 4.164

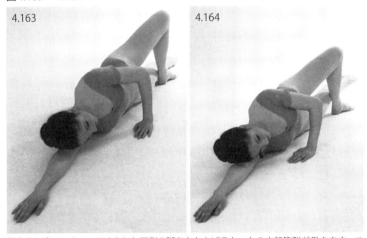

横向きに寝て、ターンアウトした下側の脚をもち上げると、右の内転筋群が働きます。この代わりに、左脚をパラレルのまま、股関節と膝関節を90度屈曲して、クッションの上に置いてエクササイズをしてもかまいません。体幹は正面に向けたまま、肩を下げます。

図4.165

このように軟らかいボールをはさむと、内転筋だけを働かせられます。

図4.166

内転筋のストレッチです。

大腿四頭筋のエクササイズ

図4.167 〜 4.168

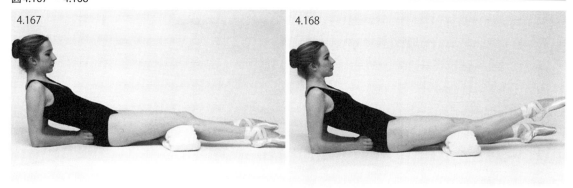

丸めたタオルの上で膝を伸ばすと、内側広筋が働きます。

図4.169 〜 4.170

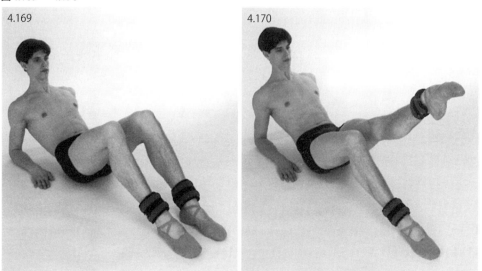

軽いおもりを足首につけて、膝の伸展をコントロールして行います。股関節を30度外旋することによって、膝蓋骨を安定させる内側広筋を強化します。

ハムストリングスのエクササイズ

図 4.171

このエクササイズは、下腹部の筋肉に力を入れ、肩は下げた状態から始めます。

図 4.172

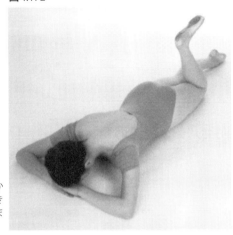

脊柱と骨盤は動かさずに、膝をできる限り深く曲げます。

図 4.173

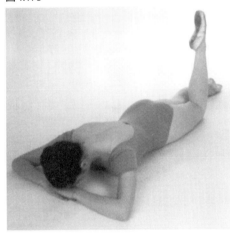

つま先を伸ばし、膝を90度に曲げます。

図 4.174

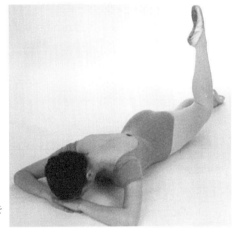

この状態で、膝を上げます。

図 4.175

膝を伸ばしてから、脚を下ろします。

図 4.176

足首に軽いおもりをつけて、さらに負荷をかけて、同じエクササイズを行うこともできます。

図 4.177 〜 4.180

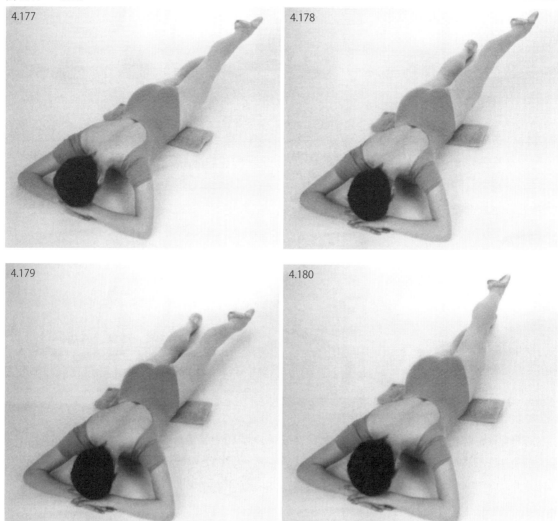

大殿筋のためのエクササイズです。殿筋の下部を意識しながら、脚で円を描きます。足首に軽いおもりをつけて同じエクササイズを行うこともできます。

足と足関節のエクササイズ

図 4.181 〜 4.183

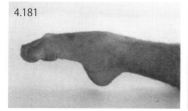
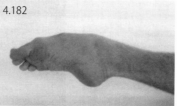

よく伸びた足です。足のアーチが強く、足関節の後方が過度に圧迫されずに、足の指はまっすぐ伸びています。足の指は曲がっておらず、ジャンプからすぐに着地できる状態です。見ために美しいだけでなく、機能的な足です。

足と足関節のエクササイズ

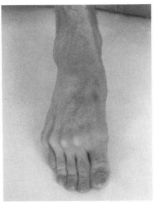

図4.184

足でドーム（アーチ）を作るエクササイズです。足の内在筋、特に虫様筋を鍛えるエクササイズです。

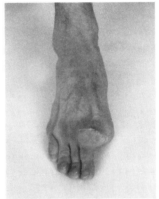

図4.185

長母趾伸筋は、親指を上げます。

図4.186

ゴムバンドを使って、足指をまっすぐにしたまま、親指の屈筋で中足趾節関節から足指を底屈します。

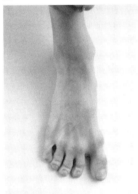

図4.187

母趾外転筋は、親指の筋力と安定性を高めて、足の内側のアーチを支えます。親指は、内側にも外側にもコントロールして動かせるようにしなければなりません。

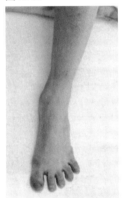

図4.188

背側骨間筋は足指を広げます。

図4.190 〜 4.192

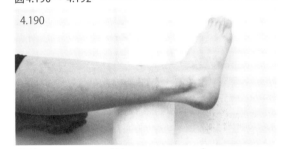

4.190

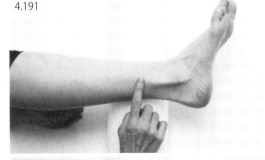

4.191

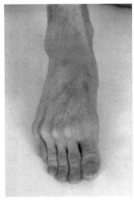

図4.189

底側骨間筋は足指を互いに近づけ、そこで虫様筋は中足趾節関節を曲げますが、足指は伸びたままです。

4.192

腓骨筋は、足関節を底屈していても90度に曲げていても、鍛えられます。

図4.193 〜 4.194

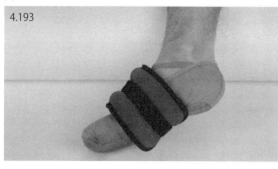

図4.190 〜 4.192のエクササイズは、軽いおもりを足部につけて行うこともできます。

図4.195 〜 4.196

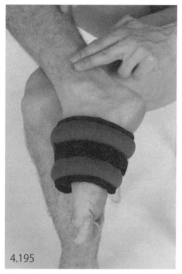

後脛骨筋は、このように足を内がえしにすると鍛えられます。

図4.197

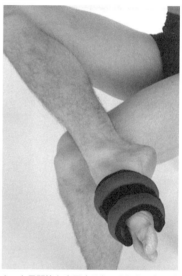

もっと足関節を底屈すると、それまで主に働いていた前脛骨筋があまり働かなくなります。

図4.198 〜 4.199

エクササイズの後は、ふくらはぎの筋肉をよく伸ばします。膝を曲げればヒラメ筋が、膝を伸ばせば腓腹筋が伸びます。

バランスのエクササイズ

図4.200

バランスボードの上で、さまざまなエクササイズを行うことができます。

図4.201

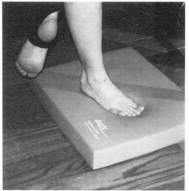

フォームブロック（訳者注：低反発素材でできたブロック）上でバランスをとると、上部の姿勢だけでなく足や足関節も試すことができます。

図4.202

平らでない床の上で、クラシックバレエのポジションでバランスをとることもよいエクササイズになります。

図4.203〜4.204

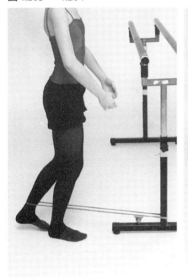

4.203　　　　　　　　4.204

左脚はゴムバンドの抵抗に対抗して動かすエクササイズである一方、右の足や足関節にとっては正しいポジションを保とうと努力するエクササイズになります。

図4.205

バランスボードの上で簡単なポジションをとる練習をしているうちに、上級者のエクササイズに進んでいきます。

膝蓋腱のための伸張性エクササイズ

図4.206〜4.212

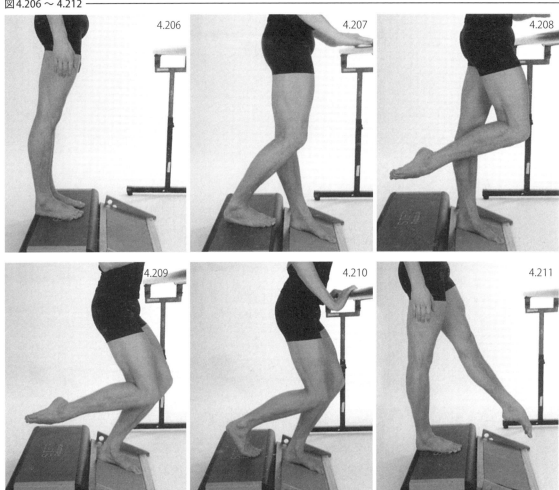

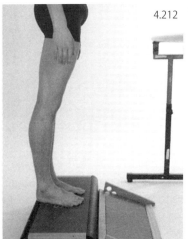

これらのエクササイズは、伸張性筋活動によって大腿四頭筋を強化します。

アキレス腱のための伸張性エクササイズ

図 4.213 〜 4.218

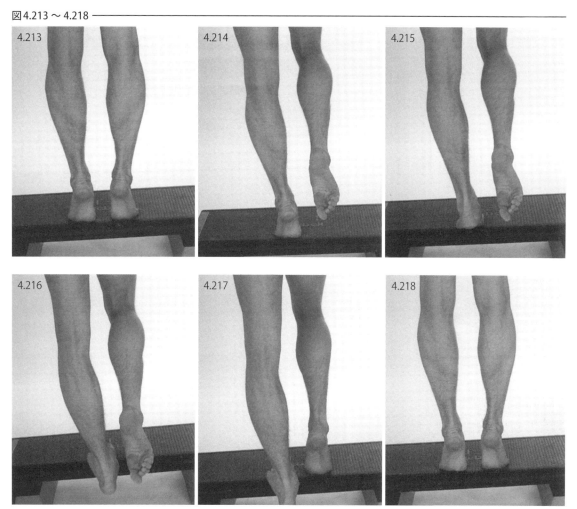

これらのエクササイズは、伸張性筋活動によってふくらはぎの筋肉を強化します。

テーピングの技術

図4.219〜4.228

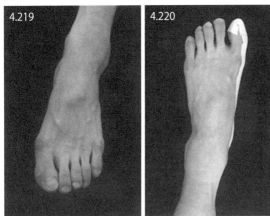

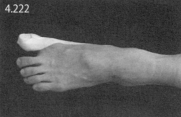
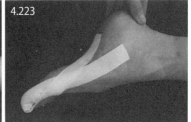

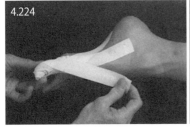
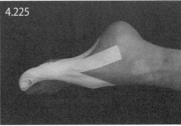
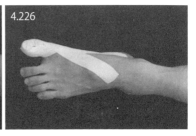

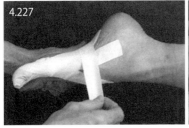
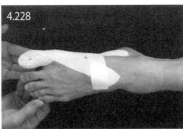

外反母趾の変形に対して行うテーピングです。

テーピングの技術 227

図 4.229 〜 4.243

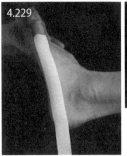
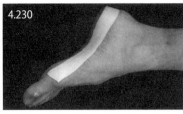
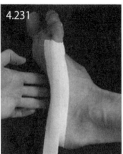
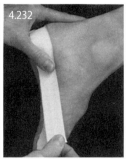
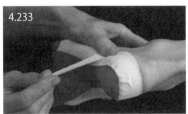

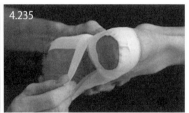

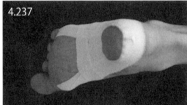
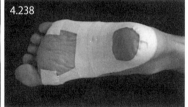
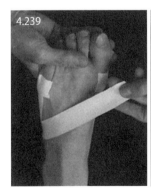
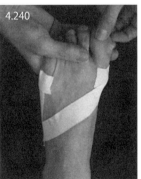
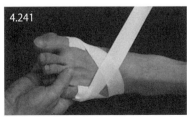
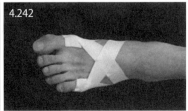

足底腱膜の痛みに対するテーピングです。このテーピングは、足の内側アーチにサポートが必要な、どんな痛みに対しても活用できます。

図 4.244 〜 4.250

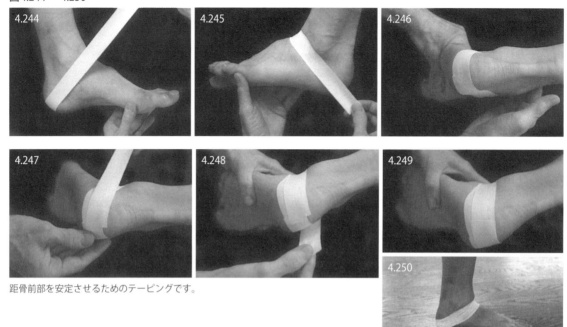

距骨前部を安定させるためのテーピングです。

図 4.251 〜 4.255

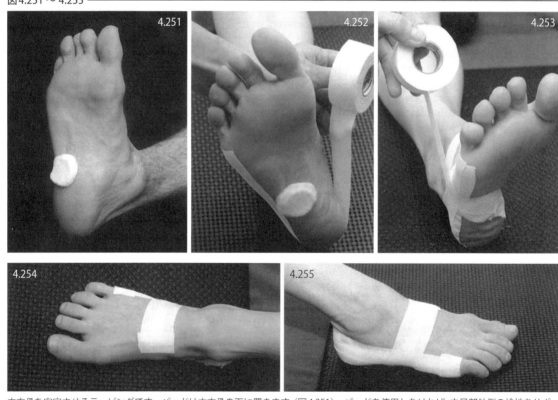

立方骨を安定させるテーピングです。パッドは立方骨の下に置きます（図4.251）。パッドを使用しなければ、中足部外側の捻挫をサポートするためのテーピングになります。[*2]

*2 3.20節「立方骨の亜脱臼」（p.158）で主に使用するテーピングですが、立方骨の亜脱臼を私は経験したことがありません。

第5章
テクニックの間違いと体の構造の個人差：
原因、影響、治療

Technical Faults and Anatomical Variations:
Their Causes, Consequences and Treatment

テクニックの間違いを完全に修正しなければ、どのような治療法もあまり意味のないものになります。

テクニックの間違いは、さまざまな理由で起きます。体の解剖学的な構造が原因で起きることがあります。例えば、股関節周辺の骨や軟部組織の形状が原因で、ターンアウトが制限されることがあります。テクニックの間違いは、教師の教え方が悪いこと、あるいは生徒が理性的に修正を受け入れていないことでも同様に起きることがあります。間違ったテクニックを一度学んでしまうと、それを修正するのはきわめて難しいことです。そのため、学生時代の早い時期に受けた教えが悪いと、その影響はプロになっても残るかもしれません。残念なことに、これらの間違いは時を経るに従ってひどくなる傾向があります。特に、経験を積んだ教師から適切な修正を受けられるクラスに出ないままダンサーが働いていると、間違いが悪化していきます。

ダンスのケガはすべて、テクニックの間違いが原因で生じます。

ダンサーが避けることのできない事故は、ダンスのケガには分類できません。一般的にテクニックの間違いは小さなことかもしれませんが、それでも、ケガに必要とされる治療、さらには同じケガの再発予防という点で、ダンサーにとって大きな問題となりうることを理解しておくべきです。一般に、教え方が全く不十分な場合を除いて、大きな間違いが見過ごされることはないでしょう。よい教師と平凡な教師の最大の違いは、テクニック上の小さな欠点に気づいて、それを正確に修正する力があるかどうかということです。よい教師は、生徒が基本を身につけるまで、さらに難しく多くを要求する動きに進ませないでしょう。有能な教師は、バランスと安定性を感じとり、体のラインに対して"優れた目"をもっていなくてはいけません。クラシックテクニックの広い知識に沿った解剖学とバイオメカニクスの知識と、それがどのように感じられるかを知ることで、"優れた目"を養うことができます。初めて起きるケガにも、繰り返し起きるケガにも、テクニックの間違いが関連していることの重要性を、教師は理解していなければいけません。

ダンスと関係ないケガでも、ダンサーがレッスンに戻り始めたとき、ケガをかばってテクニックに間違いが生じる場合があることも指摘しなければいけません。特に、リハビリが完全に終わらないうちに、レッスンへ戻るのが早すぎると間違いが生じやすくなります。

1つのテクニックの間違いが、もう1つの間違いを引き起こすことがしばしばあり、間違いは単独では起きません。そのため、ダンサーを注意深く評価する必要があります。間違いの連鎖を認識して、その原因を修正する必要があります。

テクニックの修正を含む指導クラスは、どんなに軽いケガでも、ケガをしたダンサーのリハビリの一部として欠かせません。ケガのあるダンサーを、テクニック的に評価します。ふつう治療の一環として、指導クラスをダンサーに受けさせます。この指導クラスは、基本的に1対1、あるいは1対2、多くても3人までで行うのが最善です。テクニックを適切に修正するには、1クラスで3人より多いと難しくなります。日頃からすべての生徒を1人ひとり、正しいテクニックに修正するための特別な目で評価することが、ケガの予防という点で間違いなく大切な役割を果たすでしょう。

ダンスで繰り返し行う動作や動作パターンは、正確に教えなければいけません。動作パターンが複雑になればなるほど、始めから正確に学習しているかどうかを確認するために時間をかけることが大切です。近道をすると、決して満足のいく結果につながりません。ダンスを教えることは、複数の神経と筋肉が自動的に働くパターンをあらかじめプログラムするように、協調運動をトレーニングする方法の1つです。あらかじめ組まれるプログラムは、脳で作成されます。そのほとんどは最終的に意識して考える必要がなくなるため、自動的に行われます。望んだ一連の動きを行うためには、たくさんの異なる筋群が使われるため、複

数の筋肉が関係します。あらかじめプログラムされた自動的な複数の筋肉のパターンは、エングラムと呼ばれています（1.3節「神経と筋肉の協調運動、エングラム」p.22）。

個々の筋肉や動きを意識して考えないですむようにエングラムを作り出すためには、常に**正確に繰り返す**必要があります。固有受容器からのフィードバックは、潜在意識下と意識下の両方で、動きを監視します。動きがうまく行われているかいないかの情報を知覚させるのは、まさにこのフィードバックです。**1回1回変化をつけずに全く同じように繰り返して**、正確なプログラムを意識して行うことによってのみ、この自動的なエングラムを発達させることができます。これは**きわめて正確に繰り返さなければいけません**。そうでないと、情報の入力はそのときどきで変化して、エングラムを発達させられません。そのため、**最初は正確にできるように、そのパターンをゆっくりと行わなければいけません**。動作パターンをそれぞれ意識して行う必要がある場合よりも、ずっと速く複雑な動きを、エングラムによって演じることができるようになります。エングラムは、動きを起こすのと同時に、**不必要な**動きを抑えることも理解しておくことが大切です。この抑える働きは、協調運動を制御するのに欠かせない部分で、直接意識して行うことができません。望んでいる動作パターンを規則正しく能動的に繰り返すことのみにより、エングラムは完成します。ほとんどの速くて複雑で巧みな動きの協調運動は、意識的にコントロールした一連の動きというよりも、エングラムによって自動的に行われます。

始めはエングラムを意図的に作り、意識的にコントロールして行います。運動パターンを学ぶとき、ダンスのテクニックや他の動きのテクニックを学ぶとき、正しいエングラムを開発するのに絶対欠かせないのは正確さです。テクニックを身につけるときに不正確なままだと、これが"悪い習慣"となります。そして、この不正確さあるいは"悪い習慣"自体が、エングラムとなります。一度身につくと、エングラムの修正はきわめて難しく、たいていテクニックのその部分を最初から学び直す必要が生じます。このため、複雑な連続した動きを学ぶには、始めから正確に学ぶことが大切です。前述したように、正確に身につけるためには、そのパターンをゆっくりと学ばなくてはいけません。本当によく発達したエングラムを身につけるためには、数えきれないほど何度も繰り返さなければいけません。しかし、このことはそれほど大変なことでもありません。なぜなら、動きというのは、たいてい一連のエングラムから成り立っているからです。エングラムが合わさって、最終的な結果が作り出されます。エングラムは、最初は意図的かつ意識的にコントロールされていますが、エングラムの構成要素自体は、意識のコントロールを直接受けている段階ではありません。意識的に行うことは、望む動きをするために、蓄えられているエングラムを選んで、それらを組み合わせることです。

〜テクニックの間違い〜

5.1 肩の高さの違い

肩の一方が弱いことが原因で、しばしば肩の高さに違いが生じます。弱さを補いすぎて弱いほうの肩を高く上げようとするか、あるいは逆に、弱さを補おうとせず弱いほうの肩が下になります（図5.1）。人によって、どちらにあたるか調べるには、よく観察するしかありません。また、下半身の体重のかけ方がアンバランスなために、筋肉が不均等に緊張することが原因で、一方の肩が上がることもあります。

脊椎側弯症があると、たいてい一方の肩が上がります。特に、側弯が背中の中央あるいは上部に

図5.1 肩の高さの違い

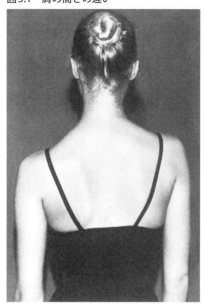

あると、肩の高さに違いが出ます。側弯症は、医学的な検査で最初に、肩が上がる原因として除外しなくてはいけません。

脚の長さの違いは、骨盤の傾きだけでなく、肩の高さの違いにも影響することがあります。

ターンアウトが左右不均等だと、骨盤の片側が、制限のある反対側に向かって前方に揺れます。体重が片側にかかって定まると、それによって体幹の片側に弱さが生じ、しばしば肩の高さに違いが出ることがあります。片側のヒップに体重をかけても、同じような状況になるでしょう。

ケガをすると、ダンサーは痛みのある側に体重をかけないようにするため、肩の高さに違いが出ることがあります。この変化はすぐに習慣となり、骨盤にも影響して、ケガが治って痛みが消えてからも、姿勢の変化が残ることがあります。

一方の肩が上がる一般的な原因は、重い荷物を一方の肩にかける習慣です。この習慣は、しばしば生徒がとても幼い頃から始まっています。学校では、生徒たちは登下校に1日分の教科書をもたなければいけません。ダンスの生徒は、教科書の他に着替えも運びます。旧式の学生カバンやリュックサックを正しく背負って、両肩に均等に重さがかかるようにすれば、肩の高さに違いが出るのを防げます。

悪い姿勢の習慣は、学校では直されません。姿勢を意識するようにいわれることや、学校の先生が子どもたちに机に向かって正しく座りなさいと注意することは、大変意義があります。

【治療】

関連する間違いを修正するために、エクササイズプログラムを行います。それに加えて、姿勢を常に正しくしなければいけません。構造的な異常が根底にある場合は、整形外科医の意見を求める必要があるでしょう。肩の高さの違いだけが単独の間違いでも、それによって荷重線（訳者注：体重が伝わる方向を示す線）が変わって、体幹の下部、殿筋、ハムストリングス、内転筋、大腿四頭筋、そして下肢の筋肉さえもアンバランスになることを理解しておきましょう。そのため、エクササイズ計画では、これらすべての部分の強化とバランスを目標にします。

5.2 首や肩のまわりの緊張

これは、2つの部位に分けて考えます。a)僧帽筋上部の緊張と、b)胸筋の緊張です。両方とも、腕の位置が間違っていることや、肩甲骨が間違ったところに固定されていることが原因で起きます。たいてい前者は、肘が肩より後ろ（背側）になり、腕がかなり後ろに保たれているために起きます。腕を保つのが高すぎる場合もあります。腕が正しい位置で前に保たれている場合でも、肩甲骨を胸壁に沿って引きすぎると、問題が起きることもあります。これにより、胸壁に対して肩甲骨が平行になる効果がありますが、僧帽筋にスパズムが起きるだけでなく、胸筋も大いに緊張させます。

腕を後ろに引きすぎるメカニズムは、a)手よりも肘で引くこと（図5.2）、あるいはb)足を過度に外旋していることです。過度の外旋によって、バランスをとるために体幹上部が後ろに反って、

図5.2 
肘と腕を後方に引きすぎています。ターンアウトも正しく保っていません。首の筋肉が緊張しているのがわかります。

図5.3
肘が落ちています。強い背中と安定した体幹から、肩甲帯はコントロールされるのですが、それもできなくなっています。

腕が体幹上部からさらに後ろに引かれます。

体幹下部が弱くて不安定だと、その不安定感から、体幹上部の筋肉を緊張させて安定しようとするため、肩甲帯が緊張します。

反張膝で膝が後ろに押されると、骨盤が前傾して、腰椎に前弯が生じます。それを補うために、体幹上部が後ろに反ります。そして次に、肩甲骨の位置と動きが変わり、僧帽筋のスパズムをひどくします。

側弯症がある場合、動いているときは常に何らかの緊張が多かれ少なかれ生じます。側弯の上方の代償性カーブ（訳者注：代償とは、問題がある部分を補って生じる働きのこと）で姿勢がいくらか修正されますが、その修正がさらに緊張を生じさせます。支持基底面（地面に接している両足が囲む範囲）の上に重心を乗せようとすると、姿勢の代償が強まることがよくあります。緊張を最小限にするためには、その状況でできるだけよい姿勢をとらなければいけません。修正は、足から始めて脚へと順に上に進めなければいけません。姿勢の土台となる部分が正しくなければ、脊柱を最もよい位置にすることはできません。側弯に関連して骨盤が傾くと、両脚の長さが違っているように見えるか、時には本当に違いが生じるため、状況が複雑になることがよくあります。

脚の長さに違いがあると、それを補って骨盤が傾き、しばしば背中の上部に強い緊張を引き起こします。

後弯症、あるいは通常より背骨が丸まっている程度の軽い症状でも、首や肩のまわりを緊張させます。修正方法がないため、後弯症があるとダンスを職業にできません。悪い姿勢で後弯がより強く見えることがありますが、著しい後弯がある場合、姿勢によって起きる問題であることはまれです。最もよく見られる根本的な原因は、思春期にあるショイエルマン病です。これは各椎体の上下の部分にある成長軟骨の骨軟骨炎です。成長が止まってショイエルマン病が最終的に落ち着いたとき、各椎体の前側がわずかに狭くなってくさび形になることがあり、それによって背柱が前に向かってカーブします（5.5節）。

ときどき、特に成長スパートの時期に、子どもが軽い後弯に見えることがあります。しかし、これは適切なエクササイズと姿勢に対する注意によって修正が可能であり、いずれにせよ、たいてい自分で修正できます。

【治療】

根本的な間違いを修正することで、緊張をとります。関連する筋肉に、痛みがよく生じます。特に胸筋のスパズムによって起きた胸部の痛みが、棘突起にある僧帽筋の起始部と棘間靱帯の痛みとともに、生じることがしばしばあります。筋肉に痛みがある場所では、初期治療は筋肉のスパズムと痛みを除くことを目標とし、理学療法士がマッサージと電気療法を用います。

筋緊張のほとんどの原因、特に側弯症の場合には、呼吸法を教えるべきです。胸の上部で呼吸している人は、胸全体と横隔膜を使う方法を学ぶ必要があります。側弯症の人は、カーブの凸側になっているほうの胸を反対側の胸より使う傾向が常にあるので、胸の両側を均等に膨らませるように指導します。凸側を使いすぎた結果、凹側の胸がさらにしぼんでいき、側弯姿勢の傾向が強まります。

また、側弯をできるだけ修正する助けとして、

適切な筋肉強化のエクササイズプログラムがきわめて有効です。側弯症では、脚の筋群にも気を配るべきです。しばしば複数の筋群が弱いことがあり、その結果、その部位から下の体重のかけ方が間違ったものになります。これを修正しないと、背中にも胸にも治療の効果が十分に得られないでしょう。

5.3 肋骨の損傷

肋骨下部や肋軟骨の損傷は、ダンサーに比較的よく見られます。パートナーと組む踊りを勉強している専門学校の生徒や、パートナーと難しい振付を試みているプロのダンサーに起きます。男性は、女性の骨盤をコントロールすることで動きを先導します。たいていの場合は、女性の腸骨稜を手全体でつかんで行います。リフトは、可能であれば骨盤のまわりをもって行いますが、手が滑ってしまうと男性の手が女性の肋骨下部に近づいてしまいます。女性の体幹をつかむところがなくなると、前外側の腹斜筋と肋軟骨を指でつかむことになります。

肋軟骨は、平たい棒のような軟骨で、肋骨の前端に付着し、胸骨に向かって前上方に伸びています。第7対までは胸骨につながり、第8、第9、第10対は1つ上の肋軟骨につながり、いちばん下の2対は短くて腹筋壁の中で終わっています。

軟骨は、周囲の組織が打撲を受けると、折れることがあります。1本の指で筋肉内にヘルニア（訳者注：組織が正常な元の位置から"突出"した状態）が起きることがあり、激しく痛みます。肋骨がさらに外側に力を受けると、肋骨と肋間筋が傷つくでしょう。深く呼吸をすると、伸展や回旋運動に伴って痛みが生じます。その部分を注意深く調べるべきで、もし肋骨骨折が疑われたら、X線写真を撮って確認するべきです。あらゆる動きをしても触診をしても痛みが出なくなり、パートナリングを許されるまでには、2ヵ月かかるでしょう。ケガをした肋骨を支えるテーピングをすると、痛みがいくぶん和らぎ安心できるので、クラスでの練習の一部を続けられます。運動した日の終わりには、テーピングをはずすべきです。そうしないと胸部に感染症が起きる可能性があり、肺の機能が損なわれることがあります。

パ・ド・ドゥのテクニックは、事故を防ぐために注意深く教える必要があります。負荷を分散させるためには、男性は手の使い方や、腕、肩、背中、大腿の筋力のバランスを理解しておく必要があります。女性の体幹が安定していることが最も大切で、そうでないと女性の体幹を男性はコントロールできません。

5.4 側弯症

側弯症では、脊柱の一部分が側方へ弯曲します。この弯曲は、はっきりとした回旋の要素を伴っていて、凹になった方向に椎骨が回旋しています（図5.4）。重症な場合は、見た目からプロのダンサーになるのは難しいでしょう。そのため、試験官は

図5.4

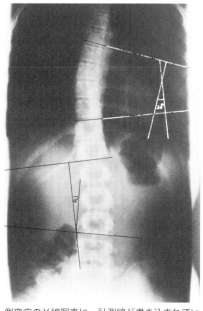

側弯症のX線写真に、計測線が書き込まれています。胸椎に20度の側弯、腰椎に12度の側弯があります。1ヵ所に側弯があるのが一般的で、ふつうは胸椎部分にあります。

ダンサーを評価するときに、初見ですぐに目立たないほどの比較的軽症の側弯も捜します。側弯症で弯曲がある部分は、ふつうより硬くなっています。ほとんどの側弯は胸椎にあるため、側弯が軽症ならば、それ自体が大きな問題になることはほとんどありません。しかし、腰椎部分にある場合、側弯に伴う硬さによって脊柱全体が硬くなるため、バレエに必要な動きができなくなります。腰椎は、屈曲、伸展、側屈において十分な可動域をもっていなくてはいけません。

多くの場合、側弯症の原因は最終的にわかりません。これは、特発性側弯症と呼ばれています。最近ではまれですが、1つあるいは複数の筋群の麻痺が、側弯症の原因となることがあります。

側弯症が疑われる場合は、その生徒は整形外科医の助言を求めるべきです。症状を改善するための治療法には、さまざまな形があり、1人ひとりに合わせた治療が必要でしょう。側弯が軽症ならば、適切なエクササイズを行うと、しばしば効果が得られます。夜間に筋肉を電気刺激する装置をつける方法で、弯曲の程度をかなり改善できるときもあります。さらに重症の例では、装具や手術が必要な場合があります。脊柱のマニピュレーションやマッサージでは、側弯を治せないでしょうが、関節の硬さと筋肉の緊張をある程度和らげることができます。

目立った側弯があっても、それ自体は、子どもがバレエのクラスを受けてはいけない条件にはなりません。ダンスは、側弯部分を動かし筋肉を強化するのに、役立ちさえします。その子どもを診ている整形外科医が指示したサイドシフト運動や他の運動に加えて、バレエクラスのエクササイズを行います。目立った側弯があっても著しく硬いものでなく、プロとして成功したダンサーがいますが、彼らは例外です。若いダンサーがたとえバレエをテクニック的にこなせたとしても、目立った側弯は専門学校やバレエ団のオーディションで不利になるでしょう。

軽症の側弯でさえも、荷重線を中心に寄せるのが難しくなり、たいてい片側つまり短く見える側に体重がかかってしまいます。その結果、鼠径部、内転筋、腰に負担がかかることがよくあります。しばしば、片側のハムストリングスがもう一方に比べて硬くなり、それがハムストリングスのケガにつながることがあります。側弯の影響で骨盤がたびたび傾いていると、ハムストリングスが硬くなります。その硬さが定着すると、硬いハムストリングス自体（5.12節）が、繰り返し骨盤を引いて回旋させます。ハムストリングスが緩いほうの脚に反張膝が起きることが頻繁にあり、反張膝特有の問題を起こします（5.13節）。

側弯には回旋の要素があるため、腕のポジションが難しくなるかもしれません。腕を正しいポジションにもっていこうとすると、肩甲帯のまわりの筋肉が緊張し負担が増えます。さらに、胸椎部の側弯では、左右の胸郭に違いが生じ、凹側が圧縮されて容積が減ります。

生徒が、正しい頭のポジションを習得するのに苦労しているように見える場合、見た目にはわからない軽症の側弯が疑われます。一方の肩がもう一方の肩より高い場合、骨盤に傾きがあったり骨盤の片側が出っ張ったりしている場合、片側の骨盤が前方に回旋している場合、あるいは両脚の長さが違う場合も疑われます。これらのどの要素があっても、脊柱を注意深く調べる必要があります。

側弯症は12歳頃に明らかになるため、整形外科医の助言を求めるべきです。いつでも早期の治療がいちばん大切です。

【治療】

実際の側弯症の治療は、整形外科の問題です。姿勢を弯曲させる要素をできるだけ減らすための筋群の強化に、運動は確実に有効です。サイドシフト運動が役立ちます。子どもを診ている整形外科医が指示した場合のみ、治療の一部として筋肉の電気刺激装置を夜間使用させることがあります。

リハビリテーションプログラムは、足と脚の筋肉を強化し、足と脚の位置を確実に正しくすることから始めるべきです。足と脚の位置が正しくなければ、骨盤と体幹を強化してアライメントを整えようとしても、すべてうまくいかないでしょう。

5.5 後弯症

後弯症では、胸椎が硬くなって屈曲します。胸椎の位置にはもともと第1のカーブがありますが（図5.5）、後弯症は正常範囲を超えてこのカーブが強くなった状態です（図5.6）。後弯症は、子どもの頃にショイエルマン病にかかった結果、生じることがあります。この病気では、各椎体の上下の終板に骨端炎が起きて、椎体前方が狭くなってくさび形のようになるためカーブが生じます。しかし、後弯症には明らかな原因がないことがしばしばあります。

後弯症があると、見た目に問題があるだけでなく、機能的にも腰椎部分にダメージやケガが生じます。胸椎部分で前に向かって弯曲すると、代償性の腰椎前弯が生じるのは避けられません（5.6節に関連する問題）。さらに、頭と首は、その人が前を水平に見ようとすると、正常範囲を超えて伸展する必要があります。

側弯や後弯があると、それらの部分の可動域が減り、脊柱全体が衝撃を吸収しにくくなります。その結果、腰椎部分にあらゆる種類のケガを頻繁に起こしやすくなり、腰椎は常に危険にさらされます。胸椎に後弯があると代償性の腰椎前弯が必然的に生じ、ダンステクニックに必要な伸展ポジションをとろうとするときに、腰椎にさらに負担がかかります。

【治療】

構造的な後弯症には、特別な治療法はありません。しかし、姿勢を弯曲させる要素をできるだけ減らすために、腹筋だけでなく胸椎の伸筋を強化する運動が役立ちます。胸筋のストレッチも役立つことがあります。治療期間中、体重のかけ方をできるだけ正しい位置にしなければいけません。代償的に腰椎が前弯して、骨盤が前傾すると、結果として体重が後ろにかかります。後弯が定着した場合、前弯は完全にコントロールすることができなくなり、体重がかかる位置を修正できなくなるでしょう。

後弯症に関連して、腰椎にケガをすることが多くなるため、背中の腰椎部分を最大限守れるよう

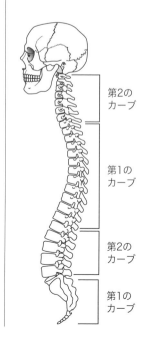

図5.5 脊柱の第1のカーブと第2のカーブ

胎児期には、脊柱全体が第1のカーブの方向で、前に向かって弯曲しています。生後、徐々に首と腰の部分に、第1のカーブと反対方向に第2のカーブが発達します。

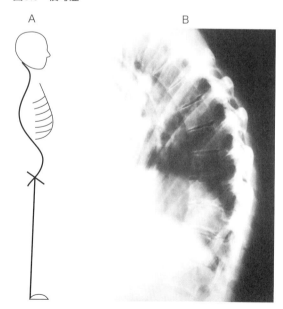

図5.6 後弯症

A：胸椎部分の後弯と、その下に起きた代償性の腰椎前弯。
B：重度の後弯症のX線写真。

に、体幹を強化する運動に十分注意を払わなければいけません（5.6節「治療」p.238）。

リハビリテーションプログラムは、足と脚の筋肉を強化し、その位置を確実に正しくすることから始めるべきです。脚と足が正しくなければ、骨盤と体幹を強化してアライメントを整えようと試みても、すべて効果がないでしょう。

5.6 前弯

前弯は、腰椎が過伸展した姿勢、つまり腰の部分がくぼんだ状態をいいます。正常でも腰椎にカーブはありますが、前弯ではこのカーブがかなり強くなります（図5.7）。前弯は姿勢の問題であり、修正できます。つまり、前述した側弯症や後弯症のような固定したカーブではありません。しかし、胸椎に後弯がある場合、修正は難しくなります（図5.8）。同様に、股関節の前方が著しく硬いと、骨盤の傾きが固定されるため、修正は難しくなります（図5.9）。

【原因】
1) 胸椎の後弯（5.5節）
2) 股関節の前方が硬いため、骨盤が前傾すること（5.9節）
3) 腹筋の弱さ
4) 殿筋の弱さ（ふつう、3)と4)はいっしょに起きますが、必ずしもそうとは限りません）。殿筋の弱さに関連して、一般にハムストリングスも弱くなっています。
5) 股関節と比較して足を過度に外旋させて踊っていると、骨盤が前傾します（図5.10）。過度の外旋は、股関節に純粋なターンアウトの制限があるため、あるいはターンアウトができるのに保てていないために起きます（5.7節）。

図5.8　代償性の前弯を修正した後弯姿勢

図5.6Aを修正した結果、頭が前に突き出て、首は過伸展しないといけなくなります。

図5.7　横から見た3つの前弯姿勢

図5.9　　　　　図5.10

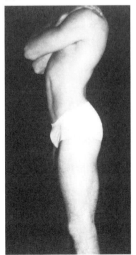

股関節の前方が硬いため、骨盤が傾いて二次的に前弯が生じます。　　足が過度に外旋して、骨盤が前傾しています。

図5.11　　　　図5.12

反張膝によって、代償的に骨盤が傾き、腰椎の前弯が生じます。

腕を後ろに引きすぎて、腰椎の前弯が生じています。そのため、あごも前に突き出ています。

6) 外旋筋と内転筋が弱いと、ターンアウトを保てません。その結果、5)と同じ問題が生じます（5.10節）。

7) 反張膝があると、荷重線が足を通るようにするために、代償的に骨盤が傾いて前弯が生じます（図5.11）。反張膝で膝が後方に押しつけられて体が後方にずれると、バランスを保つために荷重線を前にもっていかなければならないからです（5.13節）。

8) 脛骨が弓なりに弯曲していると（5.16節）、体重が外側にかかり、大腿の内側をしっかり保つのが難しくなります。その結果、内転筋が弱いときと同じ状況になります（5.10節）が、気をつけていれば修正できます。

9) 前足部が弱いと（5.19節）、体重が後ろにかかります。体重が後ろにかかる他の原因(5.21節)と、同じような影響があります。

10) その他どのようなテクニックの間違いでも、体重が過度に後ろにかかると、代償性の前弯が生じます。

11) 腕を後ろに引いて踊っていると、体幹上部が後ろに傾きます。こうなると、体重を前にかけようとするために代償性の前弯が生じます。それに伴って、あごが前に突き出ることがよくありますが、これもバランスを保とうとして生じることの一部です（図5.12）。

12) シューズがきついと、足指が丸まります。その結果、体重が後ろにかかって、前弯が生じます。

13) 生まれつき前弯があるダンサーもときどきいます。これは初めのうちは姿勢の問題で、理論的には修正することが可能ですが、実際には改善あるいは完治させることがほとんどできません。このような人の中には、歩き始めた頃からすでに前弯があり、成熟するまでに少なくとも一部が固定されていることがあります。そのため、たとえあお向けに寝て膝を胸に抱えても、前弯は修正できません。正常なら、こうすると骨盤が回旋して、腰椎が平らになります。そうならなければ、必要な可動性が欠けていて修正できない前弯が、少なくともあることがわかります。治療の目的は、**腰椎のカーブを正常にすること**で、踊っているときにこのカーブを平らにすることではないと強調しておきます。平らにすることは、強すぎるカーブや前弯と同じくらい望ましくありません。しかし、ある程度骨盤を後傾させられるほど脊柱が柔軟でなければ、腰椎部分で体幹を前屈できず、股関節でしか体を前屈できなくなるため、ダンサーは楽に踊ることができません。

14) ハムストリングスが硬いことも、前弯の一因となることがあります（5.12節）。

【影響】

体重が後ろにかかった状況と、同じ影響があります（5.21節）。

【治療】

前弯の原因を修正しなくてはいけません。原因には、筋群の弱さ、二次的に前弯を生じさせる間違ったテクニック、あるいは荷重線が間違っていることが挙げられます。

リハビリテーションプログラムは、下肢のさまざまな筋群を強化しバランスをとる運動だけでなく、体幹を強化する運動を必ず基本に行います。

リハビリテーションプログラムは、足と脚の筋

肉を強化し、ポジションを確実に正すことから始めるべきです。脚と足のバイオメカニクスが正しくないと、骨盤と体幹を強化してアライメントを整え、前弯を調整しようと試みても、すべてうまくいかないでしょう。[*1]

----

*1 図5.5にあるように、頚椎と腰椎には二次的な前弯があります。これらは骨折や年齢による退行性変化で後弯となることが時にあり、手術でアライメント（配列）を戻すことがあります。胸椎は元来（出生前から）後弯があり、通常の骨折や加齢による変形などでは後弯が強くなることがありますが、前弯となることはほとんどありません。高所からの落下や交通事故など強い力の外傷を受けた直後、著しい先天異常（個人的にこれらの経験はありません）ではありうると思います。腰椎の前弯は一般に程度の差はありますが、側弯症などに合併したもの以外は、前弯症として疾患ととらえることはほとんどありません。

5.7 過度の外旋

過度の外旋とは、生理的に股関節で可能なターンアウトの角度を超えて、足と下腿が外に開いている（外旋している）状態をいいます（図5.13）（訳者注：ダンスのターンアウトは股関節の外旋によるものですが、その範囲を超えて足先を無理に外向きに開いている状態を"過度の外旋"としています）。過度に外旋した足は、バレエのテクニックに要求されるターンアウトの角度に対して、解剖学的な制限があることを示している場合があります。あるいは、ターンアウトをコントロールする筋肉が正しく使われていないため、股関節でのターンアウトが制限されているように見えて、両足が過度に外旋している場合があります。

要求されるターンアウトの角度が、実際の角度を大きく上回っていることが、実に多くあります。そのため、腰椎が前弯した姿勢になりやすく、体幹の筋肉が弱くなります。一直線にターンアウトできるダンサーは（それぞれの股関節で90度外旋すると、両足が一直線に外に開きます）、ほとんどいません。たとえそうできても正しいバランスをとるのが難しいので、その姿勢では踊れません。

何よりも問題となるのは、股関節の外旋が180度に近づいてさえいないという現実を無視して、足で一直線に180度ターンアウトすることを強いる教え方です。この教え方により、次のようなことが起きます。

1) 骨盤がひどく前傾して、前弯が大きくなります。
2) 体幹の筋肉、特に腹筋が弱くなります。
3) 腰椎にケガをする率が、疲労骨折も含めて、高くなります（悪い教師に教われば平均8ヵ月で、それまで十分に強かったダンサーでも弱くなり、腰に重大なケガをする危険性が高まります）。
4) 一般的に、さまざまな筋群が上から順々に弱くなっていきます。腹筋、脊柱伸筋、広背筋（肩が後方になるため）、殿筋、ハムストリングス（特に外側のハムストリングス）、内転筋と内側広筋、ふくらはぎの外側の筋肉、足の外側の内在筋と弱くなっていきます。こうなると全体的に脚がアンバランスになります。これらの筋群のほとんどは、ターンアウトを保つために必要です。そのため、足を過度に外旋させて徐々に筋群が弱くなると、できるはずのターンアウトを保つのがさらに難しくなります。特に、バーを離れてセンターで踊り始めるときに、これが目立ちます。バーレッスン中、ダンサーはバーを固く握りしめて、（股関節では）実際にはできない一直線のターンアウトのポジションを支え

図5.13
股関節と比較して、足が過度に外旋しています。

ます。

　直線に開くターンアウトを要求することは、その教師が体の構造に対して無知なことを示しています。教師は、生徒のケガにすべての責任を負わなくてはいけません。ケガの再発、あるいは同じケガが複数そのクラスで起きたら、教師は真剣に受け止めなくてはいけません。前述のような状況は、ケガの原因となるだけでなく、よいテクニックの上達の妨げにもなります。

　残念なことに、足を一直線にターンアウトすることに固執する教師は多く、ロシアの教育法に従っていると信じています。これは、この状況の二重の誤解です。まず重要なことは、東欧の一流の学校でこの段階の訓練を受けているダンサーは、資質がある選ばれた体型をしています。次に、この教育法までに至る教育の基盤が全く異なっていて、徹底的に教育されています。その結果、ほとんど一直線のターンアウトが彼あるいは彼女に要求されるまでに、子どもたちはより柔軟で鍛えられた体になっています。

　西欧ではロシアの学校に比べると、バレエに適した体型がそれほど厳しく選択されず、要求もされません。西欧の生徒をロシアの方法で訓練しようとするのは、全くの間違いです。この方法でやっていけるのは、ごくわずかな一部の生徒だけです。実績のある教育方法に従うのが、最もよい教え方でしょうが、1人ひとりの生徒の体に合わせて常に加減や調整をしなければなりません。

　学校には、2つの選択肢があります。1つは、ダンスに適する体型だけを厳格に選び、さらに訓練の十分な準備となる基盤を作ることです。もう1つは、それほど完全でない体も受け入れて（それでもよいダンサー）、一直線のターンアウトをすればケガの危険性が高くなると認識することです。学校は両方を選ぶことはできません。ロシアの教育法を表面的に一部だけ知るのではなく、もう少し深く全体を知ることが、この問題の解決につながるでしょう。

　生徒やダンサーは、たいてい両側を過度に外旋していますが、片側だけが過度に外旋していることがときどきあります。たとえ両側が過度に外旋していても、多くの場合は左右均等ではなく、片方がもう一方に比べ無理に広げられているでしょう。足と床の摩擦を利用すると、過度に外旋しやすくなります。松ヤニを使うと、摩擦はさらに増やせます。足が床についていないときには過度の外旋ができないため、ポアントやジャンプでは外旋のコントロールができなくなります。

【影響】

1) **ローリング**。これにより足の親指に負荷がかかって、親指が外反位に押されがちです（図5.14）。ローリングした足が床に押されるため、そこが局所的に圧迫されて、関節内側の関節包や靱帯がダメージを受ける可能性があります。外反変形が潜在的にある場合は、ローリングにより悪化するでしょう。特にドゥミポアントで踊るとき、ルルヴェをするとき、ポアントで踊るときに悪化します（図5.15）。後者の場合、ルルヴェの間にローリングは逆カマ足に変わり、足の内側に体重がかかるでしょう。脛骨下部の弯曲や反張膝があると、さらに状況が複雑になります。この両方の場合、荷重線はもともと後方にあり、ドゥミポアントではカマ足にな

図 5.14　　　　図 5.15

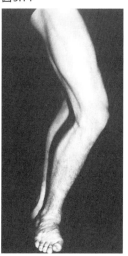

足が過度に外旋して、ローリングを伴い、親指に外反負荷がかかっています。

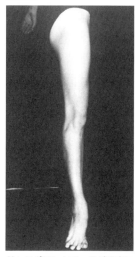

ドゥミポアントで、足が過度に外旋しています。親指を外反させる圧力がかかっています。

図5.16

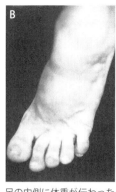

A：ドゥミポアントで、足の内側に体重が伝わったカマ足（sickling）になっています。医師や理学療法士はこれを逆カマ足（sickling out）といいますが、ダンサーはカマ足（sickling in）とよく呼んでいます（逆カマ足というのは、足関節が向かう方向が足の方向と反対だからです）。

B：ドゥミポアントで、足の外側に体重が伝わったカマ足になっています。これは、フルポアントで反対方向のカマ足になる前に生じます（図5.15参照）。

図5.17

足の内側に体重が伝わって、フルポアントが逆カマ足になっています。

図5.18
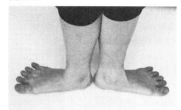
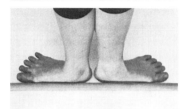

足と足関節は、足と床の摩擦を利用して、このポジションを保っています。

る傾向があります（図5.16）。つまり、足の外側に体重がかかります。さらにルルヴェを続けると、カマ足の方向は逆に変わり、フルポアントになると内側に体重がかかります（図5.17）。そのため、ダンサーのドゥミポアントのときだけを見ると、間違って観察してしまうことがあります。ローリングに伴う問題について詳しくは5.18節を参照して下さい。

2) **第1中足趾節関節のケガ**。これは主にローリングが原因で起きますが、ローリングが修正された場合や、ローリングがない場合でも、起きることがあります。過度の外旋をして、間違った筋肉を使い、床の摩擦を利用すると、体重は後ろにかかったままになります。外反負荷あるいは足の親指の回旋によって、ケガをすることがあります（3.22節）。

3) **かぎ爪状に曲がった足指**と、**内在筋の弱さ**。体重が後ろにかかり、股関節と大腿の筋肉がターンアウトを保てなくなるために起きます。足指で床を捕えようとして、足指がかぎ爪のように曲がると、それによって内在筋が正しく使われず機能しなくなって弱まります（5.19節）。

4) 脛骨と腓骨の**疲労骨折**が起きます。足が弱くなって、衝撃が吸収されないことが一因です。また、回旋してねじれる力が、過度に外旋をした脚に伝わって下りてくることも一因です（3.29、3.30節）。

5) **前方コンパートメント症候群**が、同じ原因で起きます（3.31節）。

6) **後脛骨筋の腱鞘炎**が起きます。ローリングした足を、股関節ではなく足と足関節の位置で修正しようとするためです（3.15節）。

7) **膝の内側のケガ**。内側半月板の断裂、あるいは内側側副靱帯の捻挫が起きることがあります。膝がねじれた結果、この両方が起きることもあります（3.39、3.42節）。

8) **膝蓋軟骨軟化症、膝蓋腱の障害**。膝の回旋により膝蓋骨が外側に引かれるため、これらが誘発されたり悪化したりします（3.35節）。

9) **外側ハムストリングスの使いすぎ**。膝の回旋によって誘発されます。外側と内側のハムストリングスが不均等に引かれることで、外側の半月板にケガをしやすくなります。不均等なハムストリングス自体もケガをしやすくなります（3.49節）。

10) 過度に外旋したポジションでは、**内転筋**が完全

に機能しないため弱くなります。内転筋が弱いと骨盤が不安定になるため、内転筋にケガをしやすくなります。特にグラン・バットマンでは、支持脚か動作脚のどちらかの内転筋にケガをしやすくなります（5.10、3.46節）。

11) **前弯**。過度の外旋をすると、股関節で可能なターンアウトの角度を増やそうとして骨盤が前に回旋するため、前弯が生じます。ほとんどの人は、股関節を屈曲すると、外旋の可動域がはっきりと増えます（5.6節）。前弯に関連して、股関節の前方が実際にあるいは見かけで硬くなります。体重が後ろにかかった状態で、大腿四頭筋（ただし内側広筋は除く）を引き締めて使いすぎると、これは悪化します。大腿直筋は股関節の前を横切っているため、骨盤を前に回旋させる力も加えます。

12) **鼠径部の肉ばなれ**。過度の外旋と、それに関連した筋肉の弱さが重なって、この直接の原因となることもよくあります（3.47節）。

【治療】

基本的にダンサーは、股関節で可能なターンアウトを超えて、足を外に広げるのを避けなくてはいけません。

過度の外旋をしている生徒は、上述した合併症に対して、それぞれ治療が必要なことがあります。さまざまな弱い筋群には、相当量の強化エクササイズのプログラムが必要です。過去の間違った教えの悪い影響を除くために、テクニックの修正を多く必要とします。

5.8 股関節のターンアウトの制限

股関節の外旋、つまりターンアウトの範囲には、解剖学的な限界が誰にでもあります。この範囲は超えることができません。生徒が若い場合、体を正しく使って穏やかで賢明なストレッチを行えば、靱帯の硬さによる限界は、徐々に改善できます。特に思春期前には、改善しやすいでしょう。

図5.19　オーディションでのカエルのポジション

股関節前方の硬さによって、明らかな制限が生じる場合があります（5.9節）。あるいは、ターンアウトをコントロールする筋肉（股関節の深層の外旋筋、内転筋）の弱さによることも、しばしばあります（5.10節）。

クラッシックバレエでは、股関節の外旋は最低でも約45度は必要です。これより少ないと、多かれ少なかれ問題が生じます。ターンアウトの角度を測る方法は、特に大切です。特にオーディションで、子どもたちがカエルのポジションにされているのをよく見かけます（図5.19）。このポジションで、ターンアウトの角度を評価できるというのは誤解です。ほとんどの人は、股関節周囲にある靱帯の配置のために、股関節が完全に伸展しているときの本来の範囲よりも、カエルのポジションのほうがはるかに広い範囲までターンアウトして見えます。ターンアウトを評価するときに、どのようにしてカエルのポジションで誤解してしまうか、図5.20の一連の写真が示しています。ダンスでふつうに踊るポジションは、股関節が伸展し、脚と体幹がまっすぐになって立っているときです。それぞれの股関節のターンアウトの角度を評価する方法を、次の図5.21の写真に示しました。計測していない股関節は、屈曲させています。計測するほうの股関節は、伸展したポジションに確実に保つように注意しなければいけません。なぜなら、少しでも屈曲があると、見かけ上のターンアウトの角度がきわだって増えるからです。この方法で45度のターンアウト（外旋）が最低でも

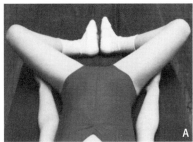

図5.20
A：カエルのポジションで、大変よく開いています。
B：股関節を伸展して（立っているポジションで）、最大限にターンアウト（外旋）させています。カエルのポジションでのターンアウト測定と、ダンサーが立っているときの本当のターンアウトが、大きく異なっていることがわかります。
C：股関節を伸展して、内旋させています。関節が回旋する可動域全体は広いのですが、そのほとんどは内旋であることを示しています。

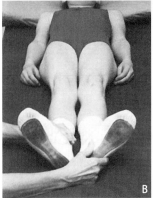
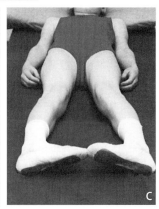

図5.22 外旋（ターンアウト）

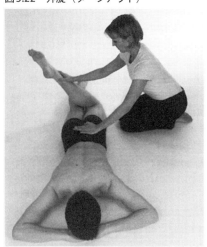

図5.21 股関節のターンアウトを評価する方法

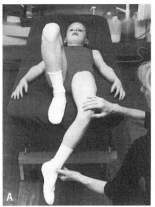
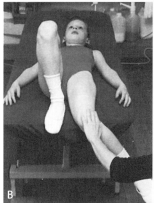

A：診察台の端から外に脚を出して、正確にターンアウトを測定しています。調べるほうの股関節は完全に伸展させます。もう一方の脚は曲げて、邪魔にならないようにします。
B：内旋を測定しています。

図5.23 内旋（ターンイン）

必要です。なぜなら、踊っているときに腰椎が平らになることはなく、骨盤はいくらか前傾しているからです。しかし、この計測法は正確に再現ができ、基準値を計測するのに優れています。

ダンサーをうつ伏せにしてもターンアウトの角度を測ることができますが、ダンサーを正しい姿勢にしていないと間違った結果が出る可能性があります（図5.22、5.23）。うつ伏せの状態では、ダンサーは簡単に腰椎を前弯姿勢にできるため、股関節を屈曲させてターンアウトの角度を明らかに大きくしてしまいます。正確を期すため、これをコントロールするように注意しなければいけません（この計測法を用いる場合は、外旋が最低でも60度は必要になります）。もちろんこの方法はスタジオで簡単に行えるので、ターンアウトが楽にできるか限界があるか、外旋と内旋に著しい違

いがあるかを、教師は知ることができます。

ターンアウトの制限に関連する問題は、過度の外旋（5.7節）で扱われています。

【治療】

ターンアウトが可能な範囲を最大限にコントロールして保つために、ターンアウトをコントロールする筋肉（1.3節「股関節」p.33）を強化しなくてはいけません。それに加えて、他のたくさんの筋群、特に体幹、殿部、足の筋群も強化する必要があります。姿勢、体重をかける位置、体重の移動を修正しなければなりません。強化プログラムが始まったら、管理された条件下で、比較的やさしく段階的なストレッチを行うことができます。弱い筋肉があるところには、ストレッチを行ってはいけません。ストレッチでは、股関節の前方が硬くなっていないか注意しなくてはいけません。

筋肉は、それが働く方向と同じ方向に伸ばさなければいけません。これは、必ずしも四肢の長軸に沿った方向だとは限りません。

ターンアウトを広げようとして一般に行われる方法で効果がないものに、座ったり横たわったりして行うカエルのポジションがあります。このポジションでは股関節が屈曲し、たいていターンアウトの見かけ上の角度が増えます。さらに重要なことは、ダンサーがターンアウトで立ったり動いたりするときは、股関節がこのポジションでは働いていないことです。プリエやフォンデュのように股関節を屈曲させて体を下ろす場合を除いて、股関節を伸展させて、つまりまっすぐ立ってターンアウトをします。カエルのポジションで横たわっても、実際の硬い組織をストレッチできません。**さまざまな組織が硬いことが原因となって、最終的にターンアウトが制限されます。**ターンアウトの硬さに関連するさまざまな組織が何であるかを見極

めて明らかにする必要があります。そして、それらを個々にストレッチする必要があります。つまり**ストレッチする方向は、実際のターンアウトの方向に一致するとは限らない**ということです。例えば股関節の前方が硬い場合、ターンアウトを制限するのはこれらの構造上を斜めに引く力です。しかし、これらの組織を実際にストレッチする方向は筋線維の長軸方向でなければならず、この場合は実際のターンアウトの方向ではありません。これでは効果がないでしょう。

また、よくストレッチされた筋肉が（ストレッチされすぎたではありません）、とても効率よくそして力強く収縮することは、覚えておくだけの価値があります。

5.9　股関節の前方の硬さ

"股関節の前方の硬さ"という言葉が示すとおり、股関節を完全に伸展させるには制限があります。ここでの伸展とは、体幹に対して脚を後ろにもっていくことを意味しています。

図5.24に紹介する方法で、股関節の伸展を評価できます。

硬さは、前方の組織のどの部分にでも、見られ

図5.24

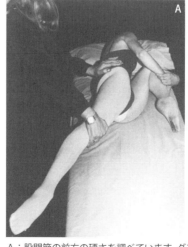

A：股関節の前方の硬さを調べています。ダンサーに必要とされる一般的な可動域が、この写真に示されています。
B：硬い股関節で、伸展に制限があります。

る場合があります。最も表層にあるのは、大腿四頭筋の一部の大腿直筋です。大腿直筋は、股関節の前方を通っています。全身が硬くて、この筋肉と大腿四頭筋の他の3つの筋肉も硬いことがあります。表層には、大腿筋膜張筋が位置し、これが硬いこともよくあります。深層では、腸腰筋によって制限が生じていることがあります。外旋つまりターンアウトの制限は、股関節の前方の硬さがすべて合わさって起きます。さらに、恥骨筋と短内転筋が、股関節前方の関節包とともに、関節前方の硬さの一因となることがあります（訳者注：原著のtight〈tightness〉を硬い〈硬さ〉と訳しています。tightは筋肉や靱帯が緊張し、縮み、伸びないために硬くなっている状態で、関節自体が硬いstiffとは異なります）。

【原因】
股関節の前方自体が硬いことが多いのですが、次のような条件で促されたり悪化したりすることがあります。
1) 前弯。骨盤が前傾すると、次第に前方の組織が硬くなります（5.6節）。
2) テクニックの間違いや体の構造的な欠点で、骨盤を前に回旋させるもの。その結果、股関節前方の組織が二次的に短くなります。それが長く続くと、実際に硬くなったり拘縮に発展したりすることがあります。
3) ハムストリングスが硬いと、膝をわずかに屈曲して動く傾向があります。そのため、股関節を完全にまっすぐにするのが妨げられます（5.12節）。

【影響】
1) 前弯の姿勢となり、それに関連した問題がすべて生じます（5.6節）。
2) ターンアウトが制限されます。これには、2つの要因があります。
   a) **実際の制限**。外旋を制限する腸腰筋あるいは他の組織が硬いために起きます。
   b) **見かけの制限**。ターンアウトで、外旋筋が効率的に働けないために生じます。

【治療】
最初に、該当するすべての弱い筋群（体幹の筋肉、ハムストリングス、内転筋、殿筋など）のためのエクササイズを行います。そして、これらの筋群がすべて強くなったら、強化プログラムも同時に続けながら、硬さのある筋群や部分を穏やかにストレッチしていきます。例えば大腿筋膜張筋、ハムストリングス、大腿四頭筋、内転筋です。

一般に、さまざまな筋群と組織をストレッチする方法は、理学療法士が十分理解しているはずなので、詳しい説明は省きます。とはいっても、ストレッチは穏やかに徐々に行うものであって、決して力まかせにするものではないと、ここで繰り返しいっておきます。どんな組織も断裂させないように十分注意すべきです。そうしないと、瘢痕化や拘縮が起きるでしょう。

5.10 内転筋の弱さ

内転筋は、左右の太ももを近づける筋肉です。この筋肉は、ターンアウトのポジションを保つ助けをします。外転筋と反対に働くため、ダンスでは内転筋はとても強い必要があります。安定させるためには、対向する筋群どうしにバランスがとれていなくてはいけません。一般人の場合、もともと内転筋はわりと弱い筋群で、ストレッチしすぎるとさらに弱くなることがあります。弱いことが逆効果となって、内転筋を硬くすることがあります。

【原因】
内転筋の弱さの最大の原因は、間違ったテクニックを使うことです。
1) ヒップに体重をかけること
2) ローリング（5.18節）
3) 体重が過度に後ろへかかること（5.21節）
4) 過度の外旋（5.7節）
5) 反張膝（5.13節）
6) 前足部が弱く、体重が正しくかからないこと（5.19節）

7) 前弯（子どもにしばしば見られる姿勢の誤りで、教師がそれを修正しそこなうと、テクニックの間違いになります）(5.6節)

【治療】

内転筋を強化するためのエクササイズをします。内転筋が硬い場合は穏やかにストレッチすべきで、テクニックも修正しなければいけません。テクニックの間違いが残っていれば、どのような治療をしても無意味になります。

5.11 大腿四頭筋の機能不全

これは、大腿四頭筋（内側広筋、中間広筋、外側広筋、大腿直筋）の弱さを表します。全身のすべての筋群が弱く、この筋肉も全体的に弱いことがあります。また、他の筋群と比較して弱い場合、片方の脚がもう一方に比べて弱い場合、あるいは大腿四頭筋の中で一部が他に比べて弱い場合もあります。最後の場合は、主に内側広筋が他の3つの筋肉に比べて弱いことがよくあります。

【原因】

1) 反張膝は、ダンサーの場合には、大腿四頭筋が十分働かなくなる原因となる可能性があります。なぜなら、引き上げができなくなるため、体重が過度に後ろにかかるからです。そして、ダンサーが後方の関節包を緩めると、筋肉が膝を支える働きをしなくなります (5.13節)。

2) ハムストリングスの硬さは、ダンサーが膝を少し屈曲させて踊る原因となります。そのために、大腿四頭筋が適切に働かず弱くなります。膝を完全に伸展させずに、歩いたり立ったりしている人にもよく見かけられ、特にヒールの高い靴を履く女性に目立ちます (5.12節)。

3) 軽い膝のケガでさえ、その後に大腿四頭筋は消耗し、2～3日で弱くなります。そのため、影響を受けた他の筋群とともに大腿四頭筋を再び強化するのに、特別な努力が必要です。この場合は、内側広筋を強化すること、そして両脚の大腿四頭筋のバランスをとることに、特に気をつけなくてはいけません。

【影響】

1) 膝前部痛（3.33節）。大腿四頭筋全体を構成する筋肉のバランスがくずれると（特に内側広筋が弱くなると）、膝蓋骨が外側に引っ張られることに、特に注意すべきです。

2) 膝のケガをする危険性が高くなります。とりわけ半月板を損傷しやすくなります（3.42節）。また、大腿四頭筋腱や膝蓋腱の断裂も引き起こすことがあります（3.44節）。教師が見本で、大腿四頭筋を急に収縮させる必要のあるステップ、例えば大きなジャンプをするようなときに、特に危険があります。

3) 内側広筋が弱いと、膝を完全にロックして伸展させることができなくなります（5.11節）。これにより、外側のハムストリングスが使われなくなり硬くなります（5.12節）。

4) ふくらはぎの筋肉は、着地でさらに負担をかけられ、ジャンプでさらに力を使うため、ふくらはぎが発達しすぎるでしょう。それに続き、前足部の機械的疲労とともに、アキレス腱炎（3.10節）や前方コンパートメント症候群（3.31節）が起きることがあります。

【治療】

治療には強化エクササイズをします。大腿四頭筋の中のバランスをとることが必要不可欠です。これには、たいてい内側広筋の強化が余計に必要です。大腿四頭筋複合体のうち内側広筋は、膝を伸展する（まっすぐにする）ときに最後の15度で効果的に収縮します。両脚のバランスをとる必要もあります。根本的な筋力の低下を招いたテクニックの間違いを修正すべきです。

5.12 ハムストリングスの硬さ

【原因】

1) ハムストリングスは本来硬いもので、多くの人は膝をまっすぐに伸ばしたまま脚を90度まで上げられません。ハムストリングスは膝の後ろ

を横切っているため、膝を屈曲すると、ハムストリングスが硬くても股関節を完全に屈曲できます。膝を屈曲させると、ハムストリングスは緩みます。第1章の体の構造を思い出してみましょう。ハムストリングスは股関節の伸筋、そして膝関節の屈筋として働いています。

2) 成長スパート期の通常の過程で、ハムストリングスは他の筋群と同様に、硬くなる傾向があります。成長スパート期には、軟部組織より骨のほうが速く成長するためです。成長スパートが終われば、この硬さは和らぎ、生徒は元の柔軟性を取り戻すでしょう。

3) 体重が後ろにかかる原因はたくさんありますが、それで踊ることにより、骨盤が前傾しやすくなります（5.21節）。膝は少し曲がりぎみになり、ハムストリングスは弱く硬くなります。特にこの状況では、外側のハムストリングスが弱く硬くなります。ハムストリングスの弱さと硬さに関連して、膝がロックされなくなるため、大腿四頭筋がしばしば弱くなります。足を過度に外旋すると骨盤が前傾するために、ハムストリングスを最大限に利用できなくなります。また、膝関節にねじれがあると、内側と外側のハムストリングスがアンバランスになり、弱さや硬さの違いが生じます。

【影響】

1) どこが硬くても、体重が後ろにかかる状況がさらに悪くなります。それ自体がまた問題を進める原因となって、悪循環となります（5.21節）。

2) ハムストリングスが硬いと、もちろん、ハムストリングス自体も肉ばなれや断裂といったケガをしやすくなります（3.49節）。

3) 不均等な硬さ（内側と外側）があると、膝が少し屈曲しているときに、膝がさらに回旋して引っ張られます。そのため、半月板を損傷しやすくなります（3.42、3.43節）。

4) 大腿四頭筋の機能不全や弱さと同じように、ハムストリングスが硬いと、ふくらはぎの筋肉に負担が多くかかります。その結果、筋肉を損傷したり、アキレス腱の問題が生じたりします（3.10、3.11節）。

5) ハムストリングスが正しく働いていないと、骨盤を安定させようとして大腿筋膜張筋が硬くなります。この外側が働きすぎる状態は、大腿四頭筋の外側に広がります。これが直接の原因となって、膝蓋骨の軌道が外側にずれて、膝前部痛が生じます（3.33節）。この軌道の外側へのずれは、内側広筋のエクササイズと強化だけでは完全に修正できず、まずハムストリングスの弱さと硬さを改善して、大腿筋膜張筋をストレッチしなければいけません。

【治療】

体重のかけ方やテクニックといった根本的な原因を修正します。弱い筋群をすべて強化し、硬い部分を穏やかにストレッチします。他の状況と同じように、テクニックの間違いが修正されずに残っていると、治療をしても効果が得られないでしょう。

5.13 反張膝

反張膝とは、中間位（大腿と下腿の角度が180度の位置）を超えて過伸展した膝のことをいいます。中間位より過伸展する角度は、20度以上になることがあります（図5.25）。

【原因】

過伸展した膝つまり反張膝は、もともと関節がとても緩い人には誰にでも起こりえます。その角度は1人ひとり違いますが、通常の個人差の範囲内です。しかし、間違った動き方をすると悪化します。

バレエの訓練で反張膝が起きるのではないか、という質問がよくあります。バレエは、ほぼ間違いなくその原因ではありません。このような膝は、動作脚では美しいラインに見えるので、反張膝の生徒が（他の特質に比べて）優先的に選ばれる傾向があるのでしょう。反張膝のダンサーが数多くいることが、その証拠です。しかしそうはいっても、悪い教師が反張膝を悪化させていることは疑

図 5.25　反張膝

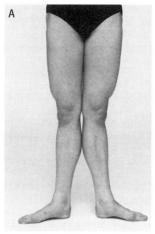
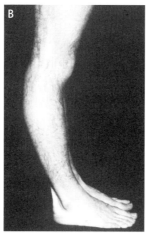

A：前面　B：側面

いようがありません。悪い教師は、生徒が支持脚の膝を後ろに押した状態のままにさせておき、大腿を引き上げて膝を中間位に保つことを教えないため、反張膝の角度が増えます。

【影響】

反張膝の最も重大な特徴は、体重が後ろにかかる状況になることです。それにより、繰り返し述べてきたような問題がすべて起きます。反張膝は、弱い前足部とともに、体重を後ろにかける可能性がある最も有力な原因です（5.21節）。

体重が後ろにかかって反張膝があると、前弯の姿勢をとりやすくなり、腕のラインがかなり後ろになります。これらの影響で、ダンサーは呼吸が十分にできなくなる傾向が強くなります。この呼吸の弱さは、間違った体幹の姿勢と関連しています。ダンサーは胸の上部で呼吸をするようになって、体幹上部が緊張します。

【治療】

弱い筋群すべて、特に内転筋、内側広筋、ハムストリングス、殿筋を強化するエクササイズを行います。下腿では、ふくらはぎ深部の筋肉が硬く弱くなるため、強化する必要があります。反張膝には足の弱さ（多くの場合は柔軟です）が常に関連しているため、足の内在筋の強化にも十分注意を払う必要があります。

これと平行して、体幹の筋肉、特に腹筋（横、斜め、縦の筋線維）、体幹の伸筋、広背筋を強化し、前弯の姿勢を修正する必要があります。胸郭を外側に広げて呼吸するためのエクササイズも必要です。

治療やテクニックの修正が膝の部分だけに限られていて、足、さらに多くは体幹が、全く無視されていることが実に多くあります。このような場合、体重が後ろにかかったままとなりダンサーに問題が続くため、ダンサーは治療が失敗したのではないかと疑ってしまいます。しかし、実のところは、全身の症状を十分にカバーするほど、治療が広い範囲に及んでいないのです。残念なことに、不十分あるいは限局的な治療のために、症状が部分的にしか改善されないと、ダンサーは受けた治療が不十分というより誤りと考えてしまいます。

◉ 反張膝のトレーニング

膝が過伸展している生徒は、第1ポジションで両方の踵をつけると、まるで自分の膝が曲がっていてコントロールがほとんどできていないように感じます。両方の踵を十分離して、膝を過伸展させてロックしたときにのみ、まっすぐになって安定したと感じます。このタイプの膝は、膝が過伸展ではなく一直線になっているときに、大腿四頭筋、特に内側広筋を働かせるように、ゆっくりとトレーニングする必要があります。床に座って脚を伸ばし、踵を床から離さないで大腿四頭筋を働かせるエクササイズを行うと、このコントロールを刺激できます。その生徒は、第1ポジションで踵の間を十分に離して立ったら、膝を後ろにロックしないで、膝を安定させて大腿四頭筋を働かせるようにします。膝が強くなっていけば、そのすき間は狭くなります。

内転筋が正しく使われている場合、ターンアウトは保たれますが、膝を後ろにロックすることは不可能です。後ろにロックすると、大腿骨が内旋して、内転筋が緩みます。すると膝がコントロールできなくなります。体はそれぞれの必要に応じて機能しているので、厳格なルールはありません。

第5ポジションでは、過伸展した膝はさらに不安定になりますが、低学年のうちに膝が強化されていて固有感覚で認識できていれば、さらに交差した位置でも膝が安定したパターンを見つけることができます。

5.14 硬いふくらはぎの筋肉

腓腹筋は、ふくらはぎの表層の筋肉で、膝関節より上の大腿骨顆から始まります。この筋肉は、ジャンプのために動的で爆発的な力を発揮します。ヒラメ筋は、脛骨と腓骨の後部表面から始まり、体重が足の中央にかかるようバランスをとるために働いている、より姿勢にかかわる筋肉です。2つの筋肉はアキレス腱につながり、アキレス腱は踵骨に付着します。腓腹筋とヒラメ筋は、足関節の主要な底屈筋です。さまざまな理由で、これらの筋肉が硬くなり、足関節の動きを制限します。

【原因】

クラシックバレエでは、女性側にはポアントワークとジャンプが、男性の踊りにはグラン・アレグロが要求されるため、下腿三頭筋（訳者注：腓腹筋、ヒラメ筋、アキレス腱からなる複合体）がしばしば酷使されます。計画的にストレッチして、よい状態を保たなければ、これらの筋肉は縮んで硬くなります。

足の正常なバイオメカニクスから考えると、膝を伸展させた状態での足関節の背屈が少なくとも10度は必要です。

反張膝が修正されていないと、ふくらはぎの硬さを伴うときがあり、体重を効率よく配置できなくします。体重は、過度に後ろへかかり踵の上にのります。膝をコントロールして、体重を踵と前足部の間にかけないと、下腿三頭筋はうまく働くことができません。ふくらはぎは弱くなって、反対側のすねの筋肉（前方コンパートメント／背屈筋）が、足の上でバランスをとるために脚を引っ張ろうとして働きすぎます。足関節前方に浮き上がっている腱（前脛骨筋、長母趾伸筋、長趾伸筋）に、これを見ることができます。ここが緊張すると、深いプリエができなくなって、ふくらはぎは決して完全に伸ばされません。テクニックを上達させたいのなら、反張膝を修正しなければいけません（5.13節）。

このように、筋群を使いすぎて重症化すると、前方コンパートメント症候群（3.31節）が生じることがあります。

シューズが短いと、ふくらはぎを硬くすることがあります。なぜなら、足指が丸まって（指節間関節で屈曲して）、内在筋を効率よく使った強く伸びた足指で、前足部が体重をうまく支えられなくなるからです。足関節の前方が緊張して、体重は後方に押されて踵にかかります。若いダンサーは、シューズのサイズを定期的に確認すべきです。プロのダンサーも、キャリアを重ねていくうちに足が変化し続けるため、毎年シューズのサイズを合わせましょう。足の内在筋のエクササイズも、ずっと続けましょう。

ふくらはぎが硬いことで、アキレス腱が刺激されることがあり、その滑液包も刺激されます。

硬い床の上で一定期間踊っていると、下腿三頭筋を使いすぎて、下肢のすべての問題を悪化させることがあります（そして、短期間のうちにバレエ団員を消耗させます）。

ふくらはぎはゆっくりと硬くなるので、ダンサーは自分のふくらはぎが硬くなったことに気づきません。そのためダンサーは皆、メンテナンスとして"ふくらはぎを管理する計画"を立てるべきです。

ふくらはぎが硬いと、ルルヴェやジャンプからの着地に悪い影響があります。足が過度に回内して、横足根関節が不安定になり、後足部に対して前足部が背屈することで、プリエが深くなります。しかしこのポジションからは、再び効率的に踏み切るまでに、足を元に戻すのが間に合いません。この不利な状況では、ダンサーの中足骨と脛骨はストレスを受けやすく、腱の負担が増えます。

【治療】

ふくらはぎの筋肉には、膝を屈曲したストレッ

チ（ヒラメ筋に作用します）と膝を伸展したストレッチ（腓腹筋に作用します）を定期的に行わなければいけません。これには、傾斜45度の小さな台をダンススタジオに設置しておくと便利です。運動後に、筋肉を伸ばして回復を助けるのに、30秒間保ちます。最後のリハーサルの終わりには、ふくらはぎを伸ばして、"排出"しなければいけません。あお向けになって脚を壁にかけて上げると、運動でできた代謝産物がふくらはぎから除かれて排出されます。1日の終わりに、お湯と水の交代浴（2分間ずつ、4回）と排出（10分間）をすると効果的です。マッサージは、運動でたまった老廃物をふくらはぎから取り除くのに役立ちます。膝を伸ばしたまま脚を上げるストレッチは、神経組織も動かすことがあり、筋肉を通常の長さまで戻そうとしているのを忘れないようにしましょう（訳者注：p.117、図2.7～2.9参照）。

　ふくらはぎの強化は、踵を上げる運動を毎日行えば簡単にできますが、足の内在筋のための定期的なエクササイズも含めなくてはいけません（第4章「足と足関節のエクササイズ」p.220）。

5.15　硬いアキレス腱

　"アキレス腱が硬い"とよく表現されますが、実は、ふくらはぎの筋肉とアキレス腱の複合体が硬いのであって、アキレス腱だけが硬いのではありません。しばしば、この硬さは腓腹筋に限定されています。その場合、膝が屈曲していて腓腹筋が緩んでいると、足関節は自由に背屈することができ、ヒラメ筋は硬くないことがわかります（腓腹筋は、大腿骨の下端から始まって、膝の後ろを横切っていることを思い出してください。一方、腓腹筋より深部にあるヒラメ筋は、膝関節より下から始まっています）。

図5.26　腓腹筋のストレッチ

図5.27　ヒラメ筋のストレッチ

【原因】

　ハムストリングスが硬いときと同じように、その硬さは全身の硬さの一部にすぎないかもしれません。しかしたまに、ふくらはぎとアキレス腱の部分だけが硬いことがあります。この種の硬さが構造上のものであれば、ごく限られた程度までしか改善できません。

　動いているときだけ硬いように見えるのに、その硬さは見せかけだけのことがたびたびあります。そのため、受動的には、足と足関節を可動域いっぱいに背屈することができます。この種の"硬さ"は間違ったテクニックによるもので、さまざまな筋群の弱さにたいてい関連しています。これに伴ってよくあるのは、反張膝や体重を後ろにかけることです。体重が踵と前足部に分散されずに、踵の後ろにだけかかると、ふくらはぎの筋肉は正しく働けなくなるか、体重がかかって伸びきってしまいます。体重が後ろにかかると、ふくらはぎの筋肉が弱くなる傾向もあります。それに伴って、コントロールの効いたリラックスした状態でふくらはぎの筋肉に力を入れられなくなるため、緊張して硬くなります。

　体重が後ろにかかると、ダンサーはプリエを十分な深さまでできなくなります。そうしようとすると、目に見えるほどの緊張が足関節の背屈筋に現れます。この場合、足関節前方にはっきりと出

張った背屈筋の緊張を見てとることができます。

シューズが短すぎても、爪先が丸まって体重が後ろに押されるために、このような問題が起こりえます。これは女子より男子に多く起きます。他に体の根本的な構造上の問題やテクニックの問題がなくても、この原因だけで体重が後ろにかかることがあります。

膝前部痛（3.33節）は、ふくらはぎの筋肉とアキレス腱の複合体の硬さに関係していることがあります。これは主に、体重が後ろにかかり、ジャンプのときにふくらはぎの筋肉と大腿四頭筋を均等に使わずに、大腿四頭筋をブレーキとして使ってしまうために起きます。男子はより大きなジャンプをすることが多いため、よく起きます。ふくらはぎは使わずにいると硬くなる傾向があるため、膝前部痛のところで述べたさまざまな問題だけでなく、アキレス腱炎（3.10節）にもつながることがあります。

アキレス腱障害（3.10節）とアキレス腱の滑液包炎（3.12節）はともに、ふくらはぎの筋肉の硬さや弱さにしばしば関係します（膝前部痛があるときだけではありません）。それに続いて、前方コンパートメント症候群（3.31節）や脛骨の疲労骨折（3.30節）が生じてくる可能性があります。床が硬いと、これらの問題はすべて非常に悪化します。

【治療】

ふくらはぎの筋肉をまず強化して、それから穏やかなストレッチをしていかなければいけません（実際にはアキレス腱はストレッチできません）。この状態は、他のテクニックや体の構造上の問題と同じくらい、あるいはそれ以上に、テクニックの間違いを明らかにして修正する必要があります。アキレス腱炎や滑液包炎を伴っている場合は、治療がうまくいかないように見える最も多い原因となっているでしょう。

◉ 硬いアキレス腱とジャンプ

ふくらはぎの筋肉とアキレス腱の複合体がもともと硬く、浅いプリエしかできない場合、教師が非現実的なことを目指していると、対処するのが難しくなります。このような体は、自然なよいジャンプができることがよくあります。しかし、アキレス腱の短いダンサーは、多くの本や教育コースでいわれているように、不可能ではないにしろ、踵を下ろして着地するのが難しくなります。まず、体のことをよく知るのが第1です。第2に、体重のかけ方と姿勢を確実に正しくします。第3に、どのように着地して衝撃を吸収しているかを注意深く観察します。もし着地がなめらかで、それに続く踏み切りが妨げられなければ、着地の間ずっと踵が床につかなくても現状のままにしておき、自然なジャンプに介入しないのがいちばんです。生徒が3年間"踵を下ろさなくてはいけません"と通知表に書かれているのを読み、その後プロのダンサーになってからも決して"踵を下ろす"ことができなかったら悲惨です（通知表で繰り返し同じことが書かれていたら、非は教師にあることを示しています）。

着地で踵を下ろそうとすると、体重が踵の後ろに引っ張られます。そして、プリエを深くしようとして、すねの背屈筋が過剰に働きます。結局、踵から踏み切ることができないため、その次の踏み切りが乱れて、前足部で床を押して踏み切ることになります。

足の伸張性筋力を高めると、プリエで最も深い位置になる前に、スピードを落として下りることができます。これによってタイミングとコントロールが助けられ、衝撃を吸収する問題を解消することができます。体の構造が違ってくれば、この場合は通常の深さのプリエが制限されるほど硬いアキレス腱では、動きのメカニクスも違ってくるでしょう。

5.16 弓なりの脛骨

脛骨には本来緩やかなカーブがあり、外側に向かって凸状になっています。しかし、一般に弓なりの脛骨と呼ばれるものになると、弯曲がさらに強くなります。その弯曲は、脛骨全体に見られる

図 5.28A　全体が弓なりに弯曲した脛骨

図 5.28B　下部が弓なりに弯曲した脛骨

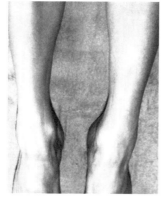

図 5.29　下部が弓なりに弯曲した脛骨

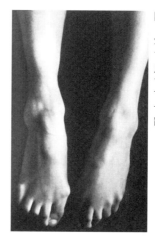

写真の左の足は、脚全体に対して一直線になっています。右の足は、脛骨下部と足関節に対して一直線になっています。脛骨下部が弯曲している場合、ダンサーは脚に対して足を正しく配置して踊る必要があります。

図 5.30　内転筋と殿筋の正しい使い方（A→B）

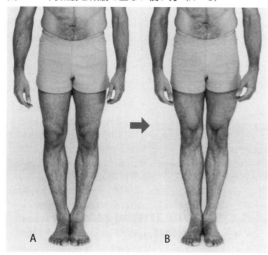

図 5.31　ターンアウトの正しい使い方

図 5.32

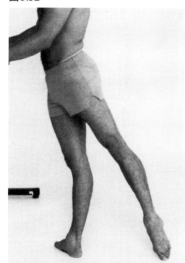

足が脛骨のラインに自然につながっています。美しくないラインです。

図 5.33

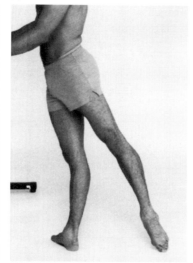

正しく調整されたラインです。

図 5.34

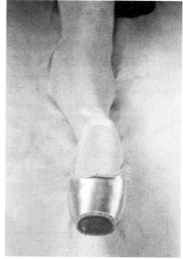

ラインを修正するために、足を調整しています。

ことがありますが、より一般的なのは下3分の1の弯曲です（図5.28）。

【原因】

弓なりに弯曲した脛骨は、通常の成長である解剖学的な個人差です。ビタミンD欠乏症のような他の原因は、現代の豊かな社会ではまれです。

【影響】

脚の中心線に対して足関節が少し曲がることが原因で、ほとんどの問題が生じます（図5.29）。この当然の結果として、まっすぐ立ったときに足がローリングします。ターンアウトを保ち、過度に外旋しないように、ダンサーはより努力しなければいけません。そうしないと、ローリングがますますひどくなります。大腿の内側を、気をつけて働かせる必要があります。

脛骨が弓なりに弯曲していると、足の位置が異常になるため、脛骨と腓骨の下部の疲労骨折（3.29、3.30節）がより多く生じます。さらに、腓骨下部のまわりの軟部組織にも問題が生じます。

足をポイントにすると、自然にカマ足になります。足のラインを改善するために足を外に向けて逆カマ足にするよりも、足から太ももまでを一直線に修正します。同様にドゥミポアントのときも、修正しないと同じカマ足の位置になるでしょう。ポアントに立つとき、そのダンサーは正しいポジションに立ち上がるのを大変難しく感じ、どちらかの方向にカマ足になるかもしれません。その方向は、足指の長さの個人差と、足の強さや弱さに、大きく影響されます。後者の要因があると、弓なりの脛骨に伴って、第2中足骨の疲労骨折（3.18節）が起きる傾向が強くなります。ターンアウトのポジションでは、外側への弯曲が、後方への弯曲に変わります。横から見ると、体重はまるで後方にかかっているように見えますが、実際にはこれは単に脚の形によるものです。足に体重がかかる位置が正しく、脊柱の位置も正しければ、よい姿勢がとれます。

【治療】

大腿部を安定させるために、内転筋、殿筋、ハムストリングスを強化するエクササイズが相当量必要です。ふくらはぎの筋肉を均等に強化するための運動も必要です。足のポジションの欠点が原因で、ふくらはぎの内側の部分を使いすぎるため、外側の筋力が低下する傾向がしばしばあります。足の内在筋を強化するエクササイズも欠かせません。同時に、ターンアウトを正しく保ち、荷重線が脚を通るように調節するために、テクニック的な支援が必要です。それができてから、足のポジションが最もよくなるように修正します。大腿部が正しい状態になるまでは、足のポジションの修正はできません。そうしようと試みても、ただ問題を複雑にするだけです。

5.17 足関節後方インピンジメント

これは、踵骨の背部と脛骨の後方関節縁の間に、骨の突起が衝突する（インピンジ）ことにより、足関節の完全な底屈が妨げられる状態のことです（図5.35）。この原因には、三角骨、大きな距骨後結節、まれに踵骨の後背部にある骨の突起や外骨腫、あるいは脛骨の関節面後縁にある骨棘が挙げられます。後者は、繰り返された小さなケガや

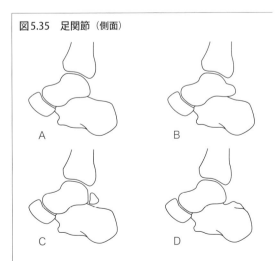

図5.35 足関節（側面）

A：通常の足関節
B：大きな距骨後結節のある足関節
C：三角骨のある足関節
D：踵骨背部に外骨腫のある足関節

初期の変性変化によって生じる、後天的な突起です。最初に挙げた3つは、ダンサーに生まれつきあるもので、ある程度の割合で一般人にも正常で起こります。

三角骨は、足関節後方の小さな分離した骨に解剖学者がつけた名で、14〜15%程度の人に生じるといわれてきました。しかし、ダンサーで除去する必要があった三角骨の切片を調べた研究で、少なくともいくつかの症例では、実際は距骨後方の大きな結節に起きた疲労骨折であることが示唆されています。すべての例で、三角骨は距骨後結節の疲労骨折であり、おそらく生まれつき分離した骨ではないでしょう。しかし、ダンサーに関する限り、そうであろうとなかろうと単に学術的な問題です。

【原因】

足関節を底屈させるとき、一片の骨があることによって、距腿関節で距骨が完全に回旋できなくなるため、症状が起きます。距骨が底屈の位置（つまりフルポアント）に向けて回旋する際、踵の骨つまり踵骨は脛骨の後方関節縁に向かって上がってきます。距骨後方の角に出た骨の突起は、踵骨の背部と脛骨の後方関節縁の間にはさまれます。このとき、関節包とその下にある滑膜が、2つの骨の表面の間に締めつけられ、これらの軟部組織が痛みのもととなります。その部分が繰り返し圧迫されると、局所的な腫れが起き、それに続いて軟部組織が肥厚します。症状は次第にひどくなり、足をポアントにするのが難しくなって、痛くなります。

10代中頃以前に、症状が出ることはまれです。[*2] この頃にやっと、生徒は最大限の自然なポアントができるようになります。そのため、足関節をさらに底屈させようとすると、骨の障害物が妨げになります。また10代中頃は、プロを養成するダンス学校では、踊りの量と負担が著しく増えます。その結果、週に1、2回しかレッスンを受けてこなかった生徒に、レッスンの合間に軟部組織を休ませる時間がなくなります。女子は、足をより底屈させて踊り、ポアントに立って踊る時間が多く

なるため、症状がはるかに多く起こります。しかし、大きなジャンプをしようと努力したり、4分の3ポイントで立ったりしなければいけない男子にも、症状が出てくることがあります。この段階になる以前は、フルポアントで踊るには、練習の量も負担もたいてい不足しています。軟部組織をストレッチして、距骨を最大限回旋させて底屈するのは、徐々に行うしかありません。たとえ三角骨や同様の骨の突起があり、足関節を完全に底屈するのに少し制限があっても、多くの場合は、中足部がそれを補って動くことで足を十分にポアントにできるでしょう。このような例では、ふつう症状は現れません。[*3]

【症候学】

1) 「アキレス腱が痛い」「足関節の後ろやアキレス腱のまわりが全体的に不快に感じる」と、たいていダンサーは訴えてきます。これは、運動すると悪くなる傾向があり、休ませれば治ります。

2) 足関節の前方と前外側にも痛みがよく生じ、腫れを伴うことがあります。ポアントでより底屈させようとすると、足関節の前外側と、前方の関節包に負担がかかって、痛みが生じます。

3) ふくらはぎの筋肉で、たいてい筋腱移行部のまわりに肉ばなれを繰り返すことはまれではありません。アキレス腱と足関節後方のまわりに、多少の痛みを伴うことがあります（3.10節）。

4) 足をポアントにするために負担をかけると、足底に痛みが出るという生徒もときどきいるでしょう。ダンサーは、ポアントを改善しようとして頻繁に足指を丸めてしまい、足関節の後方がうっ血することがあります。

5) ダンサーが足関節の後方に限局した痛みを訴えてくることは、大変まれです。

診察すると、足関節の後方に局所的な圧痛があることがわかり、しばしば骨の突起のかたまりを実際に確認できます。X線写真により、大きな距骨後結節や三角骨、大変まれに踵骨後背部の突起が見つかります。たまに、変性による骨棘が見つ

かります。しかし、このようなものの存在が、患者の症状の原因となっているとは限らないと強調しておきます。足の内在筋が弱かったり、足関節と足が正しくコントロールされていなかったり、下腿と足をとりまく筋肉が全体的に弱かったりすると、症状が進行することがたびたびあります。

【治療】

まず、保存的治療によって、症状を軽くできるようにあらゆる努力をするべきです。筋群や内在筋の強化を、干渉波療法などの局所的な治療とともに行うと効果があるでしょう。保存的治療でよくならない場合だけ、骨の突起を除去する手術を検討するべきです（図5.36）。

手術をする場合は、術後のケアも慎重に行わなければいけません。腫れが治まるまで、下肢を上げておくべきです。手術によって広がった底屈つまりポアントの可動域を保つために、そしてまた手術をした足関節後方の瘢痕組織を収縮させないために、早くからエクササイズをします。足が中間位まで背屈できるようになったらすぐに、歩行を許可しますが、まだ歩行は制限して、腫れを減らすために足を十分上げておきます。縫合がとれたら、腫れを減らすこと、足の内在筋の強化、足と足関節をコントロールする筋群の全般的な強化を目標にします。治療の全段階で、足関節を能動的に動かしますが、他動的に動かすことは一般的に避けます。

治療が順調に進んだ場合、4週の終わり頃にはダンサーは軽いバーレッスンを始められるようにしておくべきで、そこから徐々にレッスンに戻っていきます。この期間中、テクニック的な支援と修正も必要です。ダンサーが踊りに完全に復帰した後も、少なくとも6ヵ月は注意深くフォローアップを続けます。なぜなら、この期間はふつう足関節後方の組織が収縮する傾向があり、プリエがだんだん深くできなくなるからです。力強い自動運動と、何らかの受動的ストレッチによって、拘縮が現れそうな状態を治すためにフォローアップが必要です。プリエで足をストレッチするときには足関節後方を左右均等にストレッチし、片方

図5.36

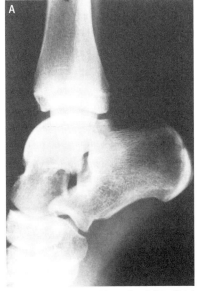
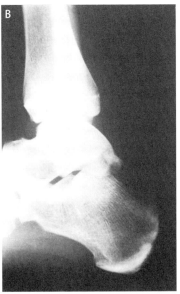
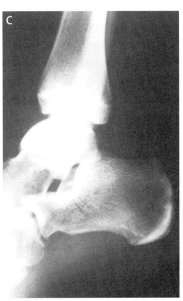

A：三角骨が、脛骨下端の関節面後縁に衝突しそうになっているのがX線写真で見えます。軟部組織（この場合は滑膜と関節包）が2つの骨の間にはさまれて、締めつけられます。軟部組織はX線写真では見ることができません。

B：足関節を背屈と底屈の中間位にしたときの三角骨です。三角骨と脛骨下端の関節面後縁は、大きく離れています。Aと比べると、足関節（蝶番関節）で起きる実際の可動域がはっきりとわかります。

C：三角骨を除去した後のX線写真。

が硬くならないようにすることが、きわめて大切です。

---

*2　日本ではまれではありません。
*3　10歳頃に、距骨後外側結節の部分に、軟骨の中に骨化中心が現れます（内軟骨骨化が起こります）。骨の成熟とともに、その骨化中心が、生下時からある体部から頭部の骨化中心と癒合する場合（大きな後外側結節）と、そのまま軟骨結合が残ってＸ線で小さな三角骨として見える場合があります。
　バレエをしていると、ドゥミまたはフルポアントでその部分に応力（ストレス）がかかり、軟骨結合の損傷が起き、後方の三角骨が距骨本体と分離してしまうことも多く見られます。また、三角骨や距骨後外側結節の骨折を起こし、小さな骨片が多く見られる（最高8〜9個）例もまれにあります。その際に、滑膜の増生が見られたり、靱帯（posterior intermalleolar ligament）の陥入など軟部組織のインピンジメントも見られたりします。骨性ではないもので、長母趾屈筋腱障害、腱鞘炎、破格筋なども原因となります。

5.18　ローリング（回内）

ローリングの特徴は、図5.37の写真によく現れています。

【原因】

1) 急激な成長期には、正常でも足の内在筋（5.19節）と下腿の筋肉に弱さが生じることがあり、ローリングが起きるのはほとんど避けられません。この場合、成長スパートが終われば、通常ローリングはなくなります。

2) 過度の外旋（5.7節）。適切なターンアウトと過度の外旋には、明らかな違いがあります。ダンサーが適切な角度を超えて外旋を始めると、足のローリングが避けられません。そして、多くの間違いが生じます。

3) プレースメントが正しく教えられていないために過度の外旋が生じると、ローリングにつながります。体重が後ろにかかると、必然的にローリングが起きます。これは、バランスを保とうとして起きる代償的なメカニズムです（5.21節）。

4) 傾斜した舞台にうまく対応できない場合も、ローリングにつながります。

【影響】

1) 足がローリングしていると体重が後ろにかかるため、ターンアウトが正しくコントロールできなくなります。その結果、股関節のまわりの筋肉を正しく保てなくなります。ダンサーは前弯になる傾向もあるでしょう（5.6節）。

2) 膝の内側に、緊張が生じます（3.39、3.42節）。

3) ふくらはぎの筋肉と腓骨筋が、正しく機能しなくなります。前脛骨筋と後脛骨筋も、より緊張が生じがちになります。その結果、特に後脛骨筋に腱炎が起きることがあります（3.15節）。

4) 足関節の外側靱帯がダメージを受けることがあります。扁平足（訳者注：土踏まずが落ちた平らな足）で靱帯が押しつぶされたり、ルルヴェでバランスを保つためにローリングと反対方向に足が向いて靱帯が引き伸ばされたりするためです（3.1節）。

5) 足の内縁に沿った組織に、負担がかかります。足の縦アーチや、足底腱膜の内側の部分にも負担がかかります。これらはすべて、ローリングに関係しています（3.21節）。

6) 体重の大部分が足の内側にかかるために、足の親指にほとんどの負担がかかります。これが原因で、第1中足趾節関節の関節包の損傷（3.22節）や、

図5.37

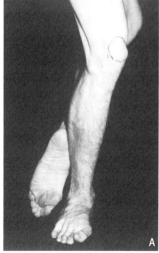
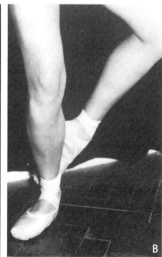

A：ローリング。シューズを脱いで見せています。
B：ローリングがＡと同じくらい起きていますが、シューズを履くと足への影響ははっきり見えません。

種子骨炎（3.23節、第1中足骨頭の下にある2つの小さな骨）が起きます。また、しばしば親指がねじれるため、中足趾節関節で回旋したままになり、ひどい外反方向へのひずみを起こして、外反母趾の変形になる傾向を高めます（3.22、3.24節）。さらに長期にわたって外反の圧力がかかると（つまり内側から外側に向けて圧力がかかると）、足指すべてと前足部の遠位が、外反変形を起こすことがあります。

7) 体重の移動を間違ったまま続けていると、中足骨の疲労骨折（主に第2中足骨）につながります（3.18節）。

8) ローリングは親指の外反位だけでなく、中足趾節関節の過伸展を伴って、親指の趾節間関節の屈曲も引き起こします。それに続けて、長母趾伸筋腱の緊張が増し、長母趾伸筋腱炎となります（3.17節）。

【治療】

根本的なテクニックの間違いをすべて見つけて修正し、弱い筋群すべてに対して強化エクササイズを行うことが必要不可欠です。これにはふつう、体幹から下に進めていくエクササイズの計画が必要です。治療は比較的簡単ですが、ダンサーにとって大変時間がかかる治療になります。しかし長期的には体を守る手段となり、将来ケガをして多くの時間が失われるのを防げるでしょう。

5.19 足の内在筋の弱さ

内在筋は、足の横アーチを支える小さな筋群です。足指を中足趾節関節で屈曲しているときに、趾節間関節で伸展させることが、内在筋によって可能になります。内在筋は、足指を広げたり、いっしょに引き寄せたり（内転と外転）もします。正しく使われていれば、足指がかぎ爪のように曲がるのを防ぎます。

【影響】

1) 内在筋が弱いと、足を通して体重が正しく伝えられなくなります。その結果、前足部と踵に体重が分かれてかからずに、大部分が踵にかかってしまいます（5.21節）。

2) ポアントで立つとき、内在筋が強くないと、足指を伸展させて（まっすぐに）保つことができなくなります。シューズの中で、足指がかぎ爪のように曲がるでしょう。極端な例では、ダンサーはポアントで足の指関節（ナックル）の上に立っています。アメリカでは、これを"ナックリング"と呼んでいます。また、ポアントで立つときに体重が後ろに押されて（5.21節）、足関節後方の組織の緊張が高まります。特に、アキレス腱障害（3.10節）と滑液包炎（3.12節）、後脛骨筋腱障害（3.15節）の両方またはどちらかが、それぞれのダンサーの体型によって起きやすくなります。また、内在筋が弱くなければ症状がなかった小さな三角骨が、痛みや問題を起こし始めることがあります。

3) ジャンプや着地、ルルヴェのときに、前足部が弱いと、足を通して体重が正しく伝えられません。衝撃を吸収する力や伸張性筋力がほとんどなくなるため、着地の衝撃が大きくなり、体重が後ろにかかります（5.21節）。間違った体重のかけ方でジャンプを始めると、着地でも体重のかけ方が悪くなります。そして、しばしば脛骨（3.30節）と膝（3.33、3.38、3.39、3.42節）にケガをしやすくなります。

【治療】

足の内在筋のエクササイズ、テクニックの修正は、体重のかけ方の修正とともに、治療に欠かせません。シューズが足にぴったり合っているか、足を適切に支えているか、確かめるために点検します。シューズは広すぎても短すぎてもいけません。特に底が硬いシューズがあり、足の内在筋が弱いダンサーがときどき履いていますが、ポアントワークの最も高い位置にもっていくためにルルヴェを通過して足を正しく使うことができなくなります。そのため、このタイプのシューズは状況を悪化させるだけで、筋肉と足をかえって弱くしてしまいます。

5.20 足指と中足骨の長さの個人差

理想的な前足部は、第1趾からすべて、足指と中足骨がほとんど同じ長さの足です。足の外側つまり第4趾と第5趾は、足指と中足骨が少し短くなる傾向が必ずありますが、足指の長さの差が極端でなければドゥミポアントでもフルポアントでも安定した足になります。まず中足骨を考えてみると、その長さには個人差がかなりあります。第2中足骨が、第1中足骨や第3中足骨に比べて、きわだって長いことがよくあります（図5.38）。もう1つよくあるタイプは、第1中足骨が他の足指に比べてとても短い足です（図5.39）。また、第5中足骨に向かって徐々に短くなるのがきわだっていて、中足骨頭のラインが斜めになっている足のタイプもあります（図5.40）。これらすべての例で、ダンサーはドゥミポアントで立つことが、多かれ少なかれ難しくなります。それぞれにある構造的な個人差によって、その難しさの程度は変わってきます。

足指自体に関する限り、足指の長さは中足骨の状態を反映しています。しかし、中足骨の長さがほとんど同じでも、足指の実際の長さが違う足もあります（図5.41）。第2中足骨が長くても長くなくても、第2趾が長い足がよくあります。これは"古典的な足"と呼ばれていて、ほとんどのギリシャ彫刻に見られます。また、15〜17世紀の絵画にもよく見られます。しかしこの足は、ポアントで踊るときに、足指の長さの違いが原因と

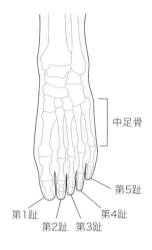

中足骨
第5趾
第1趾　第4趾
　第2趾　第3趾

図5.38　長い第2中足骨と第2趾

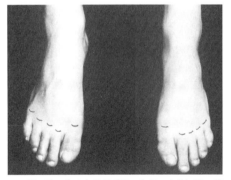

この例では、第1中足骨が短いため、さらに悪い状況になっています。

図5.39　短い第1中足骨

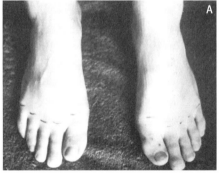
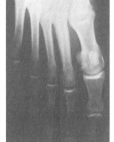

B：X線写真

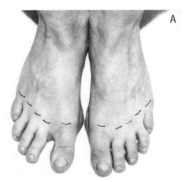

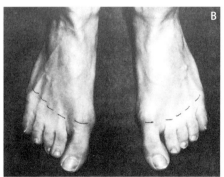

図5.40
A：中足骨頭の斜めのライン。ドゥミポアントで立つのが難しい足です。
B：このダンサーは親指以外がとても短いために、さらに悪い状況です。この足では、ドゥミポアントとポアントで踊るのが両方とも大変難しくなります。

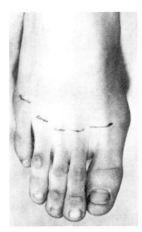

図5.41 長い第2趾と第3趾
この足は、第1〜第3趾の中足骨の長さがほとんど同じで、第5趾と第5中足骨が短くても、ドゥミポアントでとても安定する足です。
よくあるほど第1趾と第2趾の長さに差はありませんが、第2趾と第3趾が大きいため、ポアントで立つのはより難しくなります。

なってかなり問題が生じるため、ダンサーにとって居心地の悪い足です。ポアントで踊るとき、長い第2趾は必ず屈曲します。[*4]

【影響】

中足骨の長さに違いがあると、ドゥミポアントが定まらず、とても不安定になります。そのため、足と足関節の内側か外側に緊張が生じます（3.1、3.3、3.4節）。内側か外側かは、中足骨の長さの特徴や、足がどちらに倒れやすいかによります。ハーフポアントでは、安定させようとして、足はカマ足か逆カマ足になることがあります（図5.42）。

足指の長さに違いがあると、フルポアントで立つ場合、局所的に足指自体に関連した問題が起きやすくなり、シューズのブロック（訳者注：p.73参照）に足指をぴったり合わせるのが難しくなります。足指の局所的なダメージは、水疱や目立ったタコ（3.27節）という形で起きます。それに加えて、ポアントで立つときに足自体がいくぶん不安定になります。

いずれの状態でも、特に中足骨の長さに違いがある場合には、長い中足骨の1つあるいは複数に疲労骨折がよく起きます（図5.43）（3.18節）。

【治療】

足の内在筋の強化と、足と足関節をコントロー

図5.42 長さが不ぞろいな中足骨

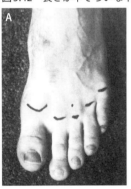
A

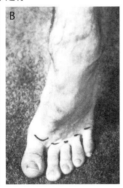
B

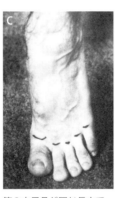
C

図5.43 第2中足骨の疲労骨折

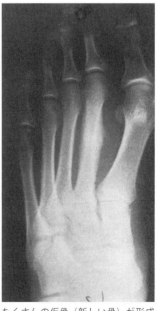

D

A：第1中足骨が短く、第2と第3中足骨が同じ長さで、第4と第5中足骨がとても短い足です。
B：カマ足で、体重が外側に伝わっています。
C：逆カマ足で、体重が内側に伝わっています。
D：この足で可能ないちばんよいポジション。ドゥミポアントで立つとき、体重は第2と第3中足骨頭だけにかかります。第1趾と第4趾はいくらか支えています。第5趾は床に触れているだけです。

たくさんの仮骨（新しい骨）が形成されて、治ってきています。

ルするすべての筋群の強化に、多くの注意を払わなければいけません。ドゥミポアントとポアントの両方で、いちばんよい位置に調整できるように、テクニック的な支援がたくさん必要になります。どちらかの方向にカマ足になる傾向を修正することが大切です。

◉ 傾斜した床で踊る

東欧のオペラハウスや学校には、さまざまな傾斜の舞台やスタジオがあります。観客にとっては舞台上の動きがよりよく楽に見えますが、ダンサーは姿勢のメカニクスを変えなくてはいけません。舞台前方を向くと体重が前に引かれて、両脚の背側の筋肉（ハムストリングスと殿筋）と脊柱の伸筋を使うように刺激されます。ある程度"後ろに引く"必要があります。

問題は、教師が傾斜した床で教えるのに慣れていて、平らな床で姿勢を注意する際に生じます。平らな床では、体重を後ろにかけてはいけません。その代わりに、"前上方へ"向かう感覚がより適しています。

第5ポジションに立つとき、体重をさらに足の後方にかけるよう教師が指示することがときどきありますが、これは傾斜した床の上で踊るときだけに適した調整法です。

※4　足指の長さがほとんど同じ足はスクエア型の足（Square foot）、親指が長く第5趾に向けて斜めに短くなる足はエジプト型の足（Egyptian foot）、第2趾が親指より長い足はギリシャ型の足（Greek foot）と呼ばれています。

5.21　間違った体重のかけ方

これは、たいてい体重が過度に後ろへかかった状態を表します。体重が正しく伝わっていくときには、その線は耳のちょうど後ろにある乳様突起から始まり、肩、股関節、膝、足関節の中央を通って下りていき、足底で踵の前端につながります（図5.44）。たまにダンサーが修正をしすぎて、過度に前へ体重をかけてしまい、足趾球に体重がかかっていることがあります。この場合、踵はしばしば地面から少しもち上がります。

図5.44
体重は足の裏全体にかかりますが、ダンサーの重心から伝わる荷重線は、図の太い線を通るのが理想的です。

【原因】

1) 前弯（5.6節）
2) 後弯症があったり、胸椎が硬かったりすると、代償性の前弯（5.6節）が起き、骨盤が傾き、体重が後ろにずれてかかります。
3) 側弯症によって、しばしば骨盤が傾きます。それに骨盤の回旋が伴うことがよくあります（5.4節）。
4) 股関節の前方が硬いと（5.9節）、骨盤が前に回旋し、脚にかかる体重が後方へ押されます。
5) 体幹の筋肉が弱いと、背中の上部の筋肉が緊張します。体幹の中央部をコントロールできない結果、動いているときに体幹上部が後ろに落ちてしまいます。これに伴って、胸郭の前方が突き出て、腹筋が緩みます。そうすると、しばしば胸の上部で呼吸するようになります。その呼吸法によって、僧帽筋を含む背中の上部の筋肉がさらに緊張して、問題を悪化させます。
6) 腹筋（腹横筋）、殿筋、ハムストリングス、内転筋（つまり骨盤を安定させる働きがあるすべての筋群）がともに、あるいは単独で弱いと、骨盤を傾かせてしまいます。
7) 純粋に股関節での外旋の可動域が制限されているか、筋肉でターンアウトを正しくコントロールしていないと、そのどちらかによって足の過度な外旋が起き、骨盤が前傾します（5.7節）。

8) 不適切な筋肉の発達。間違った教え方、重い負荷のかかった抵抗運動、あるいは体操、乗馬、スケートなどの他の運動を**やりすぎて**起きることがあります。後の2つは楽しんでできますが、ダンスには役立たない筋群の発達しすぎにつながることがあります。

9) 過伸展した膝をコントロールしていないこと（5.13節）。膝を後ろでロックすると、骨盤をコントロールする筋群が緩むためです。

10) 弓なりに弯曲した脛骨（5.16節）。足が床についているときはローリングをする傾向があり、ルルヴェではカマ足になる傾向があるためです。脛骨が弯曲していると、重心から伝わる荷重線が変わります。

11) ポアントシューズが硬いと、足でハーフポアントや4分の3ポアントを通過して、正しくルルヴェができなくなります。そのため体重が後ろにかかります。ジャンプをするとき、ポアントシューズが硬いと、ダンサーは足を使って踏み切れなくなり、また正しく足を使って着地できなくなります。体重を後ろにかけて踏み切り、体重を後ろにかけて着地します。このことは、脚前方の問題や中足骨の疲労骨折の原因となる可能性があります（5.18節も参照）。

12) 足の親指の関節が硬いと（3.25節）、ルルヴェの際に足の外側に体重がかかり、足の中央に体重がかからなくなります。その結果、体重が後ろに押されます。

13) 中足骨頭が並ぶラインが斜めでも、親指の関節が硬い場合と同じように、体重が足の外側に押されます。

14) 足の内在筋が弱く、それに伴って足指がかぎ爪状に曲がっていると、体重が後方に押されて踵にかかります。

15) シューズがきつくても、足指がかぎ爪状に曲がり、14)と同じ結果になります。

16) 成長スパートの時期は、筋肉のコントロールが全身的に弱くなります。その結果、足か体幹か、その間のどの部位が弱くなっても、体重が後ろにかかってしまいます。

【影響】

1) 腰部への負担
2) 関節突起間部の疲労骨折（3.59節）
3) 鼠径部のケガ（3.47節）
4) 殿部の痛み（3.53節）
5) ハムストリングスのさまざまな部位でのケガ（3.49節）
6) 内転筋のケガ（3.46節）
7) 膝前部痛（3.33節）
8) 膝関節の後方への負担（3.38節）
9) 脛骨と腓骨の疲労骨折（3.29、3.30節）
10) 前方コンパートメント症候群（3.31節）
11) ふくらはぎのケガ（3.32節）
12) アキレス腱障害（3.10節）
13) 長母趾伸筋の腱障害（3.17節）
14) 中足骨の疲労骨折（3.18節）
15) 内在筋が適切に使われないため、弱くなること（5.19節）
16) 足の親指の関節のダメージ（3.22節）

【治療】

体重が後ろにかかっている状態はケガではないので、治療という言葉を使うのは本当は正しくありません。しかし、ダンサーに最もよくある重大な誤りで、それを必ず修正しなくてはいけません。まず、体重が後ろにかかっている原因（しばしば複数の原因）を特定しなければ、この修正ができません。そして、これらの原因すべてを修正し除くために、かなりの努力と注意が必要です。実際に治療が必要になるかもしれませんが、それは体重が後ろにかかったことで二次的に起きたケガに対する治療です。**他のすべてのケガと同じように、根底にあるテクニックの間違いを修正せずに、そのケガだけを単に治療しても意味がありません。**

バレエ用語集

●アラベスク
ダンサーは片脚で立ち、もう一方の脚を後ろに伸ばして、床と平行あるいはそれ以上に上げます。その間、腕は体の前方でさまざまなポジションに保ちますが、たいてい体からのラインに沿って上げます（p.69）。

●アン・ドゥオール
脚あるいは腕を、外回しにします。

●アン・ドゥダン
脚あるいは腕を、内回しにします。

●ガルグイヤード
片足から跳び、もう一方の足で着地するジャンプで、跳んでいる間に片脚ずつすばやくロン・ド・ジャンブ・アン・レールをします。

●ソー
両足から同時にジャンプします（訳者注1）。

●第1ポジション
両足の踵を合わせて、ターンアウトして立ちます。

●第2ポジション
両足を離して、ターンアウトして立ちます。

●第3ポジション
片方の足の踵を、もう一方の足の土踏まずのあたりに置き、両足をターンアウトして立ちます。

●第4ポジション
片方の足の前に、間隔を空けてもう一方の足を置き、ターンアウトして立ちます。

●第5ポジション
前に置いた足の踵に、もう一方の足の親指をつけ、ターンアウトして立ちます。

●ターンアウト
股関節からターンアウト（外旋）させて、両足を外側に向けて開きます（p.61）。

●タンデュ
動作足をポイントポジションまで伸ばします。ふつう、足の指は床に触れています。

●デガジェ
片足にかけた体重をもう一方の足に移動させるか、あるいは両足にかけた体重を片足に移動させます。体の重心を通る線は、両足で立っているときには両足の間にありますが、そこから軸足に移動させます。

●バットマン・タンデュ
動作脚を打つように動かします（p.67）（訳者注2）。

●プリエ
両足をターンアウトして、踵を床につけたまま、膝と股関節を曲げます（p.65）。

●ポアント
足の指先にのって踊ること。床に踵をつけた状態から始まり、4分の1ポアント（ア・カール・ポアント）、2分の1ポアント（ア・ドゥミ・ポアント）、4分の3ポアント（ア・トロワ・カール・ポアント）を経て、最後にフルポアント（シュール・ラ・ポアント）になります。ポアントワークは19世紀初頭に始まりましたが、1860年代までは型のあるシューズは使われていませんでした。コサック人は何世紀もの間、柔らかいブーツを履いてポアントで踊っていましたが、通常は足指を下に曲げていたため指関節の上に立っていました（"The Concise Oxford Dictionary of Ballet"より）。今でもまだ、間違ったトレーニングを受けたダンサーが、指関節にのって踊っているときがありますが、これをアメリカでは"ナックリング"と呼んでいます（p.70）。

●ルティレ
動作脚を膝に向けて上げます。

●ロン・ド・ジャンブ・アン・レール
動作脚を回す動きで、その膝から下が円を描くように見えます（p.68）。

*　　　*

◆バレエ用語、基本要素、ポジション、動きに関しては、Royal Academy of Danceから2つの出版物が発行されています。

○*Dictionary of Classical Ballet Terminology*, 3rd edition (2007), by Rhonda Ryman.

○*Foundations of Classical Ballet Technique* (1997, reprinted 2008)：この本には、クラシックバレエの基本要素、ポジション、動きが解説されています。

訳者注1：ソー（saut）は跳躍を表します。
　　　2：バットマンは beating（打つ）という意味です。第1（あるいは第5）ポジションから、動作脚を前（あるいは横、後ろ）に開いてポイントまで伸ばし、閉じて元に戻します。

さくいん

(**太字**は図版のあるページ)

あ

アイソトニック(等張性)収縮… 21, 122
アイソメトリック(等尺性)収縮
　　　　　　　……… 21, 122
アキレス腱………… 15, 31, 32, 36
　　──滑液包炎………… 152, **152**, 251
　　──障害………… 150～151, 251
　　──断裂………………… 151
　　──のストレッチ…… 145, 206, 250
　　──のための伸張性エクササイズ
　　　　　　　…… 225
　　硬い──………… 250～251
　　硬さのテスト……………… 145
　　整形外科的な評価………… 132
足……………… 14～17, **14**～**15**, 36
　　──のアーチ………… **15**, 15
　　──と足首のケア(成長期)………79
　　──のアライメント…… 16～17, **17**
　　──のエクササイズ…… 220～222
　　整形外科的な評価………… 132～133
足首→[足関節]
脚の長さの違い……………… 232
足の指(趾)………………… 16, 36
　　──の長さの個人差
　　　　　　　……… 258～260, **258**～**259**
　　かぎ爪…………………… 133, 241
アスピリン………………… 123
アーチ(足)………………… **15**, 15
圧迫……………………… 104, 106
アドレナリン……………… 38, 58
アミノ酸…………………… 49
アライメント……………… 16, 17
アラベスク………………… 69～70
安静……………………… 104, 106
安定……………………… 24
アン・ドゥオール………… **68**, 68
アン・ドゥダン…………… 69
アン・レールの第2ポジション ……68

い

痛み……………………… 122～124
　　──の軽減(寒冷療法)………… 107
　　除痛ラダー……………… 123～124
一酸化炭素………………… 54, 128
イブプロフェン…………… 123
インシュリン……………… 48, 59, 138
インパルス………………… 18, 37～38
インピンジメント
　　股関節の──…………… 182～183
　　足関節後方──……… 152～153, **153**,
　　　　　　　253～256, **253**, **255**
　　足関節前方──………… 153～154

う

ウオノメ…………………… 165
烏口腕筋…………………… 22
内がえし(足)……………… ix, **ix**
腕立て伏せ………………… **216**
腕のポジション…………… 65
運動単位(神経─筋線維)……………… 19
ヴァンプ(ポアントシューズ)… 73, **73**

え

栄養……………… 105, 133～138
　　公演前の飲食………… 137～139, **138**
　　食生活…………………… 137
　　必要な──素………… 134～137
エキセントリック(伸張性)収縮……21
エクササイズ…… 118～122, 194～225
　　──のタイプ………… 119～120
　　──の目的……………… 119
エクササイズトレーニング… 120～122
円回内筋…………………… 29
エングラム……………… 22～23, 231
炎症……………………… 82～87

液体成分の変化………………… 83
　　──の後に起きること………… 86～87
　　──のサイン(徴候)………… 82
　　──のタイプ……………… 85～86
　　細胞の変化………… 83～85, **84**
円靱帯(大腿骨頭)………………… 33
塩分……………………… 136

お

横隔膜……………………… 52
応急処置………………… 105～107
横足根関節……………… 16, 17
横紋筋…………………… 17～19, **18**
オスグッド・シュラッター病 174～175
温熱療法………………… 108～112

か

外果……………………… 14, **14**
　　──の骨折…… 142, **143**, 148, **148**
回外(足)………………… ix, **ix**
回外筋…………………… 29
外呼吸…………………… 54
外骨腫…………………… 152, **153**
外受容器………………… 39
介助自動運動…………… 120
回旋……………………… 9, 10
外側側副靱帯(膝)……… 13, **13**
　　──の損傷……………… 177
外側広筋………………… 29, 31, 35
外転……………………… 9, 10
外転(足)………………… ix, **ix**
回内(足)………………… ix, **ix**
外反母趾………… 161～163, **161**～**162**
　　──の変形に対するテーピング
　　　　　　　…… 226
外腹斜筋………………… 23, 25, 26
　　──のエクササイズ……… 197, 210

外閉鎖筋……………………30, 34, 62
海綿骨……………………………… 2
カエルのポジション……242, 242～243
かぎ爪…………………………133, 241
蝸牛……………………………39, 39
下垂体…………………………56, 58
下肢
　――の関節………………12～17, 12～15
　――の筋肉………18, 29～36, 30～32
　――の骨……………………… 8, 8
　整形外科的な評価………132～133
下肢伸展挙上テスト(SLRテスト)
　……………………………………117
荷重線……………………………232, 260
画像検査……………………………96～99
肩………………11, 28～29, 28, 64～65
　――と腕の問題………………191
　――の高さの違い……231～232, 232
　――を安定させるエクササイズ
　…………………………………215
　首や――のまわりの緊張
　………………………232～234, 233
　整形外科的な評価……………131
滑膜関節……………………………9, 9
過度運動性………………71, 74～77, 75
　整形外科的な評価……………132
過度の外旋　179, 239～242, 239～241
下双子筋……………………………30, 34, 62
カマ足………ix, 16, 150, 240～241, 241
　→［逆カマ足］
感応電流……………………………113
感覚神経系…………………………39～42
寛骨………………………………8, 8, 12, 12
寛骨臼………………………12～13, 13, 33
干渉波療法………………………112～113
関節…………………………………8～17
　可動域を制限する要因………10～11
　――の動き………………………9～11
　――のこわばり………………103

――の損傷……………………89～90, 90
――のタイプ……………………… 9
関節硝子軟骨……………………… 2
関節突起間部……………6, 189, 189
関節包と靱帯(ターンアウト制限)
　………………………………………62
汗腺……………………………42, 42
肝臓……………………………49～50
環椎(アトラス)……………………5, 5
陥入爪……………………………164～165
寒冷療法………………………107～108

き

気温(ケガの要因)………………100～101
機械受容器………………………………40
起始…………………………………………18
喫煙………………………………128～129
拮抗筋……………………………21～22
逆カマ足
　……ix, 16, 150, 150, 240～241, 241
キャリパー動作…………………………52
球関節……………………………10, 10
胸郭…………………………7, 7, 24, 51, 52
強剛母趾………………157, 163～164, 163
胸骨………………………………3, 7, 51
胸鎖乳突筋………………………………25
胸式呼吸…………………………………53
協調運動(神経と筋肉)…………22～23
胸椎………………………………5, 6～7, 51
　――部の痛み………………190～191
　後弯症…………………………236～237, 236
　側弯症…………………………234～235, 234
共動筋……………………………21～22
胸腰筋膜…………………………………26
棘下筋……………………………25, 28, 28
棘間靱帯のダメージ…………187, 187
棘上筋……………………………28, 28
棘突起……………………………6, 187

距骨………………14～16, 14～15
　――後結節………………152～154, 153,
　　　　　　　　　　253～254, 253
　――前部を安定させるテーピング
　………………………………………228
　――ドームの骨軟骨骨折…149, 149
距骨下関節………………………15～16
挙上………………………………104, 106
筋緊張……………………………19, 21
筋線維…………………………17～19, 18
筋肉………………………………17～36
　痛みと硬直……………………………96
　概論……………………………17～23
　筋線維のタイプ………17～19, 18
　――とテコの作用…19～21, 19～20
　――の収縮……………………21～22
　――の断裂……………………95～96
　呼吸筋…………………………………52
　主要な筋群……………………33～36
　神経と――の協調運動、エングラム
　…………………………………22～23
　スパズム………………………38, 107
　赤筋と白筋……………………………23
　ターンアウトにかかわる――……62
筋紡錘………………………40～41, 115

く

屈曲…………………………………9, 10
首や肩のまわりの緊張…232～234, 233
グリコーゲン……………………………49

け

脛骨………………………3, 13～14, 13～14
　――の疲労骨折
　……………166～169, 167, 169, 241
　整形外科的な評価……………132
　弓なりの――……251～253, 252, 261

傾斜した床‥‥‥‥‥‥‥‥‥ 260		骨芽細胞‥‥‥‥‥‥‥‥ 3, 78, 88
頚椎‥‥‥‥‥‥‥‥‥‥‥ 5~7, 5	**こ**	骨間筋（足）‥‥‥‥‥‥‥‥ 32, 32
脛腓関節（近位）‥‥‥‥‥‥‥14	交感神経系‥‥‥‥‥‥‥‥ 38~39	骨間膜‥‥‥‥‥‥‥‥‥‥ 18, 18
脛腓靱帯（前、後）‥‥‥‥‥‥ 15	後距腓靱帯‥‥‥‥‥‥‥‥ 14, 15	骨棘‥‥‥‥‥‥‥‥‥‥ 165~166
経皮的神経刺激法（TNS/TENS）	後脛骨筋‥‥‥‥‥‥‥ 16, 20, 32, 36	骨シンチグラフィ
‥‥‥ 113	腱障害と腱鞘炎‥‥‥‥ 154~155, 241	‥‥‥ 92, 98, 168~169, 169
ケガ	──のエクササイズ‥‥‥‥‥ 222	骨折（急性）‥‥‥‥‥‥ 90~91, 91
──による影響（全身、局所）	甲状腺‥‥‥‥‥‥‥‥‥‥ 56, 58	骨端軟骨板‥‥‥‥‥‥‥‥ 2, 78
‥‥‥‥ 101~103	後足部‥‥‥‥‥‥‥‥‥‥ 14, 15	骨盤‥‥‥‥‥‥ 3, 8, 12, 12, 24~25, 25
──の原因‥‥‥‥‥‥‥ 99~101	交代浴‥‥‥‥‥‥‥‥‥‥‥ 110	整形外科的な評価‥‥‥‥‥ 132
──の治癒（治ること）‥‥ 87~89	広背筋‥‥‥‥‥‥‥‥‥ 25, 27, 29	骨盤底‥‥‥‥‥‥‥‥‥ 26~27
──の治療（原則）‥‥‥‥ 103~105	──のエクササイズ‥‥‥‥‥ 214	骨盤を後傾する‥‥‥‥‥‥ ix, 25
──の治療法‥‥‥‥‥‥ 105~126	高負荷低回数の運動‥‥‥‥‥‥ 120	骨膜下血腫‥‥‥‥‥‥‥‥ 92, 92
──の予防‥‥‥‥‥‥‥ 126~133	後弯症‥‥‥‥‥‥‥‥ 236~237, 236	固定の影響‥‥‥‥‥‥‥‥‥ 104
血圧‥‥‥‥‥‥‥‥‥‥ 45~46, 56	股関節 12~13, 12~13, 29, 30~31, 33~35	コデイン‥‥‥‥‥‥‥‥‥‥ 124
血液‥‥‥‥‥‥‥‥‥‥‥ 42~44	──内転筋のエクササイズ‥‥ 217	固有感覚‥‥‥‥‥‥‥‥ 40~42
──循環の維持‥‥‥‥ 104~105	──のインピンジメント‥ 182~183	固有受容器‥‥‥‥‥‥‥‥ 39, 40
──の循環‥‥‥‥‥‥ 44~46, 45	──の回旋筋エクササイズ	コンセントリック（短縮性）収縮‥‥ 21
血管やリンパ管への影響‥‥ 102~103	‥‥‥ 216~217	コントラクト／リラックス法‥‥‥ 116
結合組織‥‥‥‥‥‥‥‥‥‥‥ 74	──の健康のための戦略（成長期）	
楔状骨‥‥‥‥‥‥‥ 14~16, 14~15	‥‥‥‥ 79	**さ**
血小板‥‥‥‥‥‥‥‥‥‥‥‥ 43	──の伸筋エクササイズ‥‥‥ 205	再生‥‥‥‥‥‥‥‥‥‥ 86~87, 86
血糖値‥‥‥‥‥‥‥‥ 48, 138, 138	──の前方の硬さ	最大骨量‥‥‥‥‥‥‥‥‥‥ 129
ケーラーの手術法‥‥‥‥ 162, 162	‥‥‥ 244~245, 244, 260	酢酸ヒドロコルチゾン‥‥‥ 124~125
腱‥‥‥‥‥‥‥‥‥‥‥‥‥‥ 92	──のターンアウトの制限	鎖骨‥‥‥‥‥‥‥‥‥‥‥ 7, 11
──炎‥‥‥‥‥‥‥‥‥‥‥ 93	‥‥‥ 242~244, 242~243	坐骨‥‥‥‥‥‥‥‥‥‥‥ 8, 8, 12
──周囲炎‥‥‥‥‥‥‥‥‥ 94	整形外科的な評価‥‥‥‥‥‥ 133	坐骨神経‥‥‥‥‥‥‥ 116, 185, 188
──症‥‥‥‥‥‥‥‥‥‥‥ 93	弾発股‥‥‥‥‥‥‥‥‥‥‥ 184	サポーター‥‥‥‥‥‥‥‥‥ 126
──鞘炎‥‥‥‥‥‥‥‥‥‥ 94	呼吸系‥‥‥‥‥‥‥‥‥ 50~55, 50	三角筋‥‥‥‥‥‥‥‥ 25, 28~29, 28
──障害‥‥‥‥‥‥‥‥‥‥ 92	呼吸‥‥‥‥‥‥‥‥‥‥ 50~51	三角骨
──の断裂‥‥‥‥‥‥‥ 93~94	──筋‥‥‥‥‥‥‥‥‥‥ 52	‥‥‥ 152~153, 153, 253~256, 253, 255
──付着部症‥‥‥‥‥ 94~95, 151	──作用（外──、内──）‥‥ 54	三角靱帯（足関節の内側）‥‥‥ 14, 15
原因不明のパフォーマンス低下症候群	──のコントロール‥‥‥ 54~55	酸素‥‥‥‥‥‥‥‥‥‥ 43, 44, 54
（UUPS）‥‥‥‥‥‥ 138~139	──法‥‥‥‥‥‥‥‥‥ 52~53	
肩甲下筋‥‥‥‥‥‥‥‥‥ 28, 28	骨化‥‥‥‥‥‥‥‥‥‥‥ 2, 78	**し**
肩甲胸郭関節‥‥‥‥‥‥‥‥‥ 28	骨格‥‥‥‥‥‥‥‥‥‥ 2~8, 3	
肩甲骨‥‥‥‥‥‥‥‥ 7, 8, 11, 11	軸の──‥‥‥‥‥‥‥‥ 5~7	指圧‥‥‥‥‥‥‥‥‥‥‥‥ 114
肩甲帯‥‥‥‥‥‥‥‥‥ 7~8, 64~65	四肢の──‥‥‥‥‥‥‥‥ 7~8	ジアテルミー‥‥‥‥‥‥ 110~111
	骨格筋‥‥‥‥‥‥‥‥ 17~19, 18	

視覚……………………………40	消化管………………47〜48,47	**す**
軸椎………………………… 5,5	上後鋸筋……………………24	
支持基底面……………… 67,233	踵骨………14〜16,15,152,152,153,	随意神経系…………………37〜38
思春期……………………77〜80	253〜256,253	錘外筋線維……………… 41,116
姿勢とスタンス	上肢	錘内筋線維……………… 41,115
………24〜27,27,59〜61,59〜60	肩と腕の問題……………191	膵臓………………………48〜49
趾節間関節（IP関節）…………16	——の関節……… 11〜12,11〜12	水分補給………………135〜137,135
趾節骨（足）…………… 14,15〜16	——の筋肉……… 25,27〜29,28	頭蓋骨……………………… 5,5
指節骨（手）……………… 12,12	——の骨………………7〜8,7	スタティックストレッチ……115〜116
膝蓋腱…………………… 13,14	整形外科的な評価………131〜132	スタンス……24〜27,27,59〜61,59〜60
——の障害…… 173〜174,173,241	硝子軟骨……………………… 2	ステロイド…………57,94,124〜125
——のための伸張性エクササイズ	踵腓靭帯………………… 14,15	ストレッチ……………114〜118,117
…… 224	小殿筋………………29,30,34,62	すねの痛み……………166〜169
——の断裂…………………180	上双子筋…………………30,34,62	スパズム…………… 38,106,107
膝蓋骨…………………… 3,13,14	静脈………………………44,45,46	スランプテスト………… 117,117
——の骨折…………………180	上腕筋……………………… 20,29	
膝蓋大腿関節………………172	上腕骨……………… 11〜12,11〜12	**せ**
膝蓋軟骨軟化症…… 175〜176,241	上腕三頭筋………………… 25,29	
膝窩筋……………………30,35	上腕二頭筋………………… 20,29	整形外科的な評価……… 129〜133,130
膝関節→[膝]	小菱形筋……………………28	成長スパート……………77〜80
自動運動……………………120	食生活………………………137	成長軟骨板………………… 2,78
ジヒドロコデイン……………124	除痛ラダー……………123〜124	静的ストレッチ……………115〜116
脂肪…………………………134	触覚…………………………39	脊柱………………………5〜7,5,6
尺骨……………………11〜12,12	自律神経系………………38〜39	整形外科的な評価………132
斜頚…………………………191	心筋………………………18,19	——のカーブ……… 6,7,236,236
ジャンパー膝………… 173〜174,173	神経系……………………36〜42	脊柱起立筋…………………23
ジャンプ……………16〜17,27,92,251	——のストレッチ…… 116〜117,117	脊柱伸展筋のエクササイズ………214
十字靭帯……………… 13,13〜14	深在筋膜………………… 18,18	脊椎すべり症…………… 189,189
——の損傷……………177〜178	滲出液…………………… 83,86	石灰化部………………165〜166
収縮／弛緩法…………………116	心循環系…………………42〜47,45	赤筋…………………………23
舟状骨（足）…………… 14,14〜15	シンスプリント……………166	赤血球……………………42〜43
舟状骨（手）………………… 8	心臓………………………44〜46,45	背中の健康ための戦略（成長期）……79
手根骨…………………… 12,12	腎臓………………………55〜56,55	線維軟骨……………………… 2
種子骨炎……………… 160〜161,160	伸張性（エキセントリック）収縮……21	前鋸筋……………………25,28
手術……………………125〜126	伸張反射……………………41,116	前距腓靭帯（ATFL）……… 14,15,142
主動筋……………………21〜22	伸展…………………………9,10	浅在筋膜………………… 18,18
ショイエルマン病……… 233,236	心肺機能……… 101〜102,119,127〜128	前方コンパートメント症候群
小円筋………………………28	心拍数……………………44〜46	…… 170〜171,170,241,249
消化………………………48〜49		前脛骨筋…………………31,32,36

仙骨……………………4, 5, 7~8, 8, 12
前十字靱帯（ACL）
　　　　……13~14, 177~178
前足部…………………………15, 15
仙腸関節（SIJ）………4, 8, 8, 12, 12
　　──の挫傷……………………186
前方引き出しテスト…………143, 146
前弯………237~239, 237~238, 242

そ
足趾球……………………………20
僧帽筋……………………………25, 28
足関節……………………14~17, 14~15, 36
　　──後方インピンジメント
　　……152~153, 153, 253~256, 253, 255
　　──前方インピンジメント
　　…………………………153~154
　　──前方関節包の損傷………147~148
　　内側靱帯……………………14, 15
　　内側靱帯の捻挫……………146~147
　　外側靱帯……………………14, 15
　　外側靱帯の断裂………………146
　　外側靱帯の捻挫……………142~146,
　　　　　　　　143~145, 146~147
足底筋……………………………36
足底腱膜
　　──の損傷………………159, 159
　　──のテーピング……………227
足底方形筋………………………32
側方呼吸…………………………53
側弯症……………………234~235, 234
鼠径部の肉ばなれ……………182, 242
組織呼吸……………………53~54
足根骨…………………………8, 8, 15
足根中足関節（TMT関節）………16
外がえし……………………ix, ix

た
第1中足骨の内反……………161, 161
第1中足趾節関節の損傷
　　……………………159~160, 241
第1ポジション（腕）……………65
大円筋……………………………28, 29
体幹の筋肉……………………23~24, 25
　　体幹側部のエクササイズ
　　……………200~201, 210~211
　　体幹のエクササイズ
　　……………208~209, 212~213
大胸筋……………………22, 25, 29
第5ポジション（腕）……………65
代謝作用（肝臓）………………49~50
体重のかけ方……………260~261, 260
体性神経系………………………37~38
大腿筋膜張筋……………30, 34, 172~173
大腿骨…………………………8, 8
　　──顆………………………13
　　──頭……………12~13, 12~13, 33
大腿骨転子部の滑液包炎………185
大腿骨頭すべり症………………185
大腿四頭筋………………13, 14, 29, 31, 35
　　──のエクササイズ…201, 218, 224
　　──の機能不全………………246
　　──の肉ばなれと断裂………181
大腿四頭筋腱……………………13, 14
　　──の断裂……………………180
大腿直筋…………………………29, 31, 35
大腿二頭筋………………………30, 31, 35
大腿方形筋………………………30, 34, 62
大殿筋……………………29, 30, 34, 62
　　──のエクササイズ
　　……………204~205, 220
第2ポジション（腕）……………65
大腰筋……………………23, 30, 34
大菱形筋…………………………28
タコ………………………………165

脱水症状………………………136~137
他動運動………………………119~120
多裂筋……………………………26
ターンアウト……………61~64, 61, 63
　　過度の外旋
　　……179, 239~242, 239~241
　　股関節の──の制限………242~244,
　　　　　　　　　　　242~243
短縮性（コンセントリック）収縮……21
炭水化物…………………………134
弾性軟骨…………………………2
タンデュ……………………67~68, 67
たんぱく質………………………134
短波ジアテルミー（SWD）………111
弾発股……………………………184
短腓骨筋…………………………31
短母趾屈筋………………………32

ち
恥骨……………………………8, 8, 12
恥骨大腿靱帯……………………13
遅発性筋肉痛……………………96
緻密骨……………………………2
治癒……………………………87~89
中間広筋…………………………29, 35
中手骨……………………………12, 12
中枢神経系（CNS）………………40~41
中足骨……………………14~15, 15~16
　　第5──の骨折………………142, 143
　　──の長さの個人差………258~260,
　　　　　　　　　　　258~259
　　──の疲労骨折………156~157, 156
中足骨頭部の骨軟骨炎…157~158, 158
中足趾節関節（MTP関節）…………16
　　第1──の損傷………159~160, 241
中足部……………………14~15, 15
中殿筋……………………29, 30, 34, 62
虫様筋……………………………32, 32

――のエクササイズ……………221
超音波
　――検査………………………98
　――療法…………………111～112
聴覚……………………… 39～40, 39
腸脛靱帯(ITB)………… 31, 34, 173
腸骨……………………………… 8, 8
腸骨筋……………………………30, 34
腸骨大腿靱帯……………………13, 33
腸骨稜につく筋肉の肉ばなれ
　……………………………………187
長趾伸筋………………………31, 36
長趾屈筋……………………………36
　――腱……………………………32
蝶番関節………………………10, 10
長腓骨筋………………………16, 31
長母趾屈筋…………………………16
　――腱………………………20, 32
　――の腱障害と腱鞘炎…………155
長母趾伸筋……………………31, 36
　――のエクササイズ……………221
　――の腱炎……………………156
腸腰筋………………29, 30, 182, 245

つ

椎間関節………………………… 6, 6
　――の挫傷…………………187～188
椎間板……………………6～7, 6, 9, 9
　腰椎の――ヘルニア……………188

て

底屈……………………………ix, 14
停止…………………………………18
低負荷高回数の運動………………120
テーピング技術……………226～228
殿部の痛み………………………185～186
殿筋(外転筋)のエクササイズ……204

と

橈骨…………………………11～12, 12
等尺性(アイソメトリック)収縮…21, 122
等張性(アイソトニック)収縮…21, 122
動脈…………………………44～46, 45
トリガリング………………………155

な

内果の骨折……………148～149, 149
内呼吸………………………………54
内在筋(足)…………………………36
　――のエクササイズ……206, 221
　――の弱さ…………………241, 257
内転………………………………9, 10
内転(足)……………………… ix, ix
内転筋群(股関節)………29, 30, 34, 62
　――のエクササイズ…202～203, 217
　――の肉ばなれと断裂…………181
　――の弱さ…………241, 245～246
内臓受容器…………………………39
内側広筋……………………29, 31, 35
　――のエクササイズ……201, 218
内側側副靱帯(膝)………………13, 13
　――の損傷…………………176～177
内腹斜筋……………………23, 25, 26
腹斜筋エクササイズ………197, 210
内分泌系……………………56～59, 57
内閉鎖筋……………………30, 34, 62
ナックリング…………156, 165, 257
軟骨…………………………………2
　硝子――…………………………2
　成長――板(骨端――板)……2, 78

に

肉ばなれ
　鼠径部の――……………182, 242

大腿四頭筋の――………………181
腸骨稜につく筋肉の――…………187
内転筋の――……………………181
ハムストリングスの――
　………………………183～184
ふくらはぎの筋肉の――
　………………………171～172
二酸化炭素…………… 43, 44～45, 54
ニューロン……………………37, 37
尿…………………………55～56, 136

ね

捻挫………………………… 89～90, 90
　足関節外側靱帯の――
　………………… 142～146, 143～145
　足関節内側靱帯の――…………146
　足関節の慢性的な――……146～147
　内側側副靱帯(膝)の――………176

は

バーの使い方…………………60～61
肺………………………………50～51, 50
バイオメカニクス…………………17
背屈(足)……………………… ix, 14
肺尖呼吸……………………………53
バケツハンドル動作………………52
拍出量(心臓)……………………101～102
白筋…………………………………23
薄筋…………………………………35
白血球……………………43, 84～85, 84
バットマン・タンデュ・ア・ラ・スゴンド
　…………………………67～68, 67
パ・ド・ドゥ……………77, 126, 234
バニオン……………………161～163
パフォーマンス(原因不明のパフォー
　マンス低下症候群)……138～139
ハムストリングス……… 30, 31, 33～35

外側——の使いすぎ………… 241
　——のエクササイズ
　　　　　　　…… 205～206, 219
　——の硬さ……………… 246～247
　——の肉ばなれと断裂…… 183～184
　→［大腿二頭筋］［半膜様筋］［半腱様筋］
パラセタモール……………… 123～124
バランスボード………… 144, 145, 223
バランス……………………………39
　——のエクササイズ…………… 223
はり……………………………… 114
バリスティックストレッチ……… 116
腫れ(腫脹)………………… 82, 102
半規管(内耳)…………………… 39, 39
半月板………………… 13～14, 14
　外側——の損傷…………… 179～178
　内側——の損傷…………… 178～179
半腱様筋………………… 30, 31, 35
瘢痕(はんこん)…………… 86～87, 88
反射弓…………………… 37～38, 38
反張膝………… 238, 238, 247～249, 248
半膜様筋………………… 30, 31, 35

ひ

腓骨………………… 3, 13～14, 14
　——の疲労骨折…… 166, 166, 241
尾骨……………………… 4, 5, 8
腓骨筋………………………… 31, 32
　——腱の亜脱臼……………… 147
　——のエクササイズ
　　　　　　　…… 206, 221～222
膝……………… 13～14, 13, 35～36
　外側側副靭帯…………… 13, 13
　　損傷………………………… 177
　関節包の損傷………………… 176
　——前部痛………… 172, 246, 251
　——の健康のための戦略(成長期)
　　　　　　　　……………… 79

十字靱帯………………… 13, 13～14
　損傷……………………… 177～178
　整形外科的な評価…………… 132
内側側副靱帯……………… 13, 13
　損傷……………………… 176～177
半月板……………………… 13～14, 14
　損傷……………………… 178～180
反張膝………… 238, 247～249, 248
肘………………………… 11～12, 12, 29
皮脂腺……………………… 42, 42
非ステロイド系抗炎症薬(NSAID)
　　　　　　　　　………… 123
ビタミン…………… 49, 134～135
ヒップに体重をかける………… ix, 34
ヒドロコルチゾン…………… 124～125
泌尿器系………………… 55～56, 55
皮膚………………… 39, 42, 42
腓腹筋………………… 31, 32, 36
ヒラメ筋……………… 31, 32, 36
疲労……………………………… 122
疲労骨折…………………… 91～92, 92
　脛骨の—— …… 166～169, 167, 169, 241
　中足骨の—— …… 156～157, 156
　腓骨の—— ………… 166, 166, 241
　腰椎の—— ………… 189～190, 189

ふ

腹横筋………………… 25, 26～27
副交感神経系……………………… 38
副甲状腺……………………… 56, 58
腹式呼吸……………………………53
腹直筋…………… 23, 25, 25, 27
　——に対するエクササイズ
　　　　　…… 194～195, 196, 210
ふくらはぎの筋肉…………… 31, 32
　——の硬さ… 145, 145, 249～250, 250
　——のストレッチ
　　　　　…… 145, 206, 222, 250

　——の断裂と痙攣………… 171～172
　→［腓腹筋］［ヒラメ筋］
腹筋………………………… 25～27, 25
　——のエクササイズ
　　　　　…… 194～197, 207, 210
プラットフォーム(ポアントシューズ)
　　　　　　　　…… 73, 73
プリエ…………………… 65～66, 65
プレースメント……………………59
ブロック(ポアントシューズ)… 73, 73
分回し運動……………………………10

へ

平滑筋………………………… 18, 19
平衡感覚………………… 39～40, 39
ヘモグロビン……………… 43～44, 54
ペルテス病………………………… 185

ほ

ポアント………………… 70～74, 71
　——シューズ………… 73～74, 73
　——ワークを始める年齢………… 72
方形回内筋……………………………29
縫工筋………………… 29, 30, 35
母趾外転筋…………………… 16, 32
　——のエクササイズ…………… 221
母趾内転筋……………………… 32
保存療法…………………… 93, 122
骨…………………………… 2～4
　——にかかる応力への反応…… 167
　——の形状………………… 4, 62
　——の損傷………… 90～92, 91, 92
　——の働き………………………… 4
ホフマンの手術法………… 162, 162
ポール・ド・ブラ…………… 64～65
ホルモン…………… 56～59, 57
ポンプハンドル動作…………………51

ま
- マイクロ波 ……………………… 111
- マッサージ ……………………… 114
- マニピュレーション …………… 114
- マメ ……………………………… 73

み
- 水 ………………………… 135~137
- ミネラル ………………………… 135
- 耳 ………………………… 39~40, 39
- 脈拍 ………………………………… 46

も
- 毛細血管 …………………… 44, 45
- モビライゼーション …………… 114

ゆ
- 床(ケガの要因) …………… 101, 168
- 弓なりの脛骨 ………… 251~253, 252

よ
- 腰椎 ……………………… 5, 6, 6~7
  - ——の椎間板ヘルニア ………… 188
  - ——の疲労骨折 ……… 189~190, 189
- 腰方形筋 …………………… 23, 187
- 翼状肩甲骨 ………………… 28, 131

ら
- ラジオアイソトープ ……………… 98

り
- 理学療法 ……………… 107~122
- 梨状筋 ………………… 30, 34, 62
- 立方骨 …………………… 14, 14
  - ——の亜脱臼 …………… 158~159
  - ——のテーピング ……………… 228
- リンパ系 ………………… 46~47

る
- ルルヴェ …………………… 70, 70

れ
- 冷却 ………… 104, 105~106, 107~108

ろ
- 肋軟骨 …………………… 51, 234
- 肋間筋 …………………………… 52
- 肋骨
  - ——の動き …………… 51~52, 51
  - ——の損傷 ………………… 234
- ローリング ……… ix, 160, 170, 240, 240, 256~257, 256
- ロン・ド・ジャンプ …………… 68~69

わ
- 腕橈骨筋 ………………………… 29

英数字
- ACL(前十字靱帯) ……… 177~178
- AKP(膝前部痛) ……………… 172
- ATFL(前距腓靱帯) ………… 142
- Beightonスコア ……………… 75, 75
- CNS(中枢神経系) ………… 40~41
- CT検査 ……………………… 97
- FOG線維 ……………………… 23
- IP関節(趾節間関節) ………… 16
- MRI検査 ……………………… 97~98
- MTP関節(中足趾節関節) ……… 16
- NSAID(非ステロイド系抗炎症剤) ……… 123
- SIJ(仙腸関節) ……………… 186
- SLRテスト(下肢伸展挙上テスト) ……… 117
- SWD(短波ジアテルミー) ……… 111
- TFL(大腿筋膜張筋) ……… 172~173
- TMT関節(足根中足関節) ……… 16
- TNS/TENS(経皮的神経刺激法) … 113
- tuck under(骨盤を後傾する) ……… ix, 24~25
- UUPS(原因不明のパフォーマンス低下症候群) ………… 138~139
- X線検査 ……………………… 96~97

訳者あとがき

　改訂版を早く読んでいれば避けられたケガが、実は私にありました。初版も優れた本ですが、医学は常に進歩していくもので、改訂版には新しい内容が追加され、初版からあった内容にも手が加えられています。この本から、ケガの予防や治療に参考となるヒントが、読んでいただいた皆様に見つかるよう願っています。

　原書との出会いは約20年前、日本のダンサーや治療者に読んでほしいという強い思いから翻訳に挑むことになり、永寿総合病院の小川正三先生に監修をお願いしました。小川先生とは『ダンサーズ・ヘルスケアブック』からのご縁で、ときに叱咤激励され、ときに談笑しながら、病院で度々お会いしたことを懐かしく思います。2005年に小川先生は逝去され、改訂版は同病院の平石英一先生にご監修いただきました。水村真由美先生には翻訳するにあたっての疑問点などを直接マコーマック先生にご確認いただきました。そして、大修館書店の矢部洋幸さん、錦栄書房の三浦京子さんにも大変ご尽力いただきました。

　さて、専門用語を訳すとき、例えばscar（スカー）→瘢痕（はんこん）のように難しい印象になってしまうことがありますが、正確を期すため日本語でも専門用語を使いました。体の構造（筋肉など）は第1章に、病理や一般的な治療は第2章に、そのほかの専門用語は初出の訳者注に、図や解説があります。見慣れない専門用語については、さくいんや目次から調べていただければ幸いです。

　ケガはあって当然のものではなく、ケガから体を守るための知識が"常識"となることを心から願っています。

2015年11月　白石（野口）佳子

　本書の著者であるJ. ハウス先生が立ち上げた国際ダンス医科学会（IADMS）で、25年前、当時大学院生だった私が修士論文の発表をしたことは、私のキャリアの原点です。その後、スポーツ科学の研究室で博士を取得し、国立大学法人で唯一舞踊を専攻できる現在の職場に着任して早18年になりますが、その学会は私が研究指導をする学生達の武者修行（＝研究発表）の場となりました。もうおひとりの著者であるモイラは、ロイヤル・バレエ団の理学療法士として日本人ダンサーも大勢みているだけに、日本のダンス界の将来を親身に考えてくれる友人のひとりです。こうしたご縁のあるおふたりが書かれた本を訳す機会をいただけた事に大修館書店の皆様に御礼申し上げます。また監修の平石先生は、永寿総合病院のバレエ外来を小川先生から引き継がれ、現在は我々が立ち上げた日本ダンス医科学研究会の活動にも積極的に御尽力下さる、私が大変信頼を寄せるドクターです。またもうおひとりの訳者である白石さんには、初版を小川先生と共に訳された経験を伺うこともできました。

　ダンサーを「感情豊かなアスリート」だと言った人がいます。日々真面目に研鑽を積む老若男女のダンサー達が、より良く、ケガなく長く踊り続けるために、本書がお役に立つことを願って、少しでも多くの方に読んでいただければと思っております。

2015年11月　水村（久埜）真由美

◆著者紹介
ジャスティン・ハウス（Justin Howse）
コンサルタント整形外科医、BAPAM（British Association for Performing Arts Medicine）理事、上級医として、特にダンスに関連した舞台芸術の世界で多くの功績をおさめる。ロイヤル・バレエスクール、イングリッシュ・ナショナル・バレエ（バレエ団とスクール）、ロイヤル・アカデミー・オブ・ダンシング等のコンサルタント整形外科医をつとめた。

モイラ・マコーマック（Moira McCormack）
ロイヤル・バレエ団所属の理学療法士。

◆訳者紹介
【監訳】
平石英一（ひらいし　えいいち）
1983年慶應義塾大学医学部卒業。1998年10月から永寿総合病院にてバレエ外来を担当（毎週水曜日午後）。現在、整形外科主任部長、慶應義塾大学整形外科学非常勤講師。専門は関節外科、特に足部・足関節の外科、ダンス医科学。
所属学会等：日本整形外科学会、日本足の外科学会（評議員）、日本靴医学会（評議員）、日本整形外科学会スポーツ医学会、日本関節鏡・膝・スポーツ整形外科学会、日本ダンス医科学研究会（世話人）、American Orthopaedic Foot and Ankle Society (International member), International Association of Dance Medicine and Science など。

【訳・原画リファイン・イラスト】
白石（野口）佳子（しらいし（のぐち）よしこ）［第1・2・3・5章］
1983年日本女子大学文学部英文学科卒業。医学および舞踊関係の書籍やパンフレットの制作に携わる。クラシックバレエは中沼利花（牧阿佐美バレヱ団）、小川亜矢子ほかに師事、スタジオ一番街、Steps on Broadway 等で学ぶ。『ダンサーズ・ヘルスケアブック』（イラスト）、『バレエをはじめましょう―ロイヤル・バレエスクールの生徒とともに』（訳）（大修館書店）。

【訳】
水村（久埜）真由美（みずむら（くの）まゆみ）［第4・5章］
1997年東京大学大学院教育学研究科博士課程修了、博士（教育学）取得。現在はお茶の水女子大学基幹研究院准教授。身体運動科学全般の教育と共に、舞踊を中心としたヒトの身体運動に関する研究を行っている。6歳よりバレエを始め、谷桃子バレエ団研究所を経て1989～91年同団所属。日本ダンス医科学研究会代表世話人。著書に『ダンサーなら知っておきたい「からだ」のこと』、『ダンサーなら知っておきたい「トレーニング」のこと』（大修館書店）他。

ダンステクニックとケガ—その予防と治療—改訂版
©Eiichi Hiraishi, Yoshiko Shiraishi & Mayumi Kuno-Mizumura, 2016
NDC769 / xiv, 271p / 26cm

初　版第1刷——1999年6月10日
改訂版第1刷——2016年1月30日

著　者————ジャスティン・ハウス／モイラ・マコーマック
訳　者————平石英一／白石佳子／水村(久埜)真由美
発行者————鈴木一行
発行所————株式会社　大修館書店
　　　　　　〒113-8541　東京都文京区湯島2-1-1
　　　　　　電話　03-3868-2651（販売部）　03-3868-2297（編集部）
　　　　　　振替　00190-7-40504
　　　　　　［出版情報］http://www.taishukan.co.jp

編集協力————株式会社錦栄書房
装丁者————郷坪浩子
本文デザイン・DTP —加藤　智
印刷所————三松堂印刷
製本所————牧製本

ISBN978-4-469-26784-6　Printed in Japan

Ⓡ本書のコピー、スキャン、デジタル化等の無断複製は著作権法上での例外を除き禁じられています。本書を代行業者等の第三者に依頼してスキャンやデジタル化することは、たとえ個人や家庭内での利用であっても著作権法上認められておりません。